ARCHAIOS 2

Ralph Edenhofer

Archaios

Teil 2:

Schatten der Vergangenheit

Ralph Edenhofer

Feuertanz-Verlag

Inhalt

Archaios

Teil 1: Monster in der Dunkelheit
Teil 2: Schatten der Vergangenheit
Teil 3: Blutfehde

Um keine Neuerscheinung aus der Feder von Ralph Edenhofer zu verpassen, gibt’s hier die Anmeldung zum Newsletter: http://eepurl.com/hKnuUH.

Was bisher geschah

Archaios, Teil 1:
Monster in der Dunkelheit

Mein Name ist Leonard von Montesaro. Ich bin das, was man landläufig einen Vampir nennt, auch wenn diese Bezeichnung unter meinesgleichen nicht gern verwendet wird.

Seit nunmehr neun Jahrhunderten wandele ich über die Welt. Als Sterblicher habe ich am ersten Kreuzzug teilgenommen und Jerusalem für die Christenheit erobert. Ich bin ein Tempelritter geworden. Doch meine Gegner waren übermächtig und unmenschlich. Um gegen sie antreten zu können, musste ich so werden wie sie – ein unsterbliches Monster, das sich von Blut ernährt.

Aber die Alte Welt habe ich schon lang hinter mir gelassen. Seit zwei Jahrhunderten lebe ich in New York. Hier bin ich der Älteste meiner Art. Und der Richter. Ich sorge dafür, dass unsere Gesetze eingehalten werden. Dass keiner der unseren über die Stränge schlägt. Und wer es dennoch tut – nun, die Unsterblichkeit kann schnell vorbei sein für die Unvorsichtigen.

Doch als ich einen marodierenden jungen Vampir zur Strecke bringe und seinen Erzeuger suche, stellt sich heraus, dass meine Herrschaft über die Stadt, die niemals schläft, infrage gestellt wird. Einer der Alten, ein Archaios – Marduk mit Namen – fordert mich heraus. Und die erste Runde in unserem Ringen geht eindeutig an ihn. Unsere Begegnung habe ich nur durch Flucht überstanden. Seine Verbündeten haben meine Zuflucht angegriffen und unbrauchbar gemacht. Zusammen mit meiner letzten Getreuen, der Neugeborenen Veronica, muss ich mich in einer Besenkammer im Keller des Empire State Buildings verstecken, um meinen Feinden und der Sonne zu entkommen. Nicht unbedingt die besten Voraussetzungen für den weiteren Kampf. Aber so schnell gebe ich nicht auf.

Teil 2:

Schatten der Vergangenheit

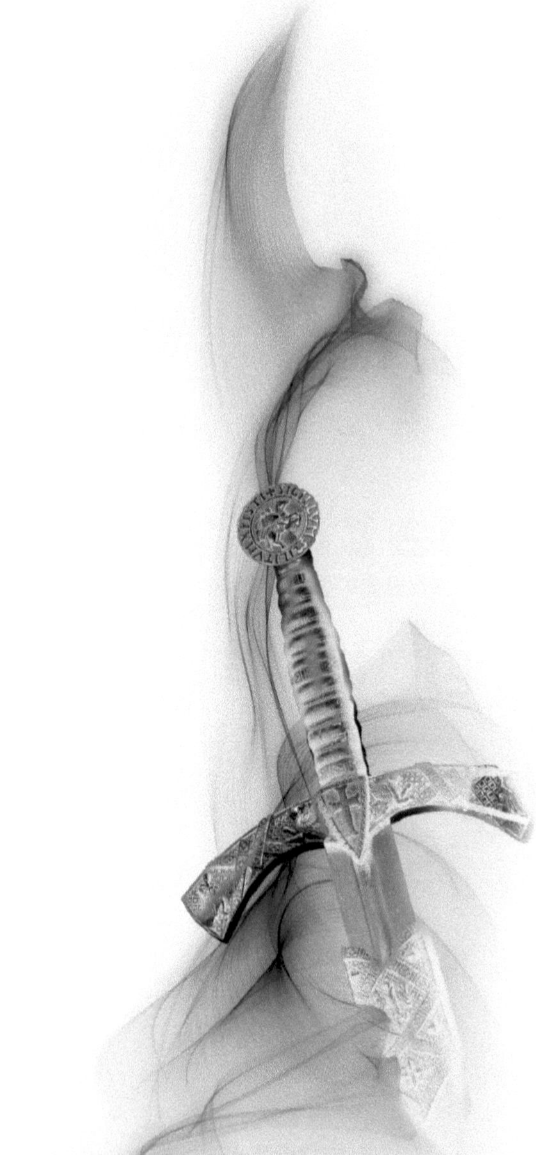

Sonntag, 15. Mai 2005, New York City, USA

Pfingstsonntag ist einer der wenigen Tage im Jahr, an denen ich üblicherweise den Glauben pflege, dem ich einst mein Leben gewidmet hatte. Zu der Zeit, da ich als Sterblicher über die Erde gewandert bin, stellte niemand die Wahrheit der Geschichten in der Bibel infrage. Nicht, dass viele Menschen damals gewusst hätten, was in der Heiligen Schrift stand. Außerhalb der Mauern der Klöster konnte kaum jemand lesen, geschweige denn Latein, die einzige Sprache, in der das Wort Gottes niedergeschrieben war. Auch die Gottesdienste wurden ausschließlich in Latein gehalten. Und dennoch waren die Menschen von tiefem, fest verwurzelten Glauben erfüllt. Niemand hat an der Existenz Gottes gezweifelt und selbst diejenigen, die man als Ketzer bezeichnete, stritten letztlich nur für eine andere Auslegung der Evangelien.

Nicht einmal meine Verwandlung in einen Vampir, wie man uns später nannte, hatte meine Gottesfurcht erschüttern können. Erst viel später habe ich begonnen, Zweifel zu hegen, und dies nicht aus eigenem Antrieb, sondern aufgrund der Schriften der Aufklärung. Dabei stellt allein schon meine Existenz jedes Wort der Bibel infrage. Und dennoch habe ich die Jahrhunderte lange Prägung durch die Predigten vom Herrn niemals vollständig ablegen können. Ich will es auch gar nicht.

Bei allen Zweifeln beruht das letzte bisschen Hoffnung, an dem ich mich verzweifelt festklammere, darauf, dass selbst einer Kreatur wie mir Vergebung zuteilwerden kann. Und so suche ich wenigstens an den hohen Feiertagen des Christentums üblicherweise eine Kirche auf.

Einer der zahlreichen Punkte, in denen die unter den Sterblichen verbreiteten Vampirmythen glücklicherweise falsch sind, ist die Abneigung gegen Kruzifixe und andere heilige Symbole. Ich verspüre beim Anblick des Gekreuzigten keinerlei Furcht. Zumindest nicht darüber hinaus, dass ich keine Ahnung habe, was mit meiner Seele geschehen wird, sollte ich doch eines Tages diese Welt verlassen. Sofern ich überhaupt über eine Seele verfüge. Meist verdränge ich diese quälenden Fragen, deren Antworten mir trotz meines langen Daseins verschlossen bleiben. Befasse mich lieber mit weltlicheren Problemen. Nur zu eben jenen speziellen Tagen wie Pfingsten gönne ich mir meine ganz persönlichen theologischen und philosophischen Studien, auch wenn sie mich den Lösungen bisher kein Stück näher gebracht haben. Doch ich befürchte, zunächst werde ich mich heute keinen Glaubensfragen widmen können. Drängendere Problem erfordern meine Aufmerksamkeit, wie mir die Eimer und Besen, zwischen denen ich erwache, eindringlich mitteilen.

»Guten Morgen … nee … Abend. Ach, das bringe ich immer noch durcheinander.«

Die Belustigung in Veronicas Stimme kann ich momentan nicht teilen.

»Mal 'ne Frage«, fährt sie etwas weniger beschwingt fort. »Hast du eigentlich kein Notfallversteck, falls mit deiner Wohnung mal was ist?«

»Doch.« Ich schaue mich in der Besenkammer um. »Das hier.«

Sie wirkt enttäuscht. »Warum nichts Luxuriöseres? Ich dachte, an Geld mangelt es nicht bei dir.«

»Tut es auch nicht. Aber ich bin auch noch nicht völlig verweichlicht. Das hier funktioniert doch.«

Sie zuckt die Achseln. Da keine weiteren Anmerkungen kommen, ist das Thema wohl abgehakt.

Mit einer schwungvollen Bewegung erhebe ich mich, verlasse das zugegebenermaßen nicht sonderlich würdige Tagesquartier kommentarlos und schaue mich um. Auch der Rest des Heizungskellers zeigt keine Anzeichen, dass man hier nach uns gesucht hätte. Eigentlich sollte ich froh sein. Allein die Tatsache, dass wir den Tag unbeschadet überstanden haben, stellt unter den aktuellen Umständen schon einen ausgesprochenen Glücksfall dar. Das war alles andere als selbstverständlich, als wir uns am vergangenen Morgen hier verkrochen haben. Dennoch bin ich nicht sonderlich erfreut. Die Ereignisse der letzten Nacht stellen das im Großen und Ganzen recht angenehme Dasein, das ich in den zurückliegenden hundert Jahren geführt habe, auf ausgesprochen unschöne Weise infrage. Aber immerhin leben wir noch. Das eröffnet uns die Möglichkeit zurückzuschlagen. Zumindest theoretisch.

Die Tasche, in der sich unsere Waffen befinden, in der Hand, marschiere ich mit weit ausholenden Schritten in Richtung Kellerausgang. Veronicas Gebrummel über mein unfreundliches Verhalten ignoriere ich, während sie hinter mir her die Treppe hinauf trottet.

In der Eingangshalle des Empire State Buildings deutet nichts mehr auf den Zwischenfall der vergangenen Nacht hin. Die meisten Touristen und Büroangestellten der ansässigen Firmen streben dem Ausgang entgegen. Veronicas Augen wenden sich dem Fahrstuhl zu, bevor sie sie nach oben dreht und mich anschließend fragend ansieht.

Ich beantworte ihre stumme Frage, ob wir zu meinem Appartement fahren, mit einem Kopfschütteln. »Nicht auszuschließen, dass sie dort auf uns warten.«

Meine jungblütige Begleiterin ist anderer Meinung. »Na und? Schnappen wir sie uns und quetschen sie aus!«

»Das gibt nur unnötigen Ärger. Davon hatte ich vergangene Nacht genug. Außerdem haben wir schon eine Ahnung, in wessen Auftrag sie handeln. Mehr werden wir von ihnen nicht erfahren. Die Sterblichen sind nur Handlanger. Und falls Massoud und seine Unholde oder andere Blutsauger uns da oben eine Falle gestellt haben, um zu vollenden, was ihren menschlichen Killern gestern nicht gelungen ist … Nein. Vergangene Nacht sind wir für meinen Geschmack zweimal zu knapp dem endgültigen Tod entronnen. Bevor ich mich erneut einem Kampf stelle, will ich erst mal mehr darüber erfahren, mit wem wir es zu tun haben. Lass uns gehen!«

Mit einem Schulterzucken fügt sie sich.

Wir verlassen den Wolkenkratzer und betreten die Straße. Es regnet nicht, doch die Kleidung der Passanten und die Pfützen auf dem Pflaster belegen, dass dies noch nicht lange so ist. Dunkle Wolken ziehen eilig über das kleine Stück schwarzen Himmels, das zwischen den hoch aufragenden Fassaden zu sehen ist.

»Und was hat der Obervampir nun vor?«

Der Sarkasmus in Veronicas Stimme verführt mich, ihr meine Klauen in die Kehle zu treiben. Doch ehe ich mitten auf der belebten Straße meine Beherrschung verliere, habe ich mich wieder unter Kontrolle. Ich beschränke mich auf einen tadelnden Blick und ein unterschwelliges Knurren, das außer ihr niemand hören kann. Mir wird bewusst, wie reizbar ich bin. Die aktuelle Situation zehrt an der Fassade der Menschlichkeit, die mich davor bewahrt, dem nächstbesten Passanten die Kehle aufzureißen. Ich muss aufpassen, dem Mob keinen Anlass zu liefern, die Fackeln und Mistgabeln auszupacken und Scheiterhaufen aufzuschichten. Ich mahne mich zur Vorsicht. Ein derartiger Eklat wäre das, was ich im Augenblick am wenigsten gebrauchen kann.

Ohne Veronica eine Antwort zu geben, hole ich mir eine Tageszeitung aus dem nächsten Ständer. Ich bin schon wieder auf der Titelseite. Bereits zum zweiten Mal in dieser Woche. Das ist nicht gut.

Beim Überfliegen des Textes entspanne ich mich ein wenig. Ludovicz scheint gute Arbeit geleistet zu haben. Das Ausmaß des Massakers ist deutlich heruntergespielt. Keine Zeile deutet auf mich oder die Existenz bluttrinkender Monster hin. Wenigstens eine positive Nachricht.

»Und das soll investigativer Journalismus zur zuverlässigen und lückenlosen Information der Allgemeinheit sein?«, merkt Veronica süffisant an, die über meine Schulter hinweg mitgelesen hat.

Muss sie ausgerechnet heute so gute Laune haben?

»'Tschuldigung.« Mühevoll unterdrückt sie ein Grinsen, als sie meinen Gesichtsausdruck offensichtlich richtig deutet.

Mürrisch rolle ich die Zeitung zusammen und stecke sie in meine Manteltasche. Dann steuere ich die U-Bahn an.

»Haben wir noch einen Augenblick Zeit?« Veronica ist hinter meinen weit ausholenden Schritten ein paar Meter zurückgefallen.

Ich halte an und drehe mich zu ihr um. Sie deutet auf die andere Straßenseite in Richtung eines Internetcafés.

»Was ist denn so dringend?«, will ich wissen.

»Ich wollte was nachsehen. Wegen Marduk. Ich hab den Namen schon mal irgendwo gehört.«

»Bevor du ihm begegnet bist?«

Sie verdreht die Augen. »Ja.«

Woher sollte sie den Namen eines alten Vampirs kennen, von dem selbst ich noch nie gehört habe? Ich gehe davon aus, dass sie da irgendetwas durcheinanderbringt. Aber auch wenn es unwahrscheinlich ist, dass sie tatsächlich etwas über meinen scheinbar übermächtigen Gegner herausfinden kann, bin ich für jede Information dankbar. Was habe ich zu verlieren? Ich nicke und folge ihr über die Straße.

Als wir den Raum mit den rund zwanzig Computern betreten, von denen weniger als die Hälfte besetzt ist, kommen mir neue Zweifel. Auskünfte über Vampire sollte man eigentlich nicht im Internet finden. Zumindest nichts Konkreteres als die üblichen Mythen und Horrorgeschichten. Nicht, dass ich viel Erfahrung mit Computernetzen hätte. Doch ebenso wie für Zeitungen gelten die Ewigen Gesetze auch für digitale Medien. Die Geheimhaltung unserer Existenz gehört zu den fundamentalen Regeln der Nocturni. Und dann ausgerechnet Informationen über einen der Archaioi? Unwahrscheinlich. Aber da wir nun schon mal da sind, lasse ich meine eifrige Mitstreiterin gewähren.

Ich stelle mich hinter den Stuhl, auf dem sie Platz nimmt. Sie beginnt, die Tastatur zu malträtieren. Die Verblüffung, als innerhalb von Sekunden der Name Marduk vielfach auf dem Bildschirm erscheint, lässt meine Gesichtszüge entgleisen.

»Voilà!«, triumphiert Veronica, bevor wir beide beginnen, die Texte unter dem Namen zu lesen. Mir gefällt ganz und gar nicht, was ich dort sehe.

»Stadtgott des antiken Babylon … Seit der Herrschaft des Hammurabi im zweiten Jahrtausend vor Christus Aufstieg zum obersten Gott des Zweistromlandes … Wohnsitz in der Ziggurat, dem Tempelturm von Babylon …« Veronica liest die essentiellen Informationen laut vor. »Ha! Jetzt weiß ich auch wieder, wo ich den Namen gehört habe. Da war eine Reportage im Fernsehen über den Turmbau zu Babel.« Das Grinsen, mit dem sie sich zu mir umsieht, ist fast schon überheblich. »Du solltest mehr History Channel gucken!«

Meine versteinerte Miene dämpft ihre Fröhlichkeit nur geringfügig, als sie fortfährt: »Der Kerl kommt hierher und gibt sich den Namen eines babylonischen Gottes? Ganz schön großkotzig.«

»Lass uns rausgehen!«, presse ich zwischen zusammengebissenen Zähnen hervor und gehe zum Ausgang. Veronica bezahlt unseren kurzen Aufenthalt und folgt mir in die angenehme Kühle der Straße.

»Was ist?«, fragt sie, während wir nebeneinander hergehen.

»Ich bin nicht sicher, ob er sich erst hier den Namen eines antiken Gottes gegeben hat.« Der Verdacht, den ich hege, sorgt dafür, dass mein totes Herz sich noch kälter anfühlt.

»Sondern?«

Ich brauche ein paar Sekunden, um die Gedanken zu ordnen, die mir durch den Kopf schießen, bevor ich beginne. »Mein Erzeuger, Vitus, hat mir einst erzählt, dass früher viele Nocturni sich mit ihren Nachkommen und Sterblichen umgeben haben und sich von ihnen als Götter verehren ließen. So ähnlich, wie Howard es auf Staten Island macht, aber in weit größerem Ausmaß. Einige von ihnen kennt man noch heute, wenn auch verborgen hinter Mythen und Legenden.«

»Nocturni?«

»Die Nächtlichen. So hat man unseresgleichen damals genannt.«

Nach einer kurzen Pause wird Veronica die Tragweite meiner Erzählung bewusst. Sie bleibt stehen und fixiert meine Augen. »Willst du damit sagen, der Kerl, der da oben in seiner blutigen Badewanne sitzt, hat vor ich weiß nicht wie vielen tausend Jahren auf dem Turm von Babylon gehockt und sich Menschenopfer anschleppen lassen?«

»Vermutlich nicht ganz so. Wie gesagt, die Wahrheit ist hinter Legenden verborgen. Aber der Kerl in der Blutbadewanne ist möglicherweise alt genug, um sich tatsächlich schon damals als Gott ausgegeben zu haben.«

Ihr gelingt es, in drei Worten die Quintessenz dieser Theorie zu formulieren. »Ach du Scheiße!«

Wir setzen uns wieder in Bewegung und steigen schweigend die Treppe zur U-Bahn-Station hinab. Meine Gedanken kreisen um die Tragweite unserer Entdeckung und führen nicht dazu, dass ich mich besser fühle. Wäre ich noch ein Mensch, würde ich erschaudern. Auf dem Bahnsteig in Richtung Downtown stellen wir uns in eine ruhige Ecke.

»Was will der Kerl hier?«, spricht Veronica die Frage aus, die auch mich beschäftigt.

»Das, was er dir erzählt hat. Er will herrschen. Er will meine Stadt.«

»Gibt es in euren Ewigen Gesetzen nicht irgendeinen Paragraphen dagegen, sich in der Stadt eines anderen breitzumachen?«

»Im Prinzip schon. Aber wer soll Marduk anklagen? Das wäre der Job des Richters, doch das bin ich. Was ich gegen ihn auszurichten vermag, haben wir gestern gesehen. Wenn er wirklich zwei- oder dreitausend Jahre oder noch älter ist … Wir können froh sein, dass wir da überhaupt wieder herausgekommen sind.«

Sie nickt nachdenklich. »Mal so ’ne Idee: Wenn du so gute Verbindungen zur Polizei hast, kannst du dann nicht veranlassen, dass die ein Sondereinsatzkommando in Marduks Bude schicken? Tagsüber muss der doch auch schlafen, oder?«

»Ganz so einfach ist es nicht«, widerspreche ich. »Ludovicz kann einiges in Bewegung setzen, aber ein Sondereinsatzkommando … Ich fürchte, das übersteigt seine Möglichkeiten. Zumindest ohne konkreten Anlass. Und außerdem, selbst wenn die da eindringen und Marduk wirklich wehrlos wäre und seine Tagwächter ihn nicht schützen … Was finden die Cops da?« Ich hebe die Augenbrauen. »Ein Becken voller Blut und scheinbare Tote, die entweder schon beim Abtransport zu Staub zerfallen oder in der folgenden Nacht die Leichenhalle, in der sie aufwachen, in Schutt und Asche legen? Ganz schlechte Idee. Das zu vertuschen, würde Ludovicz' Möglichkeiten definitiv übersteigen. Nein, gegen Marduk kann ich keine Sterblichen in die Schlacht schicken. Das muss ich selbst erledigen.«

»Er scheint solche Bedenken nicht zu haben.«

»Ich bin nicht er.«

»Okay.« Sie belässt es dabei.

Ein Windstoß kündigt das Kommen der U-Bahn an und unterbricht unsere Unterhaltung. Wir steigen ein und besetzen zwei Stehplätze nahe dem Ausstieg. Die Tasche mit den Waffen platziere ich zwischen meinen Füßen.

»Wohin fahren wir eigentlich?«, will Veronica wissen.

»Zu Samantha. Sie ist eine von uns und hat einigen Einfluss in der Gemeinde.«

»Was hast du vor? Verbündete suchen?«

»Zuerst mal herausfinden, wie weit sich Marduks Anwesenheit bereits herumgesprochen hat. Wenn irgendwelche Gerüchte kursieren: Samantha kennt sie.«

»Ah, die lokale Klatschtante.« Veronicas Fähigkeit, Sachverhalte in einfachen, griffigen Formulierungen zu beschreiben, ist bemerkenswert.

Ich stelle mir Samanthas Gesichtsausdruck vor, sollte sie mit der Bezeichnung konfrontiert werden. Der Gedanke entlockt mir trotz meiner Anspannung ein Lächeln. »Wähle deine Worte in ihrer Anwesenheit bitte etwas bedachtvoller! Sie legt sehr viel Wert auf die Einhaltung der Etikette.«

»So wie Gianna?«

»Ja, aber aus anderen Gründen. Gegenüber Gianna Linaro ist die Formalität wichtig, damit wir uns zivilisiert verhalten, obwohl sie und ich einen vergleichbaren Status aufweisen. Samantha legt einfach nur Wert auf gutes Benehmen.«

»Sie ist aber von geringerem Rang als du.«

»Ja.«

»Wie wird das mit eurer Hackordnung eigentlich geregelt? Ist das eine Frage des Alters?«

»Alter ist wichtig. Aber auch die Fähigkeiten, die Ressourcen und die Abstammung spielen eine Rolle. Es ist kompliziert.«

»Und von wem stammt Samantha ab?«

»Von mir.«

Veronica grinst. »Sieh an. Noch mehr Familie.«

Als ich keine Antwort gebe, verharren wir einige Minuten in Schweigen, ehe Veronica die Unterhaltung fortsetzt. »Wie kommt es eigentlich, dass du noch nie von Marduk gehört hast? Ich meine, die offiziellen Informationen, babylonischer Gott und so. Ich dachte, gerade jemand wie du sollte sich mit Geschichte auskennen.«

»Ich kenne den Teil der Geschichte, den ich erlebt habe. Und das, was ich von Vitus und den anderen Archaioi gehört habe, denen ich begegnet bin. Von denen ist aber keiner so alt, dass er durch Babylon spaziert wäre. Mit dem Rest habe ich mich nie allzu intensiv beschäftigt.«

Veronica strahlt mich an. »Dafür hast du ja jetzt mich.«

Ihr Selbstbewusstsein ist fast schon befremdlich. So offen und ohne jeden Anflug von Furcht, ja geradezu respektlos, ist mir gegenüber lange niemand mehr aufgetreten. Zumindest niemand, dem ich nicht kurze Zeit später den Kopf von den Schultern getrennt habe. Doch ihre frechen Kommentare empfinde ich eher als erfrischend und amüsant. Es gelingt ihr, die düsteren Vorstellungen, die mein Denken derzeit beherrschen, in ihre Schranken zu weisen und mich zumindest kurzfristig zu erheitern. Ganz abgesehen davon, dass ihre Fähigkeiten wirklich hilfreich sind. All das ist umso bemerkenswerter, wenn man bedenkt, dass sie erst vor weniger als einer Woche auf höchst unsanfte Weise aus ihrem geordneten und beschaulichen Leben gerissen wurde, mit eigenen Händen ihren Lebensgefährten zerfleischt hat und mitten in einem Machtkampf rivalisierender Vampire gelandet ist, von denen einer sein Unwesen möglicherweise bereits im antiken Babylon getrieben hat.

»Warum hast du eigentlich so gute Laune?«, frage ich sie unumwunden.

Sie wird schlagartig ernst und wendet ihren Blick zu Boden.

»Noch gestern Abend hast du mir erzählt, du schaffst das alles nicht.« Ich schmunzele. »Und jetzt bist du diejenige, die mir Mut macht. Was ist passiert?«

»Gestern die Sachen …«, beginnt sie zögerlich und holt dann erst mal weiter aus. »Weißt du, ich habe mich schon immer gefragt, wozu mein Leben gut ist. Den Großteil meiner Jugend habe ich mich nur sinnlos herumgetrieben und zugesehen, dass ich irgendwie über die Runden komme. Das Einzige, was ich geleistet habe, war, bei der Polizei aufgenommen zu werden. Da war ich echt stolz drauf. Aber als ich dann auf Streife angefangen habe, war es wieder nur frustrierend. Die meisten Kollegen sind chauvinistische Machos. Und den ganzen Tag Verkehrsunfälle protokollieren und kleine Gangster festnehmen, die kurz danach eh wieder freigelassen werden, war nicht gerade weltbewegend. Die Vampirgeschichte war am Anfang auch nicht unbedingt aufbauend …« Ihre zuckenden Kiefermuskeln lassen erahnen, dass sie an Jason oder ihre anderen Missgeschicke denkt. Sie sieht mich an, als sie weiter spricht. »Gestern ist mir bewusst geworden, dass ich hier viel mehr auf die Beine stellen kann, als es mir als Mensch jemals möglich gewesen wäre. Ich kann etwas bewegen. Ich kann dir helfen, diesen babylonischen Drecksack dahin zu prügeln, wo er hergekommen ist. Ich kann die Menschen dieser Stadt davor bewahren, in seiner Badewanne zu enden. Ich habe eine Aufgabe. Mein Leben hat einen Sinn.«

Ich nehme ihre Hand in die meine und streiche mit dem Daumen über ihren Handrücken. Sie lächelt.

»Ich gehöre hierher«, fügt sie ihren Ausführungen hinzu.

Meine eigenen schmerzvollen Erfahrungen mit dem Schicksal oder dem, was ich in der Vergangenheit dafür gehalten habe, wecken meine Vorsicht gegenüber derartigen Bemerkungen. Ich weiß nur zu gut, wie sie sich fühlt. Aber ebenso gut weiß ich, dass sie nicht hierher gehört. Wenn es in meiner Macht läge, würde ich dieser aufrichtigen, jungen Frau ihr verlorenes Leben zurückgeben und ihr raten, sie solle es genießen, so gut sie kann. Doch es gibt kein Zurück. Sie ist eine von uns und wird es bis zu ihrem endgültigen Ende bleiben. Warum soll ich es ihr unnötig schwer machen und ihr sagen, dass sie sich irrt? Abgesehen davon bin ich wirklich froh, sie bei mir zu haben. Also schweige ich und erfreue mich weiter an dem Funkeln der Hoffnung in ihren Augen.

In Greenwich Village verlassen wir die U-Bahn. Auf der Straße treibt uns ein auffrischender Wind den Nieselregen ins Gesicht. Wir nehmen beide keine Notiz von dem Wetter, das die wenigen sterblichen Passanten dazu veranlasst, ihre Kragen hochzustellen oder Regenschirme aufzuspannen. Ich führe Veronica zum Eingang des Cauchemar und klopfe an die Stahltür des Kellereingangs. Während wir warten, fällt mein Blick auf das Rennmotorrad, das ein Haus weiter geparkt ist. Die Maschine kommt mir vage bekannt vor. Aber als Lucius' breites Gesicht das sich öffnende Guckloch ausfüllt, schenke ich ihm meine Aufmerksamkeit.

»Guten Abend«, begrüße ich den Türsteher.

Er reagiert nicht.

»Dürften wir hineinkommen?«, füge ich hinzu. Es ist keine Frage, sondern eine freundliche Drohung. Er versteht sie als solche und schiebt den Riegel zur Seite.

»Dankeschön.« Ich nicke zuvorkommend.

An seinem Bauch vorbei arbeiten wir uns ins Innere des Clubs vor. Aus dem Augenwinkel studiere ich den Gesichtsausdruck des massigen Schwarzen. Er ist alles andere als erfreut. Ich bin heute wohl unerwünscht. Nicht mein Problem.

»Ist das die Sorte Bars, vor der meine Mutter mich immer gewarnt hat?« Fasziniert bestaunt Veronica die Samtvorhänge, die ich zur Seite schlage.

»Falls deine Mutter nicht wollte, dass du dich hungrigen Vampiren hingibst, damit sie von deinem Blut trinken, vermutlich ja.«

»Oh.«

»Lass besser die Finger von den Gästen, bevor wir weiter an deinen Tischmanieren gearbeitet haben!«, weise ich sie an. »Samantha legt Wert darauf, dass auch ihre sterblichen Kunden lebendig nach Hause zurückkommen.«

»Darf ich daran erinnern, dass ich gestern ruhig geblieben bin, während du deine Nachbarn abgeschlachtet hast?«

Ich will gerade ansetzen, ihr zu erklären, dass ich im Gegensatz zu ihr üblicherweise nicht beim Trinken in den Blutrausch falle, sondern wenn meine lang trainierten Kampfinstinkte geweckt werden. Doch am letzten Vorhang vor der Bar stellt Samantha sich uns in den Weg.

»Hallo Leonard. Wie ungewöhnlich, dich so bald schon wieder zu sehen. Nicht, dass ich mich nicht darüber freuen würde.«

Ihre Erscheinung ist wie immer makellos. Die hochgesteckten Haare sitzen ebenso perfekt wie das bodenlange schwarze Kleid, das sich eng an ihren schlanken Körper schmiegt. Das tiefe Dekolleté und der bis zur Hüfte reichende Schlitz geben den Blick auf viel weiße Haut frei. Eine Aussicht, die jeden Mann mit halbwegs gesundem Hormonhaushalt zur Verzweiflung treibt. Der Kontrast ihres durchgestylten Auftritts zu Veronicas zweckmäßiger Garderobe aus Jeans, Hoodie und Schnürstiefeln ist frappierend. Als würden beide in unterschiedlichen Welten leben. Samanthas verachtungsvoller Blick lässt keinen Zweifel daran, dass sie das ebenso sieht und nicht gewillt ist, dem Eindringling freiwillig Zutritt in ihr Reich zu gewähren. Doch ihre Wünsche stehen hier nicht zur Debatte.

»Wir müssen mit dir sprechen, Sam«, herrsche ich sie an.

»Wir?« Es ist erstaunlich, wie viel Abscheu sie in eine einzige Silbe zu legen vermag.

»Sam, das ist Veronica. Veronica, Samantha«, stelle ich die beiden kurz angebunden vor. »Können wir nun hinein?«

»Es … ist heute ein wenig ungünstig.« Die Unsicherheit in ihrer Stimme ist nur minimal und wäre jemandem, der sie weniger lang kennt als ich, vermutlich gar nicht aufgefallen. »Wäre es möglich, das zu verschieben?«

»Nein.« Ich wende den Bösen Blick nicht an, doch ich fixiere ihre Augen intensiv genug, um dies spontan ändern zu können. Nach und nach bröckelt ihr Widerstand. Dass sie sich mir überhaupt so heftig widersetzt, ist ungewöhnlich. Sie weiß, dass sie gegen mich keine Chance hat. Ich konzentriere mich darauf, hinter ihre kunstvoll geschminkte Fassade zu sehen. Gedanken lesen gehört, wie bereits erwähnt, nicht zu meinen Stärken. Wenn ich wissen will, was im Kopf meines Gegenübers vorgeht, befehle ich ihm üblicherweise, es mir mitzuteilen. Das ist effektiver, wenn auch nicht sonderlich subtil. Doch obwohl es bei Vampiren weitaus schwieriger ist als bei Sterblichen, kann ich Samanthas Angst geradezu riechen. Ich komme wohl wirklich in einem ungünstigen Augenblick. Sehr interessant. Ohne Gegenwehr lässt sie sich zur Seite schieben.

In der Bar sind nur wenige Gäste. Ich erkenne Samanthas Nachkommen Carl. Des Weiteren Zoë und Francis aus Brooklyn, den ältesten schwarzen Vampir der Stadt. Er ist, wie üblich, in seine altmodische Armeejacke mit Stehkragen gekleidet. Neben ihm lehnt der Wilde Jake mit nietenbesetzter Lederjacke und demonstrativem Pokerface lässig am Tresen und hebt zwei Finger an die Stirn, um mich zu begrüßen. Der Motorradhelm auf dem Tisch bestätigt meinen Verdacht bezüglich der Maschine vor dem Eingang.

Insgesamt steht uns ein repräsentativer Querschnitt durch die unsterbliche High Society von New York gegenüber. Ich bin zunächst erstaunt, keine Sterblichen zu sehen. Nicht einmal Candy, die sonst immer hinter der Bar steht, ist zugegen. Dann verstehe ich Samanthas Besorgnis. Wir sind in eine Versammlung geplatzt, zu der wir nicht eingeladen waren. Den Gesichtern der Anwesenden nach zu urteilen, sind wir nicht nur unerwartet, sondern sogar im höchsten Maße unerwünscht. Angesichts der aktuellen Lage in der Stadt ist das bedenklich.

Ich lasse meinen Blick über die Runde schweifen und fixiere die Augen jedes einzelnen im Raum. Keiner von ihnen hält mir lang stand. Damit wären die Formalitäten geklärt.

Ich wende mich Samantha zu. »Nette Gesellschaft heute Abend. Gibt es etwas, wovon ich wissen sollte?«

»Nein.« Ihr Einwand kommt zu schnell, als dass er beiläufig klingen würde. »Nur ein informelles Treffen.«

Sie wechselt das Thema und wird ein ganzes Stück gelassener, als sie sich meiner Begleiterin zuwendet. »Und eine gute Gelegenheit, unsere neue Freundin kennenzulernen. Hallo Veronica, willkommen im Cauchemar. Wir alle sind furchtbar neugierig, mehr über dich zu erfahren. Stammst du aus New York?«

Mit ihrem spontanen Wechsel von abgrundtiefer Verachtung zu übertriebener Freundlichkeit überrollt sie die Angesprochene wie ein Schnellzug. Die in höchstem Maße herablassende Verwendung des ›du‹ in dieser Situation entgeht Veronicas Aufmerksamkeit.

»Ähm, ja«, ist alles, was sie hervorbringt.

»Wie wundervoll. Wie lange bist du schon unter uns?«

Ich springe helfend zur Seite. »Sie ist mir bei einigen aktuellen Untersuchungen behilflich.«

»Als Futter?« Jakes Miene ist anzusehen, dass er seine gemurmelte Andeutung bereut, sobald sie seinen Mund verlassen hat. Als ich ihn angesichts der Unverschämtheit instinktiv anknurre, faucht er zurück.

»Bitte!« Samantha stellt sich demonstrativ zwischen uns, um erst gar keinen Streit entstehen zu lassen. »In diesem Haus wird keine Gewalt geduldet. Dies gilt auch für dich.« Sie funkelt mich an. »Dies ist eine Zusammenkunft gemäß den Ewigen Gesetzen. Halte dich bitte an die Regeln, Leonard!«

Schnell habe ich mich wieder unter Kontrolle und bringe ein überzeugendes Lächeln zustande. »In diesem Fall ist es als Gastgeberin deine Pflicht, denjenigen zurechtzuweisen, der die Provokation ausgesprochen hat.«

Sie fügt sich dem Protokoll und baut sich vor Jake auf. Er kämpft noch damit, die Beherrschung wieder zu erlangen. »Jake, noch so ein Ausrutscher und ich muss Euch bitten, die Zusammenkunft zu verlassen.«

Ich beäuge kurz die übrigen Anwesenden. Alle sind aufs Äußerste angespannt und sprungbereit. Das Einzige, was ihre Instinkte im Zaum hält, sind Samanthas Bemühungen, den Frieden zu wahren. Und die Zweifel, ob sie es alle zusammen mit mir aufnehmen könnten. Sie ahnen, dass meine scheinbare Gelassenheit nicht auf mangelnde Kampfbereitschaft schließen lässt. Möglichst unauffällig öffne ich den Reißverschluss der Tasche in meiner Hand, um im Notfall schnell an mein Schwert zu kommen.

Ein Klopfen an der Tür dringt durch die zahlreichen Stoffbahnen hinter dem Eingang und lässt alle aufhorchen. Nur Jake und ich widerstehen dem Drang, die Augen der Quelle des Geräusches zuzuwenden und starren uns an Samantha vorbei weiter feindselig an. Keiner regt sich, während wir zuhören, wie Lucius die Tür öffnet. Zwei Personen betreten den Club. Das scharfe Klacken eines Paars hoher Absätze deutet auf mindestens eine Frau hin. Ich drehe mich etwas zur Seite, um die Neuankömmlinge nicht im Rücken zu haben. Veronica nimmt eine gute Position ein, um meine Flanke zu decken. Ob dies auf ihre Polizeiausbildung oder ihre wachen Instinkte zurückzuführen ist, vermag ich nicht zu sagen. Es spielt auch keine Rolle, so lang ich mich auf sie verlassen kann.

Eine schlanke Frauenhand schiebt den letzten Samtvorhang zur Seite. Gianna Linaro betritt den Raum. Ich fahre blitzartig mit der Hand in die mittlerweile offene Tasche und schleudere noch beim Herausziehen meines Schwertes die Scheide von der Klinge.

»Leonard!« Samanthas gellender Schrei lässt mich innehalten. »Frieden, bitte! Das gilt für alle!«

Giannas zusammengekniffene, rot unterlaufene Augen und ihr weit aufgerissener Mund mit den langen Fangzähnen stehen im krassen Gegensatz zu ihrer Garderobe. Der maßgeschneiderte schwarze Hosenanzug ist definitiv nicht für körperliche Auseinandersetzungen geschaffen. Langsam senke ich die Schwertspitze. Auch Gianna gibt die Kampfstellung auf. Sie strafft ihre Kleider und rückt den Ausschnitt zurecht, um ihre gewohnte geschäftsmäßige Erscheinung wieder herzustellen.

»Seid gegrüßt, Templer.« Jedes Wort aus ihrem Mund ist von tiefer Feindseligkeit erfüllt und scharf wie ein Messer. »Ihr kennt Massoud ja bereits.«

Nach ihrer Ankunft bin ich nicht überrascht, als der dunkelhäutige Orientale durch den Samtvorhang tritt. Ihm ist anzusehen, dass er sich in dem Geschäftsanzug mit Krawatte nur bedingt wohl fühlt. Am liebsten würde ich ihm sofort die Klinge in die Eingeweide treiben. Doch durch die beiden Neuankömmlinge hat sich das Kräfteverhältnis im Raum erheblich verschoben. Bevor ich etwas unternehme, muss ich sicherstellen, dass nicht alle gleichzeitig auf Veronica und mich losgehen. Die kurze Auseinandersetzung mit Jake ist hierfür nicht unbedingt die beste Ausgangsposition.

»Interessante Gäste hast du hier, Samantha.« Ich wende die Augen nicht von meinen Feinden ab, während ich rede. »Gianna, ich muss Euch leider mitteilen, dass Euer kleines Attentat auf mich fehlgeschlagen ist.«

»Attentat?« In gespieltem Erstaunen hebt sie die Augenbrauen. »Wovon sprecht Ihr?«

»Ich weiß, dass das letzte Nacht im Empire State Building Eure Handlanger waren. Vindicator Security Services befindet sich doch in Eurem Besitz, oder? Es war ziemlich eindeutig, zu wem diese Leute gehörten.«

Sie hält meinem Blick stand. »Ich weiß nicht, worauf Ihr Euch bezieht, Templer. Aber falls ich meine Sicherheitsleute zu einem Attentat auf Euch schicken sollte, würde ich ihnen raten, Euch tagsüber anzugreifen.«

»Leugnen wird Euch nicht helfen. Ich weiß, was ich gesehen habe. Wie lange habt Ihr Euren Verrat schon geplant?« Ich bemühe mich um einen lässigen Plauderton. »Die Immobilientransaktion läuft ja bereits seit einiger Zeit.«

Sie ringt sichtlich mit sich, ob sie die unschuldige Fassade aufrechterhalten soll, ehe sie antwortet: »Eigentlich wollte ich die Sache Massoud und seinen Verbündeten überlassen. Aber Ihr musstet ja unbedingt in meinen Geschäften herumschnüffeln.«

Samanthas entnervte Stimme unterbricht unser Wortgefecht. »Dürfte ich fragen, was hier vorgeht?«

Ich antworte zuerst. »Gianna, wollt Ihr die Geschichte erzählen, wie Ihr dazu gekommen seid, Euch gegen den Richter Eurer Stadt zu stellen und ihm ein Mordkommando auf den Hals zu hetzen?«

»Zu Mordkommandos habe ich nichts zu sagen«, beharrt sie weiter. »Aber warum ich Euch nicht länger folge, erläutere ich gern. Zu diesem Zweck bin ich ja schließlich hergekommen.«

Sie wendet sich der allgemeinen Runde zu. Massouds Augen zucken immer wieder kurz von mir zu den übrigen Anwesenden. Er ist sich seiner Sache absolut nicht sicher und kann dies erheblich schlechter verbergen als Gianna. Ich widerstehe dem Drang, meinen Blick von ihm abzuwenden, und demonstriere damit meine Überlegenheit. Vielleicht gelingt es mir, ihn auf diese Weise zu einer Unachtsamkeit zu provozieren, die die anderen gegen ihn aufbringt. Doch vermutlich hat Giannas Geschichte hierauf einen größeren Einfluss.

»Die Herrschaft Leonards, des Templers, über Manhattan hat ein Ende. Ein weitaus Mächtigerer der Unseren hat beschlossen, sich hier anzusiedeln und die Stadt als seine Domäne zu beanspruchen.« Sie sieht mich mitleidig an. »Nehmt es bitte nicht persönlich, Leonard. Ich bin Euch zutiefst dankbar, dass Ihr mir damals gestattet habt, mich hier niederzulassen und habe immer gern mit Euch Geschäfte gemacht. Doch die Dinge haben sich geändert.«

»Geschäfte, ja?« Ich spucke ihr die Worte entgegen. »Geschäfte, das ist alles, was für Euch zählt. Der Marktwert von Loyalität steht derzeit wohl nicht besonders hoch.«

»Ihr beschämt mich, Leonard. Ich achte Loyalität als ein hohes Gut. Aber sie endet genau dort, wo sie in den sicheren Untergang führt. Ihr seid zweifellos stark und machtvoll, doch gegen den neuen Herren von New York werdet selbst Ihr nicht bestehen können.« Die nächsten Worte richtet sie wieder an die Versammlung. »Für diejenigen, die ihr Dasein in dieser Stadt fortzuführen gedenken, gibt es keine Wahl. Akzeptiert den neuen Herrscher oder Ihr werdet untergehen.«

Samantha mischt sich wieder ein: »Und dieser neue Herrscher ist er?« Sie deutet auf Massoud.

»Nein Mylady, ich bin nur sein untertäniger Diener.« Durch seinen Akzent erhalten die Worte eine intensive Betonung. »Mein Herr ist einer der ältesten von uns, der noch über die Erde wandelt. Er ist vor einiger Zeit aus langem Schlaf erwacht und hat diese Stadt zu seinem Herrschaftssitz erkoren. Er wird New York zur bedeutendsten Metropole der Unsterblichen erheben. Jeder, der sich ihm anschließt, wird reich belohnt werden. Doch wer sich ihm widersetzt, ist unweigerlich der Vernichtung preisgegeben.« Bei den letzten Worten sieht er mir in die Augen. »Wenn Ihr ihn um Vergebung bittet, Templer, seid vielleicht auch Ihr in seiner Streitmacht willkommen.«

Ich muss meine ganze Selbstbeherrschung bemühen, um ihm nicht an die Kehle zu springen. »Danke, ich verzichte auf diese Ehre.«

Jake meldet sich zu Wort und spricht Massoud an: »Wer ist Euer Chef? Einer der Alten aus Europa?« Seine Stimme ist nicht gerade von Begeisterung erfüllt. Gut für mich.

Massoud lächelt. »Die, die Ihr die Alten nennt, sind nichts im Vergleich zu meinem Meister. Keiner von ihnen kommt ihm an Macht gleich. Er war bereits einer der mächtigsten Unsterblichen, als Europa noch darauf gewartet hat, die Segnungen der Zivilisation zu erfahren.«

»Gab es in dieser mythischen Zeit schon Namen?« In der Vergangenheit hat Jakes vor Sarkasmus triefender Tonfall mich oft genug an den Rand des Blutrausches geführt. Nun zehrt er an Massouds Geduld. Ich lächele innerlich, während ich seinen Kampf beobachte.

»Er hat viele Namen …«

»Marduk«, fällt Veronica ihm ins Wort. »Sein Name ist Marduk. Und er hat sein Unwesen schon im antiken Babylon getrieben, vor einigen tausend Jahren.«

Ich höre ersticktes Keuchen und sehe entgleisende Gesichter angesichts der Enthüllung meiner Begleiterin. Ob dies nur an dem Alter liegt, das sie genannt hat, oder ob irgendjemand mit dem Namen etwas anfangen kann, vermag ich nicht zu beurteilen.

Massoud sieht Veronica finster an, hält sich jedoch mühsam unter Kontrolle. »Ja, so ist es.«

»Und dieser Marduk will, dass wir ihm die Füße küssen?« Jake hatte schon immer eine Abneigung gegen Autoritäten. Wir sind in den vergangenen Jahren oft genug aneinandergeraten. Es steht ihm ins Gesicht geschrieben, dass er die Aussicht, sich einem noch Älteren als mir zu unterwerfen, nicht im Geringsten begrüßt.

Massoud bemüht sich um einen beiläufigen Tonfall, als er antwortet: »Marduk fordert lediglich die Anerkennung seiner Herrschaft und Autorität. Er wird denen, die dies respektieren, umfangreiche Freiheiten gewähren, die weit hinausgehen über das, was Euch heute zugestanden wird.« Ein Seitenblick in meine Richtung zeigt allen Anwesenden, wen er für die aktuellen Beschränkungen verantwortlich macht.

Die letzte Bemerkung alarmiert Samantha. »Was wollt Ihr damit sagen?«

Massoud hält seine Augen auf mich gerichtet. »Ich will damit sagen, dass die Richter und ihre willkürlichen Gesetze uns daran hindern, unser wahres Potential zu entfalten und unseren angestammten Platz in der Welt einzunehmen.«

Samantha erkennt die Tragweite der Aussage. »Soll das heißen, Euer Herr respektiert die Ewigen Gesetze nicht? Sie sind die Grundlage unseres Daseins. Ohne sie herrscht Anarchie.«

»Ihr versteht mich falsch, Mylady«, stellt Massoud klar. »Mein Meister verfügt über Fähigkeiten, die geeignet sind, die Spuren unserer Existenz weitaus effektiver zu verbergen als der Templer. Er kann die Sterblichen dazu bringen, keine Fragen zu stellen und über ungewöhnliche Vorkommnisse hinwegzusehen. Und er ist bereit, diese Fähigkeiten zu Eurem Wohl anzuwenden.«

»Um die Blutbäder zu vertuschen, die er und seine Mordbande anrichten?« Veronica ist kurz davor, die Beherrschung zu verlieren. »Oh ja, das wird ein wundervolles Gemetzel und keiner merkt was. Tolle Aussichten!«

Ihrem Ausbruch folgen ein paar Sekunden des Schweigens. Jeder beäugt misstrauisch sein Gegenüber. Die Spannung ist beinahe körperlich spürbar.

Jake hat sich offenbar wieder vollständig unter Kontrolle und beendet die Stille: »Ich will mit Euren Machtkämpfen nichts zu tun haben. Das gibt nur Ärger. Haltet mich da raus!«

Seine Erklärung bricht den Bann. Der von ihm aufgezeigte Weg eröffnet den Anwesenden eine Möglichkeit, dem Konflikt aus dem Weg zu gehen.

Francis, der das Geschehen bisher kommentarlos beobachtet hat, meldet sich als nächster zu Wort: »So wie ich es sehe, betrifft diese Auseinandersetzung lediglich diejenigen, die die Herrschaft über die Stadt anstreben. Da dies außerhalb meiner Ambitionen liegt, werde ich keine Partei ergreifen, sondern mich dem Sieger unterordnen.«

Veronica erhebt die Stimme: »Das heißt, Ihr seid bereit, die blutigen Exzesse dieses babylonischen Monsters hinzunehmen? Und dafür was weiß ich wie viele Menschen abschlachten zu lassen?« Ihre Augen funkeln vor Zorn.

Ich lege ihr die Hand auf den Arm, um sie zurückzuhalten. Dann wende ich mich an den dunkelhäutigen Vampir, um eine Eskalation zu vermeiden. »Wir akzeptieren Eure Neutralität, Francis.«

Er nickt. Ich erkenne einen Anflug von Dankbarkeit in seinen Augen.

Jake präzisiert seine ursprüngliche Aussage: »Für mich dasselbe. Neutralität. Ich werde mich nicht einmischen.«

Zoë und Carl schließen sich an. Nicht, was ich erhofft habe, aber im Augenblick werde ich hier nicht mehr erreichen.

Als Letztes bekundet Samantha, unparteiisch zu bleiben. »Also dann steht unser Entschluss fest. Wir werden uns nicht in den Machtkampf einmischen und denjenigen von uns, die heute nicht hier sind, dasselbe empfehlen. Nur auf diese Weise können wir verhindern, dass die Stadt durch den Kampf in den Untergang gerissen wird. Und daran kann wohl keiner von uns interessiert sein.« Sie wendet sich Massouds Begleiterin zu. »Werdet auch Ihr dies anerkennen, Gianna?«

Die Angesprochene zögert, ehe sie antwortet. »Ich bin nicht sicher, ob dies noch möglich ist, nach den Anschuldigungen, die der Templer gegen mich vorgebracht hat.«

»In diesem Fall werde ich ausnahmsweise einmal nicht nachtragend sein, Gianna«, wende ich ein. »Samantha hat recht. Eine Ausweitung des Konfliktes dient nicht dem Wohl der Stadt, das uns allen am Herzen liegen sollte. Daher werde ich auf jegliche Vergeltung für Eure vergangenen Fehltritte verzichten, falls Ihr Euch fortan neutral verhaltet.«

Sämtliche Augen richten sich auf sie und warten auf ihren Entschluss.

»Also gut«, erklärt sie nach einer kurzen Pause und einem stillen Blickwechsel mit Massoud. »Ich werde mich aus allen künftigen Kämpfen heraushalten, bis eine Entscheidung gefallen ist, und den Sieger meiner uneingeschränkten Loyalität versichern.« Ihr Tonfall lässt keinen Zweifel daran, dass sie sicher ist, wer der Sieger sein wird. »Was ist mit Euch, Veronica?«

Die ehemalige Polizistin ist zunächst etwas verdattert angesichts Giannas unerwartetem Manöver. Sie sieht sich einem halben Dutzend erwartungsvoller Augenpaare gegenüber.

Schließlich strafft sie sich. »Ich werde nicht neutral sein. Nach allem, was ich bislang gesehen habe, werden die sterblichen Bewohner New Yorks großes Leid zu ertragen haben, wenn dem seine Bande hier das Sagen hat.« Sie richtet ihren Finger auf Massoud. »Und außerdem ist es bei mir etwas Persönliches. Immerhin ist sein durchgeknallter Nachwuchs dafür verantwortlich, dass ich überhaupt hier bin.«

»Du solltest dankbar sein für das Geschenk, das du erhalten hast, Kind«, erwidert der Orientale.

Nur mein fester Griff um Veronicas Arm hindert sie daran, ihn anzuspringen. »Ruhig!«, befehle ich ihr nachdrücklich.

Sie gehorcht, funkelt Massoud jedoch weiterhin aus blutunterlaufenen, zu schmalen Schlitzen verengten Augen an.

Als wieder Ruhe eingekehrt ist, ergreift Samantha das Wort: »Ich denke, es wird uns gelingen, die Unsterblichen von Manhattan mit Ausnahme Massouds und Veronicas zu überzeugen, sich ebenfalls neutral zu verhalten. Nur so können wir einen Krieg unter den Unsrigen verhindern. Doch wie sieht es mit den benachbarten Domänen und deren Herren aus?«

Ihre Frage richtet sich insbesondere an Francis, der sich zwar häufig in Manhattan aufhält, seinen Wohnsitz jedoch jenseits des East Rivers hat.

»Ich kann nicht für Lobo sprechen«, er bezieht sich auf den derzeit tonangebenden Vampir in der schnell wechselnden Serie der Herren von Brooklyn, »doch so, wie ich die Dinge sehe, betrifft diese Angelegenheit zunächst nur Manhattan. Ich denke nicht, dass sich jemand aus Brooklyn einmischen wird.«

»Und die anderen Feiglinge werden sich auch heraushalten«, ergänzt Jake, »zumindest, bis der Sieger feststeht. Dann werden sie alle angekrochen kommen, ein Riesenaufhebens darum machen, dass sie von Anfang an auf seiner Seite gestanden haben und ihre ewige Treue bekunden.«

Seine nicht sonderlich respektvolle, aber vermutlich zutreffende Prognose lockt ein Lächeln auf mein Gesicht. Auch Veronica entfleucht ein amüsiertes Kichern. Doch nicht alle Anwesenden können unsere Belustigung teilen.

»Jake!«, fährt Samantha ihn an. »Bitte haltet Eure Zunge im Zaum.«

Ihre andauernden Bemühungen, den Frieden zu wahren und ein Blutbad in ihren vier Wänden zu vermeiden, zehren an ihrer Geduld. Sie scheint mittlerweile selbst kurz davor, dem Blutrausch anheimzufallen und dem nächsten, der eine Provokation von sich gibt, an die Kehle zu gehen. Es grenzt ohnehin an ein Wunder, dass eine Zusammenkunft von neun Vampiren so lang vergleichsweise friedlich verlaufen ist. Insbesondere angesichts der überaus gereizten Grundstimmung. Doch alle Beteiligten haben viel zu verlieren, nicht zuletzt ihr Leben. Und noch vor dem unstillbaren Hunger und der ausgeprägten Territorialität ist der Selbsterhaltungstrieb das bestimmende Element unter unseren Instinkten.

Jake steht von seinem Barhocker auf und schnappt sich den Motorradhelm. »Ich glaube, ich verschwinde. Hier ist ja eh alles gesagt.« Sein Blick richtet sich auf mich. »Schätze, Eure Bitte neulich im Fairyland, Euch zu benachrichtigen, falls ich etwas über Neuankömmlinge erfahre, hat sich damit erledigt, oder?«

Ich würdige die rhetorische Frage keiner Antwort.

Nacheinander schaut Jake mich und Massoud an. »Ihr sagt Bescheid, wenn die Sache geregelt ist?«

Gianna antwortet an unserer Stelle: »Ihr werdet es merken, sobald der Kampf entschieden ist.«

»Gut, bis dann! Ich hab Hunger.« Mit einem kurzen Nicken verabschiedet er sich von Samantha und dem Rest der Versammelten, bevor er zwischen den Vorhängen in Richtung des Ausgangs verschwindet.

Als Nächstes erhebt sich Francis von der Wand, an die er sich gelehnt hatte. »Jakes Wortwahl ist ein ewiges Ärgernis, aber in der Sache hat er recht. Wir sind hier wohl fertig. Jetzt ist es an uns, das, was hier besprochen wurde, unseren Brüdern und Schwestern mitzuteilen. Vielen Dank für Eure Gastfreundschaft, Samantha. Gianna. Massoud. Templer.« Er verneigt sich zum Abschied leicht vor allen Angesprochenen, dann folgt er Jake eilig. Vermutlich wird er versuchen, ihn einzuholen, um draußen noch ein paar Worte mit ihm zu wechseln. Die beiden verstehen sich trotz ihrer höchst unterschiedlichen Manieren recht gut, soweit ich weiß.

Zoë ist die Nächste und verlässt das Cauchemar schweigend. Carl scheint bleiben zu wollen.

»Vielleicht sollten wir getrennt gehen«, schlägt Gianna mir gegenüber vor.

»Das wäre wohl besser.« Mit galantem Schwertschwung trete ich einen Schritt vom Eingang weg, um Ihr und Massoud Platz zu machen.

Sie verabschiedet sich förmlich von Samantha. Massoud funkelt mich mit siegesgewissem Lächeln an, bevor er der Gastgeberin zunickt und hinter Gianna den Club verlässt.

Erst als wir hören, wie Lucius die Tür hinter ihnen schließt, entspanne ich mich und packe das Schwert weg.

»Danke Samantha«, flüstere ich.

»Wofür?« Ihre Stimme ist immer noch gereizt. »Dass gerade eben dein Untergang besiegelt wurde? Oder habe ich es falsch verstanden, dass du allein gegen dieses uralte babylonische Monster und seine Brut antreten willst?«

»Nicht allein!«, protestiert Veronica.

Samantha mustert sie mit einer Mischung aus Verärgerung und Mitleid, würdigt den Einwand aber keines Kommentars. »Gegen einen derart Alten hast nicht einmal du eine Chance.«

»Was ist denn die Alternative?«, entgegne ich. »Soll ich die Stadt Marduk, Massoud und ihren Unholden überlassen?«

»Unholde? In New York?« Samantha sieht mich mit schreckgeweiteten Augen an.

Sie ist zu jung, als dass sie die Ära, in der die Mächtigen unter uns sich mit Horden bluttrinkender marodierender Sterblicher umgeben haben, miterlebt hätte. Doch diejenigen, die die Massaker der Unholde selbst gesehen haben, so wie ich, halten das Andenken an diese schreckliche Entartung wach. Darin sind wir so gut, dass auch die Jungblütigen bei der bloßen Erwähnung des Namens Furcht und Abscheu verspüren. Natürlich gibt es immer wieder experimentierfreudige Vampire, die trotz des Tabus herausfinden wollen, ob die Unholde wirklich so schlimm gewesen sind wie in den alten Geschichten. Aber jeder, der diesen Weg wählt, wird von den Archaioi und Richtern gnadenlos gejagt und ohne Verhandlung mit dem Tod bestraft. Dies mag sicherlich dazu beigetragen haben, dass jeder Zivilisierte unserer Art voller Abscheu von den Unholden spricht – oder besser gar nicht.

Samanthas Gesicht ist unschwer zu entnehmen, dass sie diese legendären Schrecken lang vergangener Zeiten nicht mit dem Hier und Jetzt ihrer Heimatstadt in Verbindung zu bringen vermag. Auch Carl, der zuvor nur mäßiges Interesse an unserer Konversation gezeigt hat, sieht mich mit ungläubiger Miene an.

»Sie haben Unholde auf New York losgelassen?«, wiederholt Samantha ihre Frage.

Ich nicke. »Als wir Massoud vorletzte Nacht zum ersten Mal getroffen haben, war er in Begleitung von zweien.«

»Bist du sicher, dass es Unholde waren?«

»Samantha, ich habe in der Vergangenheit genug von ihnen gesehen und war, wie du weißt, vor meiner Verwandlung selbst einer von ihnen. Ich erkenne Unholde, wenn ich gegen sie kämpfe.«

»Aber … das verstößt gegen die Gesetze …« Sie ist immer noch fassungslos.

»Willst du Marduk darauf hinweisen?« Ich kann den sarkastischen Unterton nicht aus meinen Worten verbannen.

Langsam fängt sie sich wieder. Dass sie weiterhin irritiert ist, merke ich jedoch daran, dass ihrer Stimme die übliche Verachtung fehlt. »Ich verstehe das nicht. Ich dachte, gerade die Alten drängen auf die Einhaltung der Ewigen Gesetze.«

»Ich weiß noch nicht so recht, was ich davon halten soll«, entgegne ich. »Wenn dieser Marduk wirklich aus dem alten Babylon stammt, ist er weitaus älter als alle der Unsrigen, von denen ich jemals gehört habe. Vielleicht glaubt er, über den Gesetzen zu stehen. Möglicherweise ist das sogar so. Und außerdem ist meines Wissens noch nie einer der Archaioi aus Europa oder Asien in die Neue Welt gereist. Die meisten von ihnen halten Amerika immer noch für barbarenverseuchte Wildnis. Marduk ist in vielerlei Hinsicht anders als die Archaioi, die ich kennengelernt habe. Ich weiß noch nicht, wie das alles zusammen passt.«

Samantha denkt kurz nach, bevor sie weiter spricht: »Ist Gianna bewusst, auf was sie sich da eingelassen hat?«

»Ich denke schon. Das Killerkommando, das sie vergangene Nacht auf mich gehetzt hat, bestand zumindest teilweise auch aus Unholden.«

»Du bist sicher, dass das auf ihr Konto gegangen ist?«

»Ziemlich. Und seit ihrer Reaktion, als ich sie darauf angesprochen habe … Ja, ich bin sicher.«

Das Zucken in ihrer Wange verrät, wie aufgebracht sie ist. »Das heißt, auch sie ignoriert die Gesetze?«

»Gianna war schon immer ausschließlich auf ihren Vorteil bedacht. Sie nutzt jede Gelegenheit, um so viel Macht zu erlangen wie möglich. Wenn ihr neuer Gönner ihr gestattet, ihren Lakaien übermenschliche Kraft zu verleihen, lässt sie sich das nicht entgehen.«

»Nun, zumindest wird sie jetzt hoffentlich etwas vorsichtiger sein und ihre Unterstützung für Marduk weniger offensichtlich erscheinen lassen.« Samantha teilt offenbar meine Einschätzung, dass Giannas Versprechen, sich aus der Auseinandersetzung zwischen Marduk und mir herauszuhalten, nicht mehr als ein Lippenbekenntnis war.

»Ich denke, nun solltet ihr gehen«, fügt sie hinzu, »sonst wird noch meine Neutralität angezweifelt, weil ich zu lange mit dir beratschlage. Ich wünsche dir viel Glück für deinen Kampf, Leon, und ich fürchte, du wirst es brauchen.«

Ich hätte mir etwas aufmunterndere Worte gewünscht. Aber wenn ich bedenke, was ich mir von Samantha üblicherweise alles anhören muss, kann ich mich vermutlich glücklich schätzen.

»Auch dir viel Glück, Sam«, antworte ich. »Für den Fall, dass bald Marduk über Manhattan herrscht, wirst du es benötigen.«

Samantha und Veronica beschränken ihre gegenseitigen Abschiedsgrüße auf ein Nicken, begleitet von finsteren Blicken. Die Aversion der beiden Frauen gegeneinander ist beinahe spürbar. Ich bedenke Carl, der die ganze Zeit über im Hintergrund wartet, mit einem stillen Gruß, den er ebenso beantwortet. Dann verstaue ich das Schwert in der Tasche und strebe dem Ausgang entgegen. Veronica scheint es noch eiliger zu haben und ist bereits vorausgegangen.

Als wir Lucius passiert haben und die Straße betreten, vergewissere ich mich zunächst durch einen ausgiebigen Rundumblick, dass wir nicht erwartet werden. Mit dem Verlassen des Cauchemar haben wir die Sicherheit des gemäß unserer gerade geschlossenen Abmachung zumindest inoffiziell neutralen Bodens hinter uns gelassen. Auf den Straßen New Yorks können von nun an hinter jeder Ecke Gegner lauern. Die Begegnung mit dem Flammenwerfer letzte Nacht hat mir die Skrupellosigkeit meiner Feinde eindringlich vor Augen geführt. Dass ich derzeit nicht einmal über eine gesicherte Zuflucht mit vertrauenswürdigen Tagwächtern verfüge, macht die Lage nicht besser. Doch im Augenblick kann ich keine Gefahr erkennen. Die einzigen Bewegungen auf der menschenleeren Straße sind feine Wassertropfen, die durch den auffrischenden Wind von Häusern und Bäumen heruntergeweht werden und Wellen auf den Pfützen hinterlassen, die den Asphalt bedecken. Ich beschließe, nicht zur U-Bahn-Station zurückzukehren, sondern marschiere in die entgegengesetzte Richtung. Ich glaube zwar nicht, dass man uns bereits auflauert, aber wozu unnötige Risiken eingehen, selbst wenn sie nur gering sind?

Veronica protestiert nicht. Vermutlich gehen ihr ähnliche Gedanken durch den Kopf. Willkommen in den Reihen der paranoiden Unsterblichen.

»War das okay, dass ich nicht bei der Neutralität mitgemacht habe?«, will sie wissen, als wir das Spalier der Wohnhäuser entlang schreiten.

»Ja. Es hätte ohnehin niemand geglaubt, wenn du etwas anderes behauptet hättest. Außerdem ist Massoud genau so wenig unparteiisch.«

»Und was ist von Gianna zu halten?«

»Wie Samantha gesagt hat: Sie wird vorsichtiger sein müssen, wenn sie Marduk weiter helfen will, um zumindest den Schein der Neutralität zu wahren. Das könnte ein wertvoller Vorteil sein. Sie verfügt über umfangreiche Ressourcen, die sie nun nicht mehr offen in die Schlacht werfen kann. Falls uns das den Besuch einer weiteren Killertruppe erspart, hat sich der Abend schon gelohnt.«

»Aber dein eigentliches Ziel war doch, Verbündete zu gewinnen, oder nicht?«

Sie schafft es, mit einer einfachen Frage meine ganzen Bemühungen zu zerstören, mir selbst gegenüber das Ergebnis unseres Besuches im Cauchemar schönzureden. Das Problem ist, dass sie mit ihrer Unterstellung absolut recht hat. Mein Ansinnen, Samantha und über sie ihre zahlreichen Bekannten für mich zu gewinnen, wurde gerade zunichtegemacht. Auf der anderen Seite hatten Massoud und Gianna vermutlich dasselbe vor, so dass ich ihre Pläne genauso durchkreuzt habe, wie sie die meinen.

Veronica wertet mein Schweigen offensichtlich als Zustimmung und fährt fort, unangenehme Fragen zu stellen: »Die anderen sind sich ja ziemlich sicher, dass du keine Chance hast. Ist das wirklich so?«

Abrupt bleibe ich stehen und bedenke sie mit einem finsteren Blick.

»Ich frag ja nur«, beeilt sie sich, entschuldigend hinzuzufügen. »Vor einer Woche habe ich Vampire noch für Märchenfiguren gehalten. Ich will nur wissen, woran ich bin. Und was ich davon halten soll, wenn mir plötzlich babylonische Gottheiten leibhaftig gegenüberstehen.«

»Er ist kein Gott!«, widerspreche ich trotzig. »Er hat diesen Namen nur angenommen, um seine Gefolgsleute zu beeindrucken.«

Veronicas Gesichtsausdruck sehe ich an, dass dieser feine Unterschied die Sache in ihren Augen nicht besser macht.

»Du hast ja recht«, gebe ich zu. »Also, wenn er wirklich der ist, für den wir ihn halten, sieht es nicht gut aus. Die Archaioi verfügen über Kräfte, denen niemand widerstehen kann außer einem anderen der Alten. Und Marduk ist nach allem, was wir wissen, sehr alt.« Ein Seufzer dringt über meine Lippen. »Ohne Verbündete werden wir diesen Kampf wohl nicht gewinnen. Vielleicht wäre es besser, wenn du dich von mir fernhältst. Du bist noch jung. Du …«

»Kommt nicht infrage! So schnell gebe ich nicht auf und du solltest das auch nicht tun! Immerhin haben wir es geschafft, aus Marduks Allerheiligstem zu entkommen. Das heißt, er ist nicht allmächtig. Wir können seine Pläne durchkreuzen. Wir müssen nur herausfinden, wie wir ihn treffen können, wo seine Schwachpunkte sind, und da zuschlagen, wo es ihm wehtut.« Ihre Augen funkeln vor Zorn, während sie weiter auf mich einredet. »Ich habe mit Massoud noch eine Rechnung offen und du bist meine einzige Chance, sie zu begleichen. Hey, du bist der Richter von New York! Es ist dein Job, solchen Drecksäcken wie Marduk und Massoud zu zeigen, dass sie hier nicht treiben können, was sie wollen. Die können doch nicht einfach hierherkommen und haufenweise Leute abschlachten, um ihre Badewanne mit Blut zu füllen. Irgendjemand muss da was gegen unternehmen und ich glaube, das sind wir.«

Beeindruckende Ansprache. Ich habe schon einige Jungblütige mit ausgeprägtem Selbstbewusstsein getroffen. Die meisten von ihnen, die derartige Reden schwingen, werden bald von der harten Realität unserer nächtlichen Existenz eingeholt. Mehr als einer von ihnen hat am eigenen Leib erfahren, dass die Unsterblichkeit überraschend schnell zu Ende sein kann. Ich bin daher über mich selbst erstaunt, dass ich mich dazu hinreißen lasse, über Veronicas Worte nachzudenken.

Irgendjemand muss etwas dagegen unternehmen. Ist das so?

Ich habe erlebt, wie auf Geheiß der Archaioi unzählige Menschen auf grausamste Art abgeschlachtet worden sind. Wie die heimlichen Herrscher der Unsterblichen aus einer Laune heraus blühende Städte und ganze Länder in blutige Moraste aus Tod und Verderben verwandelt haben. Diese vampirischen Gemetzel sind zwar selbst in Europa mittlerweile Geschichte. Sie wurden durch die noch unendlich viel schrecklicheren Untaten abgelöst, die die Sterblichen sich dank der Fortschritte in Waffentechnik und Kriegsführung gegenseitig anzutun gelernt haben. Doch in unseren Jahrhunderte umfassenden Erinnerungen sind die Blutbäder der Vergangenheit noch allzu präsent. Die Ewigen Gesetze sind der

Garant für unser Bestreben, derartiges nie wieder geschehen zu lassen.

Bei dem Gedanken an Korridore voller aufgestapelter Kisten mit den Überresten von Marduks Mahlzeit verspüre ich einen unbändigen Widerwillen dagegen, dieses babylonische Ungeheuer gewähren zu lassen. Ihm zu erlauben, New York – meine Stadt – mit Unholden zu überschwemmen und in ein Schlachthaus zu verwandeln.

Ich gebe zu, dass ich niemals besonders großes Interesse daran hatte, New York zu einem Hort immerwährenden Friedens zu machen. Die hohe Kriminalitätsrate der Stadt ist einfach zu geeignet, die Ausschweifungen und Verfehlungen derjenigen ihrer Bewohner zu vertuschen, die sich von menschlichem Blut ernähren. Doch das wenige, was ich bislang von Marduks Tun gesehen habe, geht weit über alles hinaus, was ich als Richter zu tolerieren bereit wäre. Und ich habe die Befürchtung, er wird sein Handeln nicht wesentlich verändern, sollte er die Herrschaft erlangen. Die Versammlung im Cauchemar hat erwiesen, dass in der Tat niemand außer Veronica und mir gewillt zu sein scheint, etwas dagegen zu unternehmen. Und Jakes Prognose, dass die Herren der anderen Domänen vor Marduk buckeln werden, ist vermutlich ebenfalls zutreffend.

Würden sie sich gegen ihn stellen, wenn sie von seinen Untaten wüssten? Wenn sie mit eigenen Augen das blutgefüllte Becken sähen? Zumindest Gianna hat einen Einblick in die Machenschaften des selbsternannten neuen Herren von New York erhalten und dennoch für ihn Position bezogen. Was ihr Vorteil in diesem Handel ist, weiß ich nicht. Aber wenn Marduk Gianna kaufen kann, wird es ihm auch gelingen, die anderen Vampire der Stadt auf seine Seite zu ziehen. Meine Erfahrung mit ihnen zeigt ziemlich eindeutig, dass ihnen die Einhaltung der Ewigen Gesetze nur so lang an ihren toten Herzen liegt, wie es jemanden gibt, der sie ihnen aus den Leibern reißt, wenn sie es nicht tun. Es hängt also wohl an mir, ihn aufzuhalten. Bleibt die nächste Frage: Wie tue ich das? Beweist unsere erfolgreiche Flucht aus seinem Domizil wirklich seine Verwundbarkeit? Ist er nicht so allmächtig, wie ich und die anderen Unsterblichen der Stadt es von einem Vampir seines Alters vermuten? Hat er tatsächlich einen Schwachpunkt, der ihn besiegbar macht? Ich erinnere mich, wie er scheinbar mühelos meinen Schwerthieb aufgefangen hat. Meine übliche Methode, meinen Gegnern im offenen Kampf gegenüberzutreten, wird in diesem Fall nicht von Erfolg gekrönt sein. Und auch die Anwendung des Bösen Blickes ist gegen einen derartigen Feind absolut aussichtslos. Womit meine Möglichkeiten ziemlich ausgeschöpft wären. Das Einzige, was wir erfolgreich vollbracht haben, ist, ihm zu entkommen. Doch selbst falls uns dies noch einmal gelingt, wird es uns kaum zum Sieg verhelfen. Keine guten Aussichten.

»Also, was ist?«, unterbricht Veronica meine Gedanken.

»Ich weiß nicht, wie wir ihn besiegen sollten«, fasse ich meine Überlegungen zusammen. »Du hast gesehen, wozu er fähig ist. Dagegen komme selbst ich nicht an.«

»Okay. Wer könnte wissen, wie man ihn besiegt?«

Es ist erstaunlich, wie sie es immer wieder schafft, mich mit ihren einfachen, scheinbar naiven Fragen aus dem Konzept zu bringen.

Als ich sie nur verdutzt anschaue, statt zu antworten, fährt sie fort: »Er ist einer von diesen Archadingens. Den Alten. Vielleicht kann ein anderer von denen uns helfen? Oder halten die alle zusammen?«

Veronicas Mutmaßung entlockt mir ein leises Prusten. »Zusammenhalten? Die Archaioi? Ganz bestimmt nicht. Die sind mehr als alle anderen von uns darauf bedacht, ihre Domänen abzugrenzen und permanent damit beschäftigt, Intrigen zu spinnen, um sich gegenseitig zu schaden.«

»Hört sich doch gar nicht so schlecht an.« Sie trällert beinahe triumphierend. »Dann müssen wir nur noch einen von denen finden, der was gegen Marduk hat.« Ein entwaffnendes Grinsen breitet sich über ihr Gesicht aus.

Ihr Vorschlag ist derart abwegig, dass ich einen Augenblick benötige, bevor ich überhaupt wieder Worte finde. »Veronica, die Archaioi sollte man aus allem, in das sie sich nicht sowieso schon von allein einmischen, tunlichst heraushalten. Der eine, mit dem wir es hier zu tun haben, bedeutet bereits mehr Ärger, als wir brauchen können. Wenn wir weitere von ihnen in die Sache hineinziehen, wird es nur noch schlimmer.«

Sie baut sich vor mir auf und stemmt die Fäuste in die Hüften. »Was bitte soll denn noch schlimmer werden? Er reißt sich deine Domäne unter den Nagel, du kannst ihn nicht besiegen und niemand will uns helfen. Mir scheint, unsere Optionen sind derzeit recht übersichtlich: Entweder glorreich untergehen oder so schnell wie möglich verschwinden. Beides gefällt mir nicht besonders gut. Die einzige Alternative besteht darin, Hilfe zu holen und dabei nicht wählerisch zu sein. Und wer kann uns gegen einen der Alten helfen? Jemand, der genauso mächtig ist und nichts lieber macht, als seinesgleichen in die Suppe zu spucken: Einer der Alten.«

Ich erinnere Veronica mit ein paar Gesten daran, dass wir offen auf einer Straße stehen – wenn im Augenblick auch außer uns niemand zu sehen ist – und die Lautstärke ihrer Ausführungen dem Thema nicht angemessen ist.

»'Tschuldigung«, flüstert sie. »Gehen wir woanders hin!«

Während wir durch das nächtliche Greenwich Village schlendern, fährt sie leiser fort: »Wo findet man eigentlich die Nächsten der Alten?«

»In Europa. Soweit ich weiß, ist vor Marduk kein einziger von ihnen je über den Atlantik gekommen.«

»Wieso denn das? Allesamt Stubenhocker?«

Ihre überaus respektlosen Bemerkungen über diese uralten, machtvollen Kreaturen, die man sonst nur flüsternd zu erwähnen wagt, bringen mich immer wieder zum Schmunzeln.

»Sie alle sind über tausend Jahre alt. Die meisten noch viel mehr. Mit dem Alter verändert sich die Wahrnehmung der Zeit. Sie betrachten die Entdeckung Amerikas immer noch als ein neuartiges Ereignis. Für sie ist die Neue Welt eine ungezähmte Wildnis bar jeder Zivilisation und Kultur. Und an diesem tief in ihren unsterblichen Köpfen verwurzelten Weltbild kann auch der History Channel nicht viel ändern. Sie leben in ihrer eigenen Welt, die mit der der Sterblichen nur am Rande etwas zu tun hat. Und darüber hinaus haben sie sich über die Jahrhunderte eng in ihre lokalen Netze aus Handlangern, Verbündeten und Informanten eingesponnen. Keiner von ihnen ist bereit, dies durch einen Umzug auf einen anderen Kontinent aufs Spiel zu setzen.«

»Sag ich doch: Allesamt Stubenhocker!« Ihr Grinsen ist wieder zurück.

Ich seufze.

»Und warum ist Marduk anders?«, fragt sie.

»Ich weiß es nicht.« Nach einem Moment des Überlegens fahre ich fort: »Vielleicht müssen wir wirklich erst einmal mehr über ihn herausfinden.«

»Sag ich doch.«

Unser Spaziergang führt uns auf eine belebtere Straße. Trotz des schlechten Wetters und der fortgeschrittenen Stunde sind hier noch zahlreiche Nachtschwärmer unterwegs, so dass wir unser Gespräch aussetzen. Vermutlich würde keiner der Passanten, der über den Lärm der vorbeifahrenden Autos auf der nassen Straße hinweg ein paar Wortfetzen unserer Diskussion aufschnappt, irgendeinen Verdacht schöpfen. Doch in der augenblicklichen Situation riskiere ich lieber ein wenig Paranoia als die zufällige Begegnung mit einem von Marduks oder Massouds Vertrauten. Veronica scheint die Dinge ähnlich zu sehen.

Ich winke ein Taxi heran.

»Wo geht's jetzt hin?«, fragt sie.

»Zur Mafia.« Ich steige in den Wagen ein.

Ich nenne dem Fahrer eine Adresse in Little Italy. Sobald auch meine Begleiterin Platz genommen hat, fährt er los.

Die Fahrt dauert nur wenige Minuten. Das Taxi hält vor einem italienischen Restaurant im Erdgeschoss eines fünfstöckigen Gebäudes, über dessen Front sich das stählerne Gerippe einer Feuerleiter erstreckt. Ich bezahle den Fahrer, steige aus und betrete das Lokal.

Hinter dem Tresen spült der beleibte Wirt Gläser. Außer ihm ist nur eine Gruppe von vier Männern anwesend. Sie sitzen um einen der rustikalen Holztische, der wie der Rest der Einrichtung bereits bessere Zeiten erlebt hat. Fünf feindselige Augenpaare sind auf mich und Veronica gerichtet. Einer der Männer steht bei meinem Anblick sofort auf, beschwichtigt seine Kumpane mit einer Geste und kommt auf mich zu.

»Ich habe Sie schon erwartet.« Der obligatorische Zahnstocher in Silvios Mund befindet sich auf seiner ewigen Reise vom linken Mundwinkel in den rechten und wieder zurück.

Der Mobster kennt mich lang genug, um mir nicht die Hand zu reichen. Veronica beachtet er nicht weiter. Ein kurzer Seitenblick zu meiner Begleiterin ist das einzige Anzeichen dafür, dass er sie überhaupt bemerkt. Ich erkenne einen Anflug von Verwunderung. Er hat offenbar nicht erwartet, sie noch einmal lebend zu sehen. »Folgen Sie mir!«

Die anwesenden Italiener haben die stumme Kommunikation zu einer hohen Kunst entwickelt. Mit einem Blick teilt Silvio dem Wirt mit, dass er das Hinterzimmer benötigt, und erhält eine nahezu unmerkliche Bestätigung in Form eines angedeuteten Kopfnickens. Oft geübte Gangsterroutine.

Der Raum, in den er uns führt, ist schmucklos und funktionell. Ein Tisch, vier Stühle, die Deckenlampe kaum mehr als eine Fassung für die Glühbirne. An zwei der Wände stapeln sich Kisten und Kartons. Er bietet mir einen Platz an, doch ich bleibe stehen. Veronica und er tun es mir gleich.

Silvio kommt ohne Aufforderung oder Umschweife auf den Punkt. »Ich habe die Sachen aus dem Appartement abgeholt. Der Inspektor war recht hilfreich. Er hat mir die anderen Bullen vom Leib gehalten. Der ganze Kram ist in einem Container in einem Lagerschuppen in Brooklyn.«

»Gut.« Zumindest haben meine Habseligkeiten und die Andenkensammlung das Chaos überstanden, das über mich hereingebrochen ist. »Können die Sachen dort eine Weile bleiben?«

Der Zahnstocher beendet eine weitere Runde. »Klaro. Das liegt da gut.«

Eine Sorge weniger. Wenn auch nur eine der kleineren, die mich derzeit plagen.

»Noch etwas: Kannst du uns bis zum Sonnenaufgang einen Unterschlupf besorgen? Unauffällig, fensterlos und sicher vor unliebsamen Besuchern? Am besten eine von euren geheimen Wohnungen.«

»Klaro, Boss.« Er grinst, wobei der Zahnstocher fest zwischen seinen Zähnen verankert ist. »So was haben wir immer parat. Geben Sie mir eine Stunde oder so, dann ist alles vorbereitet.«

»Sehr schön. Ich wusste, ich kann auf dich zählen.« So, das war genug Lob für heute. »Ich brauche ein Telefon.«

Er greift in die Tasche seines Sakkos und reicht mir ein Handy. »Ist sicher. Die Nummer kann nicht zurückverfolgt werden.«

Ich habe bei meiner Frage zwar eher an einen Festapparat gedacht, aber ich akzeptiere das angebotene Mobiltelefon. Ich fürchte, an diese Dinger werde ich mich gewöhnen müssen. Immerhin habe ich das in der Vergangenheit schon mit ganz anderen technologischen Errungenschaften geschafft.

Etwas unsicher fingere ich an dem winzigen Gerät herum.

Dabei stelle ich mich wohl nicht sonderlich geschickt an, denn Veronica nimmt es mir aus der Hand. »Lass mich das machen!«

Sie hat keine Mühe, das Telefon aufzuklappen und die Tastatur zu aktivieren. Manchmal fühle ich mich echt alt. Zum Glück habe ich Unterstützung.

»Welche Nummer?«, fragt sie.

»Das kriege ich schon hin.« Ich nehme mir das Gerät wieder und tippe Ludovicz' Nummer ein. Nichts passiert.

»Grüne Hörertaste«, flüstert Veronica mir mit einer Mischung aus Triumph und unverhohlenem Sarkasmus zu.

Ich befolge ihre Anweisungen mit gequälter Miene. Das Freizeichen bestätigt meinen Erfolg.

»Hallo?«, ertönt Ludovicz' Stimme.

»John Smith hier. Wie ist der Status?«

Ich höre, wie der Polizist tief durchatmet, bevor er antwortet. »Das ist ein ziemliches Stück Arbeit. Eine Riesensauerei, die da passiert ist. Ich konnte leider nicht verhindern, dass das FBI sich einschaltet. Die vermuten irgendwelche staatsübergreifenden Bandenkriege oder was auch immer. Ich versuche, sie mit ein paar bürokratischen Tricks noch so lang hinzuhalten, bis ich die ärgsten Beweise im Griff habe und keine Gefahr mehr besteht, dass unangenehme Details ans Licht kommen. Ich krieg das schon hin.«

Das wollte ich hören.

»Gute Arbeit. Passen Sie auf, Karol! Es kann passieren, dass ich eine Zeit lang weg bin oder nur eingeschränkt verfügbar. Ich kann Ihnen also möglicherweise nicht helfen. Sie müssen das alleine bewerkstelligen.«

»Verstanden. Ich schaff das schon.«

»Wenn Sie Sachen oder Personen verschwinden lassen müssen, wenden Sie sich an Silvio. Er wird Ihnen behilflich sein.« Die beiden haben unter meiner Anleitung schon früher erfolgreich zusammengearbeitet. »Im Übrigen versuchen Sie, den Kopf in nächster Zeit unten und sich selbst aus der Schusslinie zu halten. Kann sein, dass es ein wenig Ärger gibt. Ohne Anweisung von mir unternehmen Sie nichts, was über Ihre dienstlichen Pflichten hinausgeht.«

»Habe verstanden.«

»Ich melde mich wieder.« Es dauert ein paar Sekunden, bis ich die rote Hörertaste finde und das Gespräch beende. Ich gebe das Handy an Silvio zurück.

»Erwartest du Probleme für Ludovicz?«, fragt Veronica.

»Er arbeitet sehr viel für mich. Nicht auszuschließen, dass Gianna von ihm weiß und versucht, ihn kaltzustellen. Reine Vorsichtsmaßnahme.«

In Silvios Augen zeigt sich ein Anflug von Sorge.

»Du lässt es in der nächsten Zeit besser auch etwas ruhiger angehen«, empfehle ich ihm.

Der Mafioso schaut mich an. »Welche Art von Feinden haben wir zu erwarten?«

»Keine, mit denen du und deine Leute euch anlegen wollt.«

»Sind sie so wie Sie?«

»Im schlimmsten Fall ja.«

Er schluckt. Ebenso wie Ludovicz habe ich ihm nie explizit erzählt, was ich bin. Doch auch er hat in den vergangenen Jahren genug mitgekriegt, um sich seine Gedanken zu machen. Außerdem weiß er, dass bereits sein Onkel sein halbes Leben lang für mich gearbeitet hat. Und der ist immerhin schon seit über zehn Jahren tot. Insgesamt selbst für einen Capo des organisierten Verbrechens mehr als ausreichend Gründe, sich nicht mit meinesgleichen anzulegen.

»Doch nun organisiere erstmal unsere Zuflucht!«, ordne ich an. »Wo sollen wir nachher hinkommen?«

»Am besten hierher.« Der Themenwechsel zurück zu unseren unmittelbaren Geschäften vertreibt Silvios Anflug von Unsicherheit. »Ich werde entweder selber hier sein oder dafür sorgen, dass jemand anderes Sie zu Ihrem Unterschlupf bringt.«

»Gut. Dann sehen wir uns später.« Ich strebe dem Ausgang entgegen.

Im Schankraum beobachten der Wirt und das Trio am Tisch uns aus den Augenwinkeln. Die Gangster sind zweifellos Raubtiere im vielbeschworenen Dschungel der Großstadt. Doch ihnen ist bewusst, dass sie nicht das Ende der Nahrungskette darstellen.

Meine Begleiterin und ich verlassen das Restaurant ohne einen weiteren Gruß und kehren auf die Straße zurück.

Draußen angekommen saugt Veronica die kalte Nachtluft tief in ihre Lungen. Lachend schüttelt sie den Kopf. »Vor einer Woche war ich noch eine aufrechte Polizistin. Und jetzt treibe ich mich in der Gesellschaft von Vampiren, korrupten Cops und Mafiosi herum.« Sie schaut mir in die Augen. »Ist das das, was man als Ironie des Schicksals bezeichnet?«

»Meiner Erfahrung nach ist das Schicksal ein wankelmütiges Miststück mit einem recht kuriosen Sinn für Humor. Und glaube mir, ich habe schon reichlich mit ihm zu tun gehabt.«

»Soll mir das jetzt Hoffnung machen?«

»Es soll dir nur sagen, dass du in guter Gesellschaft bist.«

Mit diesen Worten wende ich meinen Blick von ihr ab und schenke meine Aufmerksamkeit wieder der Straße. Wenige Minuten später sitzen wir erneut in einem Taxi.

»Wohin geht's jetzt?«, fragt sie.

»Jetzt widmen wir uns erst einmal unserem Seelenheil.«

Ihrem Gesichtsausdruck nach zu urteilen, findet sie meine Antwort nur bedingt zufriedenstellend.

»St. Patrick's Cathedral«, weise ich den Fahrer an.

Es ist Pfingstsonntag. Ein paar Traditionen müssen trotz aller Widrigkeiten gewahrt bleiben. Und außerdem habe ich schon immer gern Kirchen aufgesucht, wenn ich nicht sicher war, was als Nächstes zu tun ist. Ob nur die Stille meiner Konzentration zuträglich ist oder ob tatsächlich ein kleines bisschen göttliche Inspiration auf mich hernieder kommt, vermag ich nicht zu beurteilen. In jedem Fall fühle ich mich nirgends so geborgen wie im Haus Gottes. Erstaunlicherweise ist das erst so, seit ich in die Reihen der Unsterblichen aufgenommen wurde. Als Mensch habe ich mich entweder wenig um Gott gekümmert oder mit ihm gehadert. Doch seit meiner Verwandlung habe ich regelmäßig Kirchen aufgesucht, um Trost zu erfahren und Einsicht zu erlangen.

Sommer 1125, Jerusalem, Königreich der Kreuzfahrer

Meine Erleichterung war groß, als ich die Grabeskirche betreten hatte, ohne in Flammen aufzugehen, mich vor Schmerzen zu krümmen oder ähnliche göttliche Strafen zu erleiden. Den ersten Versuch, nach meiner Verwandlung eine Kirche aufzusuchen, hatte ich bereits in der Nacht, nachdem Vitus mich als Neugeborenen begrüßt hatte, unternommen und wohlbehalten überstanden. Auch die Hagia Sophia hatte ich ohne überirdische Sanktionen betreten können. Unter der himmelsgleichen Kuppel hatte ich den Allmächtigen um die Kraft angefleht, die ich für die vor mir liegenden Aufgaben benötigte.

Doch all diese Zeichen hatten meine Furcht, zu einem gottverlassenen Dämon geworden zu sein, der im Angesicht der Macht Christi unweigerlich zugrunde gehen musste, nicht endgültig beseitigen können. Schon beim Durchschreiten des Tores der Heiligen Stadt hatte ich befürchtet, jeden Augenblick vor Gottes Strafgericht gerufen zu werden für den Frevel, den ich begangen hatte. Doch es geschah ebenso wenig wie bei der finalen Prüfung, die ich mir auferlegt hatte: Dem Betreten des heiligsten Ortes, den ich kannte.

Nun stand ich dort, wo Christi Leib drei Tage lang leblos gelegen hatte, bevor er von den Toten auferstanden war. Ich fühlte weder Schmerz noch Unbehagen. Wo könnte Gottes Macht, die Unwürdigen zu zerschmettern, größer sein als hier? Was erwartete ich sonst noch für Beweise, dass Vitus recht hatte und ich nicht unwiederbringlich der Verdammnis anheimgefallen war? Nun endlich war ich überzeugt, dass Gott mich nicht verlassen hatte. Vielleicht war all dies wirklich Teil seines Plans und ich weiterhin sein Werkzeug und nicht das des Widersachers.

Vitus hatte alles Leben aus meinem Leib gesaugt, bevor sein Blut mich in eine neue Existenz geführt hatte. Ein neues erhabenes Dasein ohne die Widrigkeiten, die das Leben der Sterblichen bestimmten. Weder Alter noch Krankheit konnten mir nun etwas anhaben. Selbst der Tod war nicht mehr unausweichlich. Vitus war weit über tausend Jahre alt. Die Gnade der Unsterblichkeit war mir zuteilgeworden.

Ich sah auf zu dem Bildnis des Gekreuzigten, das über mir hing. War nicht auch ich wie Christus von den Toten auferstanden? War ich dem Sohn Gottes ähnlicher geworden und näher gekommen, als es Sterblichen überhaupt möglich war? War es frevelhaft, das, was mir widerfahren war, mit der Leidensgeschichte Jesu zu vergleichen? Die Verwirrung über die Wunder, die ich erblickt und am eigenen Leib erfahren hatte, hielt mich weiter in ihrem Griff. Doch mich mit dem Heiland zu messen, kam mir trotz aller Ähnlichkeiten blasphemisch vor. So ließ ich von dem Gedanken ab und beschloss, mich wieder meinen unmittelbaren Aufgaben zu widmen.

Seit Vitus mich in die Reihen der Nocturni aufgenommen hatte, war ich stärker als jeder Mensch. Innerhalb kürzester Zeit vermochte ich Wunden zu heilen, die einen Sterblichen auf der Stelle niedergestreckt hätten. All die Kräfte, die ich bereits nach meiner ersten Begegnung mit meinem heimlichen Herrn empfangen hatte, waren wieder mein. Nur unvergleichlich mächtiger als zuvor. Und diesmal wohnten sie meinem eigenen Leib inne. Ich war nicht mehr abhängig von Vitus' Blut, das mich damals zum Unhold gemacht hatte. Doch die Macht, die Vitus mir geschenkt hatte, war teuer erkauft. Er hatte mich mehrere Wochen lang gelehrt, das Sonnenlicht um jeden Preis zu meiden, in dem wir verzehrt wurden wie ein dürrer Zweig auf dem Scheiterhaufen. Dem Anblick der Sonnenscheibe zu entsagen, fiel mir nicht sonderlich schwer. Ich vermisste das Licht nicht. Es brachte allerdings einige Schwierigkeiten mit sich, in der Welt der Menschen zu verkehren, ohne an ihren täglichen Verrichtungen teilnehmen zu können. In Konstantinopel ging das Leben nach Einbruch der Dunkelheit zumeist noch eine ganze Weile weiter, so dass wir wenigstens die notwendigsten Geschäfte erledigen konnten. Doch spätestens die Reise ins Heilige Land hatte mir eindringlich vor Augen geführt, dass zahlreiche Aufgaben, die ich früher keines Gedankens gewürdigt hatte, nun in hohem Maße fordernd waren. So zum Beispiel die Schiffsfahrt, während der ich mich tagsüber in einer ausladenden Truhe zusammenkauern musste, um nicht zu Asche verbrannt zu werden.

Die noch weitaus größere Herausforderung bestand allerdings darin, den unstillbaren Hunger zu beherrschen, der meinesgleichen nach dem Blut der Menschen lechzen ließ. Im Gegensatz zu meinem Herrn bereitete es mir erhebliche Seelenpein, einem Sterblichen das Leben zu nehmen. Denn auch wenn meine bloße Existenz Gottes Gnade anscheinend nicht von mir genommen hatte, so war ich doch fest davon überzeugt, dass meine Taten dies schnell ändern konnten, sollte ich mich als schwach erweisen.

In Konstantinopel hatte ich bereits schwere Schuld auf mich geladen, angefangen bei den Sklaven, die Vitus in der Nacht nach meiner Wandlung zu mir in die Zelle geschickt hatte. Unter Anastasias Anleitung hatte ich in den folgenden Tagen gelernt, das Trinken nach wenigen Schlucken zu beenden und das Leben meiner Beute zu verschonen. Doch der Gedanke an meine zahlreichen Fehlschläge, bis ich mich so weit unter Kontrolle hatte, beschämte mich zutiefst. Und allein die Tatsache, mich überhaupt von Blut ernähren und dabei Menschen verletzen zu müssen, schien mir bereits geeignet, das Wohlwollen des Allmächtigen arg auf die Probe zu stellen. Ich bemühte mich also, nur von den Sündigen der Stadt am Bosporus zu trinken. Am besten von Straßenräubern und sonstigen Schurken, die ihre finsteren Geschäfte des Nachts verrichteten. Doch nur selten waren einem Sterblichen seine Vergehen so eindeutig anzusehen, dass mein Gewissen vollständig ruhig war, nachdem ich von seinem Blut genommen hatte. So blieb mir nichts übrig, als zu urteilen, so gut ich es vermochte, und zu hoffen, dass ich dabei keine allzu gravierenden Fehler beging.

Nun, da ich nach Jerusalem zurückgekehrt war, stand mir jedoch eine andere Jagd bevor. Kein Sterblicher war meine Beute, sondern einer von meiner Art. Einer der Nocturni. Mir war bewusst, dass ich bei diesem Unterfangen höchste Vorsicht walten lassen musste, um nicht selbst zum Gejagten zu werden. Vitus hatte mich viel über die Herrscher der Nacht gelehrt. Auch, dass unsere ohnehin schon übermenschlichen Kräfte mit dem Alter immer größer werden. In Konstantinopel, das zahlreiche Nocturni beherbergte, gehörte Vitus zu den mächtigsten unserer Art. Kein anderer der nächtlichen Herrscher wagte es, ihn herauszufordern und sich seinem Wort zu widersetzen.

Nun erwartete mich hier in Jerusalem ein Gegner, von dem ich mit Sicherheit wusste, dass er älter war als ich. Die Frage war: wie viel älter? Doch selbst, wenn er wie ich ein Neugeborener war, gab es irgendwo einen Älteren, der ihn verwandelt hatte. Keine guten Aussichten.

Ich musste mir einen Vorteil verschaffen, bevor ich in den Kampf zog. Ich benötigte Hilfe. Und ich wusste, wo ich sie finden würde.

Vor dem Bildnis des Gekreuzigten kniete ich nieder und bat ihn noch einmal um seine Gnade und um Vergebung für das, was ich tun würde. Dann wandte ich mich dem Ausgang zu und verließ die Grabeskirche.

Die Straßen der Stadt waren nur vom Licht der Sterne und der schmalen Sichel des Mondes erhellt. Früher war die Dunkelheit für mich ein Hort unzähliger gesichtsloser Gefahren gewesen. Seit meiner Begegnung mit dem Monster hatten diese Gefahren ein Antlitz erhalten. Ein entstelltes, unmenschliches Antlitz. Die Erinnerung an die Kreatur, deretwegen ich zu dem wurde, was ich nun war, führte mir allzu deutlich vor Augen, was aus mir werden konnte, wenn ich schwach war und dem unbändigen Drang nachgab, der meine Kehle unablässig peinigte. Dass ich meinem Gegner bereits ähnlicher wurde, war unverkennbar. Ich legte den Kopf zurück und richtete meinen Blick zu den Sternen. Als Sterblicher hatte ich am nächtlichen Himmel nur blass leuchtende Punkte gesehen. Nun strahlten mir von dort oben Myriaden bunte Lampen entgegen, in deren Licht ich mühelos jedes Detail meiner Umgebung zu erkennen vermochte. Jedes Haus, jeder Stein der gepflasterten Straße, jede Fuge der Mauern um mich herum zeichnete sich schärfer und klarer ab, als es vor meiner Verwandlung im Schein eines Dutzends brennender Fackeln möglich gewesen wäre. Und wo mir die Nacht früher einsam und verlassen erschienen war, hörte ich nun das unablässige Kratzen und Scharren der Ratten, die durch alle Winkel der Stadt krochen, das Schnüffeln der Straßenköter auf der Suche nach essbaren Überresten des vergangenen Tages und die schrillen Schreie der Fledermäuse, die den im Sternenlicht glänzenden Himmel mit Leben erfüllten.

Ich war eingebettet in eine Welt, deren Existenz ich zuvor nicht einmal erahnt hatte. Die Nacht hieß mich willkommen, mich zu dem reichhaltigen Trubel zu gesellen, den sie bereithielt. Ein Teil ihrer selbst zu werden. Angesichts der überwältigenden Eindrücke, die meine geschärften Sinne der Dunkelheit abzuringen vermochten, wurde mir bewusst, wie aussichtslos es gewesen war, als Sterblicher des Nachts einen der Nocturni zu jagen. Ich erkannte, dass mein Gegner nach Belieben hatte entscheiden können, ob er uns auswich, sich zum offenen Kampf stellte oder uns in den Rücken fiel. Die Nacht war sein Reich, in dem er unangefochten seine Herrschaft entfalten konnte.

Zumindest bis zu meiner Rückkehr.

Nun hatte auch ich meine Heimat in der Nacht gefunden. Bereitete mich darauf vor, ihn erneut herauszufordern. Doch für meinen Plan benötigte ich Blut.

Viel Blut.

Ich hatte auf der Reise hierher lang überlegt, wie ich mich in Jerusalem ernähren sollte. Die Angst seiner Bewohner vor der Bestie hatte dazu geführt, dass selbst die ärmsten Pilger sich des Nachts einen sicheren Unterschlupf suchten. Im Gegensatz zu Konstantinopel ging sogar das verbrecherische Gesindel der Stadt nach Einbruch der Dunkelheit kaum noch seinen Untaten nach, sei es aus Furcht vor dem Ungeheuer oder schlichtem Mangel an Opfern. Das erschwerte es jedoch nicht nur der Bestie, sondern auch mir, menschliches Blut zu finden. Die meisten der Armen verbargen sich in den Hospitälern der Stadt, allen voran dem großen Spital des Johannes unweit der Grabeskirche. Dorthin ging ich nun und klopfte an die verschlossene Pforte. Nachdem der Wächter, ein Ordensbruder der Johanniter, sich durch das Guckloch davon überzeugt hatte, dass ich kein Ungeheuer, sondern ein Tempelritter war, ließ er mich ein. Er ahnte nicht, wie ähnlich ich der Bestie war, die die ganze Stadt so fürchtete. Die spätere Rivalität zwischen den verschiedenen Ritterorden existierte damals noch nicht, so dass der Johanniter keinen Groll gegen mich hegte, als ich einen Kontrollgang durch das Hospital machte. Er war lediglich verwundert, dass ich nachts ohne Begleitung unterwegs war. Die Patrouillen umfassten sonst mindestens drei Mann. Auf meine Bitte hin ließ er mich allein. Schon in Konstantinopel und auf meiner Reise hatte ich bemerkt, dass meine Überzeugungskraft deutlich größer war als früher. Vitus hatte mir bei seinen Lektionen vom Bösen Blick erzählt. Doch erst später erkannte ich, dass ich bereits kurz nach meiner Wandlung begonnen hatte, ihn instinktiv anzuwenden, wenn auch noch in seiner schwächsten Ausprägung.

Die Hallen des Spitals waren vollkommen überfüllt. Dicht an dicht drängten sich die schwitzenden, verdreckten Leiber der Pilger auf einfachen Betten, wanzenverseuchten Strohsäcken oder gar dem nackten Lehmboden. Das Schnarchen der Schlafenden, das Stöhnen der Siechen und allerlei andere zutiefst menschliche Geräuschen erfüllte die Luft. Das vielstimmige Konzert wetteiferte mit den Gerüchen, die derartige Anhäufungen lebenden Fleisches unweigerlich umgeben, meinen geschärften Sinnen größtmöglichen Ekel zu bereiten.

Im Hospital gab es eine Kammer, in der das Elend noch größer war als in den überfüllten Schlafsälen. Als ich sie betrat, bot sich meinen Augen ein gutes Dutzend geschundener Gestalten, die zu beiden Seiten auf einfachen Lagern aufgereiht lagen. Sie alle waren dem baldigen Tod geweiht, sei es durch Krankheit, Verwundung oder schiere Erschöpfung. Mein Blick streifte über blutige Verbände, eitrige Geschwüre und vom Fieberwahn schweißgebadete Haut. Diejenigen, die vor Schmerzen nicht schlafen konnten, richteten leere Augen auf mich. Sie alle wussten, dass sie diesen Raum nicht lebend verlassen würden.

Neben einem jungen Kerl, dem gerade der erste Flaum im Gesicht wuchs, kniete ich nieder. Er stöhnte jämmerlich. Ich betastete kurz seine brandige Seite. Schon beim geringsten Druck quoll Eiter aus dem offenen Fleisch. Ich legte ihm meine kalte Hand auf die Stirn. Er zitterte.

»Soll ich dich von deinen Qualen erlösen?«, flüsterte ich ihm zu.

Seine Augen fixierten mich. Eine Minute lang sah er mich einfach nur an, bevor er sich rührte. Es bereitete ihm sichtlich Mühe, den Kopf zu heben und wieder zu senken, doch es war eindeutig ein Nicken. Der flehende Blick tat ein Übriges, seinen Todeswunsch kundzutun.

»Dann bete mit mir!«

Ich sprach ein Vaterunser. Die Lippen des Jungen bewegten sich, selbst wenn kein artikulierter Laut zwischen ihnen hervorkam. Ich betete nicht nur für sein Seelenheil, sondern auch für das meine. Ich hatte große Zweifel, ob das, was ich vorhatte, gottgefällig war.

Ich würde töten. Gegen die Gebote des Herrn verstoßen. Doch der Anblick des geschundenen Leibes unter mir ließ es als Akt der Gnade erscheinen. Nach dem Amen zögerte ich keine Sekunde und stieß meine Zähne in den Hals des Knaben. Er gab keinen Laut von sich. Die kurze Anspannung, die seinen Körper durchlief, endete innerhalb weniger Augenblicke. Er erschlaffte vollständig, während der kümmerliche Rest seines Lebens meine Kehle herunter rann. Ich konnte die Krankheit schmecken, die ihn gepeinigt hatte. Das Gift in seinem Blut, das von der unverheilten Wunde ausging und seinen Leib langsam in den Abgrund gezogen hatte. Für mich war es trotz des bitteren Beigeschmackes reinster Nektar. Wärme und Kraft strömten durch meine Adern. Mein Herz erinnerte sich kurz an sein früheres Werk und schlug einige Male, während das Blut des Sterbenden es erfüllte. Dann war es vorbei.

Vorsichtig löste ich den Mund vom Hals des Jungen. Seine Augen waren geschlossen, sein Gesicht in Frieden erstarrt. Seine Qualen hatten ein Ende. Sein Tod war ihm eine Erlösung und mir eine Hilfe bei der Aufgabe, die Gott mir auferlegt hatte. Was ich getan hatte, konnte nicht falsch sein. Ich blickte mich um. Alles war nahezu lautlos vonstattengegangen, so dass die meisten der Todgeweihten meine Anwesenheit nicht einmal bemerkt hatten, geschweige denn meine Tat. Nur ein alter Mann richtete seinen Kopf mühsam auf und beobachtete mich.

»Werdet Ihr auch mich erlösen?« Seine Stimme war so leise, dass selbst ich ihn kaum verstehen konnte.

»Ich werde wiederkommen«, versprach ich.

Er lächelte.

Ich erhob mich und verließ die Sterbekammer. Der Johannitermönch in der großen Halle beschwor mich, nachts lieber nicht allein durch die Stadt zu wandeln. Doch ich redete ihm gut zu, dass ich wohl auf mich aufpassen könnte. Er schien nicht überzeugt, aber er ließ mich ziehen.

Noch zeigte sich keine Spur der aufgehenden Sonne über den Dächern. Lang würde das Morgenrot allerdings nicht mehr auf sich warten lassen. Ich hatte keine Zeit zu verlieren. Meine Schritte führten mich zum Tempelberg. Das Tor, das man die Schöne Pforte nannte, war von drei Sergeanten bewacht. Offenbar war der Orden weiterhin in Alarmbereitschaft. Trotz ihrer Wachsamkeit bemerkten die Männer mich erst, als ich den Schein ihrer Fackeln betrat. Viel zu spät, wenn ich ihnen Übel gewollt hätte. Noch während sie zu ihren Waffen griffen, hätte ich sie allesamt töten können. Doch sie waren nicht meine Feinde. Als die drei den weißen Mantel erblickten, der mich als einen der ihren auswies, entspannten sie sich und lösten die Hände von den Schwertgriffen.

»Ritter Leonard!«, begrüßte mich einer der Sergeanten.

Ich kannte sein Gesicht. Er hatte an den nächtlichen Patrouillen teilgenommen, die ich organisiert hatte. Ich konnte mich jedoch nicht an seinen Namen erinnern.

»Ihr seid zurück!«

»Ja, ich bin wieder da.«

Obwohl nur wenige Monate vergangen waren, seit ich das letzte Mal einem meiner Ordensbrüder begegnet war, fühlte es sich seltsam an, mit dem Mann zu sprechen. Meine Erlebnisse in Konstantinopel waren zu einschneidend gewesen, als dass ich an mein früheres Dasein einfach hätte anknüpfen können. Ich war als Fremder zurückgekehrt.

Der unverhohlenen Freude in der Miene des Sergeanten nach bemerkte er meine Veränderung nicht. »Habt Ihr Hilfe gefunden?«

Dem flehenden Unterton seiner Stimme nach zu urteilen, hatte sich die Situation seit meiner Abreise nicht verbessert.

»Ja«, antwortete ich knapp. »Sag den Oberen des Ordens, ich werde morgen nach Einbruch der Dunkelheit wieder hierherkommen, um mit ihnen zu beraten!«

Verwirrung legte sich über sein Gesicht. »Ihr bleibt nicht hier?«

»Nein, ich habe tagsüber noch andere Geschäfte zu erledigen.«

Zum Beispiel, mich vor der Sonne zu verstecken, um nicht zu Asche verbrannt zu werden.

Ohne einen weiteren Kommentar oder eine der Fragen abzuwarten, die dem Sergeanten zweifellos auf der Zunge lagen, drehte ich mich um und eilte davon. Damit hatte ich dem armen Kerl die Bürde auferlegt, den Ordensmeistern erklären zu müssen, warum ich ihnen nicht umgehend Bericht erstattete. Ich hoffte, sie würden ihn nicht allzu sehr schelten, wenn er ihnen keine befriedigende Antwort geben konnte, und sich ihren Zorn für die Begegnung mit mir bewahren. Doch selbst wenn der Sergeant die Ritter sofort aufweckte, war die Nacht schon zu weit fortgeschritten, um das Treffen noch vor Sonnenaufgang beenden zu können. Mein Zustand forderte nun mal einige Opfer von mir ebenso wie von meiner Umgebung.

Nachdem ich die Torwachen verdutzt stehengelassen hatte, führte mein Weg mich in die engen Gassen unterhalb des Tempelberges. Bei der Erkundung des Domizils meines Ordens und insbesondere auf der Suche nach dem Unterschlupf des Monsters hatte ich bereits als Sterblicher die Grotten und Höhlen unter dem Ordenshaus und dem Felsendom erkundet. Im Hinterhof einer Gerberei räumte ich einen Stapel Säcke beiseite, die einen wahrlich ekelerregenden Geruch nach Fäkalien und Verwesung verströmten. Darunter verbarg sich der vergitterte Eingang zu einem alten Tunnel, den ich damals gefunden hatte. Wir hatten ihn einst mit einer Kette verschlossen, um zu verhindern, dass Feinde des Ordens oder gar die mordende Bestie in das geheime Labyrinth unter dem Tempelberg eindrangen. Das Ungeheuer hätte sie allerdings nicht lang fernhalten können, wie ich nun entdeckte. Die eisernen Glieder hielten einem beherzten Ruck meines übermenschlich starken Armes nicht stand.

Als ich den in den Fels geschlagenen Gang zum ersten Mal erkundet hatte, war die undurchdringliche Dunkelheit wie der Deckstein einer Gruft über mir zusammengeschlagen. In dem verwinkelten Tunnel verlor sich nicht nur das spärlich durch den schmalen Eingang dringende Tageslicht bereits hinter wenigen Windungen. Auch der Schein meiner Fackel hatte mehr Schatten alter Säulen, halb niedergerissener Mauerreste und bis unter die niedrige Decke aufragender Schutthaufen als Licht an die Felswände geworfen. Nun jedoch war es genau diese Dunkelheit, die mich hierherlockte. Der ideale Ort, um den unbarmherzigen Strahlen der Sonne zu entgehen. Als Sterblicher wäre ich ohne Fackel vollkommen blind durch die engen Stollen gestolpert. Doch mit den geschärften Sinnen der Nocturni vermochte ich selbst in nahezu vollständiger Finsternis die Umrisse der Wände um mich herum zu erahnen. Tief in den Eingeweiden des Tempelbergs suchte ich mir meine Schlafstatt in einer kleinen gemauerten Kammer, deren ursprünglicher Zweck mir verborgen blieb. Vielleicht, so kam mir in den Sinn, war dieser Ort genau dazu geschaffen, tagsüber die Nocturni zu beherbergen. Die Stadt war uralt. Gut möglich, dass die Bestie und ich nicht die ersten unserer Art waren, die sich in Jerusalem niedergelassen hatten. Wozu auch immer das Gewölbe einst in den Felsen gemeißelt worden war, als Unterschlupf für den Tag leistete es hervorragende Dienste.

Nach einer ungestörten traumlosen Tagesruhe erhob ich mich, raffte meinen Mantel zusammen und verließ meine Gruft. Unter dem letzten Schimmer der untergegangenen Sonne beendeten die Menschen gerade ihr Tagwerk. Sie beeilten sich, in ihre vermeintlich sicheren Häuser zurückzukehren. Bevor das Ungeheuer begonnen hatte, die Bewohner Jerusalems abzuschlachten, hatte noch Stunden nach Sonnenuntergang reges Treiben die Straßen der Stadt erfüllt. Es lag an mir, dafür zu sorgen, dass dies wieder möglich würde. Doch dieses Ansinnen würde nicht nur von mir Opfer verlangen.

Ich überredete einen Krämer, der seinen Handkarren hastig vom Lateinischen Markt schob, mir einen Schlauch sauren Weins zu verkaufen. In einem dunklen Winkel an der brüchigen Mauer eines alten Hauses nahm ich den Schlauch und leerte ein Drittel des Weines darin auf den Boden. Anschließend vergewisserte ich mich noch einmal, dass mich nicht ein zufälliger Passant beobachtete. Dann schnitt ich mit meinem Messer das Handgelenk auf. Mühsam unterdrückte ich ein Stöhnen. Die Kräfte ihres Blutes bewahrten die Unsterblichen zwar vor dauerhaftem Schaden durch derartige Verletzungen, doch nicht vor dem Schmerz. Ohne den Puls eines schlagenden Herzens troff das Blut gleichförmig aus der Wunde in den Schlauch. Ich fühlte, wie mit der Flüssigkeit das Leben meinen Leib verließ. Kälte breitete sich in meinen Eingeweiden aus. Meine Instinkte protestierten gegen diese Verschwendung des wertvollsten Gutes, das mein Körper kannte. Ich musste all meine Willenskraft aufbieten, die Wunde nicht sofort wieder zu schließen, sondern erst, als der Schlauch prall gefüllt war. Es bedurfte kaum eines

Gedankens, den Schnitt verheilen und den Strom des Blutes versiegen zu lassen. Nicht einmal eine Narbe blieb zurück. Lediglich ein paar rote Tropfen rannen meinen Arm hinab und zeugten von dem Aderlass. Die Kräfte der Nocturni – meine Kräfte – erstaunten mich immer wieder. Einem spontanen Impuls nachgebend leckte ich die Tropfen mit der Zunge von meiner Haut, statt sie abzuwischen. Es war nur eine kleine Geste, doch sie zeigte mir erneut, wie schmal der Grat war, auf dem ich wandelte. Ich war keinesfalls immun gegen den tiefen Fall in die Bestialität. Das entsetzliche Ende dieses Pfades führte mir das Ungeheuer vor Augen, das ich zu jagen und zur Strecke zu bringen geschworen hatte. Meine nächsten Taten würden sowohl mein Gewissen als auch das Gelübde, das ich bei meiner Aufnahme in den Templerorden abgelegt hatte, erheblich belasten. Ich musste vorsichtig sein.

Auf dem Tempelberg wurde ich bereits erwartet und von den Sergeanten an der Schönen Pforte in den Felsendom geführt. Einst als Moschee erbaut, krönte nun das Kreuz des Herrn die mächtige, weithin sichtbare Kuppel, unter deren Rund sich ein halbes Dutzend Ritter versammelt hatten. Die Schatten ihrer unbewegten Körper in den bodenlangen weißen Mänteln tanzten im Schein der Fackeln über die Säulen und Wände der Halle.

»Was bringt Ihr uns für Kunde, Leonard von Montesaro?« Die klangvolle Stimme Jacques' d'Amiens, eines der Meister des Ordens, hallte von den Mauern wider. »Habt Ihr Hilfe gegen die Plage gefunden, die uns heimsucht?«

»Ja, Herr«, antwortete ich bestimmt. »Der Weise, den ich in Konstantinopel getroffen habe, kennt die Geheimnisse der Bestie. Er hat mich gelehrt, wie man sie vernichten kann und mir einen Trunk gegeben, der unseren Kriegern die Kraft verleihen wird, sie zu bezwingen.«

Im Großen und Ganzen entsprach dies sogar der Wahrheit, auch wenn ich einige Details ausließ. Ich präsentierte den Versammelten den Weinschlauch. Die Templer beäugten das Gefäß. In ihren Gesichtern erkannte ich teils Neugier, teils Hoffnung, zumeist jedoch Misstrauen.

»Welcher Natur ist die Kraft, die diesem Trunk innewohnt?«, fragte Jacques.

Zur Antwort nahm ich einen schmiedeeisernen Kerzenhalter, der in der Halle stand, packte ihn fest mit beiden Händen und verbog ihn, bis die Spitze nach unten zeigte. Die umstehenden Ritter keuchten vor Erstaunen. Einige bekreuzigten sich.

»Das ist schwarze Magie!« Gerhardt von Thurlau, ein stämmiger Ordensritter deutscher Herkunft richtete anklagend seinen Finger auf mich. »Jeder weiß, dass die Byzantiner verkommen und verdorben sind. Montesaro und seine Freunde aus Konstantinopel wollen uns verführen, an unheiligen Ritualen teilzuhaben, und unseren Glauben auf die Probe stellen!«

Jacques d'Amiens hob seine Hand und unterbrach den Ausbruch des Deutschen. Seine stechenden Augen fixierten mich. »Was habt Ihr zu den Vorwürfen Eures Bruders zu sagen, Montesaro?«

Dem Unterton seiner Worte konnte ich anhören, dass auch er Zweifel an meiner Geschichte hegte. Möglicherweise bereits genährt durch den ungewöhnlichen Zeitpunkt, den ich für das Treffen gewählt hatte. Mir kam in den Sinn, dass meine Ordensbrüder mich nicht zufällig in den Felsendom geführt hatten, statt in den Saal bei den Unterkünften. Sie wollten sehen, wie ich auf geweihtem Boden stand. Nun, diese Probe hatte ich wohl bestanden. Ich beschloss, ihren Zweifeln möglichst wenig weitere Nahrung zu geben und so nah an der Wahrheit zu bleiben, wie ich es gerade eben noch wagte.

»Brüder!«, rief ich ihnen entgegen. »Was haben wir nicht schon alles versucht, um der Bestie Herr zu werden? Weder unsere Schwerter noch unsere Gebete haben uns geholfen, dieses Übel zu besiegen.« Einem nach dem anderen sah ich tief in die Augen, während ich sprach. »Auch ich hatte Zweifel, ob es dem Herrn wohlgefällig sei, das Wissen aus alter Zeit, lange bevor Christus uns durch seinen Tod die Erlösung schenkte, zu nutzen. Doch an einem habe ich keine Zweifel: Die Kreatur, die unsere Heimat heimsucht, die Stadt, durch die Jesus selbst gewandelt ist, entweiht diesen heiligen Boden mit jedem

Schritt, den sie auf ihm tut. Wenn das Wissen, das ich in Konstantinopel erlangt habe, uns tatsächlich hilft, diesen Untaten ein Ende zu bereiten, so frage ich Euch, wie sollte dies nicht Gottes Gnade finden?«

»Wohl gesprochen, Leonard.« Jacques' Stimme war nun weitaus wohlwollender als zuvor.

»Es ist dennoch schwarze Magie«, warf Gerhardt von Thurlau ein, »und wir alle werden zugrundegehen, wenn wir uns darauf einlassen.«

»Die ganze Stadt wird zugrundegehen, wenn wir weiterhin nichts unternehmen«, entgegnete ich ihm ruhig. »Ich jedenfalls werde nicht tatenlos zusehen, wie all die Mühen, die wir auf uns genommen haben, um die Heilige Stadt zu befreien, wie all das Blut, das vergossen wurde, vergebens gewesen sein sollen.«

Jacques d'Amiens fuhr sich grübelnd mit der Hand durch den buschigen Bart, dessen einst leuchtend rotblonde Farbe fast gänzlich stumpfem Grau gewichen war. »Was verlangt Ihr, Leonard von Montesaro?«

Der Sieg lag zum Greifen nahe. »Gebt mir eine Handvoll ausgewählte Krieger des Ordens! Sie müssen kampferprobt sein und gottesfürchtig, auf dass sie den Verlockungen der Kraft widerstehen, die ich ihnen geben werde. Nur Freiwillige!«

Zustimmendes Gemurmel erfüllte den Raum. Lediglich von Thurlaus Kiefer mahlten vor Zorn.

»So soll es sein!«, verkündete Jacques d'Amiens.

Ich hatte gewonnen.

In dieser Nacht hielt die Macht der Nocturni Einzug in den Orden der Tempelritter. Die Macht, die Feinde des Ordens zu zerschmettern. In dieser Nacht wurde die Legende von der Unbesiegbarkeit der Templer geboren. Und der Grundstein zu ihrer Vernichtung gelegt.

Sonntag, 15. Mai 2005, New York City, USA

Die Kathedrale von St. Patrick wirkt auf mich wie ein Fremdkörper inmitten der Wolkenkratzer mit ihren glas- und granitverkleideten Fassaden. Das Gotteshaus wurde zwar erst im 19. Jahrhundert errichtet, seine neogotische Architektur knüpft jedoch unverkennbar an die Tradition der mittelalterlichen Kathedralbauten Europas an. Der wesentliche Unterschied ist, dass die großen Kirchen der Alten Welt zumeist hoch über die umgebenden Gebäude hinausragen und weithin sichtbare Landmarken darstellen. Obwohl die Türme von St. Patrick weder ihrer Höhe noch ihrer Kunstfertigkeit nach hinter den europäischen Vorbildern zurückstehen, wirken sie geradezu unscheinbar. Sie ducken sich in die Schatten der noch weitaus höheren und massigeren Wolkenkratzer, die die Fifth Avenue säumen. Die Architekten des Mittelalters wollten durch die alles überragende Größe ihrer Gotteshäuser die beherrschende Stellung des Allmächtigen in ihrer Welt herausstellen. Vermutlich ist die Praxis, den wichtigsten Werten einer Gesellschaft die prächtigsten und größten Gebäude zu widmen, immer noch aktuell. Lediglich die Werte sind nicht mehr dieselben wie früher. Die moderne Welt beschert den Kathedralen der Götzen von Geld und Konsum ihre steingewordene Dominanz, die in der berühmten Skyline meiner Wahlheimat allzu sichtbar ist. Die Zeiten haben sich nun mal geändert. Im Gegensatz zu mir.

Die Tasche mit den Waffen haben wir bei Silvio gelassen. Es wäre mir unangenehm gewesen, den Frieden der Kirche mit einem Arsenal von Schrotflinten und Maschinenpistolen im Gepäck infrage zu stellen. Als ich die Treppen zum Seiteneingang hinaufsteige, erscheint mir die Idee, angesichts der derzeitigen Situation unbewaffnet durch New York zu gehen, allerdings nicht besonders klug. Die Gestalt mit dem dunklen Hoodie, die neben dem Eingang steht, erweckt den Eindruck, dort auf mich gewartet zu haben. Ich strenge meine Sinne an, kann jedoch weder Herzschlag noch Atem hören.

Einer von uns.

Instinktiv schaue ich mich um, kann aber niemand weiteren entdecken. Was nicht bedeuten muss, dass niemand da ist. Auch Veronica neben mir bleibt stehen und stemmt kampfbereit ihre Beine auf den Boden.

»Keine Sorge, Templer. Ich bin's nur.«

Meine Anspannung löst sich schlagartig, als ich Mikes Stimme erkenne.

»Erschreck mich nicht so!«, fahre ich ihn mit gespielter Schärfe an.

Seine gelben Zähne blitzen im sonst undurchdringlichen Dunkel unter der Kapuze auf. Ich deute es als Erwiderung meines Lächelns.

»Hallo Veronica«, begrüßt er meine Begleiterin.

Zaghaft hebt sie eine Hand und deutet ein Winken an. »Hi, Mike.«

Er wendet sich wieder mir zu. »Seit wann bist du eigentlich so schreckhaft?« Als ich nicht sofort antworte, weicht aller Spott aus seinen Worten. »Ist es wirklich so schlimm?«

Noch einmal sehe ich mich um.

»Ich bin allein, Templer«, beschwichtigt Mike mich, »und ich habe niemandem deine Angewohnheit verraten, an diesem Tag hierher zu kommen. Hast du außer mir …« Er schaut zu Veronica. »… und ihr noch anderen davon erzählt?«

Ich schüttele den Kopf. »Lass uns hineingehen.«

Die Pforte ist, wie üblich, nicht verschlossen. Eine Gefälligkeit des Küsters als Gegenleistung für großzügige Spenden an die Gemeinde. Die Tür führt in eine kleine Seitenkapelle mit einem Marienschrein. Der Raum ist nur von einem halben Dutzend Kerzen zu Füßen der Madonna beleuchtet. Ihr Gesicht scheint sich im flackernden Licht zu bewegen, als würde sie uns in Augenschein nehmen. Mike bekreuzigt sich.

»Hier war ich schon ewig nicht mehr drin.« Gedankenverloren betrachtet er die Statue der Gottesmutter.

Unsere Augen wenden sich dem Durchgang ins Hauptschiff der Kathedrale zu, als die Tür geöffnet wird.

Der Küster sieht uns erstaunt an, bevor er mich mit einem Kopfnicken begrüßt. »Guten Abend, Mr. Smith. Ich habe schon gedacht, sie kommen heute nicht mehr.«

»Ich hatte noch zu tun.« Mit einer Geste in Richtung von Mike und Veronica füge ich hinzu: »Ich hoffe, es ist kein Problem, wenn ich ein paar Freunde mitbringe?«

»Natürlich nicht, Mr. Smith.« Der Blick, den er Mike in seiner verschlissenen Kleidung mit dem alten Armeerucksack und der tief ins Gesicht gezogenen Kapuze zuwirft, straft seine Worte Lügen. Dann dreht er sich um und wir folgen ihm ins menschenleere Hauptschiff.

Am Fuß einer der mächtigen Säulen, die das zentrale Kreuzrippengewölbe tragen, lassen wir uns auf einer Bank nieder. Die wenigen angeschalteten Lampen tauchen die riesige Halle in Zwielicht. Für die lichtempfindlichen Augen eines Vampirs mehr als ausreichend, um jedes Detail erkennen zu können. Dem Eindruck stiller Erhabenheit der Szenerie tut dies jedoch keinen Abbruch. Der Geruch von Weihrauch hängt schwer in der Luft. Ein Jammer, dass ich nicht bei den heiligen Messen während des Tages anwesend sein kann. Vielleicht würde dies meinem ins Wanken geratenen Glauben neue Kraft geben.

»Auch ein Vertrauter von dir?«, reißt Veronica mich flüsternd aus meinen Gedanken, nachdem der Küster uns alleine gelassen hat.

»Nein.«

Wenigstens führe ich ihn nicht auf der Liste möglicher Helfer, um meine Geschäfte voranzubringen. Allerdings wende ich den Bösen Blick, wenn auch in minderer Ausprägung, beim Umgang mit Sterblichen nahezu unwillkürlich an. Daher ist es denkbar, dass er mir bereits ergebener ist, als ich angenommen habe.

»Zumindest bei weitem nicht so loyal wie Ludovicz oder Silvio.«

Wir warten ein paar Minuten, bis Mike sein stilles Gebet beendet hat. Veronica sieht sich mit leicht gelangweiltem Blick in der Kirche um. Betrachtet die Statuen und Bildnisse. Es scheint so, als wäre sie lang nicht mehr hier gewesen, wenn überhaupt schon einmal.

An sich bin auch ich zum Beten hierher gekommen. Doch meine Gedanken kreisen um andere Dinge. Ich hoffe inständig, dass außer Mike wirklich niemand meine Gewohnheiten so gut kennt, dass er mich hier findet. Möglicherweise war es ein Fehler herzukommen. Es ist zwar Tradition, aber eigentlich hätte ich Wichtigeres zu tun, während meine Feinde Pläne schmieden, mich zu vernichten. Und wenn sie dabei Erfolg haben, weil ich verkrampft an alten Ritualen festhalte, wird mir ein Gebet kaum weiterhelfen. In Europa hat es früher die Gepflogenheit unter meinesgleichen gegeben, dass in Kirchen der Frieden gewahrt bleibt. Dieser Brauch ist nie ein Teil der Ewigen Gesetze gewesen und nicht jeder hat sich daran gehalten. Auch ich nicht. Aber die Tradition war fest genug in unserer Etikette verwurzelt, dass selbst Jahrhunderte alte Rivalen sich in Gotteshäusern treffen konnten, um miteinander zu verhandeln. Ich bin nicht sicher, ob Gianna Linaro sich daran gebunden fühlen würde, wenn sie wüsste, dass ich hier bin. Bei Marduk und Massoud hingegen hege ich kaum Zweifel, dass sie sich um solche Regeln nicht scheren. Von jemandem, der selbst die Ewigen Gesetze derart eklatant missachtet, kann man wohl keine allzu intensive Brauchtumspflege erwarten.

»Sorry«, entschuldigt Mike die Verzögerung, als er fertig ist. »Ich komme so selten in eine echte Kirche.«

»Kein Problem, Mike«, besänftige ich ihn.

Er mustert Veronica. »Du bist offenbar immer noch mit dem alten Schwertschwinger unterwegs?«

Sie nickt.

»Und?« Sein Interesse wirkt echt. »Findest du dich so langsam zurecht in deinem neuen Dasein?«

»Geht so.« Ihr Blick wendet sich zu Boden. »Ist alles ziemlich gewöhnungsbedürftig.«

Ein heiseres Kichern erklingt unter der Kapuze. »Dem widerspreche ich nicht. Aber mit einem beflissenen Mentor kann man das meistern.«

Der letzte Satz gilt wohl mir und meinem Gewissen. Ich gehe nicht weiter darauf ein. »Erzähl, Mike! Warum hast du mich hier abgepasst? Was kann ich für dich tun?«

Er zögert einen Moment, ehe er sich von Veronica abwendet und seine Aufmerksamkeit mir schenkt. »Nun, wenn meine Informationen richtig sind, sollte ich eher fragen, was ich für dich tun kann. Was passiert da gerade in unserer schönen Stadt?«

»Was hast du denn gehört?«

Er neigt den Kopf zur Seite. Ich kann den Ausdruck in seinem unter der Kapuze verborgenen Gesicht nicht erkennen, doch ich gehe davon aus, dass er finster dreinblickt.

Seine Frage mit einer Gegenfrage zu beantworten, war ein Reflex. Informationen sind unter unsereins ein wertvolles Gut. Üblicherweise verraten wir nichts, ohne selbst etwas über den Wissensstand unseres Gegenübers in Erfahrung zu bringen. Das Vertrauensverhältnis zwischen Mike und mir ist eigentlich so tief, dass wir über solche Spielchen erhaben sein sollten. Doch noch bevor ich mich entschuldigen kann, hat Mike seinen Anflug von Missstimmung überwunden und beginnt zu erzählen.

»Nun ja, in der Zeitung stand etwas von einem Vorfall im Empire State Building letzte Nacht. Mit wilden Schießereien und allem Drum und Dran. Und als ich nicht einmal deinen Anrufbeantworter ans Telefon gekriegt habe, dachte ich mir, dass du da irgendwie drinsteckst. Hab mir ernsthaft Sorgen gemacht, bis ich vor 'ner knappen Stunde gehört habe, du seist im Cauchemar gewesen und hättest dich da mit Gianna und irgendwelchen Auswärtigen rumgestritten.«

Vampire sind die übelsten Klatschweiber auf der ganzen Welt.

»Von wem hast du das gehört?«, unterbreche ich seinen Bericht.

»Danny hat's mir erzählt. Und der hat's angeblich vom Wilden Jake.«

Nichts verbreitet sich schneller als Gerüchte und schlechte Nachrichten. Nun ja, in diesem Fall war es zugegebenermaßen abgesprochen, dass meine Fehde mit Marduk und Massoud allgemein bekannt gemacht wird. Es erstaunt mich dennoch immer wieder, mit welcher Geschwindigkeit die Stille Post der Unsterblichen funktioniert. Ich muss mir ins Gedächtnis rufen, dass nicht alle von uns, so wie ich, allein durch die Nacht streifen – wenn ich nicht gerade Neugeborene wie Veronica mit mir herumschleppe. In den unteren Rängen der Hackordnung gibt es einige, die ständig in kleinen Gruppen herumlaufen und intensive soziale Netzwerke pflegen. So haben es mir zumindest Mike und Samantha erzählt. Ich habe mit diesen niederen Schichten der unsterblichen Gesellschaft üblicherweise nur dann zu tun, wenn einer von ihnen über die Stränge schlägt. Und sobald ich auftauche, sind alle Freundschaften meist schnell vergessen, so dass eventuelle Gefährten meiner Opfer sich zügig aus dem Staub machen. Größere Ansammlungen unserer Art treffe ich höchstens bei einem meiner sporadischen Besuche im Cauchemar. Besonders gesellige Stimmung habe ich dort aber nur selten erlebt. Nicht auszuschließen, dass dies durch meine Anwesenheit begründet ist. Ich bin halt kein Partylöwe. Nicht mehr.

»Und?«, will Mike nun endlich wissen, »Stimmt es?«

»Im Großen und Ganzen ja.« Ich erzähle ihm von den Vorkommnissen der vergangenen Nacht, der Begegnung mit Marduk und dem Kampf vor meinem Appartement. Und von dem Treffen mit Gianna und Massoud im Cauchemar. Veronica komplettiert meinen Bericht mit kurzen Ergänzungen, um die Highlights etwas auszuschmücken.

Mikes abschließender Kommentar fasst die Angelegenheit treffend zusammen: »Da stecken wir aber ganz schön tief in der Scheiße!«

Keine feine Ausdrucksweise. Und das von einem ehemaligen Priester mitten in einem Gotteshaus. Angesichts der Ernsthaftigkeit der Lage verkneife ich mir eine entsprechende Äußerung.

»Und was wirst du nun tun?«

Mein ratloser Gesichtsausdruck ist Mike Antwort genug auf seine Frage. Eine Minute lang verharren wir in nachdenklichem Schweigen.

Es ist Veronica, die die Stille schließlich beendet: »Als Erstes müssen wir mehr über Marduk herausfinden. Immerhin scheint er kein normaler Vertreter unserer Art zu sein. Nach allem, was wir wissen, ist er sehr alt. Daher sollte die beste Quelle für Informationen über ihn einer der Archaioi sein. In Amerika gibt es keinen von denen, wie Leonard gesagt hat, also müssen wir wohl nach Europa reisen, um einen zu treffen. Dann werten wir alle Hinweise aus und hoffen, dass wir dabei eine Schwäche entdecken, die wir ausnutzen können. Vermutlich kommt nur eine indirekte Methode in Frage, um Marduk zu stellen. In einer unmittelbaren Konfrontation ist er zu mächtig, sogar für Leonard.«

Sie hält inne, als sie bemerkt, dass wir sie anstarren. »Was ist?«

Mikes kapuzenverhülltes Gesicht wendet sich mir zu. »Wie alt, sagst du, ist das Mädchen?«

Ich grinse ihn an. »Sechs Nächte.«

Die ehemalige Polizistin ist sichtlich verunsichert. »Hab ich was Falsches gesagt?«

»Nein, nein.« Mike macht eine abwehrende Geste. »Überhaupt nicht. Ich habe nur noch nie erlebt, dass ein Neugeborener mit derartiger Selbstverständlichkeit über solche Dinge redet. Inklusive der Archaioi und allem Drum und Dran.« Nach einer kurzen Pause fügt er hinzu: »Um ehrlich zu sein, reden nicht einmal die Älteren von uns, also meine Generation, in dieser Art über die Archaioi.«

Verständnislos sieht Veronica ihn an. »Wieso nicht?«

Das Dunkel der Kapuze wendet sich mir zu, als ob Mikes Blick mich um Hilfe bäte.

»Nun, ich schätze, außer mir und vielleicht Gianna hat noch keiner der New Yorker Unsterblichen überhaupt je einen der Archaioi zu Gesicht bekommen«, erläutere ich. »Für die meisten von uns sind sie eher Legende als eine reale Größe. In jedem Fall weit entfernt von unseren täglichen beziehungsweise nächtlichen Sorgen.«

»Bis jetzt zumindest«, wirft Mike ein. »Wenn dieser Marduk wirklich der ist, der er zu sein vorgibt, werden die New Yorker bald mehr Erfahrung im Umgang mit den Archaioi sammeln, als ihnen lieb ist.«

»Darf ich es als besondere Ehre ansehen, von einem der Archaioi in seine ganz persönliche Blutbadewanne eingeladen worden zu sein?« Veronicas Stimme trieft vor Sarkasmus. »Und das bereits wenige Tage nach meiner Verwandlung in einen Vampir?«

Mikes vage erkennbare Zähne formen ein breites Grinsen. »Vermutlich ja. Ich beneide dich trotzdem nicht um diese Erfahrung.«

»Wie auch immer.« Mein Schützling kehrt wieder zum Ausgangspunkt der Diskussion zurück. »Es bleibt zu überlegen, was wir dagegen tun, dass Marduk sich in New York weiter breitmacht. Hat irgendjemand einen besseren Vorschlag, als nach Europa zu gehen und dort Informationen zu sammeln?«

Betretenes Schweigen.

Habe ich eine bessere Idee? Ich kann keinen Schwachpunkt in Veronicas Analyse der Situation finden. Doch ihre Schlussfolgerung behagt mir nicht sonderlich.

»Tja, im Prinzip hast du vermutlich recht«, räume ich ein. »Aber auch in Europa geht man nicht einfach zu einem der Archaioi hin, sagt ›hallo‹ und stellt ihm Fragen. Sie sitzen zumeist tief in ihren Zufluchten verborgen und agieren nur über Mittelsmänner mit dem Rest der Welt.«

»Du weißt also nicht, wo du einen von ihnen finden könntest?« Ihre Worte klingen wie eine Herausforderung. Sie merkt, dass ich die Wahrheit hinter Ausflüchten verstecke.

»Na ja, da hätte ich schon eine Idee, wo ich suchen würde …«

»Aber?«

Als ich schweige, antwortet Mike an meiner statt: »Unser lieber Templer steht mit den Alten von Europa nicht gerade auf besonders gutem Fuß.«

Ich fühle mich fast wie in einer Vernehmung, als Veronica weiter nachhakt: »Wie kommt's? Hast du dich mit ihnen angelegt?«

Angestrengt fixiere ich die Stelle unter der Kapuze, an der ich Mikes Augen vermute. Ich versuche, durch meinen Blick die Verärgerung darüber zum Ausdruck zu bringen, dass er Informationen ausplaudert, die ich ihm vor langer Zeit unter dem Mantel der Verschwiegenheit anvertraut habe. Doch noch mehr nehme ich ihm übel, dass er sich auf Andeutungen beschränkt, die die unstillbare Neugier der ehemaligen Polizistin wecken, und sich anschließend in Schweigen hüllt.

So muss ich nun selbst zu den dunklen Kapiteln meiner Vergangenheit Rede und Antwort stehen. »Alte Geschichten ...«

Veronicas Gesicht lässt keine Zweifel daran, dass sie mehr Details erwartet.

Ich nehme einen tiefen Atemzug. »Ich habe früher gegen sie gekämpft.« So, jetzt ist es raus.

Veronica zieht die Stirn in Falten. »Wieso das denn?«

Einfache Frage, komplizierte Antwort. Ich überlege, wie man meine damalige Motivation in wenigen Worten darlegt. »Nun ja, ich hatte keine Lust mehr, mich von ihnen ständig benutzen und herumschubsen zu lassen.«

Das trifft den Kern der Sache eigentlich ganz gut.

Mike kann nicht widerstehen, einen Kommentar abzugeben: »Leonard war damals ein rechter Heißsporn. Ein richtiger Revoluzzer.«

Veronica nickt anerkennend, wenn auch nicht ohne einen Ausdruck schelmischer Belustigung in ihren Augen. »Sieh einer an! Der Templer hatte eine wilde Jugend! Und? Hast du gewonnen?«

»Wohl kaum«, brumme ich. »Einen von ihnen habe ich erwischt, aber gegen sie alle zusammen kann man nicht gewinnen.« Selbst das ist noch geschönt.

»Aber immerhin hast du überlebt«, stellt sie fest.

»Mit mehr Glück als Verstand.«

»Aber du hast wieder Frieden mit ihnen geschlossen?«

»Nein. Als meine Situation endgültig unhaltbar geworden ist, bin ich ausgewandert. In die Neue Welt.«

»Wo sie dich in Ruhe gelassen haben.«

»Vermutlich war ihnen einfach der Aufwand zu groß, mich bis hierher zu verfolgen. In Amerika war ich keine Gefahr mehr für sie.«

»Und wann war das?«

Das Datum hat sich unauslöschlich in mein Gedächtnis eingebrannt. »1816.«

»Und sie haben dich bis heute nicht mehr belästigt?«

Ich nicke.

Ein paar Sekunden lang überlegt sie. »Und das, obwohl die moderne Kommunikations- und Verkehrstechnik es ihnen mittlerweile recht einfach gemacht haben sollte, dich hier aufzuspüren?«

Außer einem Achselzucken habe ich keine Antwort auf ihre Frage.

»Meinst du nicht, das könnte ein Anzeichen dafür sein, dass sie nicht ganz so nachtragend sind, wie du vermutest?«

»Hör zu, Veronica!«, versuche ich, ihren Eifer zu bremsen. »Ich weiß, worauf du hinaus willst. Aber es ist ein Unterschied, weit entfernt von den Zufluchten der Archaioi von ihnen in Ruhe gelassen zu werden, oder in ihr Allerheiligstes einzudringen und zu sagen: ›Hallo, sorry, dass ich damals versucht habe, euch zu vernichten, aber jetzt brauche ich eure Hilfe‹. Nur weil sie einem nicht ein Killerkommando nach dem anderen hinterherjagen, heißt das noch lange nicht, dass sie vergangene Taten verziehen haben, sondern nur, dass sie in mir aktuell keine Bedrohung sehen. Ihre Rache haben sie deswegen nicht aufgegeben. Sie haben nur in den unermesslichen Zeiträumen ihres Daseins gelernt, sich in Geduld zu üben. Wenn ich jetzt zu ihnen gehe, werden sie die Gelegenheit mit Sicherheit wahrnehmen, alte Rechnungen zu begleichen.«

Mein Monolog bringt sie nur für wenige Sekunden zum Schweigen, bis sie sich neue Argumente zurechtgelegt hat. »Aber wenn sie eine Bedrohung sehen, gehen sie dagegen vor.«

»Sie gehen kein Risiko ein. Wenn sie die Chance haben, eine Gefahr auszuschalten, und sei es nur eine potentielle, werden sie sie nutzen. Und eine potentielle Gefahr bin ich für sie sicherlich noch, insbesondere, wenn ich nach Europa zurückkehre.«

Doch sie will auf etwas anderes hinaus. »Könnten sie es als Bedrohung ansehen, dass Marduk sich hier ausbreitet?«

Ich halte inne, lasse ihre Worte in meinem Geist nachhallen und beginne, laut zu überlegen. »Nicht auszuschließen. Jede Veränderung einer stabilen Situation bietet für sie die Möglichkeit zur Entstehung gefährlicher Konstellationen.«

Dass ich auf ihre Argumentationslinie eingeschwenkt bin, erfüllt Veronica mit neuem Elan. »Und sie sind pragmatisch, nicht wahr? Das heißt, wenn sie die Möglichkeit haben, jemand anderen dazu zu benutzen, diese potentielle Gefahr abzuwenden, werden sie sie wahrnehmen, oder? Selbst wenn sie mit diesem anderen Jemand noch ein Hühnchen zu rupfen haben. Denn dafür haben sie ja später immer noch genug Zeit.«

Ich denke über Veronicas Schlussfolgerungen nach. Die Logik ihrer Gedankengänge ist nicht von der Hand zu weisen. Meine Instinkte und Erfahrungen mit den Archaioi mahnen mich dennoch zur Vorsicht. Das Spiel, das sie vorschlägt, ist riskant.

»Im Prinzip stimme ich dir zu. Aber man sollte nicht davon ausgehen, dass die Archaioi sich an diese Spielregeln halten. Im Allgemeinen sind sie, was das betrifft, einigermaßen berechenbar. Aber sie sind sich dessen durchaus bewusst und brechen die Regeln immer wieder mit Absicht, um ihre Feinde zu verunsichern.«

Veronica lässt sich nicht beirren. »Tja, das heißt dann wohl, du müsstest ein Risiko eingehen.« Erneut zeigt sie mir ihr herausforderndes Grinsen.

»Die Frage ist, ob das Risiko den möglichen Nutzen wert ist«, versuche ich zu kontern, doch meine Zuversicht, die Diskussion für mich zu gewinnen, schwindet.

»Das musst du selbst entscheiden.« Sie schafft es nicht, vollständig gleichgültig zu klingen, aber das ist gar nicht nötig.

»Es geht um New York, Leonard«, mischt Mike sich ein. »Ich wüsste niemanden außer dir, der mit einem der Alten in Europa Kontakt aufnehmen könnte. Sie würden weder Veronica noch mich überhaupt ernst nehmen. Und damit hört die Liste deiner Verbündeten auch schon recht schnell auf.«

Ein inniger Seufzer steigt aus der Tiefe meines Daseins empor. Ich weiß, dass sie recht haben, doch es widerstrebt mir zutiefst, das zuzugeben. Die Aussicht, mich mit den Folgen lange vergangener und verdrängter Taten auseinanderzusetzen, erfüllt mich nicht nur mit Unbehagen, sondern geradezu mit Schrecken. Wenn ich daran denke, was ich damals für Wagnisse eingegangen bin, erscheint es mir beinahe lächerlich, welche Furcht mich jetzt ergreift. Doch ich kann sie nicht verdrängen.

Bin ich verweichlicht? Bin ich ein selbstgefälliger alter Sack geworden, dessen Reputation nur noch auf verjährten Taten gründet? Ist meine glorreiche Zeit vorüber?

Vehement stemme ich mich gegen die Angst, die mich heimsucht. Sammle jeden Funken Stolz und Tatendrang, den ich in mir finden kann. Noch vor einer Nacht bin ich dem mit Abstand ältesten Vampir, dem ich jemals begegnet bin, mit erhobenem Schwert entgegengetreten und habe mich ihm widersetzt. Ist das etwa nichts? Da werde ich es ja wohl schaffen, mich ein paar alten Feinden zu stellen, um mich mit ihnen gegen einen neuen gemeinsamen Gegner zu verbünden. Hoffe ich zumindest.

»Also gut«, lenke ich ein. »Ich werde versuchen, mit einem der Archaioi in Kontakt zu treten.«

Veronica strahlt angesichts ihres Sieges. »Wir fahren nach Europa!«

»Ich fahre nach Europa«, korrigiere ich.

Verständnislos sieht sie mich an. »Wieso nur du? Ich stecke da genau so tief drin.«

Ich brauche einen Augenblick, um mir die richtigen Worte zurechtzulegen. Ich will sie nicht verletzen. »Hör zu, Veronica! Du hast mir wirklich sehr geholfen. Aber da, wo ich hinmuss, laufen die Dinge anders als hier. Unsere Verwandten in der Alten Welt legen enormen Wert auf die Etikette und das, was sie als gutes Benehmen ansehen. Wer sich nicht peinlich genau an die Regeln hält, wird streng bestraft, üblicherweise mit dem Tod.«

»Dann bring mir diese Etikette bei! Bisher kannst du dich doch nicht darüber beschweren, dass ich nicht schnell gelernt hätte, oder?«

»Die Etikette betrifft insbesondere die Ernährung.«

»Oh.« Sie versteht das Problem.

»Es tut mir leid, aber du bist noch nicht so weit, den Archaioi unter die Augen zu treten. Ich bin ja nicht einmal sicher, ob ich das heil überstehen werde. Aber wenn sie mitkriegen, dass du dich beim Trinken nicht unter Kontrolle hast …«

»Ja ja, ich hab's verstanden. Du brauchst nicht noch weiter drauf rumzureiten.« Enttäuschung und Scham schwingen in ihren Worten mit.

Mike legt ihr die Hand auf die Schulter. »Wir halten hier die Stellung, während der Templer Hilfe holt. Ich passe auf dich auf.«

Misstrauisch beäugt sie ihn. »Danke Mike, aber ich weiß nicht, ob ich … Wegen der Ratten und so …«

Sein kehliges Lachen erklingt. »Keine Sorge. Ich werde dir meine Diät nicht aufzwingen.« Gelbe Zähne blitzen unter der Kapuze auf. »Wäre auch zu schade um dieses hübsche Gesicht.«

Ihr Lächeln wirkt ein wenig gequält. Ob wegen des Kompliments oder der Aussicht auf ein Gästequartier im New Yorker Untergrund, vermag ich nicht zu sagen. Falls es Zweiteres ist, versuche ich, ihr das Unbehagen zu nehmen.

»Mal sehen, wo Silvio uns heute unterbringen will. Vielleicht kannst du da während meiner Abwesenheit unterschlüpfen.«

Sie nickt.

Mike zieht einen Notizblock und einen Bleistift aus seinem Rucksack. Er schreibt einige Zahlen darauf und reicht Veronica den Zettel. »Hier hast du meine Nummer. Ruf an, wenn ich was für dich tun kann!«

Sie sieht ihn verdutzt an, als sie den Zettel an sich nimmt.

Verwundert erwidert er ihren Blick. »Irgendwas nicht in Ordnung damit?«

»Nein nein«, wiegelt sie ab, »ich bin nur etwas überrascht, dass du ein Mobiltelefon hast.« Ihre Augen richten sich auf mich.

Mike antwortet mit unverhohlener Belustigung in der Stimme: »Wir sind nicht alle so fortschrittsfeindlich wie unser geschätzter Richter.«

Ich hebe drohend den Zeigefinger. »Pass auf, was du sagst, Jungspund!«

»Jungspund?« Sein Lachen hallt durch das Kirchenschiff. »Ist ja fast ein Kompliment für einen Hundertfünfzigjährigen.«

Für einen kurzen Moment vergessen wir alle drei unsere quälenden Probleme und amüsieren uns gemeinsam. Doch ebenso schnell, wie sie gekommen ist, verschwindet die Heiterkeit aus unserer Zusammenkunft.

Mike deutet auf den Zettel in Veronicas Hand. »Ich hab in den Tunneln allerdings nicht immer Empfang. Im Zweifelsfall schreib mir eine Nachricht oder sprich auf die Mailbox. Ich werde mich bemühen, regelmäßig nach oben zu gehen und sie abzuhören.«

»Danke, Mike.« Veronicas Worte kommen von Herzen.

»Ich verschwinde dann mal wieder«, verabschiedet Mike sich. »Gute Reise, Templer. Bring einen ordentlichen Schlachtplan mit nach Hause!«

Ich nicke ihm zu. Er bekreuzigt sich noch einmal vor dem Altar, dreht sich um und verlässt die Kathedrale durch den Seiteneingang, durch den wir hereingekommen sind.

Veronica und ich bleiben noch ein paar Minuten. Ich versuche zu beten, doch obwohl ich so viel himmlischen Beistand benötige, wie schon seit Jahrzehnten nicht mehr, kommen mir nicht die rechten Worte in den Sinn. Mechanisch rassele ich schließlich ein Vaterunser herunter, dann verlassen wir St. Patricks.

Es hat wieder angefangen zu regnen. Ich strecke mein Gesicht den fallenden Wassertropfen entgegen, die den Weg hinab in die Straßenschlucht der Fifth Avenue finden. Mit eigenen Augen habe ich gesehen, wie die Wolkenkratzer in den vergangenen hundert Jahren immer höher in den Himmel vorgedrungen sind und die einst stolz über alle anderen Häuser emporragenden Kirchtürme überflügelt haben. Seit ich die Stadt zum ersten Mal betreten habe, ist sie von einer quirligen kleinen Kolonie zum Inbegriff der modernen Metropole erwachsen. New York ist ein Teil meines Lebens geworden, ebenso wie ich ein Teil dieses steinernen Dschungels bin. Es ist meine Heimat. Meine Domäne. Ich fühle mich dem urbanen Moloch untrennbar verbunden.

Und nun soll ich New York verlassen. Zurückkehren in die Alte Welt, aus der ich einst hierher geflüchtet bin. Denen gegenübertreten, die damals meine Vernichtung wollten. Mich den Schatten meiner Vergangenheit stellen, die meine Existenz plagen, seit ich vor ihnen davongelaufen bin. Wenn alles nach Plan verläuft, werde ich bald zurück sein. Doch falls nicht, ist es fraglich, ob ich jemals wieder zwischen den Glas- und Granitpalästen wandeln werde. Ich verspüre das Bedürfnis, mich würdig von New York zu verabschieden. Noch einmal in vollem Bewusstsein die Stadt, die niemals schläft, mit sämtlichen Sinnen zu spüren.

»Kleiner Spaziergang?«, frage ich meine Begleiterin.

»Okay.« Ihr Lächeln vertreibt den Trübsinn des Abschiednehmens in Windeseile. Unwillkürlich strecke ich die Hand aus und lege sie auf ihre Wange. Sie schmiegt ihre kalte Haut an die meine. Wortlos bleiben wir auf den Treppen vor der Kathedrale stehen und sehen uns in die Augen. Veronicas wunderschöne blaugrüne Augen. Es ist erstaunlich, wie schnell ich mich nach Jahren der Einsamkeit daran gewöhnt habe, wieder Gesellschaft zu haben. Jemanden, mit dem ich gemeinsam die Nacht durchstreife. Die Aussicht, allein nach Europa zu reisen und meine Gefährtin hier zurückzulassen, lässt meine toten Eingeweide verkrampfen.

»Ich habe Angst«, flüstert sie.

»Wovor?«

»Allein hierzubleiben. Ohne dich.«

»Ich werde mich beeilen.« Ich versuche, die unzähligen Befürchtungen, die mich quälen, zu verdrängen, um zuversichtlich zu klingen. »Bis dahin vertrau Mike! Er wird dich beschützen. Außerdem weißt du, wo du Ludovicz und Silvio findest. Auch sie werden dir helfen, wenn es notwendig ist.«

Mit ihrer regennassen Hand streicht sie über die meine, mit der ich immer noch ihr Gesicht berühre. »Vor dem, was ich fürchte, werden sie mir nicht helfen können.«

»Das wäre?«

Sie wendet ihren Blick zu Boden und haucht ihre Antwort so leise, dass selbst ich sie nur mit Mühe verstehe. »Dich zu verlieren.« Dann sieht sie mich wieder an. »Du bist alles, was mir noch geblieben ist.«

Ich lege meinen Arm um sie und ziehe sie an mich. Sie schließt ihre Hände um meinen Rücken und vergräbt den Kopf unter meinem Kinn. Ich sauge begierig den Duft ihres nassen Haares ein. Genieße die körperliche Nähe. Will sie nie wieder loslassen. Ewig mit ihr hier im Regen stehen. Sie bedeutet mir wohl doch mehr, als ich bisher zuzugeben bereit war.

Einen schlechteren Zeitpunkt, mich zu verlieben, kann ich mir kaum vorstellen. Derartige Gefühle machen mich angreifbar, beeinträchtigen mein Urteilsvermögen. Denkbar ungünstige Voraussetzungen, um in einen Krieg zu ziehen.

Der Gedanke, einfach wegzugehen, drängt sich mir auf. Gemeinsam mit ihr New York verlassen und irgendwo in Frieden zusammen sein. An einem Ort, der so abgelegen und unwichtig ist, dass sich dort niemals ein Marduk oder eine Gianna Linaro niederlassen werden.

Wäre ich dazu bereit? Alles hinter mir zu lassen, wofür ich Jahrhunderte lang gekämpft habe?

Ich schätze Veronicas Gesellschaft sehr, liebe sie vielleicht sogar. Und doch weiß ich genau, dass das Glück, das uns an einem friedlicheren Ort möglicherweise beschieden sein könnte, nicht von Dauer sein wird. Vampire sind nicht für die Zweisamkeit geschaffen. Die Instinkte des Jägers, des einsamem Wolfes, werden irgendwann die Überreste menschlicher Empfindungen und Sehnsüchte verdrängen. Das tun sie immer. Ich weiß es aus bitterer Erfahrung.

Letztendlich ist es ein sicheres Jagdrevier, eine eigene Domäne, die für unsereins zählt. Davon hängt unser Glück ab. So unromantisch es auch klingt, es ist die nackte Wahrheit. Alles andere ist nur ein kurzes Intermezzo, flüchtiges Beiwerk auf unserer Reise durch die endlose Nacht. Kein Grund, es mit Vehemenz von sich zu schieben. Nichts spricht dagegen, ein noch so kurzlebiges Glück zu genießen, so lange man sich der Tatsache bewusst bleibt, dass es nicht für die Ewigkeit bestimmt ist. Doch dafür alles andere aufs Spiel zu setzen, ist keine ernsthafte Option.

Veronica ist dessen mit Sicherheit nicht gewahr, auch wenn ich sie bereits gewarnt habe. Alle weiteren Worte werden daran nichts ändern. Sie wird ihre eigenen Erfahrungen machen müssen. Falls sie so lang überlebt.

Angesichts der derzeitigen Situation sind ihre Aussichten darauf denkbar gering. Um sie zumindest ein wenig zu erhöhen, ist es ausgeschlossen, sie mit nach Europa zu nehmen. Sollte ich dort keine Hilfe erlangen und dennoch wieder zurückkehren, dann ist vielleicht der Zeitpunkt gekommen, eine neue Bleibe zu suchen. Doch so lang noch Hoffnung besteht, New York von meinen Feinden zu befreien, habe ich keine Wahl, als in den Kampf zu ziehen. Ich bin der Templer! Ich habe einen Ruf zu verlieren. Und eine Stadt.

Behutsam löse ich mich aus Veronicas Umarmung und schiebe sie möglichst sanft von mir. Ihre Augen sind auf den Boden gerichtet. Sie fürchtet meine Antwort auf die unausgesprochene Frage, die zwischen uns steht. Ich sage nichts. Nehme stattdessen ihre Hand und führe sie die Treppen hinab und die Fifth Avenue entlang Richtung Downtown. Schweigend gehen wir durch den Regen. Bis auf einzelne Autos, hauptsächlich Taxis und Lieferwagen, ist die sonst so belebte Straße wie ausgestorben. Inmitten der Hochhäuser lugt die bunt beleuchtete Spitze des Empire State Building hervor. Heute Nacht wirkt sie fremdartig auf mich. Viele Jahrzehnte lang war dort oben meine Zuflucht, mein Zuhause. Von dort habe ich über meine Stadt gewacht. Und dort habe ich unzählige Male mit meiner Angst vor dem Tod gerungen. Dem endgültigen Tod.

Ich bin mir nicht einmal sicher, ob der Sturz aus mehr als dreihundert Metern Höhe für mich überhaupt tödlich gewesen wäre. Dennoch habe ich mich allein angesichts der Möglichkeit jedes einzelne Mal unverrichteter Dinge vom Abgrund zurückgezogen. Ein ähnliches Spiel habe ich mit dem Sonnenaufgang vollführt, dem ich oft nur um Haaresbreite in die dunkle Sicherheit meines Appartements entkommen bin.

So oft habe ich darum gerungen, mein Dasein zu beenden. Die parasitäre Existenz auf Kosten der Leben meiner menschlichen und vampirischen Opfer. So oft hat der Selbsterhaltungstrieb meinen Willen besiegt. Genauso, wie er mich nun in den Krieg gegen äußere Feinde führt, die danach streben, mich zu vernichten.

Ist es wirklich nur der Selbsterhaltungstrieb? Ist da nicht auch die Verantwortung für Veronica? Für Mike? Für die Stadt? Es wäre ein Leichtes, mir hehrere Beweggründe als die Instinkte für mein Handeln einzureden. Aber entspräche dies der Wahrheit?

Einstmals habe ich keine Zweifel gehegt, einem höheren Zweck zu dienen. Doch die Erfahrung der Jahrhunderte hat diese Überzeugung gründlich infrage gestellt. Oder habe ich mich verändert? Habe ich früher tatsächlich der Gemeinschaft gedient? Diejenigen behütet, die ich unter meinen Schutz genommen hatte?

Letztlich hat meine Entscheidung, Vitus' Blut zu empfangen, auf dem Wunsch beruht, meine damalige Heimatstadt zu retten. Zumindest habe ich das geglaubt.

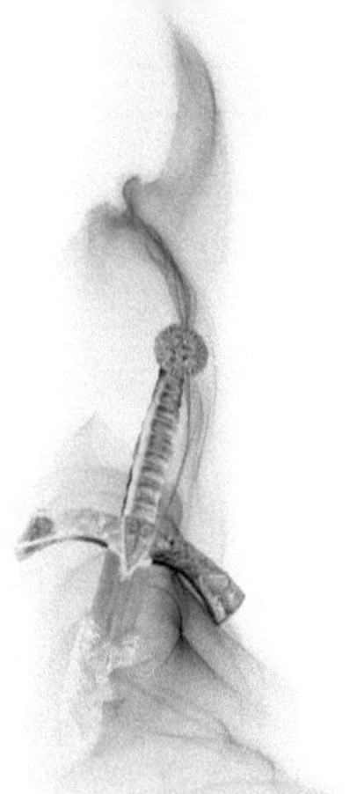

Sommer 1125, Jerusalem, Königreich der Kreuzfahrer

Die Jagd erfüllte mich mit einem Gefühl erhabener Glückseligkeit. Das mordende Monster, das ich einst gefürchtet hatte, war nun zu meiner Beute geworden. Ihr aufzulauern, sie zu verfolgen und schließlich zu stellen, war meine Bestimmung, mein Daseinszweck. Ich ging vollkommen in der Jagd auf. Genoss jeden Augenblick, den sie andauerte.

Die Oberen des Ordens werteten meine Einsatzfreude als Hingabe an die göttliche Pflicht, die ich mir auferlegt hatte. Für mich geriet mein Auftrag immer mehr zur Nebensache und diente lediglich als Rechtfertigung für die Befriedigung meiner Bedürfnisse.

Wie schon Monate zuvor, streifte ich Nacht für Nacht durch die Straßen Jerusalems, suchte nach Spuren meines Gegners, legte Fallen aus und lauerte ihm auf. Doch im Gegensatz zu damals war es nun nicht mehr Todesangst, die mein Handeln lenkte, sondern pure Lust. Und zahlreiche meiner Mitstreiter eiferten mir darin nach.

Es hatte nicht an Freiwilligen gemangelt, die sich der Jagd auf das Ungeheuer anzuschließen bereit waren. Sie alle tranken mein Blut, verdünnt in Wein, um den Geschmack zu verdecken. Der Wirkung tat dies keinen Abbruch. Wie dereinst ich durch Vitus' Blut mit übermenschlicher Kraft gesegnet worden war, so gab nun meines den Ordenskriegern die notwendige Stärke, um ihre Aufgaben zu erfüllen. Und ebenso, wie ich damals in meiner neugewonnenen Kampfeskraft geschwelgt und mich blutigen Gemetzeln hingegeben hatte, so weckte das Blut der Unsterblichen auch in den frommen Tempelrittern die niederen Instinkte und den Blutrausch. Trotz der Euphorie war ich mir der Gefahren wohl bewusst, die dies für meine kleine Truppe auserwählter Streiter bedeutete. Die Meister des Ordens, allen voran mein Widersacher Gerhardt von Thurlau, beobachteten unser Tun mit Argusaugen. So führte ich meine Mannen mit strenger Hand, um ähnliche Exzesse, wie ich sie mir damals in dem wilden Haufen der Kreuzfahrer noch hatte erlauben können, strikt zu unterbinden. Es war dennoch unübersehbar, wie die sonst so tugendhaft kämpfenden Mönche sich unter dem Einfluss meines Blutes in wütende Berserker zu verwandeln drohten. Doch die Ordensmeister waren angesichts des übermächtigen Gegners, der unsere Stadt heimsuchte, verzweifelt. Nur dies verhinderte, dass sie mein Tun auf der Stelle beendeten und mich mit Schimpf und Schande davonjagten oder gar auf den Scheiterhaufen schickten.

So lauerten wir also nach jedem Sonnenuntergang in den Straßen Jerusalems. Bemühten uns, die Bestie aus ihrem Versteck zu locken. Alsbald wurden wir belohnt.

Meine geschärften Sinne vermochten Dinge zu entdecken, die Sterblichen verborgen blieben. In der dritten Nacht, nachdem wir die Patrouillen wieder aufgenommen hatten, hörte ich schon von ferne die aufgeregten Rufe meiner Brüder, die den Feind gestellt hatten. Mit übermenschlicher Schnelligkeit eilte ich durch enge Gassen und über steile Treppen dem Lärm des Gefechts entgegen. Als ich den Ort des Geschehens erreichte, bot sich mir ein Bild des Grauens. Der Blutrausch hatte die Tempelritter dazu getrieben, sich dem Ungeheuer im offenen Kampf zu stellen. Durch die Kraft meines Blutes waren die Streiter jedem menschlichen Gegner weit überlegen. Doch sie reichte nicht aus, die entfesselte Wut der Bestie zu bezwingen. Einer meiner Brüder wälzte sich aus voller Kehle schreiend auf dem Boden. Versuchte verzweifelt, mit seinem verbliebenen Arm den Blutstrom aus dem Stumpf an seiner rechten Schulter einzudämmen. Mit dem Arm, der der Wunde nach zu urteilen nicht abgeschnitten, sondern herausgerissen worden war, hieb die Kreatur auf die beiden Gefährten des Verwundeten ein. Nur mit Mühe vermochten sie sich gegen die ungestümen Angriffe zu verteidigen.

Angesichts der blutigen Szene vor meinen Augen wäre es angemessen gewesen, vor Schreck zu erstarren. Doch stattdessen ergriff unbändige Erregung Besitz von mir. Sie drängte mich voran, den Kampf aufzunehmen, dessenthalben ich all die Opfer gebracht hatte, die mein Gewissen plagten. Als die Fratze der Bestie mit den gefletschten Fangzähnen und den blutunterlaufenen Augen sich mir zuwandte, war aller Zweifel gebannt. Der Kampfesschrei, mit dem ich mich auf meinen Gegner stürzte, war erfüllt von ungetrübter Freude und lustvollem Verlangen. Mit der Spitze voran trieb ich meine Klinge auf die Bestie zu. Sie wandte sich von meinen beiden Waffenbrüdern ab, ließ den abgetrennten Arm achtlos auf den Boden fallen und richtete ihre volle Aufmerksamkeit auf mich. Ich strauchelte, als mein Schwert statt des Fleisches meines Kontrahenten nur die laue Luft traf. Mit der freien Hand stützte ich mich an der nächsten Hauswand ab, um einen Sturz zu verhindern. Funken stoben auf, als der Stahl meiner Waffe gegen den Stein stieß. Mein Gegner war schnell. Möglicherweise gar schneller als bei unserer letzten Begegnung. Aber der Vergleich fiel mir schwer, da ich damals noch nicht über die Kräfte der Nocturni verfügt hatte. Blitzartig wandte ich mich um, um dem Feind nicht den Rücken zu zeigen. Doch statt einen Gegenangriff zu starten, war auch er damit beschäftigt, sich nach dem Ausweichmanöver wieder aufzurappeln. Den Leib nahe dem Boden auf alle viere gestützt, stieß er mir zwischen gebleckten Fangzähnen ein unmenschliches Fauchen entgegen. Der Laut ließ keinen Zweifel daran, dass er alles Menschliche weit hinter sich gelassen hatte. Seine Augen verengten sich, als ein tiefes Grollen erklang, das dem Rachen eines Löwen zu entspringen schien. Ich bemerkte nicht sofort, dass ich es war, der es von sich gab. Am Rande meines Bewusstseins formte sich die Erkenntnis, dass meine Erscheinung vermutlich keinen Deut weniger tierhaft war als die meines Gegenübers. Doch meine Instinkte hatten die Kontrolle übernommen, so dass ich dem Gedanken kaum Beachtung schenkte.

Die Zeit schien stillzustehen, als wir uns anstarrten wie zwei Raubtiere, die die Stärke des jeweils anderen einzuschätzen versuchen. Wir kreisten umeinander, ich gebückt mit dem Schwert fest im Griff, er auf Händen und Füßen. Wir knurrten uns gegenseitig an und fletschten drohend die weit aus den Kiefern ragenden Fangzähne. Vermutlich vergingen nur wenige Augenblicke, doch der Anblick des Monsters brannte sich in mein Gedächtnis ein, als hätten wir uns stundenlang gegenübergestanden.

Schließlich war ich es, der das Belauern beendete. Zuerst schlug ich mit dem Schwert zwei Finten. Unmittelbar darauf ließ ich es in einem weit ausholenden Hieb in Richtung meines Gegners kreisen. Seine Bewegungen glichen einer Katze, als er behände nach hinten auswich. Sofort setzte ich nach und stieß die Klinge immer wieder voran, drängte ihn zurück, bis eine Mauer seine Manöver beendete. Meine Erregung steigerte sich zur Euphorie, als ich meine Beute in die Enge gezwungen hatte. Triumphierend hob ich das Schwert, um es nun endlich durch Fleisch und Knochen zu treiben. Doch als ich es auf meinen Feind hernieder stieß, traf ich erneut nur den Stein der Wand, an der er einen Augenblick zuvor noch gestanden hatte, und die er nun mit einer Schnelligkeit emporkletterte, die mich in pures Staunen versetzte.

Die Enttäuschung darüber, die sicher geglaubte Beute aus der Falle entkommen zu sehen, in die ich sie getrieben hatte, wich schnell wieder der Lust an der Jagd. Ohne nachzudenken, sprang ich dem Ungeheuer hinterher, das gerade auf dem Dach zwei Stockwerke über mir verschwand. In meinem Jagdfieber ließ ich das Schwert fallen, um mich an den grob übereinandergeschichteten Steinen der Mauer nach oben zu hangeln. Erst als ich meinen rechten Arm auf das Flachdach schwang und den Kopf über den Rand hob, erkannte ich meinen Fehler. Ich erhaschte noch einen kurzen Blick auf vier Reißzähne in einem weit aufgerissenen Maul, bevor das Monster sich in mein Gesicht verbiss. Das Knacken brechender Knochen gelangte durch den Schädel direkt zu meinen Ohren. Einer der Fänge drang in mein rechtes Auge ein. Instinktiv nahm ich die Hände von der Mauer und hieb wild auf meinen Gegner ein. Meine Schläge trafen seinen Kopf, meine Krallen zerteilten seine Haut, während mein gesamtes Gewicht nur noch an seinen Zähnen in meinem Gesicht hing. Knochen splitterten und Fleisch löste sich von meinen Wangen, als der Fall mich von seinem Biss befreite. Ich landete rücklings auf dem Lehmboden der Gasse. Für einen Moment konnte ich nichts sehen, bis ich mir hastig das Blut aus den Augen wischte. Von der Kante des Daches viele Schritte über mir sah das Ungeheuer zu mir hinunter. Blut troff aus seinen Mundwinkeln, als es mich noch einmal anfauchte. Dann verschwand es aus meiner Sicht.

Der Versuch, mich eilig wieder aufzurichten, um meinem fliehenden Gegner zu folgen, scheiterte. Der gebrochene Arm gab unter meinem Gewicht nach, als ich mich auf ihn stützte. Erst jetzt drangen die Schmerzen der zahlreichen Verletzungen, die ich davongetragen hatte, in mein Bewusstsein. Ich erinnerte mich an die Lehren meines Meisters, bevor ich Konstantinopel verlassen hatte, und konzentrierte mich auf die Wunden. Ich fühlte das Blut meiner Opfer der vergangenen Tage durch meine Adern fließen. Zerschmetterte Knochen umspülen. Zerrissenes Fleisch tränken. Meinen zerstochenen Augapfel neu formen. Ein Knirschen in meinem Arm bedeutete mir, dass er wieder hergestellt war. Langsam richtete ich mich auf. Ein erneuter Blick nach oben zeigte mir, dass die Bestie endgültig verschwunden war.

Als ich aus dem Augenwinkel eine Bewegung zu meiner Rechten erspähte, drehte ich mich ruckartig um und bleckte meine immer noch weit aus dem Kiefer ragenden Fangzähne. Doch statt eines Feindes erblickte ich die beiden Ordenskrieger, die den Kampf aus sicherer Distanz beobachtet hatten. Mit kampfbereit erhobenen Schwertern schritten sie auf mich zu. Ihr verwundeter Kamerad lag unbewegt auf dem Boden. Die Bewusstlosigkeit hatte ihn in ihre tröstliche Umarmung genommen. Sein Blut bildete eine breite Lache unter dem starren Körper. Lieblicher roter Nektar. Welch eine maßlose Verschwendung. Sein mit jedem Schlag schwächer werdendes Herz pochte verführerisch in meinen Ohren. Noch war genug der köstlichen Flüssigkeit in seinen Adern, um meinen Hunger zu stillen. Meinen unbändigen Hunger, angefacht durch die Verletzungen, die ich soeben in Sekundenschnelle geheilt hatte. Der Templer am Boden würde die Nacht ohnehin nicht überstehen. Ich würde sein Leiden mindern. Es wäre ein Akt reiner Barmherzigkeit, sein Blut zu trinken. Auf diese Weise konnte seine schwindende Kraft in mir weiterbestehen und dazu beitragen, die uns gestellte Aufgabe zu erfüllen. Ich ging auf ihn zu, die Augen fest auf seinen Hals gerichtet.

»Halt! Keinen Schritt weiter!« Die sich überschlagende Stimme des Sergeanten riss mich aus meiner Trance. Er trat vor den Sterbenden und versperrte mir den Blick auf meine Beute.

Ein drohendes Knurren erklang aus der Tiefe meiner Kehle. »Geh zur Seite!«

Ich warf einen kurzen Blick auf seinen Gefährten, der etwas abseits stand und seine Augen unstet hin und her schweifen ließ. Dann fixierte ich wieder mein Gegenüber. Schweiß glänzte auf seiner Stirn. Das Schwert zitterte in seiner Hand. Sein Körper strafte den entschlossenen Gesichtsausdruck Lügen.

»Bleibt stehen!« Auch seine Stimme war weit weniger fest, als er sich das vermutlich gewünscht hätte.

Ich lenkte mein ganzes Bewusstsein auf seine Augen. Drang durch sie hindurch in seine Gedanken, seinen Geist ein. Breitete meinen Willen in ihm aus und verdrängte den seinen. »Zur Seite!«

Er gehorchte.

Erst später lernte ich, dass die Anwendung des Bösen Blickes bei denen, die von meinem Blut getrunken hatten, deutlich einfacher war. Sie trugen schon einen Teil von mir in sich, der ihre Widerstandskraft mir gegenüber schwächte. Ohne diese Hilfestellung wäre es mir wohl nicht gelungen, den widerstrebenden Willen des Sergeanten zu brechen. Dafür war ich zu ungeübt.

Doch nun lag das Objekt meiner Begierde unbewacht vor mir.

Ich schritt zu dem Bewusstlosen, beugte mich über ihn und senkte meine Reißzähne in seinen Hals. Sein Herz schlug nur noch schwach, so dass ich von Beginn an saugen musste, statt dass mir wie üblich die ersten Schwalle mit Macht in die Kehle strömten. Der Köstlichkeit des süßen Lebenssaftes tat dies keinen Abbruch. Er erfüllte meinen geschundenen Leib mit Kraft und Wärme. Ich nahm jeden Tropfen in mich auf, der noch in den Adern des Sterbenden war, bevor ich von ihm abließ und mich langsam wieder aufrichtete. Die beiden Sergeanten starrten mich aus weit aufgerissenen Augen an. Nacktes Entsetzen stand in ihren Gesichtern, als erwarteten sie, dass ich jeden Augenblick auch über sie herfallen würde. Doch fürs Erste war ich gesättigt.

»Ihr … Ihr seid …«, stammelte der, der sich mir in den Weg gestellt hatte.

Nun, da Blutrausch und Hunger langsam nachließen, erinnerte ich mich wieder an seinen Namen. »Was willst du mir sagen, Philip?«

Im gleichen Maße, wie mein Verstand die Kontrolle über die Instinkte zurückgewann, verschwanden auch die Fangzähne in den Kiefern, so dass ich wohl wieder einigermaßen menschliche Züge angenommen hatte. Dies schien jedoch nur geringfügig dazu geeignet, das Misstrauen meiner Kampfgefährten zu überwinden.

Schließlich nahm Philip all seinen Mut zusammen und spuckte mir seine Worte entgegen: »Ihr seid genau so wie die Bestie! Ihr seid des Teufels!«

Er hatte Glück, dass er diese Beschuldigung nicht geäußert hatte, als ich noch im Blutrausch gewesen war, sonst wäre ich vermutlich sofort über ihn hergefallen. Doch mittlerweile hatte ich mich wieder gut genug unter Kontrolle, um die Beherrschung zu bewahren.

»Glaubst du«, entgegnete ich ihm so freundlich wie ich es vermochte, »du wärest noch am Leben, wenn dies der Wahrheit entspräche?« Ich konnte förmlich zusehen, wie meine Worte in sein Bewusstsein drangen und Zweifel schürten. »Also sei ein wenig vorsichtiger mit deinen Äußerungen!«

Langsam ließ er das Schwert sinken. Es funktionierte.

»Komm her!«, wies ich ihn an.

Er gehorchte.

Ich nahm meinen Dolch vom Waffengurt. »Knie nieder!«

Er zuckte zusammen. Blankes Entsetzen ergriff Besitz von seinem Blick.

»Herr … Ich …«, war alles, was er zwischen den zitternden Lippen hervorbrachte.

»Knie nieder!«, wiederholte ich mit leicht ungehaltenem Tonfall.

Zunächst zögerte er, doch dann atmete er tief durch, senkte die Augen und gehorchte, sich seinem Schicksal ergebend. Ich nahm den Dolch in die Linke, umfasste die Klinge mit der rechten Hand und schnitt mir mit einem Ruck ins Fleisch. Blut rann aus meiner geballten Faust den Arm herab. Ich streckte die Hand aus und hielt sie dem vor mir Knienden entgegen. Rote Tropfen sprenkelten den Boden.

»Trink!«

Verwirrt blickte er zu mir auf.

»Trink und meine Stärke wird auf dich übergehen.«

Hoffnung keimte in seinem Gesicht auf, als die Erkenntnis, dass ich ihn nicht töten wollte, die Todesangst verdrängte. Dann verstand er, was ich stattdessen von ihm verlangte. Für einen Augenblick schien es, als würde er doch lieber den Tod wählen. Er schluckte, aber sein Widerstand schmolz unter meinen Augen dahin wie Wachs in prasselnder Glut. Mit sanften Fingern nahm er mein Handgelenk und führte es an seinen Mund. Ich öffnete die geballte Faust ein wenig, so dass das Blut sich seinen Weg auf Philips ausgestreckte Zunge bahnen konnte, zuerst nur tröpfchenweise, dann als stetiger roter Strom. Die Nährung des Sergeanten aus meiner Wunde war ein bewegender Moment für uns beide. Seine Erregung war nicht zu verkennen: Seine Finger bebten wie im Fieberwahn.

Auch mir entging nicht die Bedeutung meiner Tat. Verschiedenste Gedanken schossen mir durch den Kopf und buhlten um meine Aufmerksamkeit. Einer betraf die kräftige rote Farbe der rinnenden Flüssigkeit. Ich hatte bereits vor meiner Verwandlung frisch vergossenes Blut zu nächtlicher Stunde gesehen, mehr als genug davon. In meiner Erinnerung war es allerdings immer nur schwarz gewesen und nicht leuchtend wie die Lippen einer aufdringlichen Hure zur Mittagsstunde. Ich hatte schon bemerkt, dass ich des Nachts viel besser sehen konnte als in meinen sterblichen Tagen. Doch keine Farbe brannte sich mir im fahlen Licht des Monds und der Sterne derart grell in die Augen wie die des Blutes. Der einen Substanz, auf die sich mein ganzes Dasein konzentrierte.

Über die reine Sinneswahrnehmung hinaus wurde ich mir auch tiefer gehender Erkenntnisse gewahr. Die erschreckendste davon überfiel mich wie ein plötzlicher Gewittersturm an einem heißen Sommertag. Sie führte mir mit überragender Deutlichkeit den Verlust meiner Unschuld vor Augen. Zwar hatte ich in meinem Dasein schon mehr Untaten verübt, als andere Menschen es in zehn Leben vermochten. Aber mein ursprünglicher Entschluss, das Opfer der Verwandlung in ein Monster ganz alleine zu bringen, verfloss mit jedem Tropfen, den ich Philip in den Mund träufelte. Natürlich hatte ich meinen Mitstreitern bereits zuvor mein Blut in Wein verdünnt gereicht. Doch immer im Verborgenen und unpersönlich. Dieser Akt der Speisung schien mir intimer als die Verführung einer unberührten Jungfer. Und ungleich verwerflicher.

Ich hatte diesen Schritt nicht vorausgesehen, geschweige denn geplant. Die Frage, ob ich wirklich noch Herr meiner Handlungen war oder ob andere Mächte mein Tun lenkten, war zu schmerzhaft, um sie weiter zu verfolgen. Und keine der möglichen Antworten hätte mir gefallen. Entweder bedeuteten sie, dass ich dem Einfluss der Finsternis verfallen war. Oder, was möglicherweise noch erschreckender war, ich war selbst zum Quell der Verderbnis geworden, die nun mit aller Macht von mir auf diejenigen übergriff, die mir nahestanden. Es war dieser Augenblick, in dem der treue Philip vor mir kniete, dass ich bewusst eine Schwelle überschritt. Die Schwelle von der Tugendhaftigkeit und Selbstlosigkeit, nach der ich im Anschluss an die blutige Eroberung Jerusalems gestrebt hatte, zu Eigennutz und der absoluten Rücksichtslosigkeit, mit der die Nocturni seit jeher ihre Ziele verfolgten.

Fest presste ich die Finger wieder zusammen, um den Blutstrom zum Versiegen zu bringen. Philip lächelte und hielt meine Augen stetig im Blick, als er sich langsam erhob. Er spürte die Kraft, die seinen Leib durchströmte. Nur zu gut wusste ich, wie er sich nun fühlte. Stark. Gesegnet. Unbesiegbar. Und entschlossen, die Gabe, die er erhalten hatte, ohne Reue einzusetzen.

Ich winkte seinen Gefährten heran. Auch sein Name, Martin, kam mir wieder in den Sinn. Aufmerksam hatte er das Geschehen beobachtet. Er war noch nicht der von meinem Blut genährten Zuversicht verfallen, die Philip mit ungeahnter Wonne erfüllte. Zögerte. Doch das Blut, das er mit dem Wein bereits in sich aufgenommen hatte, schien ihn wie eine unsichtbare Hand zu mir zu führen. Er wollte ebenfalls teilhaben an dem unheiligen Mahl, das ich den beiden Kriegern darbot.

Er trank zaghafter als Philip und wirkte auch nach der Speisung weniger enthusiastisch als sein Gefährte. Doch er würde der Verlockung von Kampfeskraft, Blutdurst und schierer Macht ebenfalls nicht widerstehen können.

Nahezu instinktiv verschloss ich die Wunde in meiner Handfläche, ohne mich darauf, wie zuvor, konzentrieren zu müssen. Die Selbstverständlichkeiten des Daseins als einer der Nächtlichen ergriffen Besitz von mir.

Nacheinander sah ich den beiden Kämpfern vor mir in die Augen und durch sie hindurch in ihr Bewusstsein. »Ihr behaltet das, was hier geschehen ist, für euch! Niemand muss davon erfahren, dass ihr eure Stärke unmittelbar von mir und nicht in Wein verdünnt erhaltet. Die anderen würden nicht verstehen, warum ihr meine Favoriten seid, und nicht sie. Doch ich werde immer wissen, wer sich in dieser Nacht unserem Feind entgegengestellt hat.«

Sie nickten. Philip lächelte. Er gehörte mir. Auch Martin würde diesen Weg gehen. Es war unvermeidlich. Ich wusste es.

Gemeinsam brachten wir den Leichnam unseres gefallenen Kameraden zurück zum Tempelberg. Die Lüge, dass es die Bestie gewesen wäre, die ihm alles Blut aus dem Leib gesaugt hätte, ging uns leicht von den Lippen. Niemand dachte daran, unser Wort in Zweifel zu ziehen.

Wir stellten unseren Kampf mit dem Ungeheuer als Sieg dar, allein weil wir noch am Leben waren, und hatten Erfolg. Die Meister des Ordens sandten uns wieder auf die Jagd in den nächtlichen Straßen der Heiligen Stadt. Gerhardt von Thurlaus Widerstand wurde immer leiser.

Philip und Martin wurden zu meinen engsten Gefährten. Jede Nacht gab ich ihnen von meinem Blut und ernannte sie zu Anführern eigener Jagdtrupps. Mein einstiger Knappe, der junge Normanne Robert, war zutiefst enttäuscht, dass er meine Gunst verloren zu haben schien, denn ich nahm ihn nicht wieder in die Reihen meiner Untergebenen auf. Eine Weile redete ich mir ein, ich wollte ihn vor dem Schicksal verschonen, das ich mir und meinen beiden neuen Favoriten auferlegt hatte. Doch mit der Zeit wurde mir bewusst, dass dies nur eine Lüge war, um mir einzureden, dass ich noch nicht ganz so monströs war, wie ich befürchtete. Die Wahrheit war, dass ich mich in seiner Nähe unwohl fühlte. Seine Gesellschaft erinnerte mich zu sehr an meine letzten Tage als Sterblicher. Führte mir allzu deutlich vor Augen, was ich verloren hatte.

Um seine Zudringlichkeit zu beenden und sicherzustellen, dass er sich von mir fernhielt, bat ich Gerhardt von Thurlau, ihn unter seine Fittiche zu nehmen. Vielleicht auch ein wenig, um ihn vor der Dunkelheit auf dem Pfad zu bewahren, den ich eingeschlagen hatte. In einem seltenen Augenblick der Einvernehmlichkeit entsprach der Deutsche meiner Bitte. Er nahm sich des jungen Mannes an, wofür ich ihm wahrlich dankbar war. Womöglich würde mein Bemühen, Robert auf diese Weise vor dem Schicksal zu schützen, das ich mir, Philip und Martin auferlegt hatte, auch ein gutes Licht auf mich werfen. Denn selbst wenn ich mich noch in den Diensten des Allmächtigen wähnte, so war mir doch vollkommen bewusst, dass ich jedes Quäntchen Fürsprache bitter benötigen würde, sollte ich einst vor den Richterstuhl des Herrn treten.

Als meine größte Bemühung, seine Gnade zu erlangen, betrachtete ich jedoch nach wie vor die Jagd auf das Ungeheuer, dessen Klauen ich erneut nur knapp entkommen war. Die Lehre aus der zurückliegenden, für mich beinahe fatalen Auseinandersetzung war, mich der Bestie nicht mehr in einem ebenbürtigen Duell zu stellen. In der Gewalt des Blutrausches war ich ihr nicht gewachsen. Meine Instinkte waren noch nicht verlässlich genug, um das Kampfesglück zu meinen Gunsten zu wenden, wenn ich mich ihrer Kontrolle ergab. Im Kampf Klaue gegen Klaue hatte das Ungeheuer einfach mehr Erfahrung als ich.

Die Kampfeskraft der Tempelritter beruhte neben den stärkenden Kräften des Glaubens und der bedingungslosen Hingabe an die höheren Ziele des Ordens auf ihrer Disziplin. Diese Tugend war es, auf die ich nun meine Hoffnung setzte. Die Disziplin, die ich in den Reihen der Templer erlernt hatte, würde mir den Vorteil geben, den ich benötigte, um meinen Gegner zu bezwingen. Durch sie würde ich den Blutrausch besiegen und meinem Verstand dazu verhelfen, die Oberhand im Kampf zu erlangen. Niemals wieder durfte ich mein Schwert aus der Hand legen, wenn ich es am dringendsten brauchte. Niemals wieder durfte ich mich in eine derartige Falle locken lassen wie bei der Erklimmung des Daches, auf dem die Bestie mir aufgelauert hatte. Ich würde meinen Willen stählen, bis ich es schaffte, der Verlockung des Blutrausches zu widerstehen. Ich würde kein geistloses Monster werden wie der, den ich jagte. Ich war keine Bestie. Ich trug den weißen Mantel der Templer. Also würde ich auch wie ein Templer kämpfen.

Eifrig begann ich, mich im Kampf zu üben. Nicht, um meine Schwertführung zu verfeinern – dies beherrschte ich nach einem Leben voller Schlachten und Streiten zur Genüge –, sondern um zu lernen, die Instinkte und die Wut zu beherrschen, die Besitz von mir ergriffen, sobald ich mich in ein Gefecht begab. Meine neuen Gefährten dienten mir als Gegner. Meist focht ich gegen beide zugleich. Sie gaben sich größte Mühe, mich zu provozieren. Jedes Mal, wenn es ihnen gelang, den Blutrausch in mir zu erwecken, hatte dies anschließend Wunden und Verletzungen zur Folge, die die heilenden Kräfte meines Blutes erforderten.

Peinlichst achtete ich darauf, unser Tun vor meinen ordensinternen Rivalen, allen voran Gerhardt von Thurlau, geheim zu halten. Ich wollte ihr zugegebenermaßen nicht völlig unbegründetes Misstrauen nicht noch weiter schüren. Meine beiden neuen Gefährten, die im Gegensatz zu mir auch tagsüber durch das Licht der Sonne zu wandeln vermochten, waren hierbei eine große Hilfe. Sie vermittelten unseren Ordensbrüdern den Eindruck, es handelte sich bei unserer kleinen Gemeinschaft lediglich um drei besonders einsatzfreudige und in ihren Waffen geübte Fanatiker. Ich muss zugeben, dass Philip und Martin weitaus erfolgreicher darin waren, ihren Blutdurst im Zaum zu halten, als ich es gewesen war, nachdem ich als Sterblicher von Vitus' Blut gekostet hatte. Zumindest, wenn sie sich in der Gegenwart anderer Tempelritter befanden. Bei unseren nächtlichen Waffengängen hingegen, die wir zumeist vor den Mauern der Stadt abseits neugieriger Augen abhielten, ließen beide ihren durch mein Blut geweckten Instinkten und Gelüsten freien Lauf. Ihr Tun offenbarte nur zu deutlich die Macht, die das Blut über ihr Denken und Leben gewonnen hatte.

Die Bestie, das eigentliche Ziel all unserer unheiligen Bemühungen, schien ebenfalls ihre Wunden zu lecken. Fast zwei Wochen lang drang keine Kunde von irgendwelchen Gräueltaten an meine Ohren. Kurzzeitig wagte ich sogar zu hoffen, unsere Begegnung hätte meinen Gegner gar dazu veranlasst, sein Unwesen zu beenden oder zumindest einen anderen Ort für seine Gemetzel aufzusuchen. Doch auf unseren nächtlichen

Patrouillen, die wir neben den Kampfesübungen weiterführten, stießen wir bald wieder auf die Spuren des Ungeheuers.

Die Hinweise waren allerdings weit weniger offensichtlich als die zerfetzten, an ihren eigenen Eingeweiden an Kirchenwänden aufgehängten Leiber, mit denen das Unheil einige Monate zuvor begonnen hatte. Es schien, als wollte die Bestie ihre Gräueltaten vor unseren wachsamen Augen verbergen. Doch ich wusste die Zeichen zu deuten, die auf die Anwesenheit eines der Unsterblichen hinwiesen. Meine zwei Gefährten sammelten tagsüber Informationen über Vermisste oder unerklärliche Todesfälle. Von beidem gab es reichlich in einer Stadt, in der täglich ausgemergelte Pilger nach einer entbehrungsreichen Reise aus ihrer Heimat in Frankreich, dem Heiligen Römischen Reich oder England eintrafen. Des Nachts untersuchten wir die Schicksale der mysteriösesten dieser Fälle. Wir fanden Zeugen, die geheimnisvolle Gestalten durch die dunklen Straßen und Gassen hatten streifen sehen. Oder kleine Blutspuren, deren Ursprung ich bald durch ihren bloßen Geschmack zu erkennen vermochte.

Die meisten der Hinweise deuteten in Richtung der auswärtigen Stadtteile, der Zeltlager vor den Toren Jerusalems. Dort hatten Pilger und Händler ihr Heim errichtet, die entweder der bedrückenden Enge der vollkommen überfüllten Stadt entkommen wollten oder von den Torwachen nicht in Jerusalem eingelassen wurden, sei es aufgrund ihrer Herkunft – dies traf auf Sarazenen und Armenier zu – oder übler Krankheiten wie der Lepra. So wurden wir eines Nachts im Tal des Hinnom fündig, südlich des Gerbertores unweit einer der Leprakolonien. Im Schatten einiger uralter Mauerreste hatten deren Bewohner ihre armseligen Behausungen errichtet. Dort entdeckten wir eine Anzahl übel verstümmelter, nur unzulänglich im felsigen Boden verborgene Leiber. Ihre Wunden zeigten allzu deutlich, dass unser Widersacher die Heilige Stadt noch immer heimsuchte. Die Toten wiesen stark unterschiedliche Spuren der Verwesung auf, so dass wir davon ausgingen, dass die Bestie diesen Ort regelmäßig aufsuchte, um ihre Opfer zu verscharren. Also beschlossen wir, uns hier auf die Lauer zu legen, um die Rückkehr des Monsters abzuwarten und es bei seinem grausigen Tun zu stellen.

Wir mussten nicht lang warten.

Bereits in der zweiten Nacht beobachteten wir eine zerlumpte Gestalt, die sich, einen leblosen Körper wie eine zerschlissene Puppe hinter sich herziehend, dem Grab der blutleeren Leichen näherte. Sobald die Kreatur nah genug herangekommen war, gab ich das lautlose Zeichen zum Angriff. Wie ein Mann stürzten wir gleichzeitig aus unserer Deckung hervor und warfen uns mit blankgezogenen Schwertern auf den Feind. Die gemeinsamen Kampfesübungen in Verbindung mit der langjährigen Ausbildung bei den Tempelrittern zahlten sich nun aus. Noch bevor unser Gegner reagieren konnte, hatten wir ihn umzingelt und jeden Fluchtweg abgeschnitten. Die Bestie saß in der Falle.

Mit weit ausholendem Schwung hob ich meine Klinge über den Kopf, um sie mit voller Wucht auf das Monster niederzustoßen. Der Sieg war nur einen Schwertstreich entfernt. Alle Mühen und Opfer mündeten nun endlich im Erfolg. Mein triumphierender Blick fand den meines Gegners, der sich von Furcht übermannt zusammenkauerte. Ich sah den rötlichen Schimmer in den schreckgeweiteten Augen, die ebenso rastlos wie vergeblich eine Möglichkeit zum Entkommen suchten. Ich sah die weit aus dem Kiefer ragenden Fangzähne, noch vom Blut seines letzten Opfers benetzt. Ich sah sein Gesicht. Und erstarrte.

Die in Todesfurcht vor mir kauernde Kreatur war zweifellos einer der Nocturni. Doch ihre Gesichtszüge entsprachen nicht denen des Unsterblichen, den ich jagte. Innerhalb eines Augenblickes erkannte ich, dass unser Gegner nicht in die Falle getappt war, die wir ihm gestellt hatten, sondern genau andersherum.

»Es ist ein Hinterhalt!«, schrie ich meinen Gefährten zu, doch es war bereits zu spät.

Ich sah, wie eine klauenbewehrte Pranke Martins Schulter packte und eine andere seinen Kiefer umfasste. Ein trockenes Knacken erklang, als mit einem einzigen Ruck sein Haupt vom Körper abgerissen wurde. Das Geräusch ging mir durch Mark und Bein und hallte noch lang in meinem Kopf nach. Durch den Schleier aus roten Tröpfchen, der sich aus dem klaffenden Loch zwischen den Schultern von Martins kopflosem Torso in die kalte Nachtluft ergoss, erblickte ich die verhasste Fratze der Bestie, erfüllt von Verderbnis und Mordlust. Ich hatte sie erneut unterschätzt. Sie war mir nicht nur an Kampfeskraft überlegen, sondern auch an Arglist, und hatte mich ein weiteres Mal in eine Falle gelockt.

Die Wut darüber, dass ich mich trotz aller Vorsicht und Planung hatte überlisten lassen, stieg durch meinen Körper und Geist empor. Sie bahnte sich ihren Weg durch meine Kehle und ergoss sich als Gebrüll, das einem Löwen Ehre gemacht hätte, aus mir heraus. Das Verlangen, meine Klauen in den Leib meines Gegners zu schlagen und meine Fänge in sein Fleisch zu senken, ergriff mich mit ungeahnter Macht. Die Verlockung, mich meinen Instinkten hinzugeben, schien unüberwindlich. Verzweifelt klammerte ich mich an den letzten Rest meines Verstandes, der in den Wogen des Blutrausches zu versinken drohte. Sah das siegessichere Lächeln im blutüberströmten Antlitz der Bestie vor mir. Ich betete. Flehte den Herren und alle Engel und Heiligen an, mir die Kraft zu geben, dem Blutrausch zu widerstehen. Und wurde erhört.

Ich sammelte die unbändige Wut in meinem Inneren und lenkte sie in meinen Schwertarm. Meine Finger schlossen sich wie eine Klammer um das Heft der Waffe. Dann vollendete ich die Bewegung, zu der ich das Schwert erhoben hatte. Nahm alle Kraft, die meine Arme, das Blut, das sie durchströmte, und der Zorn in meinem toten Herzen mir verliehen, und senkte die Klinge in den Leib des Lockvogels zu meinen Füßen. Der Stahl drang durch seine Schulter bis zur Hüfte und teilte den Körper entzwei. Blut spritzte hoch empor, während die beiden Leibeshälften zu Boden sanken. Der Arm des Teiles, an dem der Kopf hing, zappelte noch und schien zu versuchen, irgendetwas zu ergreifen, was ihn erretten könnte. Doch die Bewegung war ziellos und ging ins Leere. Auch die Glieder der kopflosen Hälfte zuckten, aber der Effekt war noch geringer. Dann endete das kurze Dasein der armen Kreatur, die die Bestie erschaffen hatte.

Philip, der näher an dem Monster stand als ich, hatte die Überraschung über den Hinterhalt ebenfalls schnell überwunden. Mit aller Macht stürzte er sich auf den Gegner. Während ich mein Schwert aus dem zerteilten Leib des Lockvogels zog, stieß er seine Waffe auf unser eigentliches Ziel hinab. Doch mit der bloßen Klaue fing das Monster die Klinge ab und riss sie aus der Hand des Tempelritters. Noch ehe Philip sich von seiner Verwirrung angesichts dieses unerwarteten Manövers erholt hatte, ließ die Bestie das Schwert fallen und rammte die vom Griff in die Schneide blutende Pranke auf den Schädel meines Gefährten. Die Wirkung des Hiebes glich der eines Rammbocks. Ich hörte Knochen brechen und sah Philips Leib viele Schritt weit durch die Luft fliegen, bevor er mit Wucht auf einen Felsen prallte und mit verrenkten Gliedmaßen liegen blieb.

Für einen Augenblick verklang jeglicher Kampfeslärm. Stille senkte sich über die Szenerie. Unbewegt standen wir uns gegenüber. Mein Gegner tief gebückt, sprungbereit auf alle viere gestützt. Ich aufrecht stehend, das Schwert über dem Kopf erhoben und bereit, es beim ersten Anzeichen eines Angriffes hinabzustoßen. Lediglich das leise Tropfen des Blutes, das aus dem zerteilten Körper über die Steine auf dem Boden floss, war zu hören. Sein Geruch drang in meine Nase und fachte erneut den Blutdurst an, der meinen Geist zu vernebeln drohte. Ein weiteres Mal betete ich zum Herrn. Und ein weiteres Mal wurde ich erhört. Nicht den kleinsten Augenblick verlor ich die Konzentration. Fixierte meinen Gegner. Sah in seinem hassverzerrten Antlitz, dass er denselben Kampf durchlitt wie ich. Doch er scheiterte.

Nur für einen winzigen Moment erlag er der Verlockung, seinen Blick auf die rote Köstlichkeit zu senken, die den kargen Boden vor den Mauern Jerusalems tränkte. In diesem Augenblick stieß ich zu. Mein Schwert traf ihn am Kopf. Knochen brachen. Die Wucht des Hiebes zwang ihn zu Boden.

Ehe ich meine Waffe zum nächsten Angriff erhoben hatte, war er wieder auf allen vieren. In einer aberwitzig anmutenden Bewegung sprang er nach hinten. Ich stürmte voran und ließ die Klinge kreisen. Dem ersten Schlag wich die Bestie aus. Der zweite traf ihren Arm, den sie zur Abwehr emporgestreckt hatte, und trennte ihn am Ellbogen vom Leib. Das schrille Kreischen war absolut unmenschlich. Erneut suchte mein Blick die Augen meines Gegners. Ich erkannte in seinem Gesicht Zorn, Hass und Verzweiflung, doch keine Spur von Verstand. Seine Instinkte hatten ihn fest im Griff. Bisher hatten sie ihm gute Dienste geleistet. Aber nun stand er einem Feind gegenüber, der ihm an schierer Kraft zwar nicht ebenbürtig war, doch zumindest nahekam. Im Gegensatz zu ihm war ich jedoch im Vollbesitz meiner Geisteskraft und vermochte ein Schwert zu führen, statt mit Klauen und Zähnen zu kämpfen.

Mit seinem verbliebenen Arm führte er einige schnelle Hiebe in meine Richtung. Bis auf einen, der eine tiefe Wunde in meinen Oberschenkel riss, gelang es mir, sie alle mit der Klinge abzuwehren, so dass nun auch sein zweiter Arm in Fetzen lag. Ich kämpfte den Schmerz nieder, widerstand wiederum dem Blutrausch, den er zu erwecken drohte und verlagerte mein Gewicht auf das unverletzte Bein. Mit einigen ungezielten Hieben trieb ich die Bestie vor mir her. Rückwärts wich sie aus. Ich hielt kurz inne, um mich darauf zu konzentrieren, die heilende Kraft des Blutes in die Wunde zu lenken. Spürte, wie die Standfestigkeit in mein Bein zurückkehrte. Meinen Gegner ließ ich währenddessen keinen Moment aus den Augen. Ich sah, wie seine zerschmetterten Schädelknochen sich wieder zusammenfügten. Wie das Blut aus dem Stumpf an seiner Schulter rann. Wie er die Wunden, die mein Schwert in seinen anderen Arm geschlagen hatte, nicht vollständig zu heilen vermochte. Und wusste, ich hatte gewonnen.

Die Instinkte der Nocturni gieren nach Blut und Kampf. Doch noch stärker ist der Trieb zur Erhaltung des eigenen Lebens im Angesicht einer ausweglosen Situation. Die Bestie warf mir einen letzten hasserfüllten Blick zu. Dann wandte sie sich zur Flucht. Ich setzte ihr nach, vermochte sie in meiner schweren Rüstung jedoch nicht einzuholen. Wäre ich dem Blutrausch erlegen, hätte ich die sinnlose Verfolgung vermutlich bis zum Sonnenaufgang fortgeführt. Doch mein immer noch wacher Geist erinnerte sich an meine Gefährten.

So blieb ich, beinahe schon außer Sicht der Mauern von Jerusalem, stehen und ließ von meinem Gegner ab. Nach einigen weiteren Schritten bemerkte er, dass ich ihm nicht länger folgte, und hielt ebenfalls an. Er drehte sich um. Beäugte mich mit finsterer Miene.

»Bleib fort von Jerusalem und kehre nie wieder hierher zurück!«, rief ich zu ihm hinüber.

Ich erhielt keine Antwort, doch der letzte Blick, den ich von ihm in jener Nacht erhaschte, war gezeichnet von der Niederlage. Schließlich drehte die Kreatur sich um und lief weiter in die Dunkelheit.

Eine Zeit lang blieb ich noch stehen und schaute ihr hinterher, bis ich sicher war, dass sie nicht schon nach wenigen Schritten kehrtmachte und zurückging. Erst, als sie endgültig außer Sicht war, kehrte ich zur Stadt zurück.

Am Ort des Kampfes schlichen zwei Lepröse über den Boden und fledderten die Leichen. Mit einem kurzen Ruf ließen sie sich vertreiben. Der zerteilte Körper des Nachkommen der Bestie begann bereits, sich in Staub aufzulösen. Es war das erste Mal, dass ich einen Vernichteten der Nocturni sah und ich beobachtete den rapiden Zerfall des Leichnams mit großer Neugier.

Martins kopflose Leiche schien unrettbar verwundet. Selbst wenn die Heilkräfte meines Blutes ausgereicht hätten, ihm sein Leben wieder zu geben – was sie nicht taten, wie ich später lernte –, hätte ich nicht einmal gewusst, wie ich es ihm hätte einflößen sollen.

Philip hingegen war nicht verloren. Sein Leib war zerschlagen und ein gewöhnlicher Sterblicher wäre derartigen Verletzungen schnell erlegen. Doch das Blut, das ich ihm vor dem Kampf geschenkt hatte, bewahrte ihn vor dem Tod. Nun gab ich ihm noch mehr davon. Die ersten Tropfen flößte ich ihm zwangsweise ein. Mit einem Stöhnen erwachte er aus der Bewusstlosigkeit und trank gierig aus der Wunde, die ich in mein Handgelenk gebissen hatte. Knirschend fügten sich seine Knochen zumindest so weit zusammen, dass er mühsam, aber aus eigener Kraft humpeln konnte.

»Hast Du ihn vernichtet?« Seine Stimme war rau und schwach.

»Er ist vertrieben. Und ich glaube nicht, dass er wiederkommen wird.«

»Gut«, brachte er mühsam hervor.

Dann machten wir uns daran, den Leichnam unseres gefallenen Waffenbruders auf den Tempelberg zu schaffen.

Martin bekam ein Begräbnis, das eines Helden würdig war. Auf meine Bitte hin wurde die Feier nachts vollzogen, so dass ich daran teilnehmen konnte. Die Herren des Ordens waren angesichts unserer Erfolgsmeldung zunächst misstrauisch. Die finsteren Blicke, die Gerhardt von Thurlau mir während der Zeremonie zuwarf, sprachen Bände. Die nächsten Tage und Wochen bezeugten jedoch, dass wir die Wahrheit gesprochen hatten. Zwar gab es weiterhin Verbrechen und rätselhafte Todesfälle in Jerusalem. Aber das Grauen, das die Stadt fast ein halbes Jahr lang in seinem Griff gehalten hatte, schien gebannt. Ich hatte die Bestie bezwungen. Ich hatte gesiegt. Doch ich hatte dafür einen hohen Preis zahlen müssen. Ich hatte mein sterbliches Leben geopfert. Vielleicht sogar meine unsterbliche Seele. Eingetauscht gegen einen unsterblichen Körper. Gezeichnet vom Durst nach Blut.

In Ewigkeit.

Mittwoch, 18. Mai 2005, über dem Atlantik

Ich liege in einem Sarg. Vollkommene Finsternis umgibt mich. Meine Arme und Beine kann ich nur wenige Zentimeter bewegen, bevor sie an die Wände meines Gefängnisses stoßen. Doch es gibt keinen Grund, sich überhaupt zu rühren. Weder können meine Gliedmaßen einschlafen, noch kann ich eine Thrombose bekommen. Also verharre ich in absoluter Regungslosigkeit und ergebe mich meinem Schicksal. Der den Sterblichen eigene Bewegungsdrang ist mir schon lange fremd geworden. Es fällt mir nicht schwer, in totengleicher Starre zu verweilen und allein mit meinen Gedanken zu sein. Ich habe in früheren Zeiten viel Übung darin gesammelt, als man Reisezeiten noch in Tagen, Wochen oder gar Monaten gemessen hat. Begleitet werde ich nur von den wenigen Sinneswahrnehmungen, die durch die verzinkten Wände des Sarges dringen. Allen voran dem monotonen Dröhnen und Vibrieren der Flugzeugtriebwerke. Die Wunderwerke moderner Technik sorgen dafür, dass die Reise nur ein paar Stunden dauert. Für meine letzte Überquerung des Atlantiks habe ich Wochen gebraucht.

Unmittelbar an meinem Leib fühle ich den sanften Druck meines Schwertes. Es liegt kalt auf meiner Brust, um mich zu begleiten.

Ich nutze die Zeit, um die Ereignisse der vergangenen Tage noch einmal Revue passieren zu lassen. Besonders ein Gesicht beherrscht meine Gedanken. Es war der letzte Anblick, der sich mir geboten hat, bevor ich in die allumfassende Dunkelheit eingetaucht bin, in deren Genuss sonst nur die Toten kommen. Veronicas zusammengepresste Kiefer haben keinen

Zweifel daran gelassen, dass ihr ganz und gar nicht wohl dabei gewesen ist, mit anzusehen, wie ich unter dem Deckel meines morbiden Reisebehältnisses verschwunden bin. Noch wenige Tage zuvor hatte ich diesem Gesicht keinerlei Beachtung geschenkt, als ich es zum ersten Mal gesehen habe und Veronica unter den Klauen des Reißwolfes ihr Leben ausgehaucht hat. Merkwürdig, wie schnell sich die Dinge manchmal entwickeln. Insbesondere für jemanden wie mich, dessen Dasein sonst eher von Eintönigkeit beherrscht wird.

Angesichts der Lage, in der ich mich befinde – von einem übermächtigen Gegner vertrieben aus meiner Heimat, meiner Domäne, auf der verzweifelten Suche nach Hilfe bei meinen einstigen Todfeinden – ist es erstaunlich, welchen Stellenwert die jungblütige Ex-Polizistin in meinen Gedanken einnimmt. Die Befürchtung, dass sie mir bei weitem nicht so gleichgültig ist, wie ich es mir in den vergangenen Tagen immer wieder einzureden versucht habe, wird langsam zur Gewissheit. Insbesondere seit feststand, dass wir für einige Zeit getrennte Wege gehen würden, gewannen die wenigen Stunden, die wir noch gemeinsam verbracht haben, stetig an emotionaler Intensität und Intimität.

Ein Lächeln schleicht sich unwillkürlich auf meine Lippen, als ich mich an die zwei Nächte in dem Versteck erinnere, in dem Silvio uns untergebracht hat. Das Quartier des Mafioso stellte sich als erstaunlich luxuriös heraus. Es war nicht das erste Mal, dass ich auf einen geheimen Unterschlupf des organisierten Verbrechens zurückgreifen musste. Doch die einstmals stickigen Kellerlöcher haben in den letzten Jahrzehnten erheblich an Qualität gewonnen. Unser Notfallquartier kam einer gemütlich eingerichteten Zwei-Zimmer-Wohnung gleich, mit Küche, Bad und allem, was man benötigte, wenn man für eine Weile untertauchen musste. Nur Fenster fehlten. Für mich ein Segen. Die Einrichtung stammte größtenteils aus den 50er und 60er Jahren und weckte einen Hauch von Nostalgie in mir. Silvio erzählte, der Unterschlupf ginge ursprünglich auf die Zeit der Prohibition zurück. Er sei einst eine geheime Bar gewesen, die nach dem Ende des Alkoholverbotes als Versteck für Gangster genutzt wurde, die sich vor den Augen der Polizei oder – was wohl noch häufiger vorkam – den anderen Familien verbergen mussten. Die zahlreichen ›Mieter‹ und insbesondere die Stammgäste haben mit den Jahren die Einrichtung Stück für Stück bereichert, bis schließlich das nette unterirdische Appartement entstanden war, in dem wir hausten.

Natürlich konnte man es nicht mit meiner luxuriösen Wohnstatt im Empire State Building vergleichen. Doch in gewisser Weise war es sogar gemütlicher. Auf jeden Fall erfüllte es seinen Zweck. Es gab Veronica und mir eine Zuflucht vor der Sonne und unseren Feinden. Und darüber hinaus ein Nest für die wenigen Stunden der Zweisamkeit, die uns noch blieben, denn ich selbst habe es nur für die beiden Tage bewohnt, während derer Silvio meine Reise in die Alte Welt organisierte.

Wohlige Schauer laufen durch meinen ansonsten starren Körper, als sich der Anblick von Veronicas nassem, unbekleidetem Leib meinem geistigen Auge darbietet. Wie sie aus der engen Dusche des Mafia-Verstecks kam und sich herausfordernd in Pose stellte. Das Amüsement über meinen verdutzten Blick, als ich sie von oben bis unten musterte, war ihr überdeutlich ins Gesicht geschrieben. Ich hatte sie bereits zuvor bei unserer Flucht aus Marduks Heimstatt in den U-Bahn-Tunneln nackt gesehen. Doch zu jenem Zeitpunkt hatten die Zwänge der Situation meine Aufmerksamkeit auf andere Dinge gelenkt. Nun jedoch konnte ich in aller Ausführlichkeit meinen Blick über ihre helle Haut schweifen lassen. Der Anblick ihrer wohl gerundeten Brüste mit den aufgerichteten Nippeln, ihres flachen Bauches mit dem tätowierten Comicteufelchen, der unbehaarten Scham und ihren durchtrainierten Schenkeln rief unweigerlich eine körperliche Reaktion zwischen meinen eigenen Beinen hervor. Mein nicht zu leugnendes Verlangen nach ihr stand im krassen Gegensatz zu meinem Verstand, der mich ermahnte, mich nicht erneut in ein romantisches Abenteuer zu stürzen, dessen unglücklicher Ausgang unverrückbar feststand. Noch dazu in der jetzigen Situation, vertrieben aus meiner Zuflucht, umgeben von Feinden, die danach trachten, mir meine Domäne und mein Leben zu nehmen. Aber vielleicht drängten mich gerade diese Unsicherheit und das Bewusstsein, mein scheinbar unbegrenztes Dasein könne angesichts des übermächtigen Gegners nun doch ein Ende finden, dazu, die sich nun bietende Gelegenheit nicht ungenutzt verstreichen zu lassen.

Aber letztlich war es einerlei. Sie stand vor mir und ich wollte sie. Nur das zählte.

Auch Veronicas Blick zeugte von ihrem Verlangen. Sie schien darauf zu warten, dass ich mich auf sie stürzte. So einfach machte ich es ihr allerdings nicht. Stattdessen verharrte ich unbewegt, neugierig, ob sie den ersten Schritt wagte.

Eine Weile rang sie mit sich, hob an zu sprechen, und blieb dann doch stumm. Jedes Wort hätte die Magie des Augenblickes unwiederbringlich zerstört. Schließlich nahm sie sich ein Herz – wenn auch ein totes – und kam schweigend auf mich zu, ihre Augen in den meinen versunken. Ohne einen Laut begann sie damit, auch von meinem Körper die Kleidung abzustreifen. Ich ließ sie gewähren, als sie mit geschickten Fingern die Knöpfe meines Hemdes öffnete. Genoss den Anblick des Spiels der Muskeln unter ihrer nackten Haut, das jede ihrer Bewegungen begleitete. Als sie mir die Hand reichte, ergriff ich sie und ließ mich ohne Gegenwehr in den Stand hieven, woraufhin sie begann, meine Hose zu öffnen und mitsamt den Boxershorts zu Boden zu ziehen. Sie blieb vor meinem nun ebenfalls vollständig entblößten Leib in der Hocke und ließ ihre Finger über meine Erektion streichen, erst sanft, dann fordernder. Es kostete mich unendliche Willenskraft, sie nicht auf der Stelle zu ergreifen und mir zu nehmen, wonach mein Körper schrie. All meine Muskeln verkrampften, als sie ihren Griff weiter festigte, die Bewegung ihrer Hände sich beschleunigte. Ein leises Stöhnen entwich meiner Kehle, als ihre Finger den Lippen Platz machten und sie mich in ihren Mund aufnahm. Meine Fangzähne traten vor schierer Erregung aus den Kiefern hervor, ebenso wie die von Veronica, wie ich deutlich spürte.

Jeder sterbliche Mann hätte an dieser Stelle eine Panikattacke bekommen, und das vollkommen zu recht. Für unsereins gelten jedoch andere Regeln. Ein tiefes Knurren entwich meiner Kehle, als ich zuließ, dass sie den Blowjob mit ausgefahrenen Fangzähnen fortsetzte. Es wandelte sich zu einem nur noch entfernt menschlichen Grollen, während meine Erregung sich steigerte.

Dann plötzlich ließ sie von mir ab. Ein keuchendes »Ups!« erklang aus Höhe meines Schoßes. Wild fauchend riss ich die Augen auf. Angsterfüllt schaute sie zu mir hoch, sich verschämt einen Blutstropfen aus dem Mundwinkel wischend.

»Mach weiter!«, fuhr ich sie mit kehliger Stimme an.

Sie machte weiter.

Die Ekstase der Penetration meiner Haut an einer derart exponierten Stelle trieb meine Lust in ungeahnte Höhen und ließ mich laut aufstöhnen. Ich hatte schon sehr lang keinen Sex mit einem der Unseren gehabt. Die Erinnerungen, die mit der Wonne des Bisses einhergingen, stammten aus einer längst verlorenen Vergangenheit. Von den Fesseln alles Gegenwärtigen befreit, gab ich mich der Begierde und den Visionen aus früheren Tagen vollkommen hin.

Sämtliche Sorgen des Jetzt waren verschwunden. Ich schwebte in einem Universum aus purer Verzückung, wie ich es seit langer Zeit nicht mehr erlebt hatte. Ein Gesicht erschien inmitten des ekstatisch wabernden Chaos in meinem Kopf. Das Gesicht einer Frau.

Schmerz mischte sich in die Welt reiner Lust. Drängte sich langsam, aber unaufhaltsam in den Vordergrund meines Bewusstseins. Ich öffnete meine Augen und verharrte einige Augenblicke irgendwo zwischen Erinnerung und Wirklichkeit, bevor ich mich in Silvios Versteck wiederfand.

Veronica ließ von mir ab und schaute mich verwirrt an. Mit nachdenklicher Miene leckte sie einen Blutstropfen von ihren Lippen. Ich blickte an meinem Leib herab und entdeckte einen weiteren Tropfen neben den beiden punktförmigen Wunden auf meiner Erektion, die sich bereits wieder schlossen.

»Wer ist sie?« Veronica blieb auf dem Boden sitzen und zog die Beine an ihren unbekleideten Körper.

Meine Augen waren auf sie gerichtet, doch ich sah durch sie hindurch. Einen Moment lang erschien ein weiteres Mal das andere Gesicht und ich labte mich an dem Anblick. Dann stieg erneut der Schmerz aus der Erinnerung empor und ich zwang mich dazu, die Vergangenheit loszulassen.

Hilflos suchten meine Augen einen Halt, an dem sich mein Geist aus den Tiefen früherer Zeiten wieder in die Gegenwart ziehen konnte. Veronicas Gesicht war der Anker, an den ich mich klammerte, um endgültig in die Realität zu gelangen. Ihre wunderschönen blaugrünen Augen, die durch mein Blut einen Blick auf die sonst tief in den Kerkern meines Bewusstseins verschlossenen Geister der Vergangenheit erhascht hatten.

»Du hast vor einigen Nächten nach meiner ersten großen Liebe gefragt«, erklärte ich. »Das war sie.«

»Ist sie tot?«

»Nein.«

»Wer ist sie?«

»Sie ist der Beweis dafür, dass Liebe unter unseresgleichen nicht funktioniert. Und nun frage bitte nicht weiter!«

Ich sah in ihrem Gesicht den Kampf gegen ihre Neugier. Doch sie erkannte den Schmerz, den mir die Erinnerung bereitete, und ließ es dabei bewenden.

»Hast du noch mehr gesehen?«, wollte ich wissen.

Sie schüttelte den Kopf.

Ich ging zu ihr, reichte ihr die Hand und zog sie vom Boden hoch. Immer noch nackt standen wir uns unmittelbar gegenüber. Ich nahm ihre Wangen sanft in meine Hände und küsste sie auf die Stirn. »Es tut mir leid. Ich bin nicht bereit dafür.«

Anstelle einer Antwort lächelte sie mich an, ihre Arme um mich geschlossen und mich an sich gezogen. Ich folgte ihrem Beispiel. Eng umschlungen blieben wir stehen. Schließlich begaben wir uns ins Bett und begannen erneut mit dem Liebesspiel. Diesmal vorsichtiger und voller Zärtlichkeit statt drängend und ekstatisch.

»Wirst du irgendwann bereit sein?« Veronica strich langsam mit ihrer Hand durch die spärlichen Haare auf meiner Brust, während sie, den Kopf auf den Arm gestützt, neben mir lag.

Ich richtete den Blick auf einen unbestimmten Punkt an der Wand. »Das Problem ist, dass ich stets vor Augen habe, wie es endet.«

»Nur weil es mit ihr nicht geklappt hat, heißt das doch nicht, dass es immer so enden muss.«

»Doch. Es liegt an unserer Natur, unseren Instinkten. Irgendwann fangen wir an, uns um Beute, Revier und Rangfolge zu streiten. Unweigerlich.«

Sie nahm ihre Hand von meiner Brust. »Wie lange warst du mit ihr zusammen, bevor es zerbrochen ist?«

Der Schmerz kehrte zurück, als ich die Zeit lang vergangenen Glückes in mein Gedächtnis rief. »Ich weiß nicht. Zwei-, dreihundert Jahre.«

Veronica setzte sich abrupt auf. »Dreihundert Jahre?« Überraschung und Zorn sprudelten aus ihr heraus. »Du hast Angst, hier und heute etwas mit mir anzufangen, weil es in zwei- oder dreihundert Jahren in Streit enden könnte?«

Ich sah sie unverwandt an. Ihre Worte machten mir die Lächerlichkeit meiner Befürchtungen bewusst.

»Du hast recht.« Ich richtete mich auf, nahm sie in den Arm und presste meine Lippen auf die ihren. Ihr Zorn verrauchte in Sekundenbruchteilen und sie erwiderte den Kuss.

Das Gespenst meiner verflossenen Liebe war nicht vollständig verschwunden. Aber wir beide bemühten uns den Rest der knappen Zeit, die wir hatten, es so gut wie möglich zu ignorieren. Ich war entsetzt, dass ich offenbar immer noch nicht darüber hinweg war. Doch eigentlich hätte ich nicht überrascht sein sollen. Bei meinen früheren Liebschaften wie Samantha und Kate hatte sie genau so im Weg gestanden wie nun bei Veronica.

Das Problem ist, dass sie weiterhin lebt, weiterhin über diese Welt schreitet. Dieses Wissen lässt einen kleinen, aber unzerstörbaren Keim der Hoffnung weiterbestehen, die Zeit des Glückes, die wir geteilt haben, könne irgendwann wiederkommen. So lang wir auf verschiedenen Kontinenten weilten und keinerlei Gefahr bestand, sich über den Weg zu laufen, war es erträglich. Doch als ich beschloss, in die Alte Welt zu reisen, brach die Wunde wieder auf und eiterte seitdem in meinem Unterbewusstsein vor sich hin.

Dennoch gelang es mir, die Nächte mit Veronica zu genießen. Sie brauchte die Nähe, um ihr eigenes Gespenst zu vertreiben, ihren Verlobten Jason, den sie im Blutrausch mit eigenen Händen getötet hatte. Und auch mir half ihre Gesellschaft, die finsteren Gedanken zu verdrängen, die die Geschehnisse der letzten Tage ebenso wie lang vergangene Ereignisse in mir hervorgerufen hatten. Mit ihrem unerschütterlichen Humor schaffte Veronica es immer wieder, die Stimmung zu retten, wenn ich in die Abgründe meiner Erinnerungen zu stürzen drohte.

Doch auch ich leistete meinen Beitrag zur allgemeinen Erheiterung, wenn auch unbeabsichtigt. Veronicas und Silvios entsetzte Gesichter erscheinen vor meinem geistigen Auge, als ich den Italoamerikaner bat, ein möglichst schnelles Schiff auszusuchen, das mich nach Europa bringen sollte. Es kostete ihn augenscheinlich viel Selbstbeherrschung, nicht in das schallende Gelächter einzustimmen, in das meine vampirische Gefährtin ausbrach, sobald sie ihre Überraschung überwunden hatte. Ihre anschließende Belehrung, dass ich doch gefälligst ein Flugzeug für meine Reise zu nehmen hätte, brachte mich an den Rand meiner Geduld. Aber schließlich blieb mir nichts anderes übrig, als mich Veronicas Argumentation anzuschließen und den kleinen anachronistischen Ausrutscher durch mein fortgeschrittenes Alter zu begründen. Dass dies gelogen war und ich die Schiffsfahrt bewusst vorgeschlagen hatte, behielt ich tunlichst für mich. Ich hatte verhindern wollen, in eines der fliegenden Ungetüme steigen zu müssen, zu denen ich ebenso viel Vertrauen habe wie die Maus, die von der Katze zum Essen eingeladen wird. Doch da ich keine schlagkräftigen Argumente vorzubringen hatte, blieb mir nichts anderes übrig, als einzulenken. Denn die Wahrheit konnte ich nicht preisgeben. Flugangst schien mir keine Eigenschaft zu sein, die dem unerschrockenen Richter von New York gut zu Gesicht stand.

Also machte ich gute Miene zum bösen Spiel. Ich schöpfte noch einmal kurz Hoffnung, als sie keinen Flug fanden, bei dem ich sowohl nachts starten als auch landen konnte. Auf diese Weise schied eine Reise als gewöhnlicher Fluggast aus. Doch auch dafür fanden meine beiden Peiniger eine Lösung und organisierten eine Leichenüberführung von New York nach Paris per Flugzeug. So bin ich schließlich hier gelandet. Mit gefälschtem Totenschein als angebliche Leiche im Frachtabteil eines Gefährtes, das in einer Höhe, über die ich gar nicht nachdenken darf, und mit einer Geschwindigkeit, die mir geradezu aberwitzig erscheint, über den Atlantischen Ozean rauscht.

Ich muss zugeben, dass abgesehen von dem Bewusstsein, dass mich mehrere Meilen vom Erdboden trennen, der Flug weit weniger schlimm ist, als ich es mir vorgestellt habe. Mit Ausnahme des Starts verblassen sowohl die Geräuschkulisse als auch das Rütteln im Vergleich zum Gepolter der Kutschen, in denen ich in früheren Jahrhunderten zu reisen pflegte.

Neben den Erinnerungen an die jüngsten Geschehnisse in New York beschäftigt mich auch mein Vorhaben in Europa, genauer gesagt in Paris. Dort werde ich meine Suche nach den untoten Herrschern der Alten Welt beginnen. Fast zwei Jahrhunderte lang habe ich keinen Fuß mehr auf europäischen Boden gesetzt. Wenn ich bedenke, welche Veränderungen sich in dieser Zeit in meiner Wahlheimat Amerika vollzogen haben, beschleichen mich Zweifel, ob mein Unterfangen zum Erfolg führen kann. Ich rechne nicht damit, noch viele der mir einst vertrauten Orte vorzufinden. Trotzdem rede ich mir ein, dass die Städte der Alten Welt mich nicht schrecken sollten, wenn ich es schaffe, mich sogar in New York zurechtzufinden. Ein Wagnis bleibt es dennoch.

Deutlich größere Sorgen bereitet mir der Gedanke an die Personen, die ich zu suchen gedenke. Der Wandel in der Gesellschaft der Unsterblichen Europas und ihrem Herrschaftsgefüge ist mir nur in äußerst groben Zügen bekannt. Ich weiß lediglich, was mir die vampirischen Auswanderer davon berichteten, die sich in New York angesiedelt haben, so wie Gianna Linaro oder Zoë. Allerdings sind auch deren Angaben nur so aktuell wie zum Zeitpunkt ihrer Ausreise. Abgesehen von solchen Reisenden ist der Informationsfluss über den Atlantik minimal, zumindest bezüglich der Geschehnisse in der Welt der Unsterblichen. Zwar ist das Reisen dank der modernen Technik auch für unsereins um Längen komfortabler als in vergangenen Epochen. Das Flugzeug, in dem ich mich befinde, ist ein beeindruckendes Zeugnis dieses Fortschritts. Dennoch ist jede Reise für jemanden, der bei der leisesten Berührung mit dem Licht der Sonne zu brennen beginnt und bei fortgesetztem Anblick des für uns so fatalen Sterns letztlich zu Asche verglüht, ein Wagnis, das nur wenige von uns ohne große Not eingehen. Darüber hinaus ist das Verlassen der heimischen Zuflucht und des angestammten Reviers, in dem man sich einigermaßen gefahrlos auf die Jagd nach menschlichem Blut begeben kann, ein nicht zu unterschätzendes Problem. Die Wahrung der eigenen Domäne und deren Verteidigung gegen unerwünschte Eindringlinge ist und bleibt ein essentieller Bestandteil unseres Daseins. Die Unkenntnis über die Machtverhältnisse in einer fremden Stadt führt einen unvorsichtigen Durchreisenden schneller in eine Auseinandersetzung mit den lokalen Herrschern, als ihm lieb sein kann. All diese Schwierigkeiten stehen mir nun bevor.

Die meiste Furcht beschleicht mich jedoch angesichts der Herausforderung, wenn ich all diese Hürden gemeistert habe. Sollte ich tatsächlich denjenigen finden, den ich suche, so ist es mehr als fraglich, ob ich in Anbetracht unserer gemeinsamen Vergangenheit in seiner Domäne willkommen bin. Allein die von Veronica geäußerte Vermutung, dass er mich im Vergleich zu Marduk als das kleinere Übel ansieht und angesichts eines derart mächtigen Feindes unsere alte Fehde zumindest eine Zeit lang ruhen lässt, erfüllt mich mit Hoffnung, die mir bevorstehende Begegnung zu überleben. Nicht, dass ich weniger Groll gegen ihn hege als er mutmaßlich gegen mich. Die Feindschaft, die wir in der Vergangenheit gepflegt haben, beruht letztlich auf meinem Hass, den er sich durch seine Taten im höchsten Maße verdient hat und der mich dazu veranlasst hat, ihm mit all meiner Kraft und Leidenschaft nach dem unsterblichen Leben zu trachten. Ihm nun, für den Fall, dass er mich empfängt, gegenüberzutreten und seine Hilfe zu erbitten, wird meiner Selbstbeherrschung vermutlich das Äußerste abverlangen.

Nun ja, ich habe das Für und Wider ausführlich abgewogen und mich dazu entschieden, das Wagnis einzugehen. Also werde ich alles Notwendige tun, die mir gestellte Aufgabe erfolgreich zu erledigen. Um dies zu erreichen, habe ich allerdings beschlossen, ihn nicht direkt aufzusuchen. Stattdessen werde ich zuerst ein paar alte … sagen wir ›Bekannte‹ in der französischen Metropole treffen, um zunächst Informationen zu sammeln, bevor ich die Höhle des Löwen betrete.

Die tiefe Müdigkeit, die der Sonnenaufgang mit sich bringt, kommt unerwartet früh über mich. Mein ausgezeichnetes Zeitgefühl – eine unschätzbar wertvolle Eigenschaft für jemanden, dessen Überleben davon abhängt, nicht vom Morgenrot überrascht zu werden – funktioniert auch in der dunklen Ereignislosigkeit des Sarges tadellos. Es sagt mir, dass die Nacht eigentlich noch eine Weile andauern sollte. Doch da ich auf der Reise nach Osten der Sonne entgegenstrebe, ist die Nacht kürzer als gewöhnlich. Damit beantwortet sich die Frage, wie mein Schlafrhythmus auf die Zeitverschiebung reagiert, von selbst. Ich gebe mich der Mattigkeit hin, die meine Glieder mit Schwere erfüllt und die Sinne benebelt. Innerhalb weniger Augenblicke falle ich in tiefe Bewusstlosigkeit.

Als ich wieder zu mir komme, umgibt mich absolute Stille. Das dumpfe Dröhnen des Fluges ist verklungen. Ich bin an meinem Ziel angekommen. Hoffe ich.

Eine kleine Modifikation an dem Sarg, die Silvio hat anbringen lassen, gestattet mir, die Verschlussbügel meines Reisebehältnisses auch von innen zu öffnen. So kann ich den Deckel ohne Mühe ein paar Millimeter anheben. Ich werfe einen vorsichtigen Blick durch den schmalen Spalt und lausche angestrengt. Kein Laut dringt an meine Ohren. Nur ein minimales Leuchten erfüllt den Raum. Viel zu wenig für einen Menschen, um sich zu orientieren. Doch für mich mehr als ausreichend. Nachdem ich mich vergewissert habe, dass niemand mich beobachtet, schiebe ich den Sargdeckel endgültig beiseite und entsteige der Metallkiste. Obwohl ich sicher bin, allein zu sein, gebe ich mir größte Mühe, kein Geräusch zu verursachen. Mag sein, dass ich etwas übervorsichtig bin. Aber einer der Gründe, derentwegen ich neunhundert Jahre alt geworden bin, ist meine Maxime, kein unnötiges Risiko auf unbekanntem Terrain einzugehen. Ebenso umsichtig, wie ich ihn geöffnet habe, verschließe ich den Sarg von außen. Geübt verstaue ich das Schwert unter dem Mantel. Dann wende ich mich der Lichtquelle zu, die den Raum mit geisterhaft grünem Zwielicht erfüllt. Eine schwach glimmende Notausgangsleuchte. Genau das, was ich benötige. Für meine dunkelheitsgewohnten Augen ist es kein Problem, den zahllosen Kisten, Säcken und anderen Gegenständen auszuweichen, die in der Lagerhalle aufgetürmt sind. Angesichts der von Menschenhand aufgeschichteten Frachtberge kann ich mich wohl glücklich schätzen, dass mein Sarg weder unter einem der Stapel verborgen noch in luftiger Höhe abgelegt worden ist. Möglicherweise verdanke ich diesen Umstand der Pietät der Lagerarbeiter. Vielleicht ist mir auch lediglich zugutegekommen, dass der Metallsarg zu schwer ist, um ihn auf den weniger soliden Holzkisten abzulegen. Außerdem ist der Deckel leicht gewölbt, so dass sich nur schwerlich etwas anderes darauf stellen lässt. Ich bevorzuge die erste Möglichkeit, wirft sie doch ein gutes Licht auf die Bewohner des Landes, das ich soeben betreten habe.

Die Brandschutztür unter dem Leuchtschild, das mir den Weg weist, besitzt dankbarerweise eine Klinke und ist nicht abgeschlossen, so dass ich auf die Anwendung von Gewalt verzichten kann. Von der anderen Seite dringt das ferne Dröhnen von Flugzeugtriebwerken an meine Ohren. Sonst höre ich nichts.

Ich öffne die Tür noch vorsichtiger als den Sargdeckel und überzeuge mich endgültig, dass mich jenseits davon keine unangenehme Überraschung erwartet. Dann trete ich ins Freie.

Auch wenn es mir nichts ausmacht, stundenlang unbewegt in einem Sarg zu verharren, ist es dennoch ein gutes Gefühl, wieder den zarten Hauch des Windes auf der Haut zu spüren. Ich lege den Kopf in den Nacken, schließe die Augen und fülle meine Lungen mit kalter Nachtluft. Ungewohnte Düfte durchströmen meine Nase. Neben den auf einem Flugplatz unvermeidlichen Aromen von Kerosin und Abgasen kann ich Äcker und Wiesen erahnen. Bilder weiter Landschaften erscheinen vor meinem geistigen Auge. Landschaften, die von Horizont zu Horizont reichen und nicht durch die Hochhausfront der City begrenzt werden wie die domestizierte Pseudonatur des Central Park.

Mir wird bewusst, wie lang ich den Asphaltdschungel New Yorks nicht mehr verlassen habe. In Amerika gibt es fürwahr genug ländliche Gebiete und wilde, unberührte Natur. Vermutlich weit mehr als in Europa. Und dennoch muss ich erst in die Alte Welt zurückkehren, um wieder Luft zu kosten, die zumindest noch eine Spur des Aromas von Freiheit und Weite enthält. Nicht, dass die nahe Metropole mit ihren Menschenmassen, Kloaken und Abgasen die Luft vollkommen unberührt gelassen hätte. Die Düfte der sogenannten Zivilisation sind unverkennbar. Doch sie sind erheblich weniger dominant als in Manhattan, das in alle Himmelsrichtungen, außer zum Atlantik hin, meilenweit von den Ausläufern des steinernen Molochs umschlungen und vom umgebenden Land abgeschottet ist.

Die ungewohnten Gerüche wecken ein leichtes Unwohlsein in mir. Dies liegt nicht daran, dass sie unangenehm wären. Das sind sie ganz und gar nicht. Der Grund für mein Unbehagen ist schlicht ihre Andersartigkeit, so geringfügig sie auch sein mag.

Sie verdeutlicht mir, dass ich meine vertraute Umgebung verlassen habe. Meine Stadt. Mein Revier. Meine Heimat. Das Wissen, wo ich ungestört jagen und meinen Hunger nach Blut stillen kann. Die Sicherheit einer garantiert vor dem Sonnenlicht geschützten Unterkunft. All das habe ich hinter mir gelassen. Nein. All das habe ich bereits nicht mehr besessen, als ich aus New York abgereist bin. Ich bin hier, um es zurückzugewinnen.

Die Erkenntnis hilft mir nicht, mich besser zu fühlen, doch sie führt mir noch einmal das Ziel vor Augen, weswegen ich all die Mühsal auf mich nehme.

Keine Zeit zu verlieren. Erst recht nicht mit Selbstmitleid.

Kurz orientiere ich mich und steuere dann zielstrebig dem großen Gebäude entgegen, das hell erleuchtet das Zentrum des riesigen Flughafens markiert. Ich halte auf eine Horde Fluggäste zu, die gerade mit einem Bus von ihrem Flugzeug auf dem Rollfeld zum Terminal gebracht wurden. Ein Sicherheitsmann mit neongelber Warnweste und Funkgerät setzt an zu protestieren, als er mich entdeckt. Mit einem einfachen Augenkontakt bringe ich ihn zum Schweigen, bevor auch nur ein einziges Wort seinen Mund verlassen hat. Der Böse Blick sorgt dafür, dass er mich bereits eine Sekunde später wieder vergisst und seine Aufmerksamkeit den anderen Fluggästen widmet. Ich mische mich unter die anonyme Horde von Geschäftsleuten mit ihren verschwitzten Hemden, gelockerten Krawatten und den unvermeidlichen Mobiltelefonen am Ohr. Sie alle sind damit beschäftigt, ihren noch spät arbeitenden Kollegen von den absolvierten Geschäftstreffen zu berichten oder ihren Liebsten mitzuteilen, wann sie nach dem langen und anstrengenden Tag endlich zu Hause sein werden. Fast alle von ihnen sprechen französisch. Die Sprache meiner Kindheit und Jugend. Wie lang ist es her, dass ich in dieser Sprache ausgiebig mit jemandem geredet habe? Einige der Vampire New Yorks beherrschen Französisch in Perfektion. Doch nach ein paar Höflichkeitsfloskeln wechselt jede Unterhaltung nahezu automatisch wieder ins Englische. Auf der anderen Seite verdeutlichen die Worte der Reisenden mir genau so wie die ungewohnten Gerüche, dass ich weit weg bin von meiner Wahlheimat mit all ihren Vorzügen.

Ich versuche, all die widersprüchlichen Gefühle und Gedanken zu verdrängen und mich stattdessen auf meine Aufgaben zu konzentrieren. Mit forschem Schritt folge ich dem Pulk der Geschäftsleute durch die Gepäckabholung und die Vorhalle. Ohne dass ein Wachmann oder Metalldetektor Anstoß an der Klinge unter dem Mantel nimmt, erreiche ich den Ausgang. Dank des Bösen Blickes wäre es vermutlich kein unüberwindliches Hindernis gewesen. Doch ich bin dankbar über jede noch so kleine Hürde, die mir erspart bleibt.

Die Eroberung eines Taxis gehört offenbar nicht in diese Kategorie. Wie die Geier auf einen frischen Kadaver stürzen die Reisenden sich auf die im Sekundentakt eintreffenden Mietwagen auf der Straße vor der Schalterhalle. Glücklicherweise bin ich immer noch flinker als die trotz ihrer offensichtlichen Erschöpfung im Kampf um die nächste Fahrgelegenheit reichlich angriffslustigen Geschäftsleute. Den Protest des fettleibigen Mannes in dem schweißgetränkten Anzug, dem ich seine schon sicher geglaubte Beute vor der Nase wegschnappe, ersticke ich mit einem Blick im Keim. Flugs setze ich mich in den Wagen, noch bevor der Fahrer mir die Tür aufmachen kann.

»Zum Tempel«, weise ich den Taxifahrer an.

Ohne irgendeinen Kommentar abzugeben, setzt der Mann sein Gefährt in Bewegung, während ich den Mantel umständlich im Sitzen ausziehe und auf die Rückbank lege. Ich versuche, das darunter verborgene Schwert nicht zu offenbaren. Falls er die Klinge erblickt hat, so behält er es für sich.

Der Blick aus dem Fenster des Taxis während der Fahrt vom weit außerhalb liegenden Flughafen zum Zentrum zeigt eine mir nicht im Geringsten vertraute Umgebung. Von dem Paris, in dem ich so viele Jahre meines Daseins verbracht habe, scheint nichts geblieben zu sein. Anstelle der vielgepriesenen Stadt der Liebe sehe ich lange Zeit nur einen urbanen Moloch mit anonymen Betonsiedlungen und Hochhäusern, wie er fast überall in der modernen Welt die Landschaft verschandelt. Erst als wir tiefer in die Innenstadt fahren, erblicke ich die breiten Boulevards, barocken Palais und balkongesäumten Häuser, die das einzigartige Flair versprühen, für das die Seine-Metropole berühmt ist.

Mit dem Paris, das ich einst gekannt habe, hat all dies jedoch nichts zu tun. Nicht ein einziger Straßenzug, nicht ein einziges Gebäude ist mir vertraut. Eine ungute Ahnung beschleicht mich und wird abrupt bestätigt, als der Taxifahrer vor einer großen Halle aus Stahl und Glas anhält und verkündet, wir seien am Tempel angekommen. Ich sehe mich um, ohne irgendwelche Anhaltspunkte zu finden, ob ich mich zumindest am richtigen Ort befinde.

»Der Tempel?« Ich deute auf das Gebäude.

»Die Markthalle Carreau du Temple.« Er zeigt seinerseits auf die Halle. »Und der Square du Temple.« Sein Finger richtet sich quer über die nahe Kreuzung auf einen kleinen Park.

Nach ein paar weiteren intensiven, aber wenig erhellenden Blicken durch die Seitenfenster frage ich: »Was ist aus der alten Ordensfestung geworden?«

Der Taxifahrer sieht mich an, als hätte ich nach dem Tadsch Mahal gefragt und zuckt dann mit den Schultern. »Tut mir leid, davon weiß ich nichts. Wollen Sie aussteigen oder soll ich Sie woanders hinfahren?«

Ich wäge meine Chancen ab, hier noch irgendwelche Überreste der alten Festung zu finden, die mir einst als Zuflucht gedient hat. Die Markthalle, die ihren Platz eingenommen hat, scheint mir ein wenig geeigneter Ort für einen der unseren zu sein.

»Île Saint-Louis«, weise ich den Fahrer schließlich an.

Nach einem angedeuteten Kopfschütteln widmet er sich wieder dem Fahrzeug und fährt los.

Ich beäuge weiterhin die Häuser und Straßen um mich herum auf der Suche nach irgendetwas Bekanntem. Hier und da meine ich, Gebäude zu erkennen, die möglicherweise schon vor zweihundert Jahren dort gestanden haben könnten. Aber ich bin weit davon entfernt, mich mit Hilfe meiner offensichtlich weit überholten Erinnerungen orientieren zu können.

In solchen Momenten reift in mir die Erkenntnis, wie sehr die Welt um mich herum sich stetig wandelt, weiterentwickelt und von dem wegbewegt, was einst als normal gegolten hat. Und, was das eigentliche Problem an der Sache ist, wie ich immer weniger in der Lage bin, dieser rasanten Entwicklung zu folgen. Gerade die letzten zwei Jahrhunderte, genau die Zeit, seit ich Europa verlassen habe, haben derart viele und tiefgreifende Neuerungen gebracht, dass es einem ganz schwindelig werden könnte.

Natürlich habe auch ich mich verändert. Allein schon der weitgehende Verlust meiner einstigen Gottesfurcht zeugt deutlich davon. Doch mit dem rasenden Fortschritt der Welt der Sterblichen kann ich immer weniger mithalten. Heute ist einer der Tage, an denen mir dies schmerzlich bewusst wird.

Aber was habe ich erwartet? Dass Paris von dem Wandel verschont geblieben wäre, den ich an New York in so beeindruckender Form miterlebt habe? Natürlich habe ich in Zeitungen, Kino und Fernsehen gesehen, wie die Stadt an der Seine gewachsen und von ihren Bewohnern neu gestaltet worden ist. Natürlich haben die Segnungen der Moderne wie Automobile, elektrische Straßenbeleuchtung und Hochhäuser auch vor Paris nicht Halt gemacht. Und dennoch ist es geradezu erschreckend, in welchem Ausmaß die Metropole, die ich gekannt habe, verschwunden ist und durch das ersetzt wurde, was auf der anderen Seite des Taxifensters an mir vorbeirauscht.

Dass es in Paris Vampire gibt, steht außer Frage. Keine Stadt dieser Welt von einer derartigen Größe bleibt von den Heimsuchungen der Unsterblichen verschont. Als ich das letzte Mal Neuigkeiten von meinen französischen Artgenossen erhalten habe, ist auch ein Name gefallen, der mir wohlbekannt war. Das war vor rund vierzig Jahren. Es scheint mir recht wahrscheinlich, dass Étienne hier immer noch sein Unwesen treibt. Nur wie finde ich ihn?

Die Häuserzeilen zu beiden Seiten der Straße geben den Blick frei auf die Seine, als das Taxi über eine Brücke fährt. Jenseits der Dächer am anderen Ufer erahne ich die Türme und Spitzbögen der Kathedrale Notre Dame. Wenigstens ein Gebäude, das noch aus meiner Zeit erhalten geblieben ist.

Ich nehme mir vor, die wundervolle gotische Kirche auf jeden Fall bald zu besuchen, unabhängig davon, ob ich die Unsterblichen von Paris ausfindig mache oder nicht.

Der Taxifahrer lenkt den Wagen zur Straßenseite und hält an.

»Voilà, Île de Saint-Louis." Er sieht mich fragend an.

Als ich mein Portemonnaie zücke und ihn nicht wieder mit merkwürdigen Fragen belästige, wirkt er erleichtert. Ich bezahle die Fahrt mit den Euroscheinen, die Silvio mir besorgt hat, und steige aus.

Nachdem das Taxi davongefahren ist, schlendere ich die Straße entlang und nehme die kleinere der beiden Flussinseln inmitten der Stadt genauer in Augenschein. Die enge menschenleere Gasse, die von den verzierten Fassaden der hoch aufragenden Häuser und Stadtpalais gesäumt ist, weckt ein vages Gefühl der Vertrautheit. Meine Beine bewegen sich wie von selbst und finden den Weg durch den Torbogen, den ich vor langer Zeit das letzte Mal durchschritten habe. Vor dem eisenbeschlagenen Eichenportal mit den mir wohlbekannten rankenförmigen Intarsien halte ich inne. Die Muster der Einlegearbeiten sind ein wenig blasser als in meiner Erinnerung, doch genau so unverändert wie die Gebäude, die den Innenhof umschließen. Wären nicht die Überputzstromleitungen auf den Wänden, der kleine Renault neben dem Müllcontainer und das dumpfe Dröhnen der pulsierenden Stadt rund um diese Insel der Stille inmitten des urbanen Ozeans, könnte ich mich fast ins späte 18. Jahrhundert zurückversetzt fühlen, als ich hier ständig ein- und ausgegangen bin.

Ich nehme den eisernen Türklopfer in die Hand und schlage ihn gegen die abgewetzte Metallplatte über dem Eichenholz. Erst als das Pochen verklungen ist, entdecke ich den Klingelknopf neben der Tür. Doch meine feinen Ohren hören Schritte hinter dem Portal. Offenbar wurde ich bereits bemerkt. Auch das Geräusch des großen Schlüssels im Schloss und das Knarren der Scharniere sind unverändert geblieben, seit ich sie das letzte Mal vernommen habe.

Fast erwarte ich, von Étiennes einstigem Tagwächter Jean-Jacques begrüßt zu werden, als die Tür sich öffnet. Doch das wettergegerbte Gesicht der alten Frau, das mich misstrauisch hinter der Türkette beäugt, ist mir unbekannt. Ihre pulsierende Halsschlagader verrät unzweifelhaft, dass sie keine der Unsterblichen ist und erinnert mich daran, dass ich seit meiner Abreise aus New York nichts mehr gegessen habe. Mein Hunger ist allerdings noch lang nicht stark genug, um mir Probleme zu bereiten.

»Guten Abend«, grüße ich die Alte, deren einzige Erwiderung aus einem angedeuteten Nicken besteht. »Wohnt Étienne d'Aumale hier?«

Sie mustert mich von Kopf bis Fuß. Ihre Augen bleiben für einen Moment an der Ausbeulung meines Mantels hängen, unter der sich der Schwertgriff verbirgt. Ein eindeutiges Zeichen, dass sie nicht das harmlose alte Mütterchen ist, als das sie auf den ersten Blick erscheint. Ich bin auf der richtigen Spur.

»Wer will das wissen?«, fragt sie schließlich.

»Ein alter Freund.«

»Hat der alte Freund einen Namen?«

Es wäre mir ein Leichtes, sie mit dem Bösen Blick zu veranlassen, mich einzulassen. Doch das wäre unhöflich und ich bin schließlich hier, um Hilfe zu erbitten, nicht, um mich unbeliebt zu machen. »Leonard.«

»Monsieur d'Aumale ist nicht hier. Ich werde ihm ausrichten, dass Ihr nach ihm gefragt habt. Kommt morgen um dieselbe Zeit wieder! Dann werde ich Euch mitteilen, ob er bereit ist, Euch zu empfangen.«

Ich erkenne keine Lüge in ihren Worten. Ob dies daran liegt, dass sie tatsächlich die Wahrheit sagt, oder an meiner beschränkten Fähigkeit, Gedanken zu lesen, ist schwer zu beurteilen.

Die Vorstellung, dass Étienne einen ganzen Tag lang von meiner Anwesenheit in seiner Stadt weiß, ohne dass ich ihm gegenübertreten kann, erfüllt mich mit Misstrauen. Die Zeiten, in denen wir gemeinsam gegen die Machenschaften der Archaioi gekämpft haben, sind lang vorbei. Und die Umstände, die dazu geführt haben, dass wir getrennte Wege gegangen sind, waren nicht die allergünstigsten. Ich vermag nicht mit Sicherheit zu sagen, ob er mir wohlgesinnt ist. Die Geschehnisse liegen zwar schon fast zweihundert Jahre zurück, doch die Unsterblichen haben ein langes Gedächtnis. Ich frage mich, ob es überhaupt eine gute Idee gewesen ist, hierher zu reisen. Aber falls es irgendwo in Europa einen Vampir gibt, der eventuell bereit ist, mir zu helfen, dann ist es Étienne. Was nicht daran liegt, dass ich ihn als dicken Freund betrachte, sondern schlicht, dass ich mir bei fast allen sonstigen, die mir in den Sinn kommen, ihrer Feindschaft sicher bin. Nun ja, genau deswegen bin ich damals in die Neue Welt ausgewandert.

Es bleibt mir also nichts anderes übrig, als auf Étiennes Wohlwollen zu vertrauen und dabei so vorsichtig zu sein wie nur irgend möglich.

»Vielen Dank«, sage ich der Alten. »Ich werde morgen erneut hier sein.«

Zum Abschied nicke ich. Ohne den Gruß zu erwidern, schließt sie die Tür. Das Rappeln des Schlüssels und die sich entfernenden Schritte auf der anderen Seite des Eichenholzes sind das letzte, was ich höre. Dann bin ich wieder mit dem gedämpften Hintergrundrauschen der Stadt allein.

Zügig verlasse ich den Hof und gehe schnellen Schrittes in Richtung Île de la Cité. Ich will das Risiko, verfolgt zu werden, auf ein absolutes Minimum beschränken. Die Brücke zwischen den beiden Seine-Inseln ist zwar an einer anderen Stelle als früher, aber zumindest gibt es noch eine Verbindung.

Drüben angekommen, erheben sich die Strebepfeiler der Kathedrale Notre Dame majestätisch vor mir in den Nachthimmel. Es fällt mir schwer, den Blick von dem Meisterwerk der gotischen Kirchenbaukunst abzuwenden und mich darauf zu konzentrieren, eventuelle Verfolger zu entdecken. Erst als ich auf dem Platz an der Frontseite der Kirche in die trotz der späten Stunde immer noch wuselnde Menschenmenge eintauche, verlangsame ich meinen Gang und passe meine Geschwindigkeit dem Schlendern der Nachtschwärmer an. Aus der Geborgenheit der Menge heraus nehme ich meine Umgebung genauer in Augenschein. Nirgends in dem wilden Haufen von Touristen, sich angeregt unterhaltenden Taxifahrern und prahlerischen Jugendlichen entdecke ich jemanden, der mir erhöhte Aufmerksamkeit schenkt oder sonst wie unpassend erscheint. Obwohl ich nicht den geringsten Anhaltspunkt habe, dass irgendjemand mich beschattet, fällt es mir schwer, mich zu entspannen.

Ich stehe inmitten einer fremden Stadt. Dass ich hier einst zu Hause gewesen bin, hat angesichts der umfassenden Veränderungen um mich herum keinerlei Bedeutung. Ich habe keine Zuflucht vor meinen Feinden oder dem Sonnenlicht. Das ist im Augenblick das drängendste Problem. Ich beschließe, mich zuerst einmal darum zu kümmern, statt weiter Ausschau nach imaginären Verfolgern zu halten. Die Besichtigung der Kathedrale muss warten. Momentan habe ich nicht genug Ruhe, um das Gotteshaus mit der gebührenden Ehrfurcht zu bestaunen.

Zielgerichtet strebe ich zu einem der wartenden Taxis. Der Fahrer beendet spontan die Diskussion mit seinem Kollegen, als er mich sieht, besteigt seinen Wagen und öffnet mir von innen die Tür. Ich nehme auf dem Beifahrersitz Platz und versuche, das Schwert so gut wie möglich vor den Augen des Fahrers zu verbergen.

Auf meine Frage nach einem ruhigen nicht allzu weit außerhalb liegenden Hotel fährt er auf das linke Ufer der Seine ins Quartier Latin. Die engen Gassen zwischen den dicht gedrängten Häuserzeilen hier wirken etwas ursprünglicher als die moderneren Boulevards auf der anderen Seite des Flusses. Das dreistöckige Gebäude mit stuckverzierter Fassade und einem niedlichen Erkertürmchen an der Ecke, vor dem das Taxi hält, trifft ziemlich genau meine Vorstellungen. Wenig später habe ich ein Zimmer mit fensterlosem Bad bezogen. Letzteres verfügt sogar über eine Wanne. Besser, als den Tag in einer Duschtasse oder auf dem Boden liegend zu verbringen. Eine Sorge weniger.

Ein Blick auf die Uhr zeigt mir, dass ich noch einige Stunden habe, bevor ich mich vor der Sonne verkriechen muss. Reichlich Zeit, um sich auf die Jagd zu begeben. Ich gehe nicht gern hungrig ins Bett.

Nun, da ich zumindest eine Zuflucht vor dem Sonnenlicht gefunden habe, fällt es mir schon wesentlich leichter, die laue Nachtluft zu genießen. Gedankenverloren spaziere ich durch die Straßen und bestaune die Andersartigkeit der Stadt im Vergleich zu New York. Bis auf einige wenige Ausnahmen hat der architektonische Drang in die Vertikale Paris offenbar verschont. Die meisten Häuser haben nicht mehr als vier oder fünf Stockwerke. Und zwischen den dominierenden Bauten der letzten Jahrzehnte findet sich eine nicht ganz unbeträchtliche Zahl von Gebäuden, deren Alter sich offensichtlich in Jahrhunderten misst. Nicht auszuschließen, dass ich an dem einen oder anderen von ihnen bereits vor zweihundert Jahren vorbeiflaniert bin. Wirklich bekannt kommt mir allerdings keines von ihnen vor. Natürlich mit einer Ausnahme: die Kathedrale Notre Dame de Paris. Ohne es bewusst beabsichtigt zu haben, führt mein Weg mich wieder an die Seine, an deren gegenüberliegendem Ufer sich der gewaltige Sakralbau feierlich beleuchtet über das Häusermeer erhebt, eingerahmt von den markanten Strebepfeilern, die das gesamte Hauptschiff umfassen.

Doch bevor ich einen genaueren Blick auf die Kirche werfe, will ich erledigen, weswegen ich eigentlich noch einmal losgezogen bin. Ich gehe auf die Uferpromenade, auf der selbst zu dieser vorgerückten Stunde noch einige Nachtschwärmer unterwegs sind. Die meisten sind Pärchen, die eng umschlungen die unnachahmliche Romantik der Szenerie genießen. Ihre von der Erregung der Zweisamkeit bebenden Halsschlagadern sind durchaus einladend. Doch in der fremden Stadt ist es zu riskant, sich an derartige Beute zu halten. Wenn irgendetwas schief geht, habe ich kaum Möglichkeiten, die Sache wieder geradezubiegen. Nein, heute werde ich mit einem etwas anspruchsloseren Mahl vorliebnehmen müssen.

Die laue Nacht lockt glücklicherweise nicht nur die Verliebten ins Freie, sondern auch die Verlorenen. Eine Treppe führt mich auf den Kai unmittelbar über dem Fluss und unter eine der wundervoll verzierten Brücken. Zielsicher macht meine Nase die Sorte Mahlzeit aus, die mir gerade vorschwebt. Es ist allerdings nicht unbedingt ein Wohlgeruch, dem ich folge, sondern der muffige Duft von Schweiß, Schmutz und billigem Fusel.

Die kleine Gruppe von Obdachlosen, die sich unter Zeitungspapier zur Ruhe gebettet haben, ist dennoch genau der richtige Imbiss. Vom Alkohol betäubt sind sie leichte Beute für einen geübten Jäger wie mich. Ich suche mir den am wenigsten Stinkenden der Obdachlosen heraus und beuge mich zu ihm hinab. Meine Zähne perforieren seine Haut so sanft, dass er nicht einmal aufwacht. Die warme Flüssigkeit, die sich in meinem Mund sammelt, entspricht nicht meinen zugegebenermaßen gehobenen Ansprüchen. Doch das Blut des Clochards stillt meinen Hunger. Der beißende Geschmack des Alkohols tritt deutlich aus dem Bouquet hervor. Ich muss aufpassen, nicht zu viel zu trinken, um nicht selbst berauscht zu werden. Die Aufnahme von Drogen durch das Blut der Opfer erfreut sich bei zahlreichen der Unsterblichen großer Beliebtheit. Doch in meiner aktuellen Situation kann ich mir derartige Genüsse nicht erlauben. Glück für den Penner.

Er wird morgen nicht gerade einen besonders guten Tag haben, sollte meine Mahlzeit aber ohne medizinische Hilfe überleben. Ich lasse von ihm ab, versiegele die Wunde mit einem Tropfen meines Blutes und mache mich ebenso vorsichtig, wie ich mich den Obdachlosen genähert habe, wieder davon. Erst als ich die Treppe zur Straße erklommen habe, höre ich auf zu schleichen und passe meinen Gang wieder den allgegenwärtigen Nachtschwärmern an.

Ich habe einen Unterschlupf. Ich habe gegessen. Zeit für den angenehmen Teil der Nacht.

Beim Überqueren der Brücke zur Île de la Cité erhasche ich einen kurzen Eindruck von der Spitze des berühmten Eiffelturms. Ich nehme mir vor, auch dieses Wunderwerk moderner Baukunst im Rahmen meines Aufenthalts zu besuchen.

Aber zunächst stehe ich vor den beiden majestätischen Türmen und der prunkvollen Front der Kathedrale Notre Dame. Während meines sterblichen Daseins waren die gotischen Kirchen etwas Neuartiges, ja Revolutionäres. Bei Baubeginn dieses Prachtstückes war ich allerdings bereits einer der Nocturni, wenn auch noch nicht allzu lang. Doch als ich das erste Mal nach Paris gekommen bin, war die Kathedrale längst vollendet.

Mir wird bewusst, dass ich mich, staunend vor dem alten Gotteshaus stehend, gerade wie einer der Touristen verhalte, die die nächtlichen Straßen bevölkern. Es sind schon weniger als bei meinem ersten Besuch in dieser Nacht. Doch trotz der späten Stunde reißt der Strom lachender und lärmender Grüppchen sowie stiller eng umschlungener Pärchen nicht ab. New York ist offensichtlich nicht die einzige Stadt, die niemals schläft.

Während ich die Menschen um mich herum beobachte, bemerke ich die beiden Polizisten, die exakt dasselbe tun. Doch im Gegensatz zu mir erwecken sie nicht den Eindruck, einfach nur allgemein das Treiben der Nachtschwärmer zu beaufsichtigen. Dafür schweifen ihre Blicke zu schnell und zu gezielt über die Gesichter. Sie sind auf der Suche nach jemand Bestimmtem.

Instinktiv nähere ich mich den wuchtigen Mauern der Kathedrale und tauche in die Schatten ein, die die unzähligen Statuen und Reliefs auf die Fassade des Gotteshauses werfen. Meine Augen folgen den Polizisten. Das vage Gefühl der Bedrohung, das die Flics in mir geweckt haben, lässt mich unwillkürlich die weitere Umgebung absuchen, nach Gefahren Ausschau halten und Fluchtwege auskundschaften.

Die beiden sind nicht allein.

Meine Aufmerksamkeit richtet sich auf zwei Männer in Zivil. Das Duo geht die Reihe der Taxis entlang und spricht einen nach dem anderen die Fahrer an, die entweder in ihren Fahrzeugen oder lässig an die Motorhauben gelehnt auf Kundschaft warten. Trotz des Fehlens der Uniformen sind sie leicht als Polizisten zu erkennen. Das selbstsichere bis arrogante Auftreten von Ordnungshütern ist überall auf der Welt gleich. Bei den meisten der Taxifahrer ernten sie nur ein kurzes Kopfschütteln, doch bei einem wird die Unterhaltung angeregter. Von einem Moment zum nächsten ist meine Entspannung wie weggeblasen. Es ist der Fahrer, der mich vorhin von hier zu meinem Hotel gebracht hat.

Auf der Stelle wende ich mich ab, um nicht identifiziert zu werden. Suche mir einen blickgeschützten Standort, bevor ich erneut zu ihm sehe. Einer der Polizisten hält ein Blatt Papier in den Händen und zeigt es dem Taxifahrer. Der beantwortet die für mich unhörbare Frage mit einem energischen Nicken und weist mit ausschweifenden Gesten in Richtung des Quartier Latin. Bei mir schrillen sämtliche Alarmglocken. Es scheint, als wäre ich doch nicht gänzlich ohne Verfolger geblieben. Verdammt! Was nun?

Als Erstes muss ich aus dem unmittelbaren Radius der Polizisten verschwinden. Vorsichtig wage ich mich aus meiner Deckung und mache mich unauffällig davon. Um keine unliebsame Aufmerksamkeit auf mich zu ziehen, spiele ich die Scharade des nächtlichen Zechers und täusche einen leicht torkelnden Gang vor. Nicht so deutlich, dass jemand Anstoß daran nehmen könnte, aber passend für einen einsamen Wanderer der frühen Morgenstunden. Die Schauspielerei ist nicht unbedingt meine Stärke, doch ich verlasse das offene Gelände ohne irgendwelche Scherereien und tauche ein in die Schatten der Häuserzeilen.

Woher haben die Polizisten ein Bild von mir? Denn dass auf dem Blatt Papier mein Konterfei prangt, steht für mich außer Zweifel. Eine versteckte Kamera am Eingang von Étiennes

Haus? Nicht auszuschließen. Dazu gute Verbindungen zur lokalen Polizei. Genau wie ich in New York mit Ludovicz. Bleibt die Frage, was die Flics nun, da sie wohl wissen, wo ich abgestiegen bin, unternehmen werden. Was würde ich Ludovicz für Anweisungen geben, wenn ein unbekannter, möglicherweise gefährlicher Vampir in meiner Stadt aufgetaucht wäre? Vermutlich würde ich ihm auftragen, tagsüber in seine Zuflucht einzudringen. Und ihm dann entweder einen Pflock durchs Herz stoßen, um ihn handlungsunfähig zu machen und mich nachts persönlich seiner annehmen. Oder ihn ans Tageslicht zerren und das Problem auf der Stelle und endgültig zu beseitigen. Nach beidem steht mir gerade nicht der Sinn.

Ins Hotel kann ich auf keinen Fall zurückkehren. Meine sicher geglaubte Zuflucht für den Tag ist dahin. Und die Zeit bis zum Morgengrauen wird langsam knapp. Ich brauche dringend einen Unterschlupf. Ein anderes Hotel? Nicht auszuschließen, dass die Cops, wenn sie mein Zimmer leer vorfinden, die Suche auf weitere Gasthäuser ausweiten. Bei der schieren Anzahl von Hotels in der Stadt wäre es purer Zufall, dass sie mich aufspüren. Aber bin ich bereit, selbst dieses geringe Risiko einzugehen? Ich überlege fieberhaft, was ich für Alternativen habe. Lang bin ich nicht mehr in einer derartigen Situation gewesen. Früher musste ich ständig improvisieren, um einen Unterschlupf für den Tag zu finden. Doch es scheint, als hätten die letzten Jahrzehnte, die ich in Luxus und Sicherheit verbracht habe, meine Findigkeit getrübt. Bin ich tatsächlich zu bequem und unflexibel für solche Abenteuer geworden? Wäre es besser gewesen, zusammen mit Veronica eine neue, ruhigere Stadt zu suchen?

Veronica …

Was hat sie getan, als sie in der Nacht nach ihrer Begegnung mit dem Reißwolf herausgefunden hat, dass die Sonne sie verletzt? An jenem Morgen hatte sie keine sichere Zuflucht. Sie hat gesagt, sie hätte den Tag in der U-Bahn verbracht. Hat Paris nicht auch eine U-Bahn?

Ich beginne, auf meiner ziellosen Wanderung Ausschau nach einem Eingang zur Unterwelt zu halten. Bereits nach wenigen

Minuten werde ich fündig, als mein schweifender Blick auf dem Schild mit der Aufschrift ›Metropolitain‹ hängen bleibt. Es weist mir den Weg zur nächsten Station. Sicherlich nicht so bequem wie die Hotelbadewanne, aber in jedem Fall dunkel.

Sorgsam vergewissere ich mich, dass die Polizisten mir nicht gefolgt sind, und schlendere so nonchalant wie möglich zum Metroeingang. Erst, als ich die Treppen nach unten steige und allein bin, beschleunige ich meinen Schritt.

Die Station unter der Île de la Cité ist verlassen. Keine Reisenden säumen die unterirdischen Korridore. Da ich im Gegensatz zur New Yorker U-Bahn hier nicht über ein Ticket verfüge, springe ich über die Absperrung, wie es die jugendlichen Schwarzfahrer oft tun. Da ich ja gar nicht fahren will, sondern nur einen Unterschlupf suche, halte ich die Tat für moralisch vertretbar.

Zielstrebig steige ich weiter hinab zu den Bahnsteigen. Auch sie sind verlassen. Nur meine übermenschlich empfindsamen Sinne nehmen schwache Geräusche wahr: Das rasselnde Atmen eines Obdachlosen im hintersten Winkel der Station, das Fiepsen der Ratten zwischen den Schienen und das vereinzelte Tropfen von Wasser aus dem schwarzen Loch des Tunnels.

Und sie vernehmen Schritte. Leise, vorsichtige Schritte. Schleichend. Für einen Sterblichen unhörbar. Ich bin doch nicht allein.

Ich lasse mir nicht anmerken, dass ich meinen Verfolger – denn aus welchem anderen Grund sollte sich jemand die Mühe geben, hier herumzuschleichen – bemerkt habe. Zügig, aber ohne zu laufen, schreite ich in die Richtung, in der ich den leise schnarchenden Clochard vermute. Er liegt tief und fest schlafend in einer Ecke am Ende des Bahnsteiges, eingehüllt in einen abgenutzten Schlafsack, seine Habseligkeiten in zwei großen Plastiktüten fast schon liebevoll umarmend. Ich beuge mich geräuschlos zu ihm hinab und gebe vor, mich an seinem Hals zu schaffen zu machen. Sein intensiver Körpergeruch und die Schnapsfahne, die seinen weit offenstehenden Mund bei jedem Atemzug verlässt, beißen in meiner Nase. Ich versuche angestrengt, mich auf die Umgebung zu konzentrieren und auf leise Schritte zu lauschen. Ich muss nicht lang warten. Jemand nähert sich mir vorsichtig. Jemand, der ziemlich geübt darin ist, seine Anwesenheit zu verbergen und dies vermutlich bei jedem, der nicht Jahrhunderte lang gelernt hat, auf der Hut zu sein, auch geschafft hätte. Jemand, der nicht atmet. Jemand, dessen Herz nicht schlägt. Einer der Unsrigen. Ich spanne sämtliche Muskeln an.

Als ich die Schritte unmittelbar hinter mir höre, springe ich auf, drehe mich um und ziehe noch in der Bewegung das Schwert aus der Scheide unter dem Mantel hervor. Die Klinge kommt nur Millimeter vor dem Hals des Fremden zum Stehen.

»Langsam, langsam!« Abwehrend hebt der Mann die Hände. Der Rest seines Körpers ist erstarrt. »Kein Grund, gleich aggressiv zu werden. Ich will Euch nichts tun. War nur neugierig.«

Ich mustere den Fremden. Sein Gesicht ist das eines Jünglings, der dünne Bart entlang seines Kiefers ist flaumig, die langen, zum Pferdeschwanz gebundenen hellblonden Haare sind voll. Doch jugendliches Aussehen liefert bei unsereins keinen Anhaltspunkt für das tatsächliche Alter. Wir sehen auf ewig so aus wie an dem Tag, an dem wir unsere Sterblichkeit verloren haben.

Mit wohlbedachten Bewegungen senke ich das Schwert und schlage mit der Spitze die Schöße seines wollenen Mantels zur Seite. Mit der Klinge angele ich die goldene Kette aus der Tasche seiner Tweedweste, doch es kommt weder ein Messer noch ein Revolver zum Vorschein, sondern nur eine Uhr. Die altertümliche Garderobe lässt erahnen, dass der Mann bei weitem nicht so jung ist, wie sein Gesicht andeutet.

Ich hebe die Waffe wieder an seinen Hals. »Wer seid Ihr?«

Er lächelt mit aufgesetzter Freundlichkeit: »Mein Name ist Francois. Francois Lamargue.« Zum Gruß beugt er den Kopf, so weit mein Schwert dies zulässt. »Stets zu Diensten.«

»Was wollt Ihr von mir, Francois Lamargue?« Meine Stimme bleibt hart.

»Wie ich bereits sagte: Ich war nur neugierig. Man sieht hier nicht oft neue Gesichter.« Mit einem Seitenblick in Richtung des unruhig im Schlaf grunzenden Penners zu meinen Füßen fügt er hinzu: »Vielleicht sollten wir die Unterredung an einem anderen Ort fortführen.«

Ich stecke das Schwert zurück in die Scheide und schlage den Mantel darüber. »Gehen wir!«

Der Vampir namens Francois Lamargue bringt mich wieder an die Treppen, die zum Ausgang der Metrostation hinaufführen.

»Ist dies Euer Revier?«, frage ich, als wir außer Hörweite des Obdachlosen sind. »Falls ich Eure Domäne unerlaubt betreten habe, bitte ich um Verzeihung. Wie Ihr bereits festgestellt habt, bin ich neu hier in der Stadt.« Was sogar stimmt, wenn man die Geschehnisse vor der Verbannung Napoleon Bonapartes ausspart.

Der Einheimische sieht mich etwas verwirrt an, als hätte er meine Frage nicht recht verstanden. »Nein, nein. Kein Problem«, erwidert er schließlich und geht weiter voran.

Die Antwort kommt mir merkwürdig vor. Ich kann mir nur schwer vorstellen, dass die Unsterblichen von Paris derart gleichgültig gegenüber der Verletzung ihres Reviers sind. Die Unverletzlichkeit der Domäne ist nicht nur unverzichtbarer Bestandteil der Ewigen Gesetze, sondern auch tief in unseren Instinkten verwurzelt.

»Wohin gehen wir?«, will ich wissen.

Francois dreht den Kopf erneut zu mir um. »An einen gastlicheren Ort. Die Sonne wird bald aufgehen. Ich bringe Euch in meine Zuflucht. Ihr könnt den Tag dort verbringen.«

Ein außerordentlich großzügiges und höchst ungewöhnliches Angebot. Die Zuflucht eines Vampirs ist üblicherweise ein sehr privater Ort, dessen Lage man höchstens engen Freunden offenbart. Hat Europa sich mehr verändert, als ich angenommen habe? Unwahrscheinlich. Mein Misstrauen gegenüber dem Franzosen ist endgültig geweckt.

»Seit wann habt Ihr mich bereits verfolgt?«, frage ich ihn.

Die Pause, die vergeht, bevor er mir antwortet, ist eine Idee zu lang, um zu seinem beiläufigen Plauderton zu passen. »Ich bin auf Euch aufmerksam geworden, als Ihr die Treppe zur Metro betreten habt. Um diese Zeit, wo die Züge nicht mehr fahren, treiben sich hier unten normalerweise nur noch Obdachlose und andere zwielichtige Gestalten herum. Und als ich dann gesehen habe, wie Ihr zu dem Clochard gegangen seid, habe ich schon vermutet, dass Ihr einer der Unsrigen seid.«

Während er redet, bemerke ich, wie er mit der linken Hand nervös in seiner Manteltasche nestelt. Schneller als er reagieren kann, habe ich mein Schwert wieder parat und an seiner Kehle.

»Was habt ihr da?« Ich deute mit dem Kinn in Richtung seiner Tasche. »Holt es heraus! Langsam!«

»Nichts«, bekräftigt er viel zu hastig, um glaubwürdig zu klingen. »Gar nichts!«

Ich drücke die Spitze der Klinge leicht in seine Haut. »Raus damit! Sonst trenne ich Euch zuerst den Kopf vom Leib und sehe es mir dann selbst an.«

»Ist ja gut.« Der Vampir zieht ein Blatt Papier aus der Manteltasche. »Nur ein Zettel. Nur Notizen.«

»Her damit!«

»Es ist nichts.« Seine Stimme überschlägt sich. Er ist ein schlechter Lügner, zumindest mit einem Schwert an seinem Adamsapfel.

»Her damit!«, wiederhole ich und konzentriere mich auf seine schreckgeweiteten Augen. Er versucht, sich dem Bösen Blick zu widersetzen. Einige Sekunden lang verharren wir in absoluter Reglosigkeit, während ich meinen Willen in seinen Geist zwänge und seine verzweifelte Gegenwehr niederringe.

Langsam hebt sich seine Hand und hält mir den Zettel entgegen. Es ist eine schwarz-weiße Fotografie in schlechter Qualität. Doch ich erkenne das Motiv: das von Narben gezeichnete Gesicht eines Mannes mittleren Alters. Mein Gesicht, aufgenommen, als ich wenige Stunden zuvor Étiennes einstiges Palais auf der Île de Saint-Louis besucht habe. Vermutlich dasselbe Bild, das der Polizist dem Taxifahrer gezeigt hat. Mein alter Freund hat also nicht nur die Flics, sondern auch unsterbliche Häscher auf mich angesetzt. Es hat den Anschein, als hätte er nicht mehr allzu viel Vertrauen in unsere einstige Allianz, als wir gemeinsam Paris von der Herrschaft der Archaioi befreit haben.

Meine Gedanken werden unterbrochen, als mir der Zettel mit meinem Konterfei plötzlich zusammengeknüllt ins Gesicht fliegt. Francois hat meine kurze Unaufmerksamkeit bemerkt und sofort ausgenutzt. Noch bevor ich meine Waffe auch nur einen Zentimeter bewege, springt er flink von mir weg und befreit sich aus der unmittelbaren Bedrohung durch meine Klinge. Augenblicklich übernehmen die lang antrainierten Kampfreflexe das Kommando über meinen Körper und ich setze ihm mit vorgestrecktem Schwert hinterher.

Von einem Moment zum anderen tauchen zwei Dolche in den Händen meines Gegners auf. Ich kann nur vermuten, dass sie in den Ärmeln seines Mantels verborgen waren. Gekonnt schlägt er meine Klinge mit der Waffe in seiner Linken beiseite, dreht sich blitzartig um seine Achse und sticht mit dem zweiten Dolch nach meinem Hals. Ich ducke mich weg, um dem Hieb zu entgehen, doch ich bin eine Idee zu langsam. Nur der stahlverstärkte Kragen des Kettenhemdes unter meinem Trenchcoat verhindert, dass meine Kehle aufgeschlitzt wird.

Ohne abzuwarten, ob sein Angriff erfolgreich gewesen ist, setzt der Franzose nach und rammt die zweite Klinge in Richtung meines Bauches. Er ist in der Tat flink und gerade dabei, mich vollständig in die Defensive zu drängen. Dagegen muss ich etwas unternehmen. Ich weiche seiner Attacke nicht aus und stecke den Dolchstoß ein. Das Kettenhemd nimmt einen Großteil der Wucht auf, doch mehrere der Stahlringe geben nach und die Klinge dringt in mein Fleisch ein. Ich kämpfe den Schmerz nieder, der sich von dem Einstich durch meine Eingeweide ausbreitet, lasse mein Handeln nicht von der Pein bestimmen, sondern konzentriere mich auf meinen Gegenangriff. Durch seine Attacke hat Francois mein Schwert freigegeben. Er ist zu nah, als dass ich die Langwaffe in der dafür vorgesehenen Weise gegen ihn führen könnte, also muss ich improvisieren. Mit vollen Wucht hämmere ich den Knauf an seine Schläfe. Der Knochen knirscht unter meinem Hieb. Mein Gegner wird mehrere Meter weit über den Bahnsteig geschleudert.

Er ist flink, aber nicht sonderlich kräftig für einen von uns. Und nun in der idealen Distanz für einen Schwertkampf. Dumm für ihn, dass nur ich ein Schwert habe.

In schneller Folge lasse ich die Klinge auf ihn herabsausen. Die meisten meiner Schläge pariert er mit gekreuzten Dolchen, dem Rest weicht er geschickt aus. Schritt für Schritt dränge ich ihn zurück. Die Wunde in meinem Bauch schließt sich indes wieder. Der Stich war nur wenige Zentimeter tief. Kaum der Rede wert. Sein letztes Ausweichmanöver bringt Francois an das untere Ende der Treppe zum Ausgang. Er strauchelt, als ich einen weiteren Hieb gegen ihn führe, und fällt rücklings auf die Stufen. Ich setze mein Schwert an seine Kehle.

»Was will Étienne von mir?« Es kostet mich Mühe, ruhig zu bleiben. Am liebsten würde ich völlig auf Reden verzichten und ihn als Strafe für seine Hinterlist der Länge nach aufschlitzen. Doch ich muss mir vergegenwärtigen, dass ich derzeit ein unerwünschter Eindringling bin und mich nicht durch unbedachte Racheakte noch unbeliebter machen sollte, als ich es offenbar bereits bin.

Francois wirft unruhige Blicke nach links und rechts und hält Ausschau nach einem Fluchtweg, doch es gibt kein Entrinnen.

»Was hat Étienne dir aufgetragen?«, frage ich weiter.

Die Nennung des Namens meines alten Freundes weckt die Aufmerksamkeit meines geschlagenen Gegners. »Ihr lasst mich in Ruhe und wir tun so, als hätte ich Euch nicht gefunden. Einverstanden?«

Ich gehe nicht auf sein Angebot ein. »Was hat Étienne dir über mich gesagt?«

Er sieht an mir vorbei.

Auch ich höre das Grunzen des erwachten Obdachlosen, von dem ich zu trinken vorgegeben hatte. Doch ich widme weiter meine ganze Aufmerksamkeit dem Vampir am anderen Ende meiner Waffe.

»Er … er hat mir nur das Bild gegeben und … und gesagt, ich soll auf den Inseln nach Euch Ausschau halten«, stottert er vor sich hin. »Sonst nichts. Sonst gar nichts.«

»Hat er dir aufgetragen, mich zu töten?«

»Nein! Nein!« Francois' Stimme zittert, als er spricht. »Nur Ausschau halten und Bericht erstatten. Sonst nichts. Sonst nichts. Ich schwöre es Euch.«

Ich erkenne keine Lüge in seinen Worten. Die Angst hat ihn fest im Griff. Die Angst, sich mit einem Gegner angelegt zu haben, dem er nicht gewachsen ist. Was angesichts der Sachlage offenbar auch korrekt ist.

»Weißt du, wer ich bin?«, fahre ich mit übermäßiger Betonung fort. Die Situation berauscht mich wie eine erfolgreiche Jagd. Meine Beute liegt wehrlos vor mir. Ich habe die Macht über Leben und Tod. Ein kleiner Ruck mit dem Schwert und sie ist durchbohrt. Tot.

»Äh, was? Nein.« Seine Stimme bebt. Auch er ist sich seiner Rolle in unserer Konfrontation in vollem Maße bewusst.

»Hat Étienne dir nicht gesagt, nach wem du Ausschau halten sollst?« Gnadenlos setze ich das grausame Spiel fort.

»Nein, nein, ich habe nur das Foto. Nur das Foto. Sonst nichts. Ihr müsst mir glauben!«

»Warum hast du dich an mich herangeschlichen? Wolltest du mir einen deiner Dolche ins Herz treiben?« Meine Worte triefen vor Überheblichkeit.

»Nein, nein, nein! Ihr missversteht das völlig, Herr.« Er lässt die beiden Klingen, die er bis jetzt noch in den Händen gehalten hat, scheppernd auf die Steinfliesen fallen. »Ich war nur neugierig. Nur neugierig. Es tut mir leid, Herr. Vergebt mir!«

»Beweise es!«

Ich stoße das Schwert durch seine Rippen, bis die Klinge den Boden unter ihm berührt. Entsetzen breitet sich über sein Gesicht aus, verzerrt seine Züge zu einer Grimasse aus Schmerz und Unglauben. Dann setze ich meinen Fuß auf seinen Hals und ziehe den Stahl aus seinem Körper heraus. Der Franzose stöhnt lautstark. Doch sofern er noch genug menschliches Blut im Leib hat, wird er von dieser Wunde nicht sterben. Ein paar Tropfen dieses seines Blutes hängen nun an meiner Waffe.

Nachdem ich mich vergewissert habe, dass mein Gegner vollauf damit beschäftigt ist, seinen Schmerz zu unterdrücken und das Loch in seinem Brustkorb zu heilen, führe ich die besudelte Klinge an meinen Mund und lecke sie ab. Es sind nur wenige Tropfen. Nicht genug, um die Wonne zu genießen, meinen nie versiegenden Hunger mit dem Blut eines Unsterblichen zu stillen. Doch der unvergleichliche Geschmack liebkost meine Lippen, meine Zunge, meinen Gaumen. Ein wohliges Kribbeln fährt meine Speiseröhre hinab bis tief in die Eingeweide und weckt die Lust nach mehr. Mehr von dem Nektar, den das armselige Geschöpf unter meinem Stiefel an dem Stahl des Schwertes hinterlassen hat. Aber ich unterdrücke das brennende Verlangen, das sich in mir ausbreitet. Stattdessen konzentriere ich mich darauf, was das Blut des Vampirs außer dem köstlichen Geschmack sonst noch in sich trägt: die Erinnerungen dessen, von dem es stammt.

Langsam sickern die fremden Bilder und Gedanken in mein Bewusstsein. Zuerst nur unzusammenhängende Eindrücke, dann Menschen, Gesichter, Orte, die Kathedrale Notre Dame de Paris, die sich majestätisch in den Nachthimmel erhebt. Ein Mann im langen Mantel auf dem Vorplatz der Kirche, der sich am Rand der umliegenden Gebäude entlang in Richtung der Metrostation schleicht. Ich sehe mich selbst durch die Augen meines Verfolgers. Ich höre eine Stimme. Ich weiß nicht, woher sie stammt. Niemand ist nahe genug, um mit mir zu sprechen. Ich halte etwas in der Hand. Ein Mobiltelefon.

»Ich glaube, ich habe ihn gefunden«, flüstere ich in das Gerät. Doch es ist Francois, der die Worte spricht.

»Gut«, tönt es aus dem Hörer.

Ich kenne die Stimme. Es ist zwei Jahrhunderte her, dass ich sie das letzte Mal mit meinen eigenen Ohren gehört habe. Die Stimme Étienne d'Aumales.

»Folge ihm!«, befiehlt Étienne. »Finde heraus, wo er den Tag verbringt, und gib die Information an Bernard weiter! Er wird sich um alles kümmern.«

»Geht klar.«

»Und enttäusche mich diesmal nicht!«, sind die letzten Worte aus dem Telefon, bevor die Verbindung getrennt wird.

Ich öffne die Augen. Die kleine Exkursion in die Erinnerungen meines Gegners hat nur Sekunden gedauert. Unter dem Riss in der teuren Tweedweste hat sich neue rosige Haut gebildet. Francois' Wunden sind geheilt. Der Schmerz, der ihn gelähmt hat, ist überwunden. Sein Blick wird wieder klar, nur um festzustellen, dass die Spitze meiner Klinge erneut an seinem Hals liegt.

»Wer ist Bernard?«, frage ich mit eisiger Stimme.

Francois schluckt. Das Entsetzen über meine Tat steht ihm ins Gesicht geschrieben. Nun weiß er endgültig, dass sein Leben am seidenen Faden hängt. Die Zeit der Spielchen ist vorbei.

»Ein … ein Polizist«, stottert er. »Bernard ist ein Polizist. Er arbeitet für Étienne.«

»Weißt du, was Bernard tun sollte, sobald du ihm meine Zuflucht verraten hättest?«

»Nein. Nein, das weiß ich nicht.«

Ich glaube ihm.

»Und nun frage ich noch einmal«, fahre ich fort, »Warum hast du dich an mich herangeschlichen?«

»Ich …« Es kostet ihn große Überwindung, die folgenden Worte auszusprechen. »Ich wollte Euch einen Dolch ins Herz stoßen und an Bernard übergeben.«

Endlich eine ehrliche Antwort.

»Obwohl Étienne dir aufgetragen hat, mich nur zu beobachten?«

»Ich … Ich wollte ihn … beeindrucken.«

Na, das ist wohl gründlich misslungen. »Wenn du das nächste Mal versuchst, Étienne zu beeindrucken, dann erkundige dich vorher besser, mit wem du dich anlegst.«

Eifrig nickt er und zuckt zurück, als sein Kinn dabei den Stahl der Klinge berührt.

»Und nun sage mir, wo ich Étienne finde!« Meine Aufforderung duldet keinen Widerspruch.

»Ich … Er … Er wird mich töten, wenn …«

»Nun, das wird er vielleicht irgendwann. Aber wenn du es mir nicht sagst, werde ich dir hier und jetzt den Kopf vom Leib trennen. Entscheide dich!«

Er ist zutiefst verzweifelt. Doch die unmittelbare Bedrohung durch mein Schwert ist eine gute Entscheidungshilfe bei seiner Wahl.

»Meistens ist er im Refuge.« Als er meinen fragenden Gesichtsausdruck erkennt, beeilt er sich hinzuzufügen: »Das ist ein Club nicht weit vom Place Pigalle am Montmartre. Dort hält er Hof.«

»Er hält Hof?« Ich gebe zu, meine Frage klingt ein wenig begriffsstutzig.

»Ja, ja. Da versammelt er seine Blutsfamilie und seine Getreuen. Und da empfängt er normalerweise seine Besucher und Bittsteller.«

Den letzten unsterblichen Herrscher von Paris, der sich mit einem derartigen Hof umgeben hat, haben Étienne und ich einst gemeinsam gestürzt und mitsamt seinen Speichelleckern vernichtet. Interessant zu hören, dass mein einstiger Kampfgefährte nun die gleichen Institutionen pflegt, derentwegen wir gegen Laurent vor über zwei Jahrhunderten rebelliert haben.

»Du wirst mich dort morgen Nacht hinbringen.«

Meine Eröffnung lässt seinen Schrecken noch weiter steigen. »Nein! Das könnt Ihr nicht tun! Er wird mich vierteilen!«

»Wenn du tust, was ich dir sage, werde ich ein gutes Wort für dich einlegen. Früher hat mein Wort einmal etwas in seinen Ohren bedeutet. Lass uns gemeinsam herausfinden, ob das immer noch so ist! Einverstanden?«

Entgeistert sieht er mich an. »Habe ich eine Wahl?«

Ich gebe vor, kurz zu überlegen. »Ich denke, nicht.«

Er erwidert mein sarkastisches Lächeln nicht.

»Du musst hungrig sein, nachdem du die Wunde geheilt hast.« Ich stupse die Schwertspitze auf das Loch in seiner Weste. Dann stecke ich die Waffe in ihre Scheide und trete beiseite. »Kümmere dich um den Penner!« Ich deute mit dem Kopf in Richtung des Obdachlosen, der uns hinter einem Automaten für Schokoriegel kauernd beobachtet. »Er hat zu viel von unserer Unterhaltung mitbekommen.«

Ohne mich aus den Augen zu lassen, steht der Franzose zögerlich auf. Er scheint mir nicht zu vertrauen. Ich kann es ihm nicht verübeln.

Mit einer knappen Kopfbewegung ermutige ich ihn, sich in Bewegung zu setzen. Ganz langsam geht er an mir vorbei, zuerst einige Schritte rückwärts, um mir nicht den Rücken zuzuwenden. Dann dreht er sich um und stürzt sich auf den Clochard, der noch vergeblich um Gnade fleht, bevor er unter Francois' Zähnen sein Leben aushaucht.

Während mein neuer ›Freund‹ seinen Hunger stillt, hebe ich seine beiden Dolche auf und verstaue sie in der Innentasche meines Mantels. Ich schaue die Treppen hinauf, um sicherzugehen, dass uns außer dem Penner niemand beobachtet hat. Anschließend wende ich mich wieder Francois zu, der sich gerade von seinem Mahl erhebt. Der Kopf des toten Clochards schlägt dumpf auf den Steinboden, als sein Mörder ihn mit unverhohlenem Ekel loslässt.

»Oh Scheiße, das gibt Ärger. Ich bin tot. Tot. Tot«, grummelt er vor sich hin. »Was hab ich mir da nur wieder für eine Scheiße eingebrockt! Scheiße! Scheiße!«

Er hebt den Blick von der Leiche am Boden und sieht mich an. »Und was soll ich nun mit dieser Scheiße hier machen?« Er deutet mit seinen wild fuchtelnden Händen auf den ausgebluteten Körper des Penners.

»Entsorge ihn!«, empfehle ich. »Du wirst ja wohl wissen, wo man hier einen toten Obdachlosen loswird.«

»Oh Scheiße!«, flucht Francois wieder. »Oh Scheiße! Scheiße!«

Er macht einen ganz schönen Aufstand wegen der Leiche.

»Es ist nur ein Penner!«, versuche ich, ihn zu beruhigen. »Einer mehr oder weniger wird wohl nicht gleich auffallen, oder? Ich werde dich auch nicht an Étienne verraten.«

Das Gesicht meines Gegenübers verfinstert sich. »Ich weiß nicht, wer Ihr seid oder woher Ihr kommt, aber hier in Paris tötet man nicht einfach Obdachlose. Sie stehen unter dem Schutz der Rattenkönigin. Und wenn sie die Sauerei hier mitkriegt, wird sie stinksauer sein.« Er blickt hektisch zu den Tunneleingängen an den beiden Enden der Metrostation, wo die Schienen sich im Dunkel verlieren. »Wenn sie es nicht eh schon weiß. So eine verdammte Scheiße!«

Ich unterbreche seine Fluchtirade: »Dürfte ich erfahren, wer diese ›Rattenkönigin‹ ist?«

Vor meinem geistigen Auge erscheint angesichts des pathetisch klingenden Namens eine weibliche Ausgabe von Mike.

Francois sieht mich an, als ob ich ihn danach gefragt hätte, welche Farbe Blut hat. Ich entnehme der Reaktion, dass es sich bei der ominösen Herrscherin des pelzigen Ungeziefers um eine lokale Berühmtheit handelt.

»Sie ist die Herrin der Katakomben«, erklärt er mir, als er sich vergegenwärtigt hat, dass ich als offensichtlich Fremder nicht mit dem örtlichen ›Who is who‹ vertraut bin. »Und der Metro. Alle Bewohner der Pariser Unterwelt stehen unter ihrem Schutz. Auch die Obdachlosen. Ohne ihre Erlaubnis vergreift sich niemand an ihren Untertanen.«

Höfe. Königinnen. Untertanen. Alles, was wir in Paris einst bekämpft und – so glaubten wir – besiegt hatten, scheint in die Seine-Metropole zurückgekehrt zu sein.

Ich schaue auf die Uhr. »Womit auch immer wir uns bei den hohen Herren und Damen dieser Stadt unbeliebt gemacht haben, wird bis morgen Nacht warten müssen. Ich habe noch keine Zuflucht für den Tag. Darf ich annehmen, dass der Ort, den du vorhin angestrebt hast, nicht geeignet ist, mich vor Étiennes Häschern zu bewahren?«

Francois' Miene wechselt in Sekundenschnelle von vorwurfsvoll zu betroffen. »Vermutlich nicht.«

Immerhin, er hat gelernt, dass es sich nicht lohnt, mich zu belügen.

»Gut. Dann folgen wir von nun an meinem Plan.« Ich deute auf die Leiche. »Nimm den da und komm mit!«

»Ich soll …?«

»Ja, du sollst!«, unterbreche ich sein Aufbegehren. »Und zwar schnell, bevor ich mir überlege, ob es wirklich eine gute Idee ist, mich mit dir zu belasten.«

»Ist ja gut.« Er wuchtet den leblosen Körper auf seine Schultern. »Und was ist mit seinen Tüten?«

Da Francois mit dem Toten bereits gut bepackt ist, nehme ich mich seiner Habseligkeiten an und greife mir die Plastikbehälter. Derart beladen springe ich auf die Schienen hinunter, überlege kurz, in welche Richtung ich mich wenden soll, und wähle instinktiv den Tunnel nach Süden.

»Wo wollt Ihr hin?«, will Francois wissen.

»Da lang.« Ich deute in die Dunkelheit. »Oder hast du einen besseren Vorschlag, der sich nicht wie eine Falle anhört?«

Seine Antwort besteht nur aus einem resignierenden Stöhnen, dann setzt er sich in Bewegung und folgt mir widerwillig.

In dem U-Bahn-Tunnel unterqueren wir die Seine. Mein Begleiter ist ebenso geübt darin wie ich, die stromführenden Schienen nicht zu berühren. Als der Lampenschein der Metrostation hinter uns zurückbleibt, leuchte ich uns mit meiner Stiftlampe den Weg. Die Tüten entsorge ich in der erstbesten Nische in der Wand des Tunnels. Für die Leiche benötigen wir einen besseren Ort, wo sie unentdeckt lagern kann, bis die reichlich vorhandenen Ratten und Kakerlaken mit ihr fertig sind. Ein Gitterrost am Boden des Ganges, der dem Geruch nach direkt in irgendeine Kloake führt, kommt meinen Ansprüchen entgegen. Ich bedeute meinem Begleiter, die Leiche abzuladen, und mache mich daran, das Gitter zu entfernen. Es ist im Rahmen festgerostet, aber meinem Griff kann es nicht widerstehen.

»Das ist doch alles Wahnsinn«, brummelt Francois scheinbar ohne spezifischen Adressaten in die Dunkelheit, während ich mich mit dem Gitter abmühe. Dann wirft er bar jeder Vorwarnung den toten Penner auf mich, macht kehrt und läuft zurück in Richtung Île de la Cité.

Nun ist es an mir zu fluchen: »Bleib hier, du verdammter Bastard!«

Ein paar Schritte setze ich dem Flüchtenden hinterher, doch bereits nach wenigen Metern halte ich an und schaue zu, wie er in der Dunkelheit verschwindet. Wenn ich ihn jetzt verfolge, vergeude ich auch noch das letzte bisschen Zeit, das mir geblieben ist, um eine Zuflucht zu finden. Soll er Étienne ruhig warnen. Mein alter Freund weiß ohnehin schon, dass ich hier bin. Nun muss ich nur dafür sorgen, ein wenig Distanz zur Île de la Cité zu gewinnen, falls Francois oder Étienne in der verbliebenen Zeit vor Sonnenaufgang irgendwelche Sterblichen damit beauftragen, hier nach mir zu suchen. Zuerst vollende ich allerdings noch die Entsorgung der Leiche, zwänge sie durch die Öffnung im Boden, so dass sie nach kurzem Fall schmatzend in der Kloake verschwindet, und positioniere das Gitter wieder über dem Loch.

Anschließend setze ich mich erneut in Marsch und laufe weiter nach Süden zum linken Seineufer. Vorsichtig passiere ich mehrere U-Bahnhöfe. Sie sind glücklicherweise zumeist ebenso verlassen wie die Station an der Kathedrale, so dass ich mich nur vor ein paar Clochards verbergen muss. Abgesehen von der ungefähren Richtung, in die ich mich bewege, habe ich bald jegliche Orientierung verloren. Wenn ich mich in der kommenden Nacht wieder an die Oberfläche begebe, werde ich erst einmal herausfinden müssen, wo ich gelandet bin. Doch das sind Sorgen für die Zukunft.

Die Müdigkeit, die mir nun immer drängender in die Glieder kriecht, weist auf die aufgehende Sonne hin. In der letzten Metrostation, die ich passiert habe, finden sich bereits einzelne Fahrgäste ein, um auf die erste Bahn des Tages zu warten. Allerhöchste Zeit, sich zu verkriechen.

Ich breche eine Stahltür mit der Aufschrift ›Servicezone – Zutritt für Unbefugte verboten‹ auf. Statt des erwarteten Werkzeuglagers finde ich einen Gang mit brummenden elektrischen Schaltschränken. Doch ich kann mir nun endgültig nicht mehr erlauben, wählerisch zu sein. Also quetsche ich mich, so gut es geht, hinter einen der Schränke. Hier sollte mich eigentlich niemand aufspüren, der nicht explizit nach Eindringlingen sucht. Ich verlasse mich bei solchen Dingen nicht gern auf mein Glück, aber heute bleibt mir nichts anderes übrig.

So füge ich mich meinem Schicksal, schließe die Augen und verharre in einer unbequemen hockenden Position. Die erste Nacht meiner Rückkehr in die Alte Welt ist nicht sonderlich vielversprechend. Erneut hege ich Zweifel an meiner selbstauferlegten Mission. Mein letzter Gedanke, bevor ich einschlafe, gehört meinem Ziel, für das ich all diese Unbill ertrage: den Vampir zu finden, von dem ich mir Unterstützung gegen Marduk erhoffe. Den Vampir, den ich mehr als alle anderen meiner Art hasse. Der mir wahrlich übel mitgespielt hat. Mich meines Lebens und meiner Seele beraubt hat durch Lüge und Intrige. Er hat sich meinen Hass verdient. Welch grausames Schicksal, das mich nun dazu zwingt, meinem ärgsten Feind wieder unter die Augen zu treten, um ihn um Hilfe zu bitten.

Sommer 1187, Jerusalem,
Königreich der Kreuzfahrer

Zweiundsechzig Jahre lang war ich der Herr der Unsterblichen von Jerusalem. Doch nun war meine Herrschaft an ihrem Ende angelangt. Jetzt ging es nur noch darum zu überleben. Oder in Würde zu sterben.

Zweiundsechzig Jahre lang war der Tempelberg meine Heimat gewesen. Von hier aus hatte ich meine Vertrauten und sonstigen Gefolgsleute gelenkt, um das Wohl meiner Stadt und der christlichen Lande von Outremer zu fördern.

Doch als ich an diesem Abend in meiner Gruft erwachte und zum Plateau hinaufsah, prangte über der Kuppel des Felsendoms nicht mehr das Kreuz, dem ich zu dienen geschworen hatte, sondern der Halbmond der Sarazenen.

Sie waren zurückgekehrt. Hatten die Mauern der Stadt, die wir ihnen einst entrissen hatten, überwunden und nahmen sich nun zurück, was ihres gewesen war. Doch es gab einen großen Unterschied zwischen der Eroberung Jerusalems durch das Heer des Ersten Kreuzzuges und dem Einmarsch der Sarazenen. Damals hatten wir die Straßen mit dem Blut ihrer Bewohner gefüllt und niemanden am Leben gelassen. Schmerzens- und Gnadenschreie, das blutrünstige Johlen der Ritter und der tödliche Gesang von Schwertern und Feuer hatten Tag und Nacht erfüllt.

Heute war es ruhig in den Straßen. Saladin, der Heerführer der Eroberer, hatte Wachen aufstellen lassen, die jegliche Plünderungen und Übergriffe auf die Bewohner Jerusalems unterbanden. So wie es in den Verhandlungen über die Übergabe der Stadt vereinbart worden war.

Zwölf Tage lang hatten die Sarazenen vor den Mauern gestanden. Gegen die gewaltige Armee der Muslime hatten die Verteidiger nicht die geringste Chance gehabt. Nur eine Handvoll waffenfähiger Männer hatte noch in der Stadt geweilt. Der Großteil des königlichen Heeres war wenige Monate zuvor in der Schlacht von Hattin vernichtet worden. Von diesem Augenblick an war der Fall des christlichen Königreiches nur noch eine Frage der Zeit gewesen. Und dennoch hatten die verbliebenen Streiter der Christenheit sich mit allerhöchster Tapferkeit und dem Mut der Verzweifelten gegen die erdrückende Übermacht zur Wehr gesetzt. Und sie hatten sich gut geschlagen. Gut genug, um für die Kapitulation der Stadt Bedingungen aushandeln zu können. Eine davon war, auf die von vielen Sarazenen herbeigesehnte Rache für das Gemetzel, das die Kreuzfahrer hier einst unter den Ihren angerichtet hatten, zu verzichten. Und es sah ganz danach aus, als würde Saladin sein Versprechen halten.

»Was werden wir nun tun?«, fragte Robert.

Ich hatte gar nicht bemerkt, dass mein einstiger Knappe und seit nunmehr über einem halben Jahrhundert unsterblicher Gefährte sich neben mich gestellt hatte. Als ich mein sterbliches Dasein beendete, hatte ich mir geschworen, ihn von dem Fluch zu verschonen, der mir auferlegt worden war. Aber dann war alles anders gekommen.

Nachdem wir die Bestie vertrieben hatten, dachte ich, Jerusalem würde von nun an ohne meinen Beistand auskommen. Doch allerorts lauerten Gefahren für das junge Königreich. Die Tempelritter, denen ich mich weiterhin zugehörig fühlte, wurden zu einer militärischen Stütze der Christenheit im Heiligen Land. Ihre Kampfeskraft und Disziplin erweckten Furcht in den Herzen ihrer Feinde, wo immer die Streiter in den weißen Mänteln das Schlachtfeld betraten. Doch diese Tugenden allein reichten nicht aus, um gegen die mannigfaltigen Gefahren Outremers bestehen zu können. Mit der Vertreibung der Bestie erwarben Philip und ich großen Respekt unter den Meistern des Ordens. Sie waren sich wohl bewusst, dass es unheilige

Kräfte waren, die mir und meinem Getreuen die Macht verliehen, selbst diejenigen Gegner zu besiegen, an denen die sterblichen Ordenskrieger scheiterten. Doch nach unserem Erfolg wollten sie unsere Fähigkeiten nicht mehr missen. Die Zweifler wie Gerhardt von Thurlau wurden mundtot gemacht. Und die Herren des Ordens wollten mehr. Mehr unsterbliche Streiter mit übermenschlichen Kräften.

Anfangs weigerte ich mich, den Fluch, den Vitus mir auferlegt hatte, weiterzugeben. Aber sie bedrängten mich, es sei meine Pflicht, den Templern die Macht zu verleihen, die sie für ihren Kampf benötigten. Und da ich mich trotz meiner Verwandlung noch immer an mein Gelübde gebunden sah, den Meistern des Ordens Gehorsam zu schulden, willigte ich schließlich ein.

Viele Ordensritter tranken von meinem Blut, auf dass ein Teil meiner Stärke auf sie überginge. Nur die gottesfürchtigsten und diszipliniertesten Kämpfer erhielten dieses unheilige Sakrament, das ich ihnen in einer abartig pervertierten Parodie des Heiligen Abendmahles zuteilwerden ließ. Die Meister versorgten mich mit Unmengen von Blut, das durch meine Adern in die Münder meiner blutigen Jünger floss. Mit den Jahren wurden es immer mehr und irgendwann waren es zu viele, als dass ich sie alle aus meinen Venen nähren konnte. Darüber hinaus hatte der Orden sich vom Tempelberg aus weit über sämtliches Land verbreitet und auch in den Heimatländern der Kreuzfahrer Niederlassungen und Festen begründet. Deren Herren wollten, sofern sie von meinem Geheimnis wussten, nicht auf ihr stärkendes Elixier verzichten. So geschah es, dass ich einen Nachkommen erschuf. Die Wahl fiel auf den Ältesten meiner Gefährten, Philip, der mit mir zusammen gegen die Bestie gefochten hatte. Er weilte nun in Frankreich und verlieh den dortigen Ordensbrüdern die Kraft, die die Templer legendär gemacht hatte.

Auf welchem Weg mein einstiger Knappe Robert von meinem Tun erfahren hatte, weiß ich nicht. Doch er kam zu mir und bat darum, ihn wieder in meine Dienste zu nehmen. So wurde er zuerst zu einem meiner Jünger und, nachdem er sich bewährt hatte, durch mein Blut zu einem der Nocturni.

Unaufhaltsam verbreitete sich das Übel, das ich aus Konstantinopel ins Heilige Land gebracht hatte, in den Reihen des Ordens. Zu Anfang waren die Meister noch skeptisch und um das Seelenheil derer bemüht, die ich an meiner Kraft teilhaben ließ. Doch auch sie erlagen schließlich der Versuchung der Macht, die das Blut der Unsterblichen ihnen verlieh. Selbst mehrere der Großmeister, zuletzt Gérard de Ridefort, hingen an meinen Adern, um meiner übermenschlichen Fähigkeiten teilhaftig zu werden. Als ich erfuhr, dass Philip in Frankreich selbst einen weiteren Nachkommen erschaffen hatte, wusste ich, dass ich endgültig die Kontrolle verloren hatte. Mein Schwur, nur mich allein mit dem Fluch der Nächtlichen zu beladen, war gebrochen.

Die Erfolge des Ordens und seiner geheimen Elite der Blutjünger ließen meine Bedenken eine Zeit lang schwinden. Sie machten mich glauben, das Richtige zu tun. Doch damit belog ich sowohl mich selbst als auch diejenigen, deren Seelenheil ich so leichtfertig aufs Spiel setzte. Und letztlich war auch die scheinbare Unbesiegbarkeit, die mein Blut den Streitern des Kreuzes gab, die Ursache für Saladins Marsch gegen Jerusalem. Ich vermag nicht zu sagen, welchen Anteil der Hochmut meiner Jünger an der Entscheidung hatte, nach Hattin zu ziehen, um dort die Streitmacht des Sarazenenfürsten zu stellen. Eine fatale Entscheidung.

Die Kräfte meines Blutes hatten offenbar nicht ausgereicht, um die katastrophale Fehleinschätzung der Lage durch die Führer des christlichen Heeres auszugleichen. Guido von Lusignan führte die dürstende Armee direkt in die Falle, die Saladin ihm gestellt hatte. Die Templer unter Gérard de Ridefort waren ihm mehr als bereitwillig gefolgt. Keiner von ihnen kehrte von diesem Feldzug zurück. Es wurde erzählt, die Muslime hätten alle Überlebenden von ihnen hingerichtet. Sie hatten ihnen die Köpfe vom Leib getrennt. Eine derartige Wunde kann nicht einmal mein Blut heilen. War dies ein Zufall oder wusste Saladin, wogegen er kämpfte?

In jedem Fall war mit der Niederlage des Kreuzfahrerheeres das Schicksal des Königreiches Jerusalem besiegelt. Robert und ich schufen aus den Reihen der wenigen Sergeanten des Ordens, die in der Heiligen Stadt verblieben waren, neue Jünger und sandten sie in den Kampf, als die Sarazenen die Mauern Jerusalems bestürmten. Sie wurden alle getötet. Wir hatten versagt.

Ich fühlte gar einen Hauch von Erleichterung, nun, da es vorbei zu sein schien. All die Jahre hatte ich mich gefragt, ob Gott mein Werk wirklich guthieß. Ich dachte, er würde uns in die Schranken weisen, wenn wir gegen seinen Willen verstießen. Nun endlich tat er es. Meine Zweifel waren berechtigt gewesen. Wir waren verdammt.

Und Saladin war Gottes Werkzeug, uns dies unmissverständlich vor Augen zu führen.

Der Verlust der Heiligen Stadt und der Großmut, den der Sarazenenfürst nun bewies, indem er ihre Bewohner verschonte, statt ein Blutbad anzurichten, wie wir es einst getan hatten, war das Zeichen, auf das ich all die Jahre gewartet hatte. Das Zeichen, das mir die Fehler, die ich bei der Wahl meines Weges begangen hatte, in aller Deutlichkeit vor Augen führte.

»Was sollen wir nun tun?«, fragte Robert.

Zunächst lächelte ich nur, statt ihm zu antworten. Verwirrt sah er mich an.

»Büßen«, sagte ich schließlich. »Wir werden büßen für all das Blut, das wir vergossen haben, seit wir das Land betreten haben. Das Land, dem der Herr seinen Sohn geschickt hatte.«

Büßen.

Wir mussten nicht einmal viel tun, um unsere göttliche Strafe zu erhalten. Die weißen Mäntel der Tempelritter würden den ersten Sarazenen, der uns begegnete, Alarm schlagen lassen. Ich hatte keine Zweifel, dass die zugesicherte Schonung der Christen von Jerusalem für Templer ohne Bedeutung war. Wir hatten uns den Hass der Muslime hart erkämpft. Die heilige Mission stand für seine Ritter stets höher im Wert als Bündnisse und Waffenstillstände der weltlichen Herrscher Outremers mit den Sarazenen. Mehr als ein Mal hatte der Eifer der Templer den fragilen Frieden, den Fürsten und Könige mühsam zu wahren versuchten, gefährdet oder gar zunichtegemacht. Der Orden hatte den Krieg gewollt. Er hatte ihn bekommen. Nun mussten wir nur noch darauf warten, entdeckt zu werden, auf dass Saladins Streiter die letzten Ordensritter Jerusalems niedermachen und enthaupten konnten.

Robert benötigte einen Moment, um die Angst niederzuringen, die ihn angesichts des nahen Endes seines ›unsterblichen‹ Lebens befiel. Aber er hatte sich schon jeher durch große Tapferkeit ausgezeichnet. Auch wenn ihm meine Gleichmut, ja fast freudige Erwartung fehlte, so hielt er doch an seinen Tugenden fest und bereitete sich darauf vor, aufrecht in den Tod zu gehen. Seite an Seite wanderten wir durch die dunklen Gassen und genossen die vermeintlich letzten Momente in dieser Welt. Wir schauten empor zu den Sternen, die treue Begleiter in der ewigen Nacht unseres Daseins waren. Sogen gierig die laue Luft in unsere Lungen. Schritten noch einmal durch die Straßen, auf denen Jesus Christus gewandelt war. Und warteten darauf, unseren Henkern zu begegnen. Wir konnten sie bereits hören. Nur ein oder zwei Gassen weiter erklang die kehlige Sprache der Sarazenen. Wir hielten kurz inne. Sahen uns in die Augen. Robert nickte zustimmend. Ich erwiderte seine Geste. Wir waren uns einig und setzten uns wieder in Bewegung. Wir bogen um die letzte Häuserecke, dann standen wir ihnen gegenüber.

Es war ein rundes Dutzend Kämpfer. Sie waren wohlbewaffnet mit Schwertern und Lanzen. Einige von ihnen trugen Fackeln. Ich konnte die Wärme des offenen Feuers auf meiner kalten Haut spüren. Das muntere Gespräch der Krieger verstummte augenblicklich. Mit weit aufgerissenen Augen starrten sie uns an. Der besiegt geglaubte Feind war zu ihnen zurückgekehrt. Und auch, wenn ich mich anschickte, dem sicheren Tod gegenüberzutreten, so hatte ich doch keineswegs vor, mich meinem Schicksal kampflos zu ergeben. Ich zog das Schwert aus der Scheide. Robert tat es mir gleich.

Aus der Tiefe meiner lang verdrängten Erinnerungen erhob sich der Schlachtruf, der bei der Eroberung Jerusalems unser stetiger Begleiter gewesen war. Ich vermag nicht zu sagen, ob ich auf diese Weise im Angesicht des nahen Todes meine Sünden noch einmal hervorheben wollte oder ob ich eingedenk des finsteren Spieles, das Gott und Schicksal mit mir getrieben hatten, einfach nur meine Verachtung für beide zum Ausdruck brachte. Es war ein spontaner Impuls, der die drei verfluchten Worte auf meine Zunge lenkte.

»Gott will es!«, rief ich und sofort stimmte Robert ein.

»Gott will es!«

Wie ein Sturmwind brausten wir auf unsere Feinde hernieder. Mit wirbelnden Schwertern stürmten wir in die Mitte der Sarazenen, zerschmetterten Gliedmaßen, spalteten Schädel und verspritzten Blut und Eingeweide. Mit einer jahrzehntelang in unzähligen Kämpfen geübten Choreographie drehten wir uns Rücken an Rücken wie ein vierarmiger Derwisch durch die Flut der Gegner. Ich musste keinen Blick auf Robert verschwenden. Jederzeit wusste ich, wann er mich deckte, so dass ich mit einem Ausfallschritt meine Klinge durch den Leib eines Feindes treiben konnte. Ebenso war mein Schwert stets zur Stelle, seine Seite vor den Hieben der Sarazenen zu bewahren. Ich ging vollkommen auf im Tanz des Todes. Verlor jedes Gefühl für Zeit und Raum um mich herum. Lebte nur von einem Schlag zur nächsten Parade, während das Blut wie Regen auf mich niederprasselte.

Erst als die plötzlich eintretende Stille den Tod des letzten Gegners verkündete, kam ich wieder zu mir. Ich stand inmitten regloser Leiber. Blut tränkte den Boden und formte ein Rinnsal, das sich am Rand der Gasse seinen Weg in die Dunkelheit bahnte. Mein Mantel war mehr rot als weiß. Risse im Stoff und dem darunter liegenden Kettenhemd legten Zeugnis davon ab, dass ich nicht völlig ungeschoren davongekommen war. Doch wo tiefe Wunden sein sollten, fand ich nur rosige Haut. Weder hatte ich gespürt, wie mir die Verletzungen zugefügt worden waren, noch hatte ich bemerkt, dass ich sie geheilt hatte.

Robert sah mich unverwandt an. Statt des Todes hatten wir einen Sieg gefunden. Dies würde allerdings nicht von Dauer sein. Der Kampfeslärm war weithin zu vernehmen gewesen. Sehr bald würden wir noch mehr Feinden gegenüberstehen. Mehr, als wir zu bezwingen vermochten. Ich konnte sie bereits hören. Hastige Schritte erfüllten die Straßen. Noch zu weit weg, als dass ein Mensch sie vernommen hätte, doch mir entgingen sie nicht.

Am blutgetränkten Mantel reinigte ich die Klinge, behielt sie jedoch in der Hand. Es würde sich nicht lohnen, sie in die Scheide zu stecken. Dann plötzlich verstummte das vielstimmige Getrappel. Ich neigte den Kopf zur Seite und horchte. Stille. Kein Geräusch drang an meine Ohren. Ein Verdacht beschlich mich. Sie wussten, womit sie es zu tun hatten. Und nur Augenblicke später erfuhr ich, woher.

Ich sah sein Kommen aus dem Augenwinkel. Ein vager Schemen am Rand meines Sichtfeldes, hoch über dem Pflaster der Gasse, in der mein einstiger Knappe und ich Seite an Seite standen. Er war so schnell, dass ich es kaum schaffte, mein Schwert zur Abwehr des Schlages zu heben, der auf mich eindrang. Die Wucht des Aufpralls warf mich zu Boden. Er hatte sich in vollem Lauf von einem der Dächer herabgestürzt. Der Speer, den er direkt in Richtung meines Herzens gestoßen hatte, glitt an meiner Klinge ab und verfehlte mich nur um Haaresbreite. Mein Rücken hatte noch nicht das Pflaster erreicht, als wilde Hiebe krallenbewehrter Klauen auf mich niederprasselten und meine Haut in Fetzen rissen. Der Aufprall auf die Pflastersteine presste die Luft aus meinen Lungen. Und inmitten des Chaos sah ich das Gesicht des Angreifers. Das Antlitz der Bestie, die ich vor sechs Jahrzehnten aus meiner Stadt vertrieben hatte. Sie war zurück. Und von einem Moment zum anderen wurde mir klar, wie die Sarazenen meine Blutjünger besiegt hatten. Sie hatten in der Tat gewusst, wer ihre Gegner waren und wie sie zu bezwingen waren. Er hatte es ihnen verraten.

»Stirb, Templer!« Sein Atem stank nach Tod.

Eigentlich war ich nun genau dort, wo ich hin wollte. Doch der Fatalismus, der Todeswunsch, die Fügung in das unvermeidlich scheinende Ende war verflogen. Der Anblick der von Hass und Wut unmenschlich verzerrten Fratze der Kreatur weckte die letzten Reste meines Kampfgeistes.

Ich würdigte die Ankündigung meines Gegners nicht mit einer Antwort. Stattdessen sammelte ich all meinen Zorn gegen die Bestie, mich selbst, das Schicksal und die Welt im Allgemeinen und konzentrierte ihn auf diesen einen Moment. Mit Wucht warf ich meinen Kopf nach vorn und schnappte mit weit aus den Kiefern ragenden Fangzähnen nach dem Gesicht der Kreatur. Die Gegenwehr traf meinen Gegner unvorbereitet. Er zuckte nur einen Augenblick zurück, bevor er sich wieder in der Gewalt hatte, doch dieser kurze Moment reichte mir, die Initiative an mich zu reißen. Mein Biss ging ins Leere, aber mit einem Stoß meiner Stirn gegen seine Nase setzte ich sofort nach. Vernahm das Knirschen berstender Knochen, als ich traf. Schmerzensschreie hallten von den Mauern um uns herum wider. Mein rechter Arm, der gerade noch unbeweglich vom Gewicht meines Feindes auf den Boden niedergedrückt wurde, war plötzlich frei. Ich ballte die Hand zur Faust und rammte sie gegen den Schädel über mir. Einmal, zweimal, immer wieder, ohne auch nur einen Augenblick innezuhalten. Mein Gegner wehrte sich verbissen, klammerte sich an mir fest und versuchte, mich wieder bewegungsunfähig zu machen. Doch unter dem wütenden Gewitter von Schlägen und Tritten schwand sein Widerstand Stück für Stück.

So löste ich auch meine linke Hand aus der Umklammerung. Mit ihr konnte ich nach dem Dolch greifen, den ich am Gürtel trug, zog die kurze Klinge aus ihrer Scheide und stieß sie aufwärts. Die Bestie kreischte vor Schmerzen, als ich den Stahl in ihren Eingeweiden drehte. Blut und Gedärm ergoss sich aus ihrem Leib auf mich. Dann war ich endgültig frei. Mein Schwert lag außer Reichweite meines Armes, also griff ich stattdessen nach dem Speer meines Gegners und sprang auf. Mein Feind, der noch vor wenigen Augenblicken siegessicher meinen Tod verkündet hatte, kauerte sich winselnd in eine Ecke und stopfte mit beiden Händen die heraushängenden Därme zurück in seinen Bauch. Nun sah ich, dass er nicht allein gekommen war. Robert setzte sich tapfer gegen zwei weitere Angreifer zur Wehr. Sie trugen die weiten Gewänder und leichten Rüstungen der Sarazenen. Ihre Gesichter waren bis auf die Augen unter Tüchern verborgen, die sie um die Köpfe geschlungen hatten. Ihre Attacken waren nicht so ungestüm wie die meines Gegners, doch sie hatten bereits blutige Spuren an Roberts Leib hinterlassen.

Bevor ich aber meinem bedrängten Gefährten zu Hilfe kommen konnte, musste ich die Bestie unschädlich machen. In den wenigen Augenblicken, bis ich das Geschehen um mich herum erfasste, hatte er seine klaffenden Wunden schon zur Hälfte geschlossen.

Ich ließ den Dolch fallen, griff den Speer mit beiden Händen und stieß ihn mit einem gellenden Kampfschrei vorwärts. Die stählerne Spitze durchbohrte die Brust der Bestie und drang noch tief in die Lehmziegelwand dahinter ein. Ich hatte das Herz verfehlt. Mein Gegner war nicht gelähmt. Doch die Waffe nagelte ihn fest, so dass er nicht ausweichen konnte, als ich nachsetzte, mit der Rechten seinen Schädel ergriff, weit nach oben zog und seinen Hals entblößte. Im selben Moment schnellten meine Kiefer vorwärts und ich trieb meine Fangzähne in die offen liegende Kehle.

Zum ersten Mal seit meiner Erschaffung trank ich das Blut eines Unsterblichen – abgesehen natürlich von Vitus. Es war ungewohnt kalt, aber von unvergleichlicher Köstlichkeit und Kraft. Ich war überwältigt von der Wonne, die es in mir erweckte. Gierig schluckte ich jeden Tropfen, den die zerrissenen Adern unter meinen Zähnen freigaben. Ich spürte, wie die Kreatur mit jedem meiner Schlucke schwächer wurde und langsam erschlaffte. Doch dann geschah etwas Unerwartetes. Bilder fluteten meinen Geist. Zuerst nur unzusammenhängende Bruchstücke. Dann ganze Szenen. Bilder, die nicht meine Augen gesehen hatten, sondern die eines anderen. Geräusche und Gedanken kamen hinzu. Bislang war ich davon ausgegangen, derartiges wäre dem Blut meines Erzeugers vorbehalten. Doch offenbar trug auch das Blut anderer Unsterblicher ihre Erinnerungen in sich.

Ich sah durch die Augen eines Pilgers auf dem Weg ins Heilige Land. Ein einfacher Mann, frohen Mutes und erfüllt von tiefem Glauben. Sein Weg führte ihn durch eine Stadt. Eine Stadt mit hohen Mauern, unbezwingbaren Türmen und Häusern von solcher Pracht, wie es sie nur an einem einzigen Ort auf dieser Welt gab. Ich kannte diesen Ort. Ich war dort gewesen, in Konstantinopel. Der Pilger war von der Metropole am Bosporus ebenso überwältigt, wie ich es gewesen war, und wanderte ziellos durch die von marmornen Säulen gesäumten Straßen. Den ganzen Tag und bis tief in die Nacht. Er traf viele Leute, Einheimische wie andere Besucher. Unzählige Gesichter, die zu einer wirren, unförmigen Masse verschwammen. Dann plötzlich stach eines der Gesichter aus der Menge hervor. Das Gesicht einer jungen Frau. Ich kannte das Gesicht. Ich erinnerte mich an den Namen, der zu diesem Gesicht gehörte. Anastasia. Meine ältere Schwester im Blute.

Eine schreckliche Ahnung keimte in mir auf, umklammerte mein Herz mit eisernen Krallen. Wurde zur grausigen Gewissheit, als ein weiteres Gesicht auftauchte. Das Gesicht eines Mannes im mittleren Alter, mit schütterem, teilweise ergrauten Haar.

Vitus.

Er sah zu, wie Anastasia dem Pilger das Blut aus den Adern saugte. Schmerz. Die Welt verblasste. Der Pilger starb. Und erwachte in Agonie. Er hatte sich verändert, war kein Mensch mehr. Er hatte Durst. Quälenden, schrecklichen Durst. Er stillte seinen Durst am Blut von Menschen. Er tötete. Er verstieß gegen alle Gebote, die ihm heilig waren. Verlor sich in einem Strudel aus Verzweiflung, Wut und Hass. Es gab nur noch eines, das ihm Halt gab in dem Wahn, der ihn umschlang und in die Tiefe des Irrsinns zerrte. Zwei Augen. Augen voller Geborgenheit und Glückseligkeit. Dazu eine Stimme, lieblich und eindringlich. Die Stimme befahl ihm, nach Jerusalem zu gehen und dort seinen Durst zu stillen.

Der Pilger gehorchte. Trank. Mordete. Verhöhnte alles, was einst sein Leben bestimmt hatte. Er war stark. Unbezwingbar. Niemand konnte ihn aufhalten. Bis ein Ritter in weißem Mantel erschien und sich ihm entgegenstellte, ihn besiegte und aus der Stadt vertrieb, in die er gesandt worden war.

Schmerz drang in mein Bewusstsein. Nicht der Schmerz aus den Erinnerungen des Pilgers, sondern ein viel konkreterer, realerer Schmerz. Ich öffnete meine Augen und fand mich in einer dunklen Gasse wieder. In meinen Armen hing ein schlaffer Leib, mit einem Speer durch seine Brust an eine Hauswand genagelt.

Ich war verwirrt. Brauchte einen Moment, um die Gedanken des Pilgers von den meinen zu trennen. Ich hatte Mühe, mich wieder zu orientieren, angesichts der überwältigenden Erfahrung, die Erinnerung eines anderen Wesens zu erleben, als wären es meine eigenen. Noch dazu Erinnerungen, die das wenige, was mir von meinem Glauben geblieben war, aufs Tiefste erschütterten.

Angesichts meiner Unfähigkeit zu reagieren, übernahmen die Instinkte das Kommando. Ich duckte mich und wich so dem neuerlichen Schwerthieb gegen meinen Hals aus. Nun erst erkannte ich die Quelle der Schmerzen, die mich aus den Erinnerungen des Pilgers befreit hatten. Ein tiefer blutender Schnitt lief mein Genick entlang. Nur mein Kettenhemd und der verstärkte Kragen hatten mich davor bewahrt, enthauptet zu werden. Der zweite Schlag verfehlte mich. Das Krummschwert des Sarazenen prallte funkensprühend gegen die Hauswand über mir. Aus dem Augenwinkel sah ich meinen Dolch auf dem Boden liegen, streckte die Hand nach ihm aus, hob ihn auf und stieß ihn noch in der Aufwärtsbewegung nach dem Leib meines Gegners. Er stöhnte und wich einige Schritte zurück. Jetzt erst fand ich Gelegenheit, meine Umgebung in Augenschein zu nehmen.

Robert lag bewegungslos und mit abgetrennten Gliedmaßen auf der Straße. Unweit davon lief Blut aus dem kopflosen Torso eines der beiden Begleiter der Bestie. Sonst war niemand zu sehen. Der Kampf hatte nur wenige Augenblicke gedauert. Genug Zeit für fünf Unsterbliche, sich gegenseitig in Stücke zu hauen. Der letzte verbliebene Gegner und ich verharrten sprungbereit in geduckter Stellung und belauerten uns. Ich bleckte meine Fangzähne. Er fauchte wie eine Raubkatze. Ich machte einen Schritt auf ihn zu. Er wich zurück. Ein grausames Lächeln fand den Weg auf meine Lippen. Sein Blick zuckte von einer Seite zur anderen. Er hatte meine Überlegenheit erkannt. Suchte den besten Fluchtweg. Ich entspannte meine Muskeln, richtete mich in den geraden Stand auf und ging in aller Ruhe in Richtung meines Schwertes. Ein Auge hielt ich auf meinen Gegner gerichtet, der mich unschlüssig ansah. Er hatte sich immer noch nicht zwischen Angriff und Flucht entschieden, als ich meine Waffe erreichte und sie langsam aufhob. Ich ließ das Schwert spielerisch in der Hand kreisen.

»Verschwinde!«, knurrte ich in brüchigem Arabisch.

Vorsichtig wich er einige Schritte zurück, ohne mich auch nur einen Moment aus den Augen zu lassen. Ich folgte ihm nicht. Mit einer auffordernden Geste unterstrich ich meine Aufforderung. Er drehte sich um und lief in die Nacht.

Ich war allein. Doch ich war sicher, dass dies nicht lang so bleiben würde. Ich hockte mich neben Roberts reglosen Körper. Ich wusste nicht, ob er solche Wunden überhaupt heilen konnte. Und selbst wenn, benötigte er dafür viele Tage Ruhe und Unmengen an Blut. Beides konnte ich ihm in einer Stadt voller Feinde nicht geben. Es gab nur noch eines, was ich für ihn tun konnte. Ich sprach ein kurzes Gebet, dann stand ich auf, hob mein Schwert und trennte ihm mit einem weit ausholenden Hieb den Kopf vom Rumpf. Ich war nicht ganz sicher, aber es schien, als würden sich seine Muskeln ein letztes Mal verkrampfen und seine Augen für einen Moment öffnen. Doch als der Kopf mit einem dumpfen Schlag auf den Boden fiel, war endgültig alles Leben aus ihm gewichen. So würde er weder von den Sarazenen gefoltert noch von der Sonne verbrannt werden. Sofort nach der Enthauptung setzte der rapide Zerfall seines Körpers ein, als wollte er die Zeit nachholen, die er eigentlich schon tot und nur durch die unheilige Kraft meines Blutes in einer Verhöhnung von Gottes Schöpfung über die Welt gewandelt war.

Der Sarazene, den er vor seinem Tod niedergestreckt hatte, zeigte ebenfalls schon die ersten Zeichen des Verfalls, doch weitaus langsamer als Roberts Leib. Vermutlich hatte er sein sterbliches Dasein noch nicht lange aufgegeben.

Die Bestie hingegen war abgesehen von den Wunden, die ich ihr zugefügt hatte, unversehrt. In ihren schlaffen Händen hielt sie den Speer umklammert, an dessen Schaft ihr Körper hing. Die Kreatur war zu schwach, um die Spitze aus der Wand zu ziehen. Es kostete sie bereits große Mühe, ihren Kopf so weit zu heben, dass sie mich aus gebrochenen Augen ansehen konnte. Sie hatte kaum noch Blut im Leib. All ihre Kraft floss nun durch meine Adern. So wie ihre Erinnerungen sich den meinen hinzugesellt hatten. Die Erinnerungen eines Pilgers, dessen Leib und Seele aufs ärgste geschändet worden waren. Geschändet von einem Übel, dessen wahre Bosheit mir bis heute verborgen geblieben war. Anastasia hatte ihn zu dem gemacht, was er war. Doch nicht sie machte ich für diese Tat verantwortlich. Sie handelte auf Geheiß eines anderen.

Vitus.

Er hatte mit uns allen seine verderbten Spiele gespielt. Uns manipuliert und benutzt. Anastasia, die bemitleidenswerte Kreatur vor mir und mich selbst.

Ich verdrängte den unbändigen Hass, als mir ganz langsam die Tragweite der Zusammenhänge bewusst wurde. Schnürte ihn zu einem kleinen Bündel und verstaute ihn sorgsam in einer Ecke meines Bewusstseins. Ich würde mich seiner später annehmen, mich dem Zorn hingeben und ihn auf denjenigen lenken, der ihn hervorgerufen hatte. Doch nun musste ich einen klaren Kopf bewahren.

»Soll ich dein Leiden beenden?«, fragte ich die Bestie, die einst ein Pilger gewesen war.

Der Blick seiner stumpfen Augen wischte das letzte bisschen Zorn hinweg, das ich noch für ihn hatte aufbringen können.

Nun verdiente er nur noch mein Mitleid. Mitleid für das unmittelbar bevorstehende Ende seines Daseins. Mitleid für das grausame Schicksal, das unser beider Blutvater ihm aufgebürdet hatte.

Er senkte den Kopf. Das schwache Nicken erforderte seine letzten Kräfte.

»Ich werde dich rächen.« Noch einmal hob ich mein Schwert und ließ es auf sein Genick niederfahren.

So starb die Bestie, deretwegen ich bereitwillig meinem sterblichen Leben entsagt und mich den Nocturni angeschlossen hatte, von meiner Hand. Doch alles, was ich geglaubt hatte, alles, womit ich meine Entscheidung mir und Gott gegenüber gerechtfertigt hatte, all das beruhte auf einer Lüge. All das war nichts als ein grausames Spiel gewesen.

Als ich zu Beginn dieser Nacht meine Zuflucht verlassen hatte, wollte ich mein widernatürliches Dasein beenden. Nun erfüllte mich neue Kraft. Sie drang fein dosiert aus dem sorgsam verschnürten Bündel voller Hass, das ich tief in mir verschlossen hatte.

In dieser Nacht würde ich nicht sterben. Bevor ich aus dieser Welt scheiden konnte, hatte ich noch etwas zu erledigen. Ich musste sie von einem Monster befreien. Dem Monster, das mich zu dem gemacht hatte, was ich nun war.

Vitus musste sterben.

Freitag, 20. Mai 2005, Paris, Frankreich

Es geschieht genau das, was ich befürchtet habe. Ich werde nicht durch das Ende des Tages erweckt, sondern wache vorzeitig auf. Jeder meiner Bewegungen, jedem Gedanken haftet eine tiefe Trägheit an. Ein eindeutiges Zeichen dafür, dass die Sonne jenseits der unterirdischen Welt der Tunnel und Kloaken noch hoch am Himmel steht.

Nicht gut.

Tagsüber sind Vampire zwar nicht vollständig wehrlos, zumindest, wenn sie sich an sonnengeschützten Orten befinden, aber ihre Kräfte sind doch arg beschränkt. Es kostet mich schon Mühe, auch nur die Augenlider zu öffnen. Der Schein einer Taschenlampe blendet mich. Es dauert einen Moment, bis meine Augen sich an das grelle Licht gewöhnen. Ich hebe einen Arm und schütze mich mit der Hand vor dem Leuchtkegel der Lampe. Als endlich Bilder in mein Bewusstsein strömen, benötige ich eine Weile, bis ich den bewegten Mustern Form und Gestalt zuordnen kann. Meinen Ohren geht es nicht viel besser, aber die Geräusche, die sie wahrnehmen, ergeben schneller als die Bilder einen Sinn. Ein erschreckter Aufruf schält sich aus dem Rauschen.

»Scheiße! Ich hab doch gesagt, der ist nicht tot!«

Die Stimme ist hell, klingt jugendlich. Ich ahne, dass mit ›der‹ ich gemeint bin. Als auch meine Augen endlich verwertbare Informationen liefern, erblicke ich zwei menschliche Gestalten. Die kleinere, die immer noch die Lampe auf mich richtet, ist in weite, graubraune Gewänder gehüllt, deren genaue Bestandteile nicht wirklich auszumachen sind. Ich erkenne ein abstruses Gesamtkunstwerk aus Hosen, Schurzen, Pullovern, um Hals und Gliedmaßen geschlungene Tücher, Taschen verschiedener Größe sowie unzählige Lederriemen, die das wirre Sammelsurium zusammenhalten. Das Gesicht unbestimmbaren Geschlechts verschwindet zur Hälfte unter einer der Jahreszeit ganz und gar nicht angemessenen, tief in die Augen gezogenen Wollmütze. Die wenigen Flecken sichtbarer Haut sind dreckverschmiert.

Der Größere der beiden ist durch den leichten Flaum am Kinn und unter der Nase eindeutig als pubertierender Junge zu erkennen. Mit seiner zerrissenen Jeans, der abgewetzten Lederjacke und dem in Piratenmanier getragenen Kopftuch wirkt er etwas mehr in dieser Welt verwurzelt als sein Begleiter, aber nicht wirklich vertrauenswürdiger. Das machetenähnliche Messer in seiner Hand bestätigt diesen Eindruck.

Ungelenk erhebe ich mich aus meiner hockenden Schlafhaltung hinter dem summenden Schaltschrank in den Stand. Die zwei seltsamen Gestalten weichen einen Schritt zurück. Ich bin ein wenig wackelig auf den Beinen.

»Der ist betrunken«, flüstert der Machetenträger seinem Kumpanen zu.

Ich bemerke, dass die beiden schwer atmen. Außerdem riecht es nach Schweiß. Das heißt, sie sind Sterbliche. Angesichts der Uhrzeit nicht weiter verwunderlich, aber doch beruhigend.

»Was wollt ihr von mir?« Ich bringe kaum mehr als ein Grunzen hervor, was den Eindruck eines Betrunkenen wohl noch verstärkt.

Mein Zustand erfüllt die beiden mit neuem Mut. Der Größere streckt mir die Spitze seines Messers entgegen. »Was hast du unter dem Mantel?«

Ich sehe an mir herab und bemerke die dicke Ausbuchtung im Stoff, die das schief am Gurt hängende Schwert hervorruft. Nun gut, er hat danach gefragt.

»Immer schön langsam!«, weist der Halbstarke mich an, als ich unter den Mantel greife.

Ich ignoriere seine Forderung und ziehe mit geübter Bewegung die Waffe aus der Scheide. Obwohl die Trägheit Stück für Stück nachlässt, bin ich etwas schwerfälliger als gewöhnlich. Um die beiden Kinder zu überrumpeln, reicht es allerdings aus. Der Machetenträger sieht sich von einem Moment zum anderen mit einer Klinge konfrontiert, die die seine um mindestens die doppelte Länge überragt.

»Schei…« Er verstummt, als die Spitze meines Schwertes seinen Adamsapfel berührt.

»Ich frage noch mal.« Meine Stimme gewinnt langsam an Festigkeit. »Was wollt ihr von mir?«

Dem Kerl am anderen Ende meiner Waffe zittert der Unterkiefer so sehr, dass er nicht in der Lage ist, auch nur einen Ton von sich zu geben.

Stattdessen keucht sein Kumpan entgeistert. »Fuck! Den suchen sie!«

Erneut nehme ich an, mit ›den‹ gemeint zu sein, doch dem Rest der Äußerung kann ich keinen Sinn entnehmen. Trotzdem habe ich ein ungutes Gefühl.

Das Kind mit dem wirren Kleidersammelsurium scheint weder gewillt, seine Worte zu erläutern, noch, seinem Begleiter zu Hilfe zu kommen. Sobald es seinen Schreck überwunden hat, macht es auf dem Absatz kehrt und rennt zu der Feuerschutztür, die zum Metrotunnel führt.

»Halt! Hiergeblieben!«, brülle ich ihm hinterher. Doch nicht nur meine körperlichen Fähigkeiten sind tagsüber arg eingeschränkt. Auch die Autorität meiner übernatürlichen Überzeugungskraft ist nicht auf der Höhe. Ich blaffe den anderen an, der immer noch starr vor mir verharrt: »Wovon hat er geredet? Wer sind ›sie‹?« Ich sehe ihm fest in die schreckgeweiteten Augen. Mit Blickkontakt ist es ungleich einfacher, den Willen meiner Opfer zu brechen.

»Ich … Ich habe keine Ahnung«, stottert er.

Ich höre, wie etwas auf den Boden tropft. Es riecht nach Urin. Er sagt die Wahrheit. Ohne Gegenwehr packe ich ihn am Kragen, schleudere ihn durch die Tür, durch die der andere abgehauen ist, und hechte hinterher. Abgesehen von den beiden Jugendlichen ist der Tunnel verlassen. Nur der wackelnde Schein der Taschenlampe in der Hand des Fliehenden erleuchtet die unterirdische Szenerie. Der, den ich gerade unsanft hierher befördert habe, liegt auf den Schienen und rappelt sich behände wieder auf. Ich stelle meinen Stiefel auf seinen Rücken und drücke ihn erneut zu Boden. Er keucht unter der Last meines Gewichtes.

»Bleib stehen, oder dein Freund ist Futter für die Ratten«, rufe ich seinem Kumpel hinterher, der schon zehn Meter weit weg ist.

Zuerst läuft er unbeirrt weiter, doch dann verlangsamt er seinen Schritt, verharrt an Ort und Stelle und dreht sich um.

Ich platziere demonstrativ das Schwert im Genick seines Gefährten, bemühe mich, ruhig zu sprechen. »Wir können das hier ohne Blutvergießen beenden. Ich will nur Informationen.«

»Was willst du wissen?«, ruft er mir mit überschnappender Stimme zu. Er sieht abwechselnd zu mir und dem stöhnenden Bündel unter meinen Füßen. Ich kann erkennen, dass sein Körper unter dem Kleiderchaos zum Zerreißen angespannt ist.

»Wer sucht nach mir?«, frage ich.

»Die Flics. Und die Schatten.«

»Wer sind die Schatten?«

Entgeistert schaut er mich an. »Du bist doch einer von ihnen. Was fragst du so?«

Mir kommt der Verdacht, mein Gegenüber weiß mehr, als ein Sterblicher wissen sollte.

»Ich bin nicht von hier«, entgegne ich. Dann senke ich meine Stimme weiter und nehme als Zeichen des guten Willens die Klinge von dem Jungen unter mir. »Ich möchte euch nichts tun. Ich kenne mich in Paris nicht aus und könnte etwas Hilfe gebrauchen.«

Mit der freien Hand krame ich mein Portemonnaie aus dem Mantel und entblöße die Scheine darin. »Ich habe Geld. Vielleicht können wir ins Geschäft kommen.«

Er hebt die Taschenlampe und leuchtet auf meine Finger. Dann schwenkt er den Lichtkegel auf seinen Kumpan. »Lass ihn los!«

Ich nehme den Fuß von seinem Rücken. Sofort hechtet er ein paar Schritte von mir weg, bevor er sich endgültig aufrichtet und mich mit immer noch angsterfülltem Blick ansieht. »Scheiße, Jacques, wer ist das?«

Der Angesprochene wendet die Augen nicht von mir ab, als er antwortet. »Ich habe dir doch von den Schatten erzählt.« Er deutet mit dem Kopf in meine Richtung. »Er ist einer.«

Unglauben und Entsetzen lassen die Stimme des Fragenden beben: »So wie die Rattenkönigin?«

Den Namen habe ich schon einmal gehört. Die beiden wissen tatsächlich mehr, als sie sollten. Interessiert verfolge ich die Unterhaltung.

»Ja«, bestätigt Jacques und fügt nach einer kurzen Pause hinzu: »Vielleicht ist es besser, wenn du gehst.«

»Ich lasse dich hier nicht mit diesem Ungeheuer alleine«, widerspricht der Größere vehement.

»Wenn er einem von uns etwas antun will, wirst du ihn nicht davon abhalten können.« Die Worte erinnern ihn offensichtlich daran, wie leicht ich mit ihm fertig geworden bin. Und an den peinlichen Fleck im Schritt seiner Jeanshose. Ein plötzlicher Luftzug und das Quietschen stählerner Räder in einiger Entfernung kündigen das Nahen einer U-Bahn an. »Geh, Adrien!«, fordert Jacques seinen Begleiter erneut auf. »Danke, dass du mitgekommen bist, aber das hier ist nicht deine Welt.«

Adrien zögert, doch dann gibt er nach. »Pass auf dich auf!« Die Besorgnis in seinen Worten ist echt. »Und melde dich, wenn das hier vorbei ist!« Seine Augen verraten, was er eigentlich meint: ›wenn du das hier überlebt hast‹.

»Mach ich.« Jacques' demonstrative Ruhe ist ziemlich sicher nur gespielt.

Adrien wirft mir noch einen warnenden Blick zu, als wolle er mich auffordern, seinem kleineren Freund kein Leid anzutun. Doch seine Angst ist viel zu groß, um mich länger als eine

Sekunde zu fixieren. Schließlich wendet er sich ab und verschwindet im Tunnel.

»Hier lang.«

Jacques leuchtet auf eine Tür ein paar Schritte weiter. Ein flackerndes Neonlicht weist darauf hin, dass sie zu einem Notausgang führt. Ich folge ihm. Ein gleißender Lichtstrahl lässt mich zusammenzucken. Um diese Uhrzeit bin ich immer etwas schreckhaft. Doch es sind nur die Frontlampen des ankommenden Zuges, der um die Ecke biegt. Ohne Hast verlasse ich die Gleise, schreite in Jacques' Gefolge durch die Tür und schließe sie hinter mir.

Einen Moment stehe ich orientierungslos in der Finsternis. Meine Augen benötigen einige Zeit, um sich nach dem Blick in den grellen Scheinwerfer der U-Bahn wieder an die Dunkelheit zu gewöhnen. Auch das ist eine Folge der ungewohnten Tageszeit. Zumindest ist mein Gehirn mittlerweile einigermaßen wach, so dass ich endlich klar denken kann. Und ich realisiere, dass ich in einer fremden Stadt einem alles andere als vertrauenswürdig wirkenden Kind hinterherlaufe, während irgendwo da oben die Sonne am Himmel steht. Ich werde höllisch aufpassen müssen, wenn ich die nächste Nacht erleben will.

Jacques schaltet seine Taschenlampe an, so dass ich meine Umgebung in Augenschein nehmen kann. Ich erkenne fleckigen Beton, der ein enges Treppenhaus umschließt. Von der niedrigen Decke hängen fadenförmige Tropfsteine herab. Die Wände sind rissig und vereinzelt liegt die rostende Stahlarmierung offen. Was mich aber am meisten beunruhigt ist, dass die Stufen nach oben führen.

Mein junger Begleiter macht sich an einem Gitterrost im Boden zu schaffen.

»Warte einen Augenblick!«, weise ich ihn an. »Bevor wir weitergehen, hätte ich ein paar Fragen.«

Jacques hält inne, richtet sich auf und schaut mich erwartungsvoll an. Ich nutze die Gelegenheit, ihn ein wenig genauer zu betrachten. Irgendwas ist merkwürdig an seinem Gesicht. Unter dem Schmutz sind seine Züge weich wie die eines Kindes. Doch seine großen grünen Augen zeigen die Ernsthaftigkeit und Härte eines Erwachsenen. Möglicherweise eine Folge des Lebens auf beziehungsweise unter der Straße.

»Wer bist du?«, fahre ich fort.

»Jacques.«

Die knappe Antwort eröffnet mir nicht wirklich etwas Neues.

»Und was treibst du hier unten so?«

Er zuckt mit den Schultern. »Rumstöbern.«

Ich erkenne, dass dieses Spielchen mich nicht weiterbringt.

»Hör mal zu, mein kleiner Freund!« Ich versuche, etwas bedrohlicher zu klingen. Dem Gesichtsausdruck meines Gegenübers nach zu urteilen, gelingt es mir. »Ich habe keine Ahnung, was du über mich zu wissen glaubst. Aber wenn ich das Gefühl habe, dass du für mich lebendig nicht nützlich bist, dann vielleicht als Toter.«

»Ich stehe unter dem Schutz der Rattenkönigin«, platzt es aus dem Jungen heraus. »Du kannst mich nicht töten.«

Ich neige den Kopf zur Seite. »Bist du da ganz sicher? Ich nehme an, sie schläft tagsüber.«

»Sie wird dich bestrafen.« Ein Anflug von Panik liegt in seiner Stimme.

»Das mag sein. Aber davon hast du dann auch nichts mehr.«

Er schluckt. Langsam wird ihm der Ernst seiner Situation bewusst.

»Also, ich frage noch einmal …« Mitten im Satz halte ich inne. Irgendwo weit über unseren Köpfen erklingt ein Kratzen, anschließend ein Knirschen und Quietschen.

Eine alte rostige Tür wird geöffnet. Licht dringt herein.

Tageslicht.

Hier in der Tiefe kommt es nur vielfach gestreut und reflektiert an – der einzige Grund, warum mein Körper nicht sofort in Flammen aufgeht. Seine Wirkung auf mich ist dennoch überwältigend. Ich stehe dem schrecklichsten Feind gegenüber, den es für die Unsterblichen gibt. Instinktiv kauere ich mich in eine Ecke und verberge den Kopf unter den Armen. Schmerz dringt in mein Bewusstsein. Meine linke Hand ist dem tödlichen Licht ausgesetzt. Der Geruch nach verbranntem Fleisch erfüllt die Luft.

Jemand zerrt an mir. Ich setze mich zur Wehr. Lärm malträtiert meine Ohren. Todesangst ergreift Besitz von mir. Worte dringen durch das allgegenwärtige Chaos an den kümmerlichen Rest meines Bewusstseins.

»Komm! Schnell!«

Irgendwo tief vergraben unter der lähmenden Panik, die mich in ihrem eisernen Griff hält, schreit wie in weiter Ferne das letzte Fünkchen klaren Verstandes, das mir geblieben ist. Es drängt mich, den Worten Folge zu leisten. Ich konzentriere mich auf die Stimme, versuche, sie aus dem Tumult, in dem ich gefangen bin, herauszufiltern. Es kostet mich unendliche Anstrengung, auch nur die kleinste Bewegung auszuführen. Jeder einzelne meiner Muskeln ist bis zur absoluten Starre verkrampft. Ich bin vollkommen hilflos.

Nein, nicht hilflos. Irgendjemand will mir helfen. Ich muss ihn nur lassen. Es gelingt mir, mich ein wenig zu entspannen. Die Krämpfe aus meinen Gliedmaßen zu vertreiben. Ich werde angehoben. Meine Beine bewegen sich. Ich sehe nichts. Meine Augen sind immer noch unter dem Ärmel meines Mantels verborgen. Mein Körper stößt gegen eine harte Kante. Ich zwänge mich durch ein enges Loch. Dann bin ich hindurch. Der Fall endet bereits nach einer Manneslänge. Der Aufprall ist weich. Wasser spritzt. Ich versinke. Wohltuende Kälte umgibt mich, vertreibt den brennenden Schmerz, der mich quält.

Ganz langsam komme ich zu mir, werde wieder Herr über meinen Geist und Körper. Ich spüre harten Boden, verborgen unter einer dünnen Schicht aus Schlamm und Unrat. Ich stemme mich gegen den matschigen Grund. Mein Oberkörper erhebt sich aus dem Wasser, das mir bis zu den Knien reicht, als ich endlich aufrecht stehe. Die Schmerzen in meiner verbrannten Hand hallen dumpf nach.

»Alles okay?« Jacques' Stimme ist sorgenerfüllt. Er steht wie ich im trüben Wasser und reckt sich zur Decke, um das Gitter wieder in das schwach erleuchtete Rechteck über uns einzusetzen. Ein Anflug der gerade überwundenen Panik glimmt erneut auf. Der fahle Schein, der auf die aufgewühlte Brühe fällt, in der wir stehen, ist Tageslicht. Reflexartig weiche ich zurück in die sicheren Schatten.

»Alles okay?«, wiederholt Jacques seine Frage.

Gequält nicke ich.

»Gut. Hier lang.« Mein einheimischer Führer setzt sich platschend in Bewegung.

Ich folge ihm, dankbar, dass der Weg, den er einschlägt, von dem Gitterrost in der Decke wegführt. Erst als der Lichtschein vollkommen verblasst ist und wir in nahezu absoluter Finsternis stehen, hält er an und lauscht. Außer dem leisen Gluckern des Wassers ist nichts zu hören.

»Ich glaube, sie folgen uns nicht.« Er greift nach der Stablampe an seinem Gürtel und grinst breit, als ihr Lichtkegel den Tunnel erhellt. »Weiter geht's.«

Das Wasser zu unseren Füßen wird flacher, als wir voranwaten. Mehrmals biegen wir in andere Gänge ab, steigen eine Stahltreppe mehrere Meter hinab, deren verschlungene Verzierungen typisch für das 19. Jahrhundert sind, und landen schließlich in einem Tonnengewölbe aus brüchigen Ziegeln.

Meine Beine sind auf dem Marsch durch die Pariser Unterwelt immer schwerer geworden. Mittlerweile schleppe ich mich nur noch durch reine Willenskraft vorwärts. Der Tag zehrt an meinen Kräften. Ungelenk setze ich mich auf die unterste Stufe der Treppe. Jacques ist schon einige Schritte vorangegangen.

Als er bemerkt, dass ich ihm nicht mehr folge, bleibt er stehen und dreht sich zu mir um. »Bist du verletzt?«

Kraftlos schüttele ich den Kopf. Die anhaltenden Schmerzen in meiner Hand strafen die Geste Lügen. »Ich bin nur müde, furchtbar müde.«

Jacques kommt zu mir und zieht an meinem Arm. »Komm hoch! Nur noch ein paar Schritte, dann kannst du dich ausruhen.«

Die aufmunternden Worte schaffen es tatsächlich, mich in einer letzten Anstrengung noch einmal aufzuraffen. Gestützt durch meinen Begleiter torkele ich den Tunnel entlang. Ich kriege nur halb mit, dass wir in einen niedrigen Seitengang abbiegen. Ich muss meinen Kopf einziehen, um nicht an die Decke zu stoßen. Der Gang mündet in einem unregelmäßig geformten Raum. Ich bin nicht mehr in der Lage, Einzelheiten meiner Umgebung wahrzunehmen. Ich will nur noch schlafen.

Jacques setzt mich in einer Ecke ab. Das Letzte, was meine Sinne erfassen, ist seine beruhigende Stimme. »Ruh dich aus! Hier finden sie uns nicht.«

Der fürsorgliche Klang der Worte erinnert mich an eine Mutter, die ihr Kind bettet. Dann tauche ich in die Dunkelheit ein.

Als ich wieder erwache, bin ich allein.

Alle Schwere ist aus Geist und Gliedern gewichen, als hätte es sie nie gegeben. Nur das Brennen in meiner Hand kündet noch von dem Ausflug in die ungewohnte Welt des Tages. Meine Kleidung ist zumindest so weit getrocknet, dass sie nicht mehr tropft.

Nach der Selbstinspektion widme ich mich meiner Umgebung. Die Dunkelheit um mich herum ist so vollkommen, dass nicht einmal meine übermenschlichen Sinne sie zu durchdringen vermögen. Die Reflexionen der Geräusche, die ich beim Aufstehen mache, vermitteln mir den Eindruck eines mittelgroßen Raumes, vielleicht ein wenig größer als mein Appartement in New York. Ich nestele nach meiner Stifttaschenlampe in der Jackentasche. Dabei fällt mir auf, dass etwas fehlt. Mein Schwert ist nicht da, wo es sein sollte. Der Tragegurt unter dem Mantel ist leer. Der kleine Bastard hat mich bestohlen. Zumindest sind die beiden Messer, die ich Francois abgenommen habe, noch in den Innentaschen. Ich bin also nicht völlig unbewaffnet. Und auch meine Lampe ist noch da.

Als ich sie anschalte, stellen meine Augen sich übergangslos auf die Beleuchtung ein und erfassen jedes Detail meiner Umgebung. In den Jahrhunderten meiner Existenz als Unsterblicher habe ich mich derart an meine scharfen Sinne gewöhnt, dass mir erst die Aktivitäten des letzten Tages, als ich meiner Kräfte beraubt war, wieder in Erinnerung rufen, wie überlegen sie denen der Sterblichen sind. Was ich im schmalen Lichtkegel der Lampe erblicke, lässt mich erst einmal stutzen. Vor mir erheben sich Berge von Knochen. Nicht wild durcheinander, sondern fein säuberlich aufgeschichtet, die ganze Wand entlang. Und nicht nur eine Wand, wie ich erkenne, als ich mich umschaue. Ich bin umgeben von menschlichen Gebeinen. Oberschenkelknochen und Schädel, gestapelt in grotesken Mustern. Ich kenne diesen Ort.

Vor mehr als zweihundert Jahren bin ich schon einmal hier gewesen. Damals, im späten 18. Jahrhundert wurden die Stollen mit den sterblichen Überresten der Beerdigten mehrerer vollkommen überfüllter Pariser Friedhöfe befüllt. Ich befinde mich mitten in den Katakomben, alten Steinbrüchen, aus denen seit Bestehen der Stadt über mir das Material für unzählige ihrer Häuser gewonnen wurde. Die Leichen hat man kurz vor der Revolution aus der hochgradig überbevölkerten Metropole nach hier unten gebracht, um auf den Friedhöfen wieder Platz zu schaffen.

Damals haben sich hier die Ausgestoßenen der Unsterblichen verborgen. Unter ihnen haben Étienne und ich einige unserer Mitstreiter rekrutiert. Sie haben uns dabei unterstützt, die Französische Revolution nach dem Vorbild der Menschen auch in die Reihen der Nocturni zu tragen. Die meisten Bewohner der Pariser Unterwelt sind uns jedoch genau so aus dem Weg gegangen wie den damaligen Herrschern, die wir schließlich gestürzt haben. Das Labyrinth der Katakomben ist uns fremd und unheimlich geblieben. Soweit es irgend möglich war, haben wir die unterirdischen Stollen gemieden.

Wenn ich die spärlichen Informationen, die ich von Francois und Jacques erhalten habe, richtig interpretiere, hat sich an dieser Sachlage bis heute wenig geändert. Étiennes Herrschaft über die Unsterblichen der Stadt scheint sich nicht auf die Unterwelt zu erstrecken. Deren Bewohner huldigen stattdessen dieser ominösen Rattenkönigin. Und so, wie es aussieht, halte ich mich nun mitten in ihrem Reich auf.

Kurz inspiziere ich meine verletzte Hand. Unter den schwarzen Fetzen verbrannter Haut lugt bereits rosiges neues Fleisch hervor. Auf die Heilkräfte meines Blutes ist wie immer Verlass. Zusammen mit den Anstrengungen, die meine Aktionen während des Tages mich gekostet haben, hat die Heilung allerdings viel Kraft verbraucht. Ich habe Hunger. Aber bevor ich jagen gehen kann, muss ich erst einmal dem Verlies entkommen, in dem Jacques mich zurückgelassen hat.

Ich sehe mich um und halte Ausschau nach dem Weg, durch den ich in die Gruft gekommen bin. Einige Schritte in jede Richtung und ein paar Blicke in meine unmittelbare Umgebung zeigen mir, dass ich mich inmitten eines vielfach verwinkelten Labyrinths befinde. Wenn Jacques wirklich der Rattenkönigin dient und weiß, was ich bin, kann ich wohl davon ausgehen, dass er seine Herrin über meine Anwesenheit unterrichtet hat und man mich früher oder später holen wird. Ich bin allerdings nicht sicher, ob ich die Bekanntschaft mit Ihrer Majestät machen will. Also gehe ich einfach wahllos in eine beliebige Richtung. Ich erinnere mich, dass man aus jedem Irrgarten herausfindet, wenn man immer an einer Wand entlanggeht. Ich entscheide mich für die zu meiner Rechten und marschiere los. Mein Weg führt mich an weiteren Wänden aus Knochen vorbei, dann an steinernen Mauern und wieder an Gebeinen. Nach einem Dutzend Abzweigungen höre ich auf, die Wege zu zählen. Ich folge immer weiter der rechten Wand. Zehn Minuten später bleibe ich stehen. Das kreuzförmige Muster der Schädel inmitten der Knochenstapel vor mir kommt mir bekannt vor. Hier bin ich schon einmal gewesen. Mist. Ich gehe im Kreis. Die Regel mit der rechten Wand scheint wohl nicht uneingeschränkt zu gelten. Ich glaube, sie funktioniert nur, wenn man bereits am Anfang des Labyrinthes damit anfängt. Wenn man schon mittendrin steckt, so wie ich, klappt es offensichtlich nicht. Schöne Scheiße!

Während ich überlege, wie ich sonst hier herausfinde, höre ich Geräusche. Schritte. Ich mache die Lampe aus. Soll ich mich verstecken? Ach was soll's! Ich will hier raus.

»Hallo! Hier bin ich«, rufe ich in die Finsternis.

Die Schritte kommen näher. Ein Lichtschein durchdringt die Dunkelheit. Jacques kommt um die Ecke und begrüßt mich mit einem freundlichen »Hi.«

Er ist nicht allein. Der Mann in seiner Begleitung scheint einem schlechten Horrorfilm entsprungen zu sein. Er ist sicherlich nicht von kleinem Wuchs, doch seine Augen befinden sich auf einer ähnlichen Höhe wie die von Jacques, den ich um mehr als einen halben Kopf überrage. Der schmale Kranz aus langen dünnen Haarsträhnen, die lose von dem ansonsten kahlen Schädel herabhängen, wird von einem gewaltigen Buckel weit überragt. Ich muss unwillkürlich an den Glöckner von Notre Dame denken. Quasimodo hatte jedoch, wenn ich mich recht entsinne, im Gegensatz zu meinem Gegenüber kein Fleischerbeil an seinem Gürtel hängen. Bei jeder Bewegung schnauft er wie ein Walross. Und er stinkt nach Schweiß und sonstigen menschlichen Ausdünstungen. Ein Sterblicher.

»Gut geschlafen?« Jacques' Gesicht ziert ein verschmitztes Lächeln.

Seine offensichtlich gute Laune erweckt mein Misstrauen.

»Ja, danke«, erwidere ich mit eisiger Stimme, »dürfte ich erfahren, wo mein Schwert abgeblieben ist?«

»Ich habe es an einem sicheren Ort verwahrt. Ich bringe dich hin.«

Ein bissiger Protest liegt mir auf der Zunge, doch ich schlucke meinen Ärger herunter. »Gehen wir!«

Mit einem erneuten Grinsen im Gesicht setzt mein jugendlicher Führer sich in Bewegung. Innerlich zucke ich mit den Schultern und folge ihm. Der Bucklige reiht sich hinter mir ein. Ich fühle mich etwas unwohl, was wohl nicht weiter verwunderlich ist, wenn man in einem unterirdischen Labyrinth einem Fremden hinterherläuft und von einem beilschwingenden Quasimodo verfolgt wird. Natürlich sind beide nur Sterbliche.

Selbst ohne meine Waffe hätte ich vermutlich wenig Mühe, sie zu überwältigen. Und mit dem Bösen Blick könnte ich sie sicherlich dazu zwingen, mir den Ausgang zu weisen. Doch ich rufe mir ins Gedächtnis zurück, dass ich nach Paris gekommen bin, um Hilfe zu erbitten. Als ich in New York noch unangefochten geherrscht habe, hätte ich bestimmt nicht sonderlich geneigt darauf reagiert, wenn ein Fremder meine sterblichen Diener angreift, während sie ihn zu mir bringen wollen. Also verkneife ich mir jegliche Feindseligkeiten und füge mich in mein Schicksal. Ich sollte allerdings noch versuchen, ein paar Informationen zu erlangen, bevor ich den örtlichen Autoritäten gegenübertrete.

»Wer hat uns heute tagsüber verfolgt?« Ich bemühe mich um einen versöhnlichen Tonfall.

Jacques' hell trällernde Stimme zeugt weiterhin von ungebrochen guter Laune. »Die Flics. Polizei. Sie arbeiten für die Schatten.«

Ein Name, den Francois genannt hat, kommt mir in den Sinn. »War Bernard bei ihnen?«

Der Junge bleibt abrupt stehen und dreht sich zu mir um. »Du kennst Inspektor Dubois?«

»Nicht direkt. Hab von ihm gehört. Ist er einer von ihnen?«

»Ja.«

Wenn ich die Informationsbruchstücke von Francois und Jacques zusammenfüge, bedeutet dies, dass Étienne mich sucht. Wie ich vermutet habe.

Wir setzen uns wieder in Bewegung und gelangen in einen weiteren Tunnel. Seine Mauern sind aus alten Ziegeln gefügt, doch unter der gewölbten Decke verlaufen Rohre und Stromleitungen.

»Und du?«, frage ich weiter. »Hast du heute tagsüber auch nach mir gesucht?«

»Wir haben mitgekriegt, dass die Flics in den Tunneln herumstöbern und irgendwas suchen. Also haben wir auch gesucht. Wenn die sich hier runterwagen, muss es ja was Wertvolles sein. Dass du das bist, wusste ich allerdings nicht.«

»Ich bin wertvoll?«

»Keine Ahnung. Auf jeden Fall sind sie hinter dir her. Hast du was ausgefressen?«

Abgesehen davon, dass ich Francois daran gehindert habe, mir einen Dolch durchs Herz zu stoßen und mich wehrlos an Étienne auszuliefern, bin ich mir keiner Schuld bewusst. Und das werte ich als Notwehr.

»Nein. Wüsste nicht, was.«

Nach einer kurzen Pause, in der wir schweigend weitergehen, setze ich mein kleines Verhör fort. »Wie steht die Rattenkönigin zu den Schatten?«

Jacques scheint weiterhin gewillt zu sein, mir freudig Auskunft zu geben. »Es gibt ein Abkommen zwischen den Schatten und den Ratten. Wir mischen uns nicht in ihre Angelegenheiten in der Oberwelt ein und sie lassen uns hier unten in Ruhe. Funktioniert meistens ganz gut. Außer natürlich, wenn bei uns etwas landet, was die da oben haben wollen.«

»So wie ich.«

Sein glöckchenhelles Lachen hallt von den Tunnelwänden wider. »Ja, so wie du.«

»Und was habt ihr jetzt mit mir vor?«

»Das muss die Königin entscheiden. Aber wenn sie dich so intensiv suchen, dass sie sogar bereit sind, das Abkommen zu gefährden, musst du für sie wertvoll sein. Oder gefährlich. Auf jeden Fall will die Rattenkönigin dich sehen. Und ich kriege vielleicht eine Belohnung dafür, dass ich dich gefunden habe.«

Daher also seine gute Laune. Jacques' Ausführungen sind allerdings nicht unbedingt geeignet, meine Stimmung zu heben. Es sieht so aus, als wäre ich mitten in einen kleinen Machtkampf zwischen den ›Schatten‹ und den ›Ratten‹ gelandet und würde allein durch meine Anwesenheit einen fragilen Waffenstillstand gefährden. Ich werde höllisch aufpassen müssen, um hier heil herauszukommen und kein Unheil anzurichten.

»Du hast vorhin gesagt, ich wäre einer der Schatten«, bohre ich weiter. »Wie kommst du darauf, dass ich einer von denen bin.«

»Du bist nicht von hier unten. Und du bist kein normaler Mensch.«

»Die Schatten sind also keine Menschen?«

»Zumindest nicht alle von ihnen. Genau wie die Rattenkönigin. Und du.«

»Und was bin ich deiner Meinung nach?«

Jacques dreht den Kopf zu mir um. Seine ansonsten jugendlich glatte Stirn liegt in Falten. Sein fröhliches Geplapper verstummt. »Na ja …« Seine Worte kommen nur zaghaft, als würde er jedes einzelne intensiv prüfen, um ja nichts Falsches zu sagen. »Du bist halt … also einer von denen, die nur nachts … und …«

Sein Stottern ist mitleidserweckend. Vermutlich ist das V-Wort in Europa noch weniger gern gehört als in der Neuen Welt.

Ich lasse ihn noch ein bisschen zappeln, als Strafe dafür, dass er mein Schwert entwendet hat, dann erlöse ich ihn von seinem Unbehagen. »Ja, früher nannte man uns Nocturni, die Nächtlichen.«

Er holt tief Luft und zeigt mir ein dankbares Lächeln. Erneut kommt mir irgendetwas an seinen Gesichtszügen merkwürdig vor, aber ich kann es nicht benennen.

Den Rest des Weges legen wir schweigend zurück. Quasimodo hinter mir gibt außer seinem rhinozerosartigen Schnaufen ohnehin keinen Laut von sich.

Wenige Ecken weiter scheinen wir am Ziel angekommen zu sein. Jacques klopft an eine schwere Holztür mit dicken eisernen Beschlägen. Mit markerschütterndem Quietschen schwingt sie auf. Sie eröffnet den Blick auf eine Gestalt von ähnlicher Größe wie mein junger Begleiter. Sie ist in einen Kapuzenmantel gehüllt, der dem Betrachter nur die in fingerlosen Handschuhen steckenden, faltigen Hände preisgibt. Mit einer wortlosen Geste werden wir hineingebeten.

Auf der anderen Seite der Pforte erstreckt sich ein großer Saal. Die niedrige Gewölbedecke wird von mächtigen steinernen Säulen getragen, die versetzt zueinander stehen und so den Blick auf den hinteren Teil der Halle verbergen. Öllampen und flackernde Neonröhren kreieren einen wilden Tanz dichter Schatten auf allen Wänden. Der atemberaubende Gestank nach Unrat und menschlichen Ausdünstungen liegt schwer in der Luft. Eine Schar absonderlicher Gestalten bevölkert das Gewölbe. Alte wie junge Augenpaare lugen unter Kapuzen, Lederkappen oder Stoffmützen hervor. Die meisten tragen altmodisch wirkende Kleidung aus grober Wolle und Leder, aber hie und da fällt mein Blick auch auf Jeanshosen, Sneaker und Baseballkappen.

Mit hoch erhobenem Haupt stolziert Jacques durch die Ansammlung von insgesamt mehreren Dutzend Menschen. Ich halte Ausschau nach meinesgleichen, doch alle, an denen ich vorbeigehe, scheinen zu atmen und zu schwitzen. Der Großteil der Versammelten wirkt schmutzig und kränklich. Vermutlich handelt es sich um die Gruppe, die Jacques ›Ratten‹ genannt hat. Die mir zugeworfenen Blicke als misstrauisch zu beschreiben, wäre eine grobe Untertreibung. Viele der Augen, die sich nach mir umdrehen, tragen offensichtliche Feindseligkeit zur Schau.

Das Zentrum der Halle bildet ein mehrere Manneslängen durchmessendes Säulenrondell. Sobald wir es betreten, versperren zwei massige, in schwarze Mäntel gekleidete Männer den Weg. Der eine ist nur wenig größer als ich, wiegt seinem Körperumfang nach zu urteilen jedoch doppelt so viel. Sein Kumpan ist eher von sportlicher Gestalt, überragt mich allerdings um einen ganzen Kopf. Beide sind kahlköpfig und halten schwere Äxte in den Händen. Was aber das Wichtigste ist: Sie atmen nicht. Ich habe die Unsterblichen gefunden.

Zwischen ihren Leibern erhasche ich einen Blick auf das Innere des Rondells. Sein Zentrum bildet ein steinerner Thron auf einer runden Empore. Auf den drei Stufen, die sie über den Boden der Halle erheben, liegen mehrere Haufen wild durcheinander gewürfelter Gegenstände. Ich erkenne Schmuck, Uhren, Taschen, Schlüsselbunde, Mobiltelefone und Fotoapparate.

An einem der Haufen lehnt mein Schwert. Doch meine Aufmerksamkeit wird von der Person in Anspruch genommen, die sich dort gerade erhebt, oder besser: von einem Berg aus blauschwarzem Tüll und Samt, von dem ich annehme, dass sich eine Person darunter verbirgt. Ein paar Sekunden lang ist die Szenerie vollkommen unbewegt. Dann entfaltet sich das Ungetüm aus endlosen Stoffbahnen und gibt die kleine, in Lumpen gehüllte Gestalt eines etwa zehnjährigen Mädchens frei. Tapsig und unbeholfen eilt es davon. Ich schenke meine Aufmerksamkeit wieder der Person in der Mitte des Rondells. Zwischen einer ausladenden gestickten Halskrause und einem über den Kopf hinausragenden Stehkragen erkenne ich das Gesicht einer jungen Frau. Sie hebt ein schwarzes Seidentuch an ihren Mundwinkel und wischt einen Blutstropfen weg, den ihr Mahl von dem Kind hinterlassen hat.

Wut steigt in mir auf. Ich bin beileibe nicht zimperlich. Doch Vampire, die sich von Kindern nähren, habe ich noch nie leiden können. Zumindest scheint die Rattenkönigin – um wen sonst sollte es sich bei meinem Gegenüber handeln? – ihre Opfer am Leben zu lassen. Dennoch fällt es mir schwer, mich zu beherrschen. In New York habe ich jeden Moloch, wie man die Kindsjäger unter meinesgleichen nennt, gnadenlos verfolgt und zur Strecke gebracht. Dies ist gar nicht einmal selten geschehen, da sich unter den Blutsaugern hartnäckig die Legende hält, das reine Blut der Kinder würde übermenschliche Schönheit verleihen. Ich habe das nie bestätigen können. Nachdem ich mit den Kindsjägern fertig gewesen bin, war keiner von ihnen mehr besonders ansehnlich. Ich muss allerdings zugeben, dass die Unsterbliche vor mir von geradezu ausnehmender Anmut ist. Ihr Gesicht ist das einer gerade erst zu voller Weiblichkeit erblühten jungen Frau. Die weiße Haut absolut makellos. Ihre sanft geschwungenen Lippen von sattem Rot. Die wallenden blonden Haare fallen ihr in langen Locken bis zur Taille, die unter einem fest geschnürten Korsett verborgen ist. Darunter breiten sich die weit ausladenden Röcke über die halbe Empore aus.

Stilles Amüsement erfasst mich angesichts meiner durch ihren Namen genährten Vorstellung, die Rattenkönigin könnte Ähnlichkeit mit Mike aufweisen. Nicht einmal Gianna Linaros sorgsam gepflegtes Äußeres kommt der engelsgleichen Erscheinung vor meinen Augen auch nur annähernd gleich.

Ich ermahne mich, die Schwärmerei zu beenden. Vor mir steht mitnichten ein Engel, sondern eher das Gegenteil: ein Kinderblut trinkender Sukkubus. Als sie sich mir zuwendet, kann ich trotzdem nicht verhindern, dass sich ein anzügliches Lächeln auf meine Lippen verirrt.

»Jacqueline, wen hast du zu mir gebracht?«

Ihre Stimme wirkt gleichzeitig weich und streng. Sie ist offenbar gewohnt, dass man ihre Anweisungen befolgt, ohne dass sie laut oder unwirsch werden müsste. Ihre Anrede an meinen jugendlichen Führer versetzt mich allerdings in Erstaunen. Zuerst bin ich unsicher, ob sie überhaupt Jacques meint, doch als er – nein: sie – antwortet, wird mir mein Irrtum bewusst. Endlich erkenne ich, was mir an meinem Begleiter die ganze Zeit so merkwürdig vorgekommen ist. Bei erneuter Betrachtung der weichen Wangen und vollen Augen frage ich mich, wie ich das Offensichtliche habe übersehen können. Nun gut, Jacques ist also ein Mädchen und vermutlich nicht ganz so jung, wie ich bislang angenommen habe.

»Das ist der Fremde, hinter dem die Schatten her sind.«

Ihre Worte erinnern mich daran, dass ich derzeit Wichtigeres zu tun habe, als mich über meinen Irrtum zu wundern. Ich widme meine Aufmerksamkeit wieder meiner Gastgeberin. Die beiden Glatzköpfe vor mir treten beiseite und geben endgültig den Blick frei auf die Herrin der Katakomben. Als sie mich mustert, verfinstert sich ihre strahlende Miene.

»Ich kenne Euch …«, murmelt sie nachdenklich. »Sind wir uns schon einmal begegnet?«

Blitzartig durchforste ich meine Erinnerungen, aber eine Erleuchtung bleibt aus.

»Das ist nicht auszuschließen.« Trotz meiner Abneigung gegenüber Kinderfressern bemühe ich mich um Höflichkeit.

»Doch unsere Begegnung müsste weit zurückliegen. Es ist rund zweihundert Jahre her, dass ich das letzte Mal in Paris gewesen bin.«

»Zwei Jahrhunderte ...« Sie grübelt sichtlich. »Wie ist Euer Name?«

Ich zögere, meine Identität zu offenbaren. Immerhin habe ich eine Reihe von Feinden in der Alten Welt zurückgelassen. Auf der anderen Seite weiß Étienne ohnehin bereits, dass ich hier bin. Von daher wird meine Anwesenheit voraussichtlich nicht lang ein Geheimnis bleiben. Und es macht bestimmt keinen guten Eindruck, nachträglich als Lügner entlarvt zu werden. Also beschließe ich, mich an die Wahrheit zu halten, in der Hoffnung, dass in zweihundert Jahren ausreichend Gras über die alten Geschichten gewachsen ist.

»Ich bin Leonard von Montesaro.«

In dem Augenblick, als ich meinen Namen nenne, verwandelt sich das ebenmäßige Engelsgesicht vor mir in die entsetzte Fratze eines Monsters. Aus dem Mund der Rattenkönigin erklingt ein Kreischen, das Glas zerspringen lassen könnte.

»Iiiiiiihhhhh! Der Templer! Es ist der Templer! Iiiiiiihhhhh!«

Der zuvor so würdevolle Berg aus Samt gerät in hektische Bewegung, als sie mit abwehrend erhobenen Händen hinter dem steinernen Thron in Deckung geht. Die Umstehenden verfallen ebenfalls in Panik und beginnen, durcheinanderzulaufen und vor mir zurückzuweichen. Auch Jacqueline und ihr buckliger Begleiter nehmen Abstand. Ob sie dies nur angesichts der Reaktion ihrer Herrin tun oder weil ich als der Templer identifiziert worden bin, kann ich nicht beurteilen.

Wie auch immer. Man erinnert sich offenbar noch an mich.

Meine erste Sorge gilt den beiden Muskelprotzen links und rechts vor mir. In Erwartung eines unmittelbaren Angriffes zücke ich Francois' Messer und halte sie kampfbereit in Richtung der beiden glatzköpfigen Vampire. Doch statt sich auf mich zu stürzen und ihre panische Herrin zu beschützen, weichen auch sie zurück. Sie erheben zwar ihre Äxte, jedoch eher in verteidigender Position als zur Attacke.

Einen Moment lang verharren alle Anwesenden wie auf einem Standbild. Jeder wartet darauf, was als Nächstes geschieht. In Gegenwart der Unsterblichen kann aus solchen Situationen in Windeseile ein blutiges Gemetzel entstehen, sobald ihre Instinkte das Kommando übernehmen. Ich merke, wie sich die Muskeln meines eigenen Körpers anspannen, um sich jederzeit in einer gewalttätigen Explosion auf meine Gegner stürzen zu können. Doch noch habe ich mich unter Kontrolle.

»Ich bin nicht hier, um Streit zu suchen.« Lautstark versuche ich, die Umstehenden genau so wie mich selbst zu beruhigen. »Ich bin nur auf der Suche nach Informationen. Ich will nur reden.«

Alle Blicke wenden sich der Rattenkönigin zu, die sich immer noch hinter ihren Thron kauert. Sie bemerkt, dass sie im Fokus der Aufmerksamkeit steht. Ich sehe ihr an, dass sie von ihrer Reaktion auf mein Erscheinen peinlich berührt ist. Es steht zugegebenermaßen weder einer Dame noch einer selbstbewussten Herrscherin gut zu Gesicht, sich vor einem potentiellen Feind panisch in einer Ecke zu verkriechen. Ihre Miene spiegelt den in ihr tobenden Kampf zwischen Angst und Stolz deutlich wider. Doch schließlich gewinnt der Stolz die Oberhand.

Sie rafft ihre Röcke zusammen und erhebt sich theatralisch. Mit übertriebener Würde stolziert sie langsam um den Thron herum und nimmt auf ihm Platz, wobei sie mit großer Sorgfalt die ausladenden Falten ihres Kleids sortiert.

Ihre demonstrative Ruhe verfehlt die gewünschte Wirkung nicht. Die Umstehenden entspannen sich nach und nach. Die axtbewehrten Wachen nehmen ihre Position ein, allerdings nicht, ohne jede meiner Bewegungen aufmerksam zu verfolgen. Für alle Anwesenden gut sichtbar stecke ich die beiden Dolche zurück in den Mantel und zeige deutlich meine leeren Hände. Die Stille in der Halle wird durch leises Tuscheln der Menschen um mich herum gefüllt. Ich höre immer wieder das Wort ›Templer‹ aus dem Geflüster heraus.

»Nun denn.« Meine Gastgeberin hat ihre Stimme wieder unter Kontrolle. Nur noch ein Hauch von Unsicherheit schwingt nahezu unmerklich in ihren Worten mit. »Gelobt Ihr bei den Ewigen Gesetzen, dass Ihr den Frieden wahren werdet, so lange Ihr Euch in unserem Reich aufhaltet?«

»So lang niemand mich bedroht, werde ich den Frieden wahren. Das gelobe ich.«

Wohlwollend nickt sie. »So soll es sein.« An die restliche Versammlung gerichtet fährt sie fort: »Niemand soll unserem Gast ein Leid zufügen, solange er sich gebührlich verhält. Er steht unter unserem Schutz. Wer ihn ohne Not bedroht oder angreift, soll bestraft werden, als hätte er seine Hand gegen uns selbst erhoben.«

Sie spricht die klassische Formel des Gastrechtes der Unsterblichen. Lang habe ich diese Worte nicht mehr vernommen. In der Neuen Welt ist der Umgang der Vampire untereinander um einiges informeller. Hier in Europa haben sich die alten Traditionen offensichtlich erhalten.

Nach dem, was ich von Zoë und anderen Auswanderern aus der Alten Welt gehört habe, ist auch die Verwendung des zumindest für die Verhältnisse der Unsterblichen neumodischen Begriffes ›Vampir‹ hier in noch höherem Maße verpönt als in Amerika. Nur die Jungblütigen von New York haben keine Berührungsängste mit dem in gehobeneren Schichten, wie zum Beispiel bei Samantha, tabuisierten ›V-Wort‹. Ich muss zugeben, dass auch ich mit der Bezeichnung recht freimütig umgehe. Sie beschreibt nun mal ziemlich gut, was wir sind, und ich habe mich der Verwendung klarer Worte noch nie verweigert. Hier werde ich allerdings aufpassen müssen, mich nicht zu verplappern, wenn ich nicht als ungehobelter Ausländer gelten will.

Das engelsgleiche Antlitz wendet sich nach der Ansprache wieder mir zu. »Was ist Euer Begehr, das Euch an unseren Hof führt, Templer?«

Es hat zwar den Anschein, als würden die Anwesenden recht gut über uns Bescheid wissen – immerhin hat die Rattenkönigin vor aller Augen Blut getrunken –, dennoch sehe ich fragend in die Runde, bevor ich beginne, die Angelegenheiten der Unsterblichen auszubreiten. Meine Gastgeberin deutet mein Zögern richtig.

»Lasst uns allein!«, verkündet sie feierlich.

Die beiden Axtträger setzen an, den Hofstaat von der Empore wegzudrängen. Jacquelines Protest wird ignoriert. Obwohl sie mich hierher gebracht hat, muss auch sie zurückweichen. Das Volk wird nicht vollständig aus der Halle vertrieben, sondern nur so weit, dass niemand mehr direkte Sicht an den massigen Säulen vorbei auf uns hat. Das allgemeine Getuschel reduziert sich zu einem diffusen Rauschen.

»Also sprecht, Templer!« Die Rattenkönigin spricht so leise, dass kein sterbliches Ohr, das nicht in unmittelbarer Nähe lauscht, auch nur ein Wort verstehen könnte.

Ich folge ihrem Beispiel und senke die Lautstärke meiner Stimme ebenfalls. »Ich bin in Paris, um Étienne d'Aumale aufzusuchen. Es scheint jedoch, als sei er nicht gewillt, mich in Frieden zu empfangen. Er hat letzte Nacht seine Häscher ausgesandt, um meine Zuflucht ausfindig zu machen. Ich habe mich in der Metro verborgen. Dort hat mich Eure Dienerin Jacqueline gefunden und mir geholfen. Ich vermute, auf Euer Geheiß.«

Einen Moment sinnt sie über meine Erklärung nach. »Hätte ich gewusst, dass Étienne nach dem Templer sucht, hätte ich andere Vorkehrungen getroffen, als ein paar Kinder nach Euch auszuschicken.«

»Wie ich bereits sagte: Ihr habt nichts vor mir zu befürchten. Ich bin nicht hier, um mit irgendjemandem Streit zu suchen, weder mit Euch noch mit Étienne.«

In ihrem Gesicht ist immer noch ein Hauch von Misstrauen vorhanden.

»Darf ich fragen«, fahre ich fort, »unter welchen Umständen wir in der Vergangenheit Bekanntschaft gemacht haben?«

Unbehaglich rutscht sie auf ihrem Thron hin und her. »Es ist nicht verwunderlich, dass Ihr Euch nicht an mich erinnern könnt. Ich war damals nur eine unbedeutende Jungblütige, als Ihr und Étienne meine Familie abgeschlachtet habt.«

Es scheint, als hätte sie allen Grund, mich zu fürchten. »Ihr stammt aus der Blutlinie von Laurent?«

Sie nickt. »Sein Sohn Maximilien war mein Erzeuger. Und mein Geliebter.«

Nun, das erklärt ihre Abneigung gegen mich. Ich spiele kurz mit dem Gedanken, ihr mein Bedauern über den Verlust auszudrücken, doch das wäre geheuchelt. Ich bin Maximilien niemals begegnet. Der Statthalter Laurents in Paris war im Gegensatz zu seinem Erzeuger, der bis zur Französischen Revolution der Herr der Unsterblichen von ganz Frankreich gewesen ist, schon vernichtet, bevor ich mich dem Aufstand angeschlossen habe. Aber nach allem, was ich über ihn gehört hatte, war er ein despotischer Bastard, dessen Vernichtung niemanden zu Tränen gerührt hat. Niemanden außer seiner Blutstochter, die nun vor mir sitzt. Es ist immer wieder interessant zu erkennen, dass selbst die unausstehlichsten Mistkerle irgendwo tief verborgen einen Funken Liebenswürdigkeit bewahren. Die damalige Neugeborene hat diesen Funken in Maximilien gesehen. Vielleicht wäre ihr Erzeuger noch unter uns, hätte er diesen Funken anderen Nocturni ebenfalls gezeigt. Dasselbe gilt wohl auch für Laurent, doch das ist eine andere Geschichte.

»Mir war nicht bewusst«, führe ich stattdessen aus, »dass außer Étienne noch weitere Abkömmlinge Laurents die Revolution überstanden haben.«

»Tja, ich muss Euch leider mitteilen, dass Euer Werk unvollendet geblieben ist.« Ein Anflug von Trotz schwingt in ihren Worten mit. »Ich bin sowohl Eurem Schwert entkommen«, ihre Augen verweilen kurz auf meiner Klinge, die auf den Stufen vor ihr liegt, »als auch dem sterblichen Pöbel, den Ihr gegen uns aufgehetzt habt. Hier in den Katakomben habe ich Zuflucht gefunden. Und hier bin ich bis heute.«

Ich erinnere mich an den unbeschreiblichen Luxus, in dem Laurent und seine Brut geschwelgt haben. Aus diesem Paradies voller willfähriger Diener und blutiger Exzesse in die Katakomben zu flüchten, war sicherlich kein einfacher Schritt. Aber sie hat es offensichtlich geschafft, sich in anderen Umständen einzurichten. Durchaus bemerkenswert, wenn man bedenkt, dass die meisten von uns ihrem Lebensstil innig verhaftet sind und sich nur schwer in ein neues Umfeld einfinden. Insbesondere, wenn es mit einer Verringerung des sozialen Status einhergeht. Ich weiß, wie mich meine Vertreibung aus dem Empire State Building getroffen hat. Und das war im Vergleich zu ihrem Fall noch eine recht weiche Landung.

»Wie lautet Euer Name?« Wenn ich mich schon nicht an ihr Gesicht erinnere, dann vielleicht daran.

Ihr Blick schweift in unbestimmte Ferne, als müsste sie intensiv nachdenken. »Maximiliens Geliebte und Tochter im Blute hieß Juliette. Doch sie existiert nicht mehr. Statt ihrer ist in den Katakomben die Rattenkönigin herangewachsen und hat ihren Anteil an der Herrschaft über Paris eingefordert.«

Ein schwacher Hauch von Vertrautheit schwingt bei dem Namen mit, als hätte ich ihn schon einmal gehört, doch vermutlich hat sie recht: Als Jungblütige haben wir sie damals kaum beachtet. Immerhin waren wir in dem beispiellosen Rausch gefangen, siegreich aus dem Kampf mit einem der Archaioi hervorgegangen zu sein. Niemand hatte es zuvor für denkbar gehalten, dass einer der Alten besiegt werden könnte – außer durch seinesgleichen. Eine unbedeutende Neugeborene war damals für uns nicht von großem Interesse. Wir waren zwar bemüht, möglichst viele der zahlreichen Abkömmlinge Laurents zu vernichten, doch die vollständige Auslöschung der Blutlinie hat nicht in unserer Absicht gelegen. Immerhin ist Étienne selbst ein direkter Nachkomme des ehemaligen Herrschers der Pariser Unsterblichen. Mit dem Verrat an seinem Erzeuger hat er sich zwar von Laurent und seiner weit verzweigten Blutsfamilie losgesagt, doch das Blut, durch das wir in die Reihen der Nocturni aufgenommen werden, lässt sich weder auslöschen noch verleugnen. Als Blutsbruder von Juliettes Erzeuger Maximilien wäre Étienne so etwas wie ihr Onkel. Ja ja, die liebe Familie.

Eine weitere Frage drängt sich mir auf: »Weiß Étienne um Eure Herkunft?«

»Er weiß, wer ich bin.«

»Und wie steht er zu Euch?«

»Auch er hat lange Zeit nichts von mir gewusst. Als ich mich ihm offenbart habe, hat er natürlich versucht nachzuholen, was ihm und Euch bei der Revolution misslungen war. Doch er hatte keinen Erfolg. Heute herrscht er über die obere Welt und ich in den Katakomben. Die Grenzen sind klar gezogen und werden üblicherweise von beiden Seiten respektiert. Eure Rückkehr hat offensichtlich eine Übertretung zur Folge gehabt.«

Das heißt, Étienne riskiert den Frieden in seiner Stadt, um meiner habhaft zu werden. Interessant.

Ich bin versucht, sie zu fragen, ob sie eine Vermutung hat, weswegen mein ehemaliger Kampfgefährte mich so versessen sucht. Aber vielleicht ist es besser, meine eigene Ahnungslosigkeit vorerst nicht so deutlich zur Schau zu stellen. Das könnte als Zeichen von Schwäche ausgelegt werden. Angesichts meiner augenblicklichen Lage erscheint mir das nicht ratsam. Immerhin stehe ich einer Unsterblichen gegenüber, die allen Grund hat, mich zu hassen. Und das auf ihrem höchsteigenen Territorium.

»Nun«, setzte ich stattdessen an, »um nicht noch weitere Unannehmlichkeiten zu verursachen, sollte ich seine Suche am besten schnell beenden. Soweit ich weiß, hält er sich häufig an einem Ort namens Refuge auf.«

»Ihr wollt ihn im Refuge aufsuchen?« In ihrem Gesicht mischt sich Erstaunen mit einem Anflug von Belustigung. Doch innerhalb von Sekunden hat sie wieder ihr Pokerface aufgesetzt. »Es wird ihm sicherlich eine große Ehre und Freude sein, Euch zu empfangen.«

Ihr kurzzeitiger Gefühlsausbruch macht mich misstrauisch. Ihren bisherigen Ausführungen entnehme ich, dass ihr Verhältnis zu Étienne bestenfalls als gespannt zu bezeichnen ist. Ihre Abneigung gegen mich ist ohnehin offensichtlich. Erwartet sie, dass Étienne und ich uns gegenseitig an die Kehle gehen werden? Spekuliert sie darauf, dass dabei einer ihrer Intimfeinde den Tod findet? Meine Absicht, keinen Streit zu suchen, erstreckt sich zwar auch auf Étienne, aber seine Suchaktion könnte ein Hinweis sein, dass er das anders sieht. Sollte dies so sein, wäre es gut zu wissen, wem sie bei einem Aufeinandertreffen die höheren Chancen einräumt. Ich weiß einfach zu wenig über meinen alten Freund. Zweihundert Jahre sind eine lange Zeit, in der sich sogar die Unsterblichen verändern können. Ich muss mehr über ihn und dieses Refuge erfahren, bevor ich dort hingehe. Insbesondere muss ich herausfinden, ob mir Gefahr droht. Zeit für Vampirdiplomatie.

»Es könnte allerdings als unhöflich empfunden werden, ohne Einladung oder Empfehlung in sein Allerheiligstes einzudringen«, führe ich aus. »Ich wäre Euch daher zutiefst verbunden, wenn Ihr in Erwägung ziehen könntet, mich dorthin zu begleiten und ihm vorzustellen.«

»Ich soll ins Refuge gehen?« Ihre zu einem schrillen Kreischen verzerrte Stimme hallt durch den Saal.

Mit honigsüßen Worten beschwichtige ich sie: »Ich weiß, dass auch dies als Übertretung Eures Abkommens mit Étienne angesehen werden könnte. Doch ich denke, die besonderen Umstände würden den Bruch des Protokolls rechtfertigen. Und so, wie Ihr mir in Eurer Domäne Gastfreundschaft gewährt habt, werde ich am Hof meines einstigen Gefährten mit Wort und Tat für Eure Unversehrtheit einstehen.«

Immer noch ist sie bemüht, ihre Fassung wieder zu erlangen. »Das ist absurd.«

Ich werfe je einen Seitenblick zu ihren beiden Wächtern, um sie darauf aufmerksam zu machen, dass sie Gefahr läuft, vor ihren eigenen Untergebenen das Gesicht zu verlieren. Dann fixiere ich ihre versteinerte Miene. In einem Duell reiner Willenskraft starren wir uns gegenseitig in die Augen. Einen Moment lang befürchte ich, sie könnte die Beherrschung verlieren und ihrem offensichtlichen Hass in Form eines körperlichen Angriffes freien Lauf lassen. Doch sie beginnt zu überlegen.

»Nun, vielleicht ist eine derartige Zusammenkunft geeignet, der aktuellen Unruhe in der Stadt entgegenzuwirken.« Der Blick ihrer immer noch starr auf mich gerichteten Augen enthält eine anderslautende, weit weniger diplomatisch klingende Botschaft.

»Möglicherweise sogar, die Kluft zwischen der oberen und der unteren Welt ein wenig zu verringern«, ergänze ich.

Sie zögert noch einen Augenblick. »Also gut, ich werde Euch begleiten, Templer. Dies wird sicherlich ein interessantes Treffen.«

Das wird es allerdings.

Aber ich habe ein wichtiges Ziel erreicht: Sie vertraut sowohl meinem Wort als auch – was noch entscheidender ist – meinen Fähigkeiten offensichtlich in ausreichendem Maße, um sich zusammen mit mir in die Höhle des Löwen zu wagen. Das bedeutet, sie hält mich für fähig, ihr und mein Leben gegen eventuelle Feindseligkeiten Étiennes zu verteidigen. Das erfüllt auch mich mit Zuversicht, meinem einstigen Gefährten gegenüberzutreten.

Sie erhebt sich von ihrem Thron. »César! Rodrigue!«

Die beiden schwarz gekleideten Wachen gehen in Habachtstellung.

»Bereitet unsere Fahrt ins Refuge vor! Wir nehmen noch einige der Tagwachen mit.«

Die Vampire reagieren ohne Umschweife. Sie hat ihre Vasallen gut im Griff.

Sie wendet sich wieder mir zu. »Es ist Euch doch recht, wenn wir umgehend aufbrechen?«

»Natürlich«, versichere ich. »Wir sollten keine Zeit verlieren, bevor der Frieden in Paris weiter auf die Probe gestellt wird.«

Ich bin ein wenig verwundert, dass sie es nun so eilig hat. Vielleicht will sie mich einfach so schnell wie möglich loswerden.

Wie beiläufig deute ich auf meine Waffe, die zu ihren Füßen liegt. »Wenn Ihr erlaubt, nehme ich mein Schwert wieder an mich.«

»Selbstverständlich.«

Ich hebe die Waffe auf und verstaue sie an ihrem angestammten Platz. Das Gewicht des Stahls unter dem Mantel wirkt ungemein beruhigend.

»Wenn Ihr mich kurz entschuldigt.« Sie rafft ihren Reifrock und schickt sich an, die Empore herabzusteigen. »Es sind einige Vorbereitungen zu treffen, bevor wir aufbrechen. Benötigt Ihr noch etwas?«

Mit angedeutetem Bedauern deute ich auf meine vom Ausflug durch die Pariser Unterwelt ramponierte Kleidung. »Ich weiß nicht, ob meine Erscheinung einem derart offiziellen Besuch angemessen ist. Wenn Ihr diesbezüglich …?«

»Das lässt sich einrichten. Ansonsten?«

Ich tätschele das Schwert unter dem Trenchcoat. »Nein, ich denke, abgesehen davon habe ich alles, was ich brauche.«

»Wollt Ihr noch etwas zu Euch nehmen?«

Ihre Einladung weckt den Hunger, der die ganze Zeit unterschwellig in meinen Eingeweiden lauert, zu neuem Leben. »Gern.«

Schon als ich das Wort ausspreche, bereue ich, mich nicht zuvor erkundigt zu haben, was auf dem Speiseplan steht. Das Bild eines kleinen Kindes, das vom Thron der Rattenkönigin davon wankt, erscheint vor meinem geistigen Auge.

»Jacqueline wird Euch den Weg zur Metro zeigen. Dort könnt Ihr jagen. Danach kommt wieder hierher, damit wir aufbrechen können. Bis dahin liegt auch neue Kleidung für Euch bereit.«

»Habt Dank.« Innerlich atme ich auf. Ich kann mir meine Beute selbst aussuchen. Es wird wohl nicht meine Leibspeise werden – Vampirblut –, aber zumindest muss ich nicht von Kindern trinken.

Zaghaft kommt Jacqueline um eine der Säulen geschlichen, nachdem sie ihren Namen gehört hat. Ihre Augen sind vor Angst geweitet, als sie mich ansieht.

»Sei so gut, Liebes, und zeige unserem Gast den Weg«, trägt ihre Herrin ihr auf. Dann nickt die Rattenkönigin mir noch einmal mit finsterer Miene zu und entschwindet in einem Wirbel aus schwarzem Tüll.

Ich wende mich dem Mädchen zu. »Lass uns aufbrechen! Wir haben heute Nacht noch einiges vor.«

Sie rührt sich nicht vom Fleck. Sieht betreten zu Boden. Tritt verlegen von einem Fuß auf den anderen.

»Was ist?«, frage ich.

Es kostet sie sichtlich Mühe, die Worte auszusprechen. »Es tut mir leid.«

Ich bin verwirrt. »Was tut dir leid?«

»Dass ich dein Schwert geklaut habe.« Sie bringt nur ein gehauchtes Flüstern heraus. »Bitte töte mich nicht!«

Ihr schüchternes Geständnis ist fast ein wenig amüsant.

»Ich werde dich nicht töten.« Ich bemühe mich, alle Schärfe aus meiner Stimme zu nehmen. »Und das mit dem Schwert verzeihe ich dir, wenn du mich nun zur Metro bringst und anschließend wieder hierher.«

Sie hebt den Kopf. »Ehrlich?«

»Ja. Du hast mein Wort.«

Das scheint zu reichen. Das freche Grinsen kehrt vorsichtig in ihr Gesicht zurück. Ihre großen Augen beginnen wieder zu strahlen. Ich tadele mich erneut dafür, nicht auf der Stelle erkannt zu haben, dass ›Jacques‹ ein Mädchen ist.

»Okay. Dann mir nach!«

Sichtlich genießt sie die Aufmerksamkeit der versammelten Menschen, als ich ihr zwischen den Säulen hindurch folge. Vor uns teilt sich die Menge ehrfurchtsvoll und alle sind um gebührenden Abstand bemüht. Hier und da verneigen sich Köpfe vor mir. Ein alter Mann in einem arg geschundenen Armeemantel sinkt auf seinen Stock gestützt auf ein Knie herab und schaut demütig zu Boden, als ich an ihm vorbeigehe.

Ich beuge mich zu meiner Begleiterin und flüstere ihr zu: »Warum machen die das?«

»Du bist der Templer«, antwortet sie mit dem Unterton der Selbstverständlichkeit.

Die Wachen am Eingangsportal zur Halle senken nun ebenfalls die Köpfe, als wir sie passieren. Dann sind wir zurück in den Tunneln der Katakomben. Das Gemurmel der Menge weicht dem leisen Platschen von Wassertropfen auf dem steinernen Boden und dem einsamen Fiepen hungriger Ratten. Sobald die massive Tür außer Sicht ist, deutet nichts mehr auf die Existenz des unterirdischen Reiches der Rattenkönigin hin.

»Heißt das, du hast schon vor meiner Ankunft von mir gehört?« Ich trotte dem Lichtkegel ihrer Taschenlampe hinterher.

»Aber ja. Natürlich.« Ihre Glockenstimme hallt von den Wänden wider. »Jeder hier unten kennt die Geschichten vom Templer … von dir.«

Das letzte bisschen Hoffnung, nach zwei Jahrhunderten könnte Gras über meine Taten gewachsen sein, verfliegt endgültig.

»Was erzählt man sich denn über mich?«

Sie gerät wieder ins Stocken. Es ist ihr sichtlich unangenehm, in meiner Gegenwart über mich zu sprechen, aber ich bin neugierig und erlöse sie nicht.

»Na ja, halt dass du der Mächtigste der Schatten bist und deine Feinde erbarmungslos niedermetzelst und so Sachen.«

»Der Mächtigste?« Ich kann mir ein verhaltenes Lachen nicht verkneifen. »Sehr schmeichelhaft, aber vielleicht ein wenig übertrieben.«

»Wer ist denn noch mächtiger als du? Sogar die Rattenkönigin hat Angst vor dir. Und der Herr der Schatten auch. Sonst würde er kaum hier unten nach dir suchen lassen. Seine Leute kommen nicht gerne hier runter. Sie fürchten die Rattenkönigin. Also müssen sie vor etwas anderem noch mehr Angst haben. Vor dir.«

Die Logik in ihren Ausführungen ist nicht zu leugnen. Étienne fürchtet mich. Ich verstehe zwar nicht, warum, aber gefürchtet zu werden, ist eine gute Voraussetzung für Verhandlungen.

»Bis heute war ich nicht sicher, ob die Geschichten über dich nur Märchen sind.« Sie tänzelt behände in einen niedrigen Seitengang. Ich muss mich bücken, um ihr zu folgen. »Aber nun bist du da. Das ist total irre. Die Geschichten sind alle wahr. Echt Wahnsinn!«

»Ob die Geschichten alle wahr sind, kann ich nicht sagen. Aber ja, es gibt mich wirklich.«

Der Mächtigste der Schatten. Vielleicht der Mächtigste in Paris. Auch in New York, zumindest bis Marduk gekommen ist. Allerdings nichts im Vergleich zu den Archaioi. Von denen erzähle ich ihr besser nichts. Mir ist ohnehin schon unwohl dabei, wie vertraut sie und die übrigen Sterblichen hier unten mit mir und den anderen von uns verkehren. Da in den internationalen Nachrichten der letzten Jahre nicht über Vampire in Paris berichtet worden ist, gehe ich davon aus, dass die Rattenkönigin ihre zahlreichen Diener ausreichend im Griff hat, um ihre Verschwiegenheit zu garantieren.

Ich folge Jacqueline weiter durch Gänge, über Treppen und Leitern durch das unterirdische Labyrinth. Schließlich zwängen wir uns durch einen engen Korridor, der sich unvermittelt zu einem breiten Tunnel öffnet. Die Gleise sind ein eindeutiger Hinweis, dass wir zurück in der Metro sind. Die nächste Station ist nicht weit. Dort angekommen, luge ich über den Rand des Bahnsteigs und lausche. Sie ist verlassen. Nacheinander springen wir auf den gekachelten Boden. Ich strebe zügig in Richtung der Treppe nach oben.

»Warte hier unten!«, weise ich meine Begleiterin an. »Ich bin so schnell wie möglich zurück.«

Sie macht kurz Anstalten, mir zu widersprechen, gehorcht dann jedoch zähneknirschend.

Als ich die Metrostation verlasse, fällt leichter Nieselregen auf meine Haut. Für einen Moment schließe ich die Augen und recke mein Gesicht dem dunklen Nachthimmel entgegen. Ich bin beileibe nicht klaustrophobisch veranlagt. Aber nach der Enge der Katakomben und U-Bahn-Tunnel ist der Hauch frischer Luft wohltuend und befreiend.

Doch ich bin nicht hier, um die Pariser Nachtluft zu genießen. Ich sehe mich um. Wohnhäuser und vereinzelte Geschäfte säumen die Straße. Nur wenige Fahrzeuge sind unterwegs. Auf der gegenüberliegenden Straßenseite geht ein einzelner Mann mit Mantel und Regenschirm hinter der dichten Reihe am Straßenrand geparkter Autos entlang. Ein kleiner Schluck wie vergangene Nacht bei dem Clochard wird diesmal nicht ausreichen, um meinen Hunger zu stillen. Mir steht eine Konfrontation mit unbekannten Kräften bevor. Keine guten Aussichten für mein Opfer.

Eilig überquere ich die Fahrbahn und stelle mich dem nächtlichen Spaziergänger in den Weg. Der Terrier an seiner Leine bleibt stocksteif stehen, sobald er mich erblickt. Mit einem leisen Winseln gibt er zu erkennen, dass er mich als das erkannt hat, was ich bin. Von seinem Herrchen kann man das nicht behaupten.

»Kann ich Ihnen helfen, Monsieur?« Der Blick des Mannes ist ebenso herausfordernd wie seine Stimme. Erst als der Hund sich hinter seinen Beinen verkriecht und angstvoll auf den Boden kauert, bemerkt er, dass irgendetwas nicht in Ordnung ist.

Ich schaue mich um. Weit und breit ist keine Menschenseele zu sehen. »Ja, ich denke, das können Sie.«

Alles Weitere geht zu schnell, als dass der Mann auch nur die leiseste Chance hätte zu reagieren. Mit einem von Francois' Dolchen durchstoße ich seine Kehle und umschließe die blutspritzende Wunde mit meinen Lippen, bevor der erste Tropfen den regennassen Boden berührt. Der süße Lebenssaft meines Opfers strömt meinen Rachen hinab und erfüllt mich mit Wärme. Sein Leben für meines. Die Beute stirbt, damit das Raubtier weiter existieren kann. Steht dieses fundamentale Gesetz des Dschungels über dem biblischen Gebot ›Du sollst nicht töten‹? Immerhin ist meine Beute kein geistloses Reh oder Schaf, sondern ein denkendes, fühlendes Wesen. Ein Mensch mit Freunden, Verwandten, vielleicht einer Familie und Kindern. Ich habe keine Ahnung, wie viele Sterbliche unter meinen Zähnen gestorben sind. Aber nur, weil meine Seele ohnehin schon der unvermeidlichen Verdammnis preisgegeben ist, ist dies kein Grund, noch mehr Leben zu nehmen. Nicht, wenn es auch einen anderen Weg gibt.

Ich löse meine Kiefer von dem durchbohrten Hals und presse meine Hand auf die Wunde. Der Mann sieht mich aus weit aufgerissenen Augen ungläubig an. Nicht ein Ton kommt aus seinem Mund. Vorsichtig lege ich ihn auf den Boden, beiße mit ausgefahrenen Fangzähnen die Pulsader meiner freien Hand auf und träufele ein paar Tropfen der kostbaren Flüssigkeit auf das Loch in der Kehle meines Opfers. Er stöhnt, als sich Haut und Fleisch zumindest so weit schließen, dass der im Takt seines Herzens pulsierende Blutstrom zu einem kümmerlichen Rinnsal verebbt. Ich reiße ein Stück Stoff vom Ärmel seines Mantels und presse es auf die verbleibende Wunde.

»Hand draufhalten!« Ich führe seine Finger an den Stofffetzen. Dann fixiere ich seine Augen. Dringe in seinen verwirrten Geist ein. »Du wurdest von zwei Jugendlichen überfallen. Einer von ihnen hat dich verletzt, als du dich zur Wehr gesetzt hast. Dies und nur dies wirst du jedem erzählen, der dich fragt, was heute Nacht passiert ist. Hast du verstanden?«

Er nickt eifrig.

»Gut, denn wenn du irgendjemandem auch nur die leiseste Andeutung machst, dass etwas anderes geschehen ist, komme ich wieder und dann wirst du sterben.«

Erneut bestätigt er mit einem Nicken. Die unverhohlene Drohung und der Böse Blick werden dafür sorgen, dass er sein Versprechen hält.

Ich greife in seine Innentasche und nehme die Brieftasche an mich. Die Geschichte von dem Raubüberfall muss schließlich glaubwürdig aussehen, wenn man ihn findet.

Ich wickele die am Boden liegende Halteschlaufe der Hundeleine um sein Handgelenk, damit der Terrier nicht wegläuft, sobald ich gehe und das Tier seine Schreckensstarre überwindet. Vielleicht hilft der Hund dabei, die Aufmerksamkeit eines Passanten oder Autofahrers auf mein halb ausgeblutetes Opfer zu lenken. In früheren Zeiten hätte ein derartiger Blutverlust mit absoluter Sicherheit zum Tod geführt. Doch im Zeitalter von Blutkonserven und Transfusionen hat er eine reelle Überlebenschance, wenn er rechtzeitig gefunden wird.

»Vergiss nicht das Mobiltelefon und die Armbanduhr!«

Jacquelines Glöckchenstimme schreckt mich aus meinen Gedanken auf. Sie steht zwischen zwei der geparkten Autos und beobachtet ungerührt, wie ich über meiner Beute hocke.

»Was tust du denn hier?«, fahre ich sie an. »Ich habe dir doch gesagt, du sollst in der Station bleiben.«

»Ich … ich wollte …« Sie verstummt und schaut betroffen zu Boden.

Das mit dem Telefon ist allerdings eine gute Idee. Ich durchsuche seine sonstigen Manteltaschen und hole das Gerät zum Vorschein. Heutzutage kann man sich wirklich darauf verlassen, dass jeder so ein Ding dabei hat. Ich werfe das Handy meiner ungehorsamen Begleiterin zu. »Ruf die Polizei an und sag ihnen, dass du hier einen Raubüberfall beobachtet hast!«

Geschickt fängt sie das Gerät auf, sieht mich unverwandt an, beginnt dann aber zu wählen. Sobald sie das kurze Gespräch beendet hat, steckt sie das Telefon ein und taxiert mich erneut.

»Weg hier!« Ich setze mich in Bewegung.

Sie folgt mir.

Erst als wir wieder in der einsamen Metrostation angekommen sind, nehme ich mir die junge Tunnelbewohnerin zur Brust. »Hat die Rattenkönigin dir nicht beigebracht zu gehorchen?«

Sie starrt die Wand an. »'Tschuldigung.«

Langsam verraucht mein Zorn und macht leiser Bewunderung Platz. »Wie hast du es überhaupt geschafft, dich an mich heranzuschleichen? Das gelingt sonst niemandem, erst recht keinem Sterblichen.«

Ihre betretene Miene wird von einem zaghaften Grinsen erhellt. »Gut, neh?«

Ich schenke ihr ein besänftigtes Lächeln und zupfe die gestohlene Brieftasche aus meiner Manteltasche. Ohne hineinzusehen reiche ich sie ihr. »Ich hatte dir eine Belohnung versprochen.«

Sie nimmt den ledernen Umschlag an sich, überfliegt den Inhalt mit geschultem Blick, zieht ein paar Geldscheine heraus und verstaut sie in einer der unzähligen Taschen ihrer abenteuerlichen Montur. Die Brieftasche steckt sie anschießend in einen Beutel an ihrem Gürtel.

»Wie viel von eurer Diebesbeute nimmt die Rattenkönigin euch eigentlich ab?«, will ich wissen.

»Die Hälfte.«

»Trinkt sie auch von deinem Blut?«

Für einen Moment verirrt sich ein Anflug von Schmerz in Jacquelines schöne Augen. Dann hat sie sich wieder im Griff. »Nicht mehr.«

»Nur von Kindern?«

Verlegen nickt sie.

Ich lege ihr die Hand auf die Schulter. »Vielleicht solltest du die Katakomben verlassen, Jacqueline.«

»Jacques«, berichtigt sie mich. »Ich heiße Jacques. Nur sie nennt mich Jacqueline.«

»Also gut: Jacques.« Ich sehe sie an. Meine Frage steht noch unbeantwortet im Raum.

Sie schüttelt den Kopf. »Wo sollte ich denn hin? Ich bin in den Tunneln, seit meine Mutter mich als Säugling in eine Mülltonne gestopft hat. Die Ratten haben mich gefunden und aufgenommen. Sie sind meine Familie. Und sie ist nun mal unser Anführer. Und wenn ich mich bewähre …« Mitten im Satz bricht sie ab.

Ich ahne, was sie sagen wollte, doch ich möchte es von ihr hören. »Dann passiert was?«

»Dann werde ich vielleicht wie sie.«

»Ist es das, was du willst? Ein Monster werden, das sich von menschlichem Blut ernährt? Hältst du das für erstrebenswert?«

»So muss ich nicht alt werden und sterben.«

»Du wirst alt werden. Vielleicht nicht äußerlich, aber in dir drinnen wirst du alt. Alt und verbittert. Und du wirst dir wünschen, dein sterbliches Leben behalten zu haben. Ewig wirst du dir das wünschen. Kein Tod wird dich von deiner Sehnsucht befreien. Außer du gehst in den Sonnenaufgang und setzt deiner Existenz selbst ein Ende. Aber das schaffen nur die Stärksten von uns. Die anderen vegetieren Nacht für Nacht vor sich hin, töten Menschen und verkriechen sich vor der Sonne und dem Rest der Welt wie Kakerlaken, die in Mauerritzen flüchten, sobald man sie entdeckt.« Ich mache eine kurze Pause, ehe ich fortfahre: »Wenn es das ist, was du willst, dann nur zu! Versuch, ihre Wertschätzung zu erlangen, damit sie das aus dir macht, was du dir ersehnst. Aber glaub mir, du wirst es bereuen!«

Sie hebt ihren Blick, den sie während meiner Ansprache tief gesenkt hat, vom Boden, und sieht mir fest in die Augen. »Bereust du es?«

»Jede Nacht.«

»Und du bist nicht stark genug, es zu beenden?«

Die Erinnerung an die Aussichtsplattform des Empire State Buildings geistert durch meinen Kopf. Die Verlockung des Abgrundes zu meinen Füßen. Nur einen Schritt entfernt von der Erlösung. Und doch unerreichbar, da meine eigene Feigheit mich daran hindert, das zu tun, was ich schon vor hunderten von Jahren hätte tun sollen.

»Ich bin gefangen in meinem armseligen mörderischen Dasein«, erkläre ich ruhig. »Verdammt dazu, jede Nacht andere wie den armen Teufel mit seinem Hund da oben mit ins Verderben zu ziehen. Und ich finde nicht den Mut, dem ein Ende zu setzen.« Ich lasse ihre Schulter los und straffe meinen Körper. »Aber jetzt müssen wir zurück zu deiner Herrin.«

Meine Worte reißen sie aus ihren Gedanken. Mit einem Nicken bedeutet sie mir, dass sie mich verstanden hat, und setzt sich in Bewegung.

Den Rückweg in die Katakomben verbringen wir schweigend. Offensichtlich habe ich sie zum Nachdenken angeregt und Zweifel an ihrem Vorhaben geschürt, einer von uns zu werden. Ich werde wohl nicht darüber wachen können, wozu sie sich letztlich entscheidet. Andere Dinge müssen erledigt werden. Mir bleibt nur zu hoffen, dass sie sich meine Worte zu Herzen nimmt und die richtige Wahl trifft.

Meine Standpauke hat allerdings nicht nur Jacqueline, sondern auch mich selbst zum Grübeln gebracht. Die Dinge, die ich ihr gesagt habe, sind mir schon lang bewusst, doch ich habe sie eine ganze Weile nicht mehr laut ausgesprochen. Es ist ein

Unterschied, etwas im Prinzip zu wissen oder es in aller Deutlichkeit zu artikulieren. Zumindest, wenn es sich um derart schmerzliche Erkenntnisse handelt.

Meine eigenen Worte hallen in meinem Kopf wider. Gefangen in meinem armseligen mörderischen Dasein. Ohne Mut, dem ein Ende zu setzen. Harte Worte. Aber nur zu wahr.

Ich hasse, was ich bin. Wozu der schlichte, nicht übermäßig helle Spross aus niederem burgundischen Adel geworden ist, an den ich mich kaum noch zu erinnern vermag. Und dennoch finde ich nicht die Kraft, in den Abgrund zu schreiten oder den Sonnenaufgang zu begrüßen. Mache einfach weiter, Nacht für Nacht. Rechtfertige mein Dasein damit, dass ich andere meiner Art, die über die Stränge schlagen, jage und in ihre Schranken weise. Aber bewahre ich die Welt vor mehr Unheil, als ich selbst über sie bringe? Müssten weniger Menschen sterben oder wie mein jüngstes Opfer halb ausgeblutet um ihr Leben bangen, wenn es mich nicht gäbe?

Nun, zumindest was meinen aktuellen Feind betrifft, Marduk, den babylonischen Archaios, der sich in meiner Stadt breit macht, bin ich sicher, dass ich eingreifen muss. Niemand sonst ist dazu bereit. Also mache ich weiter. Bis entweder Marduk besiegt ist oder er meinem Dasein ein Ende gesetzt hat. Und dann? Was tue ich, falls ich wirklich siegen sollte? Wenn das größte Übel, das die Nocturni bislang über New York gebracht haben, tatsächlich beseitigt ist? Vernichte ich dann das zweitgrößte Übel? Mich selbst? Oder finde ich erneut eine Ausrede, mein unendliches Leben fortzuführen? Mich weiter von schuldlosen Menschen und den unglücklichen Unsterblichen zu nähren, die meinen willkürlich gewählten Moralvorstellungen nicht entsprechen?

Seit ich das erste Mal beschlossen habe, diese Welt endlich zu verlassen, habe ich immer wieder einen Grund gefunden, einen Aufschub meines Todeswunsches zu rechtfertigen. Stets gab es irgendjemanden, irgendetwas, das bekämpft, vernichtet oder sonst wie erledigt werden musste. Und ein ums andere Mal bin ich zu dem Schluss gelangt, es sei an mir, dies zu tun.

Diesmal heißt meine Ausrede Marduk. Davor war es der Reißwolf. Und davor irgendein anderer Vampir, dem ich vor Augen geführt habe, dass die Unsterblichkeit ein erstaunlich kurzes Vergnügen sein kann. Das erste Mal war es mein eigener Schöpfer. Vitus.

Meine Nemesis.

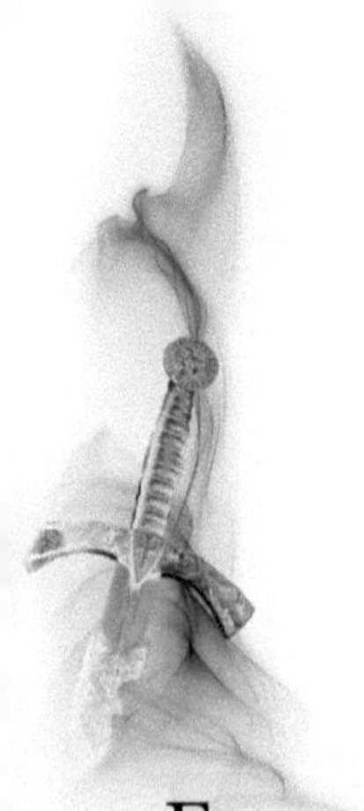

Herbst 1189,
Akkon, Königreich der Kreuzfahrer

Es ist ein erstaunlich befreiendes Gefühl zu wissen, dass das eigene Leben nur einem einzigen Zweck dient. Sich bewusst zu sein, dass nur diese eine Aufgabe von Bedeutung ist. Alles Streben dahin führt, dieses selbstgesetzte Ziel zu erreichen.

Mein Ziel war es, Vitus zu vernichten. Der mich zu einem Monster gemacht hatte. Der mich mit List und Heimtücke dazu gebracht hat, mein Leben aus freiem Willen hinzugeben für eine Lüge. Er musste sterben.

Doch die Dauer dieser zielgerichteten Bestimmtheit war nur kurz. Die Komplexität der Wirklichkeit forderte ihren Tribut und zog mich fort von meinem Streben nach Rache, zurück in die Zwiste des Heiligen Landes. Die Rückeroberung Jerusalems durch Saladin hatte in ganz Europa das Feuer des Glaubens neu entfacht und spülte Heerscharen von Kreuzfahrern an die Gestade Outremers. Nachdem es zunächst danach ausgesehen hatte, als würde Saladin auch die restlichen Städte und Festungen der Franken erstürmen und die Christen ins Meer treiben, verlor sein Feldzug schnell an Kraft. Letztlich gingen die frisch verstärkten Heere seiner Feinde sogar zum Gegenangriff über. In Tyrus, das sich erfolgreich gegen die Attacke der Sarazenen behauptet hatte, traf ich Gérard de Ridefort wieder. Der tot geglaubte Großmeister des Templerordens war Saladins Klauen entronnen und sann darauf, den Tempel des Herrn in Jerusalem zurückzugewinnen. Er erinnerte mich an meinen Eid und überredete mich, nicht nach Konstantinopel aufzubrechen, wie ich es eigentlich geplant hatte. Eifrig redete er mir ins Gewissen, ich könnte meine Rache später immer noch üben. Zuerst jedoch sei es meine Pflicht, dem Orden zur Seite zu stehen. Nur durch die Erfüllung meiner Pflicht könne ich meine verlorene Seele retten. Und meine Seele war mir trotz allen Hasses, der mich antrieb, weiterhin wichtig. Also blieb ich im Heiligen Land.

Wie zu der Zeit vor Hattin nährte ich Gérard von meinem Blut und gab ihm die Kraft, seinen Kampf voranzutreiben. Seinen Kampf. Meiner war es nicht mehr. Mir war sämtliches Streben der Sterblichen fremd geworden.

Ich schleppte mich von Nacht zu Nacht, tat, wie mir geheißen wurde, und wartete darauf, in Ehren aus den Diensten des Ordens entlassen zu werden. Sobald Jerusalem den Heiden wieder entrissen wäre, so sagte Gérard, würde er mich freigeben.

Doch zunächst zogen die Templer nach Akkon, das kurz nach der Heiligen Stadt in die Hände der Sarazenen gefallen war, und legten einen Belagerungsring um die strategisch wichtige Hafenstadt. Saladin war indes nicht gewillt, Akkon herzugeben, und sandte ein Entsatzheer.

Ich gebe zu, ich hatte bis zu jenem Zeitpunkt keine allzu hohe Meinung von meinem Ordensmeister. Aber in der Schlacht vor den Mauern von Akkon wuchs Gérard de Ridefort über sich und sogar über die Kraft, die mein Blut ihm verlieh, hinaus. Das Gefecht fand bei Tageslicht statt, so dass ich seinen Kampf nicht mit eigenen Augen sehen konnte.

Nachdem die Sonne untergegangen war, wanderte ich zwischen den zerschmetterten Leibern gefallener Franken und Sarazenen umher. In der Starre des Todes hatten sie den tiefen Graben der rivalisierenden Glaubensbekenntnisse endlich überwunden und lagen einträchtig umarmt auf Sand und Felsen. Die Schlacht hatte keine Entscheidung gebracht. Doch die Tempelritter hatten sich tapfer geschlagen. Auch Gérard de Ridefort. Mein Herr im Wort und Sklave im Blut lag inmitten eines Haufens niedergemetzelter Sarazenen. Ich war erfahren genug in der Deutung der Hinterlassenschaften von Blutvergießen jeglicher Art, um zu erkennen, dass ihre Wunden von Gérards Schwert stammten. Sein eigener Körper strotzte vor nicht weniger zahlreichen klaffenden Löchern als die all seiner getöteten Feinde zusammen. Sein Blut schien fast vollständig aus dem Leib geflossen zu sein. Und dennoch war noch nicht alles Leben aus ihm gewichen. Sein Atem war so flach, dass selbst meine übermenschlichen Sinne ihn kaum vernahmen. Doch ich war ein Experte für den Tod. Ich konnte sehen, ob ein Sterblicher seine finale Reise schon angetreten hat oder noch nicht. Gérard war kurz davor.

Es kostete ihn den letzten Funken Lebenskraft, seine Augen zu öffnen und seinen flehenden Blick auf mich zu werfen, während ich ungerührt über ihm stand. Seine Lippen wollten Worte formen, aber dafür war er bereits zu schwach. Ich wusste dennoch genau, was er zu sagen versuchte. Jede seiner verbliebenen Regungen sagte ›Mach mich zu deinesgleichen! Nimm mich mit in die ewige Nacht!‹ Doch ich ignorierte seine unausgesprochene Bitte. Mir war klar, ich würde ihm keinen Gefallen tun, wenn ich ihn erhörte.

So blieb ich lediglich bei ihm. Hielt seine Hand in den wenigen verbliebenen Augenblicken seines irdischen Daseins. Betete für ihn, bis seine Brust sich ein letztes Mal unmerklich hob und senkte, um anschließend in Reglosigkeit zu verharren.

Als ich mich erhob, spürte ich, dass ich nicht allein war. Hektisch sah ich mich um und griff instinktiv nach dem Schwert.

In einiger Entfernung sah ich den Umriss eines einsamen Mannes zwischen den Gefallenen, der mich anstarrte. Es war ein Sarazene. Ich kannte ihn. Zwei Jahre zuvor war ich ihm in meiner letzten Nacht in Jerusalem begegnet, als ich die Bestie tötete. Einen ihrer Abkömmlinge ließ ich laufen. Nun stand er vor mir. Und mir wurde bewusst, dass ich vor der Reise nach Konstantinopel, um meinen Erzeuger zu töten, zunächst die Spuren seines Tuns im Heiligen Land beseitigen musste. Mein Gegenüber spürte offensichtlich meine emporsteigende Entschlossenheit, drehte sich um und floh in Richtung der Stadt.

Ich setzte ihm einige Schritte weit nach, aber die Verfolgung würde mich ins Lager meiner Feinde führen. Das Risiko, dort in eine Falle zu laufen, war zu groß. Ich musste anderweitig in die Stadt gelangen. Am besten an der Spitze eines Sturmangriffes. Doch daran war vorerst nicht zu denken. Die Schlacht des vergangenen Tages hatte viel Blut gefordert. Es würde Zeit benötigen, bis genügend Nachschub und neue Truppen angekommen wären, um einen Angriff gegen die starken Befestigungen von Akkon wagen zu können.

Es dauerte fast zwei Jahre.

Die Belagerung zog sich in die Länge. Kämpfe und Scharmützel unterbrachen die nicht aufhörende Wacht und das gegenseitige Belauern. Mal gab es einen Erfolg für die Kreuzfahrer, mal für die Sarazenen. Doch alle errungenen Siege beider Seiten waren zu gering, um eine Entscheidung herbeizuführen. Weit mehr Opfer noch als Schwerter und Äxte forderten Hunger und Krankheiten. Leid und Elend erfüllten das Lager der Kreuzfahrer. Mehrmals schien das Ende der Belagerung gekommen. Aber irgendwie schafften sie es auszuharren. Der Einzige, der nicht darbte, war ich. Für mich war es ein Leichtes, mich von den Todgeweihten der improvisierten Spitäler zu nähren. Und zu warten. Tags verbarg ich mich in einer Höhle unweit der Stadt und nachts streifte ich um die Mauern und suchte nach Opfern. Nach jeder Schlacht hielt ich Ausschau, ob mein unsterblicher Feind sich wieder zeigte. Doch ich fand kein Anzeichen für seine Anwesenheit.

Das Ende des Wartens zeichnete sich ab, als der französische König Philipp August und sein englisches Pendant Richard Löwenherz eintrafen. Insbesondere Letzterem gelang es, wieder Hoffnung in den ausgezehrten Belagerern zu wecken. Gemeinsam mit den frischen Mannen, die die Könige mitbrachten, wendete er das Blatt endgültig zugunsten der Kreuzfahrer.

Nach vielerlei Kämpfen gelang im Sommer 1191 endlich der Sturm auf die weidwunde Stadt. Sobald ich nach Sonnenuntergang aus meinem Schlaf erwachte, machte ich mich daran, die Straßen Akkons zu durchstöbern auf der Suche nach meinem unsterblichen Feind. Ich fand nichts.

Meine Enttäuschung war groß angesichts der Erkenntnis, dass der letzte Nachkomme der Bestie von Jerusalem entkommen war. Doch ich ahnte, wo ich ihn finden würde. Ich musste zurück in die Heilige Stadt.

Ich begleitete das Heer des Richard Löwenherz auf seinem Zug. An ausgewählte Templer und andere Streiter, die das Ohr des Engländers erreichten, gab ich mein Blut und wies sie an, den König zum Angriff zu ermutigen. Ob die Schlacht um Jerusalem gewonnen werden konnte, war mir beinahe gleichgültig. Ich benötigte nur die Wirren eines Kampfes, um in ihrem Schutz hinter die Mauern eindringen und auf die Suche gehen zu können. Doch Richard ließ sich nicht auf ein unkalkulierbares Wagnis ein. Er widerstand meinen Einflüsterungen und lehnte das Angebot, an der legendären Stärke der Tempelritter teilhaben zu dürfen, rundweg ab. Er setzte auf Verhandlungen mit Saladin und begann einen regen Austausch von Depeschen und Geschenken.

Später bewunderte ich ihn für seine Standhaftigkeit, sowohl dafür, das Leben seiner Streiter nicht leichtfertig aufs Spiel zu setzen als auch, sich selbst nicht unbekannten Mächten auszuliefern. Doch damals trieb seine Sturheit mich fast in den Wahnsinn. Ein Sterblicher wagte es, sich meinem Willen zu widersetzen! Ein König zwar, doch was bedeutete das schon im Vergleich mit der Macht, über die ich gebot? Und dennoch half mir all meine Kraft nicht, meinem Ziel näher zu kommen.

Stattdessen kam mein Ziel zu mir.

Als ein Ordensritter mir die Botschaft aus dem Lager des Feindes überbrachte, brauchte ich lang, um zu erfassen, was mich da erreicht hatte. Mein unsterblicher Gegner, ein Nocturnus vom Blut der abscheulichen Bestie bat mich um eine Unterredung. Ein Treffen auf neutralem Boden mit freiem Geleit für alle Beteiligten. Ich überlegte ausgiebig, ob ich mich darauf einlassen sollte. Schließlich siegte die Neugier. Ich wollte meinen Gegner kennenlernen. Ich sagte zu.

Unser insgesamt drittes Treffen nach den kurzen Begegnungen in den Straßen Jerusalems und vor den Mauern von Akkon fand in einem Zelt statt, das die Sarazenen auf halbem Weg zwischen der Heiligen Stadt und dem Heerlager des Richard Löwenherz errichtet hatten. Meine Begleiter, Tempelritter, die regelmäßig von meinem Blut tranken und mir loyal ergeben waren, und ich wurden vorsichtig, aber freundlich von den Gefolgsleuten meines Feindes empfangen. Die Templer und die sarazenischen Krieger beäugten sich misstrauisch, ja geradezu hasserfüllt. Doch ich wies meine Männer an, keinen Streit zu provozieren. Die Muslime hatten offenbar ähnliche Order erhalten.

Das Zelt betrat ich allein und wurde begrüßt von Wohlgerüchen, die von Kohlebecken inmitten kostbarer Teppiche und erlesener Möbel aufstiegen. Aber für den Tand hatte ich in jener Nacht keine Augen. Meine Aufmerksamkeit war ausschließlich auf den einzelnen Mann gerichtet, der in der Mitte des Zeltes stand. Er blickte mir direkt ins Gesicht und seine Hand lag auf dem Griff des mächtigen Krummschwertes, das in seiner goldbestickten Schärpe steckte. Sein Blick war eine einzige Frage: Kämpfen oder Reden?

Ich überlegte kurz, wie ich antworten sollte. Dann hob ich meine Hände und streckte sie ihm als Zeichen des Friedens leer entgegen. Mein Wunsch, ihm den Kopf von den Schultern zu trennen wie seinem Erzeuger, war ungebrochen. Doch ich hatte freies Geleit zugesagt und mein Wort war das einzige, das mir von meiner Ehre als Edelmann geblieben war.

Er nickte zur Bestätigung und nahm die Hand vom Schwert. »Nun seid willkommen, Templer.« Sein Französisch war unbeholfen, aber gut verständlich.

»Salem aleikum«, entgegnete ich, um meine Wertschätzung dafür darzubieten, dass er mich in meiner Sprache begrüßte.

Ein Lächeln zeigte sich auf seinen Lippen. »Sieh an, ein Tempelritter, der die Worte des Friedens spricht.«

»Erstaunt Euch das so sehr?«

»Euer Orden ist bei uns nicht unbedingt für übermäßige Friedensliebe bekannt. Und insbesondere Ihr seid bei denen, die um Eure Existenz wissen, gefürchtet. Umso größer ist die Ehre, Euch nun in Frieden gegenüberzustehen.«

Ich weiß nicht, was ich erwartet hatte, doch sein ausnehmend höfliches Gebaren, gepaart mit den klaren Worten, brachte mich vollständig aus dem Konzept.

»Ihr habt nicht viel gemein mit dem, der Euch geschaffen hat.« Meine Feststellung war zwar zutreffend, aber ich bedauerte sie, sobald ich sie ausgesprochen hatte.

Das Lachen meines Gegenübers war offen und herzlich. »Mein Schöpfer ist Allah und mit ihm habe ich sicherlich nicht viel gemein. Falls Ihr jedoch den meint, der mein Leben genommen und mir das hier gegeben hat …« Er sah abfällig an seinem Leib herab. »Nun, ich bemühe mich nach Kräften, nicht seinem Beispiel zu folgen.«

Mit einer einladenden Geste bot er mir einen Stuhl an und setzte sich ebenfalls, nachdem ich mich darauf niedergelassen hatte.

»Ich habe mich noch gar nicht vorgestellt. Mein Name ist Ibrahim ibn Khalid.«

»Leonard von Montesaro.«

»Gut, Leonard von Montesaro. Ich danke Euch, dass Ihr meiner Einladung gefolgt seid.« Er machte eine kurze Pause, um seine Worte zurechtzulegen. »Unsere Könige haben aufgehört, sich zu bekämpfen und stattdessen begonnen zu verhandeln. Ich frage Euch: Können vielleicht auch wir unseren Zwist begraben und eine friedliche Lösung suchen, statt uns gegenseitig nach dem Leben zu trachten? Insbesondere, da unser Kampf große Opfer fordert. Unschuldige Opfer, deren Blut wir benötigen, um unseren Streit auszutragen.« Als ich nicht antwortete, fuhr er fort: »Ihr habt den getötet, der mich … geschaffen hat, wie Ihr es nennt. Nicht, dass ich ihn betrauern würde. Euer Gefährte tötete in Jerusalem meinen Freund, bevor ich sein Leben nahm. Ihr nahmt zwei Leben, wir nahmen eines. Lasst uns damit aufhören! Lasst uns das Töten beenden! So wie unsere Könige.«

»Er ist nicht mein König.«

Ibrahim fixierte meine Augen. »Was wollt Ihr, Templer?«

Ich lehnte mich vor. »Ich will alle Spuren, die Euer Schöpfer hinterlassen hat, aus diesem Land tilgen.«

Angesichts meiner unverblümten Eröffnung zögert er. »Warum? Was habe ich Euch getan?«

»Ihr seid ein Ungeheuer. Eine Bestie. So wie Euer Schöpfer. Und so wie seiner. Wir alle müssen vernichtet werden.«

»Auch Ihr?«

»Auch ich. Sobald außer mir keiner von uns mehr existiert.«

»Nun, da habt Ihr ja noch einiges zu tun.«

Seine fast schon abfällige Bemerkung alarmierte mich. »Wie meint Ihr das? Habt Ihr noch mehr Nocturni erschaffen?«

»Nein, das habe ich nicht. Aber es gibt noch andere von uns. Andere Nocturni, wie Ihr sie nennt.«

»Wo?«

»Ich habe einen in Damaskus getroffen. Nach unserer Begegnung in Jerusalem. Ihm verdanke ich, das Erbe meines Blutvaters hinter mir gelassen zu haben. Er hat mich gelehrt, dass wir keine Ungeheuer sein müssen. Es ist nicht leicht, aber es ist möglich.«

Seine Worte trafen mich wie ein Blitz. »Es gibt noch mehr? In Damaskus?«

»Ja.«

»Und sie stammen nicht von Euch oder Eurem Schöpfer ab?«

»Nein. Der, den ich traf, ist viel älter als mein Blutsvater. Er hat mir erzählt, er lebe seit vielen Jahrhunderten in Damaskus. Schon bevor das Wort des Propheten die Stadt erreicht hat.«

»Ist er ein Nachkomme des Vitus?«

Offensichtlich konnte er den Namen einordnen. Vielleicht hatte auch er Visionen aus dem Blut seines Schöpfers gewonnen so wie ich. »Nein. Er hat von ihm gehört, aber er sagte, er sei ihm nie begegnet.«

Resigniert sank ich auf meinem Stuhl zusammen. Langsam dämmerte mir, was seine Worte bedeuteten. Vitus und Byzanz waren nicht die einzige Quelle des Übels, das ich repräsentierte. Es gab noch andere wie ihn. Auch unter den Sarazenen. Und wenn es sie hier gab, dann vermutlich ebenso in Europa. Das Geschwür der Nocturni war viel weiter verbreitet, als ich befürchtet hatte. Aus meiner Zeit in Konstantinopel wusste ich, dass in der Bosporusmetropole weitere Nocturni existierten. Aber dass es darüber hinaus noch so viele andere gab, war mir nicht in den Sinn gekommen.

Ich schalt mich für meine Torheit. Ich hatte selbst erlebt, wie das unreine Blut der Unsterblichen sich ausbreitete. Ich selbst hatte Nachkommen geschaffen. Philip, mein erster Abkömmling, war nach Frankreich gereist, um dort dem Templerorden zu dienen. Hatte ich wirklich geglaubt, ich sei der erste meiner Art, der Nachkommen erschuf und in die Welt schickte? Aus den Visionen, die Vitus' Blut in mir erweckt hatte, und aus seinen Erzählungen wusste ich, dass er bereits seit den Zeiten des Römischen Reiches auf der Erde wandelte. Die Nocturni waren uralt. Natürlich hatten sie sich schon früher über alles Land verbreitet. Möglicherweise gab es auch einen in meiner Heimat in Burgund, der sich dort vor den Sterblichen versteckte und von ihnen ernährte.

Mein Streben, die Welt von diesem Übel zu befreien, war vielleicht ehrenwert, aber zum Scheitern verurteilt. Die Feinde lauerten überall. Durch wie viele Städte war ich gereist auf dem Weg von der Burg meines Vaters ins Heilige Land? Falls sich auch nur in jeder Zehnten von ihnen einer der Unsrigen verbarg …

Ibrahims Stimme riss mich aus meinen wild rasenden Gedanken. »Da ist noch eine Frage, auf die ich in Damaskus keine Antwort gefunden habe: Aus welchem Grund hat diese Frau – Vitus' Tochter, wenn ich es recht verstanden habe – meinem Blutsvater ihr Blut gegeben?«

Ich musste seine Worte im Geist wiederholen, bevor ich antwortete: »Sie tat es auf Geheiß ihres Meisters Vitus. Und er gab seine Anweisung meinetwegen. Indem er Euren Schöpfer in die Heilige Stadt gesandt hat, verführte er mich dazu, mich ihm freiwillig hinzugeben und sein Sohn zu werden.«

Ibrahim fuhr mit der Hand über den kurz geschorenen Bart an seinem Kinn. »Es scheint, unsere Schicksale sind eng miteinander verwoben, Templer.«

Geistesabwesend nickte ich. Wieder einmal wurde meine Sicht der Dinge auf die Probe gestellt. In der Welt der Nocturni war nichts so, wie es zu sein schien. Hinter jeder angeblichen Gewissheit lauerte entweder eine Lüge oder eine verborgene Wahrheit, die man zuvor nicht ansatzweise erahnt hatte.

Ich war hierher gekommen, um meinen Feind kennenzulernen. Um einschätzen zu können, wie ich ihn am besten vernichten konnte. Doch statt dem erwarteten Monster saß ich nun einem gebildeten und zivilisierten Muslim gegenüber, der mir den Frieden anbot. All meine Vorsätze und Pläne zerstreuten sich wie der Wüstensand im Wind.

Nein, nicht alle.

Es spielte keine Rolle, dass es aussichtslos war, sämtliche Nocturni zu vernichten. Dass es noch unzählige andere gab, änderte nichts daran, dass einer von ihnen sterben musste. Meine Rache an Vitus würde ich nicht aufgeben. Doch ich erkannte, dass ich vorher mehr lernen musste. Der Sarazene vor mir war eine Gelegenheit, die ich nicht verstreichen lassen durfte. Er war zwar erst wenige Jahre einer der Unsrigen, aber er verfügte über Informationsquellen, die mir ohne ihn verschlossen waren.

»Also soll es so sein, wie Ihr gesagt habt. Wir schließen Frieden, so wie die sterblichen Herrscher dieses Landes.«

Seine Miene hellte sich auf. »Das ist gut.« Er erhob sich und verbeugte sich vor mir. »Hiermit gelobe ich, Euch und den Eurigen kein Leid zuzufügen, so lange auch Ihr den Frieden wahrt. Allah soll mein Zeuge sein.«

Ich stand ebenfalls auf. »Amen.«

Wir ließen uns wieder auf die Stühle nieder.

»Was werdet Ihr nun tun?«, wollte ich wissen.

»Ich werde lernen. Dieses Dasein ist immer noch neu für mich. Allah hat mich vor eine Herausforderung gestellt. Ich werde viel lernen müssen, um dies zu meistern.«

»Ihr meint, Allah habe bestimmt, was Euch widerfahren ist? Glaubt mir, Ibrahim, einzig und allein Vitus der Römer ist für Euer Schicksal verantwortlich. Auch ich habe einst geglaubt, vom Herrn auserwählt zu sein. Doch es war alles nur Lüge und Intrige.«

Ein fast schon mitleidiges Lächeln umspielte seine Züge. »Ich stelle Eure Worte nicht infrage, Templer. Aber niemand außer Allah vermag mein Schicksal zu bestimmen. Es steht mir nicht zu, mir ein Urteil darüber zu erlauben, welches Werkzeuges er sich dabei bedient.«

»Ihr glaubt, Vitus sei ein Werkzeug Allahs?«

Er sah mir tief in die Augen. »Ich weiß es.«

Ich erwiderte nichts mehr. Ich beneidete ihn um seinen unerschütterlichen Glauben. In ihm erkannte ich dieselben Gedanken, die auch mein Handeln einst bestimmt hatten. Was ich seitdem erlebt und erfahren hatte, brachte diesen Glauben jedoch ins Wanken. Ich wünschte Ibrahim, dies möge ihm erspart bleiben. Die Zeit würde es zeigen.

Doch nun war es Zeit zu gehen.

Wir verabschiedeten uns mit vielen guten Wünschen. Er lud mich ein, ihn in Jerusalem zu besuchen, wenn auch in anderem Gewand. Der Waffenrock der Tempelritter war dort nicht gern gesehen.

Als ich ins Lager der Kreuzfahrer zurückkehrte, stoben meine Gedanken wild durcheinander. Das Gespräch mit Ibrahim hatte meine sicher geglaubte Bestimmung endgültig zerstört. Zweifel an meinem Tun, an der Welt und an meiner Existenz plagten mich den Rest der Nacht und die folgenden Tage und Wochen.

Auf der anderen Seite weckte die Begegnung mit dem Sarazenen Hoffnung in mir. Er stand dem, was ihm widerfahren war, so offen und positiv gegenüber. Ob dies auch mir möglich war? Hatte der Herr mich doch noch nicht vollends verlassen? Alles war wieder infrage gestellt und mit Zweifeln überzogen.

Ich verschob mein Vorhaben, nach Konstantinopel zu reisen. Stattdessen ließ ich mich in Akkon nieder, nährte mich vom Blut der Pilger, die die Schiffe aus Frankreich und Italien in einem nicht enden wollenden Strom entluden.

Als Richard Löwenherz Palästina verließ, hinterließ er Jerusalem in den Händen der Sarazenen, doch mit einem Waffenstillstand, der es den christlichen Pilgern erlaubte, die Grabeskirche und die anderen heiligen Stätten zu besuchen.

Ich folgte Ibrahims Einladung und schritt erneut durch die Straßen der Heiligen Stadt. Er empfing mich mit größter Freundlichkeit und wir führten kontroverse, aber immer respektvolle Gespräche über den Glauben, die Welt und die Nocturni. Letztlich wurden wir zu Freunden. In meinem einstigen Feind erkannte ich einen Seelenverwandten, der sich mit denselben Gedanken, Fragen und Zweifeln quälte wie ich, wenn auch mit wesentlich mehr Gottvertrauen. Zum ersten Mal erhielt ich einen tiefen Einblick in die Kultur der Sarazenen, ihre Weltsicht und ihre Zivilisation, die in vielerlei Belangen der Welt, die ich kannte, überlegen zu sein schien. Ich lernte Respekt vor der Andersartigkeit der Muslime und Wertschätzung für ihre Errungenschaften.

Mein Ziel, Vitus zu töten, verlor ich nie vollkommen aus dem Blick, schob es aber in weite Ferne. Wenn ich etwas hatte, dann war es Zeit. Für die Unsterblichen besteht selten Grund zur Eile. Zehn weitere Jahre blieb ich im Heiligen Land. Doch schließlich tat sich eine Gelegenheit auf, die ich nicht verstreichen lassen konnte.

Der Waffenstillstand zwischen Franken und Sarazenen hielt die gesamte vereinbarte Dauer von fünf Jahren und überdauerte damit sowohl die Anwesenheit des englischen Königs in Palästina als auch den Tod Saladins. Und auch nach dem offiziellen Ende des Friedens begannen beide Lager nicht unmittelbar, wieder aufeinander loszugehen. Doch die Bereitschaft, den Kampf fortzusetzen und Jerusalem zurückzuerobern, wuchs stetig unter den Christen. Schließlich wurde ein neuer Kreuzzug ins Leben gerufen und ein Heer versammelte sich in Venedig, bereit, sich ins Heilige Land einzuschiffen. Es gab aber offenbar einige Unstimmigkeiten und statt nach Palästina zu fahren, verstrickten sich die Franken in einen Thronfolgestreit in Byzanz. Im Sommer des Jahres 1203 landeten die Ritter bei Konstantinopel und begannen mit der Belagerung der Stadt.

Ich kannte die Mauern, die die Metropole am Bosporus umgaben und wusste, dass an ihnen schon zahlreiche Angreifer gescheitert waren. Doch auch wenn die Aussicht auf Erfolg minimal war, musste ich dorthin. Selbst die kleinste Chance, im Schutze eines Angriffes der Kreuzfahrer in Konstantinopel einzudringen, war zu verführerisch, als dass ich in Akkon hätte sitzenbleiben und abwarten können. Also bestieg ich ein Schiff des Ordens und reiste zum dritten Mal an den Bosporus.

Mein Ziel war einfach. Ich suchte endlich meine Rache. Oder den Tod.

Freitag, 20. Mai 2005, Paris, Frankreich

Tief unter den Straßen von Paris laufe ich einem französischen Mädchen hinterher durch die Tunnel der Katakomben. Nach dem kurzen Jagdausflug kehre ich zu meiner vampirischen Gastgeberin zurück. Gemeinsam mit ihr will ich meinen alten Freund aufsuchen, von dem ich alles andere als sicher bin, ob er überhaupt noch mein Freund ist. Doch ich wüsste nicht, wer außer ihm in der Lage wäre, mir bei meinem Anliegen behilflich zu sein. Also muss ich das Risiko eingehen. Zumindest habe ich alles unter den gegebenen Umständen Mögliche getan, um den Rahmen der Zusammenkunft zu meinem Vorteil zu gestalten. Und auch wenn ich nicht hundertprozentig sicher bin, was ich von meiner Begleitung halten soll, scheint es mir so immer noch weitaus besser zu sein, als Étienne allein gegenüberzutreten.

Im Thronsaal der Rattenkönigin werden wir bereits erwartet. Von ihrem Hofstaat sind nur wenige Sterbliche anwesend. Die zerlumpten Gestalten lungern in Ecken und Nischen zwischen den Säulen der Halle. Sobald wir uns hinzugesellen, kommt eine von ihnen auf mich zu, eine Frau mittleren Alters, reicht mir mit einem höfischen Knicks ein sorgsam eingepacktes Bündel und verschwindet eilig wieder. Unter dem Papier erscheint ein vollständiger Satz Kleidung. Auf meinen fragenden Blick hin weist Jacqueline mir den Weg zu einer Nische, in der ich mich unbeobachtet umziehen kann. Wer auch immer die Kleider ausgewählt hat, besitzt offenbar ein hervorragendes Auge für meinen Stil und meine Größe. Alles sitzt wie angegossen und verdeckt hervorragend das Kettenhemd unter dem Stoff.

»Lass einfach liegen!« Jacqueline deutet auf die alten Sachen in meiner Hand, sobald ich fertig bin und in den Gewölbesaal zurückkehre. »Die kann hier bestimmt jemand brauchen.«

Mit einem Schulterzucken tue ich, wie mir geheißen, und folge ihr ins Zentrum des Geschehens.

Auch die Herrin des Hauses hat sich neu eingekleidet und eine etwas dezentere Garderobe angelegt als bei unserer ersten Begegnung. Das bodenlange schwarze Ballkleid mit dem hochgeschlossenen diamantbesetzten Kragen und die pelzbesetzte Weste sind zwar kein bisschen weniger exklusiv, aber doch zumindest nicht ganz so anachronistisch wie der ausladende Reifrock, den sie zuvor getragen hat. Auch ihre beiden Leibwächter haben sich etwas moderner bestückt und die Äxte gegen Macheten und abgesägte Schrotflinten eingetauscht, die sie einigermaßen unter den langen Ledermänteln verbergen können. Neben den drei Vampiren stehen noch vier Sterbliche bereit, mich an Étiennes Hof zu begleiten. Auch sie sind allesamt bis an die Zähne bewaffnet. Unter ihnen erkenne ich den Buckligen, der mich zusammen mit Jacqueline hierher geführt hat.

»Wir sind bereit, Templer«, begrüßt mich die Herrin der Katakomben mit aufgesetzter Freude. Ihr Blick spiegelt immer noch die tiefe Abneigung gegen mich und das hinterlistige Manöver wider, mit dem ich sie dazu gebracht habe, mich zu begleiten.

Ich begutachte die Abordnung der Ratten von Paris und nicke ihr zu. »Dann gehen wir.«

Zum Abschied schenke ich Jacqueline ein Augenzwinkern. Sie hebt ihre Hand zu einem angedeuteten Winken. Im Geiste wünsche ich ihr alles Gute für ihr weiteres Leben. Anschließend wende ich mich wieder der wartenden Versammlung zu.

Die Kindsjägerin mit dem Engelsgesicht an der Spitze, setzt der Tross sich in Bewegung. Ich reihe mich hinter César und Rodrigue ein. Wir nehmen nicht den mir bekannten Weg aus der Säulenhalle, sondern verlassen sie am anderen Ende durch einen steinernen Torbogen, der zu einem moderneren Tunnel mit Betonwänden und Kabeln unter der Decke führt. Nach einigen Abzweigungen habe ich die Orientierung wieder verloren. Was mich beruhigt, ist, dass die Treppen, über die wir gehen, größtenteils nach oben führen.

Hinter einer schmucklosen Brandschutztür befinden wir uns urplötzlich in der im Vergleich zu den Katakomben wesentlich vertrauter wirkenden Umgebung einer Tiefgarage. Unmittelbar vor uns warten zwei schwarze Limousinen. An den geöffneten Türen zu den Fonds stehen in moderne Geschäftsanzüge gekleidete Männer. Beide tragen Ohrhörer und ihre Sakkos weisen verdächtige Ausbuchtungen auf. Da die Diener der Rattenkönigin über keine derartigen Accessoires verfügen, vermute ich, es handelt sich um gemietete Sicherheitsleute. In jedem Fall sehen sowohl die Autos als auch die zwei Chauffeure aus, als wären sie nicht billig. Insbesondere, dass sie so kurze Zeit, nachdem wir unseren gemeinsamen Besuch bei Étienne beschlossen haben, bereitstehen, lässt darauf schließen, dass meine Gastgeberin entweder Sonderkonditionen genießt oder eine gehörige Menge Geld geflossen ist. Möglicherweise beides.

In jedem Fall scheinen ihre Geschäfte im Untergrund gut zu laufen. Ich frage mich, ob sie all ihren so plakativ zur Schau getragenen Reichtum mit Hilfe von Dieben und Gaunern erlangt hat oder noch über weitere Geldquellen verfügt. Nun, so lange ich von ihren Ressourcen profitiere, indem ich in einer Limousine zu Étienne gefahren werde, soll es mir egal sein.

Obwohl ich keinerlei Anzeichen für eine Falle entdecken kann, bin ich weiterhin vorsichtig. Dies beinhaltet, dass ich, ohne die Bekanntgabe der geplanten Sitzordnung abzuwarten, in denselben Wagen steige wie meine unfreiwillige Gönnerin. Ich ziehe die Tür hinter mir zu, bevor noch weitere Personen auf den beiden gegenüberliegenden Sitzbänken des großzügigen Fonds Platz nehmen können. Die Augen der Rattenkönigin funkeln wütend und es kostet sie offensichtlich Mühe, ihren Zorn hinunterzuschlucken. Doch sie protestiert nicht. Ihre Angst vor mir überwiegt den Hass. Gut so.

Einer ihrer vampirischen Wächter lässt sich auf dem Beifahrersitz nieder. Der Rest des Gefolges zwängt sich in den zweiten

Wagen. Sobald alle eingestiegen sind, fahren die beiden Limousinen los. Auf dem Weg nach oben durchqueren wir mehrere Parkdecks. Ich vermute, wir haben die Tiefgarage auf der untersten Ebene betreten.

Erst als die klaustrophobische Betonarchitektur einer offenen, von mehrstöckigen Wohn- und Bürogebäuden gesäumten Straße weicht, eröffne ich die Konversation. »Kommt Ihr öfters hier herauf?«

»Gelegentlich.« Die gespielte Freundlichkeit ist aus ihrer Stimme gewichen. Der Fond ist durch eine Glasscheibe von Fahrer und Beifahrer getrennt, so dass keine Notwendigkeit dazu besteht, die Scharade der Eintracht für ihre Gefolgsleute aufrecht zu erhalten. »Wenn es sich nicht vermeiden lässt.«

Von ihrem Unmut lasse ich mich nicht beeindrucken. »Wart Ihr schon einmal im Refuge?«

Meine Fragen nerven sie offenkundig. Dennoch antwortet sie freimütig. »Nein. Étienne und ich halten unsere Zusammenkünfte üblicherweise an neutralen Orten ab. Aber wir treffen uns ohnehin nur selten. Alle paar Jahre mal.« Nach einer kurzen Pause, während der wir beide die beleuchtete Straße betrachten, sieht sie mich etwas weniger feindselig an als zuvor. »Darf ich fragen, weswegen Ihr eigentlich nach so langer Zeit hergekommen seid?«

Kurzzeitig bin ich versucht, Vitus zu erwähnen. Nicht auszuschließen, dass sie Informationen hat, die mir weiterhelfen könnten. Aber ich beschließe, meine Antwort ein wenig allgemeiner zu halten. »Ich bin auf der Suche nach einem alten Bekannten. Ich hoffe, Étienne kann mir einen Hinweis geben, wo ich ihn finde.«

»›Alte Bekannte‹ hat für jemanden wie Euch vermutlich eine ganz besondere Bedeutung.« In ihren Worten schwingen Ehrfurcht und Sarkasmus gleichermaßen mit.

Ich mustere ihre ebenmäßigen Gesichtszüge. Die leicht schrägen Augen, hohen Wangenknochen und einladend vollen Lippen. »Darf ich nun Euch eine Frage stellen?«

»Tut Ihr das nicht schon die ganze Zeit?«

»Ja, sicher«, gebe ich zu, bevor ich fortfahre: »Als Ihr erfahren habt, wer ich bin, habt Ihr den Eindruck erweckt zu befürchten, ich würde Euch auf der Stelle töten. Was angesichts unserer gemeinsamen Vergangenheit ja auch verständlich ist. Doch nun seid Ihr – und versteht das bitte nicht als Kritik – fast schon ein wenig jovial. Wenn auch in einer, so finde ich, durchaus erfrischenden Weise. Ich bin verwundert. Woher die plötzliche Offenheit?«

Meine unverblümte Äußerung verunsichert sie sichtlich. Einen Augenblick überlegt sie, bevor sie antwortet, wobei sie offenkundig um jedes Wort bemüht ist. »Verzeiht, falls ich Euch respektlos erschienen bin. Das lag nicht in meiner Absicht. Doch meine anfängliche Befürchtung, dass Ihr meinen Tod wünscht, habt Ihr durch Wort und Tat zerstreut. Ich hoffe inständig, Euer Wohlwollen nicht durch meine unbedachte Wortwahl gefährdet zu haben.«

»Nein, nein. Ich bin durchweg ein Freund klarer Worte.«

Ihre Anspannung weicht ein wenig, doch ich erkenne deutlich, dass sie nun vorsichtiger ist. Die Rangordnung zwischen uns ist in jedem Fall eindeutig geklärt.

»Um zu Eurer Bemerkung zurückzukommen«, fahre ich nach einer kurzen Pause fort, »so habt Ihr absolut recht. Der, den ich suche, ist in der Tat sehr alt. Er ist einer der Archaioi.«

Das Wort verfehlt seine Wirkung nicht. Ihr Zusammenzucken ist allerdings fast unmerklich. »So wie Laurent?«

Sie legt eine besondere Betonung in den Namen ihres Ahnherren. Als würde sie die Frage implizieren, ob ich auch denjenigen, den ich nun suche, vernichten will wie einst den unsterblichen Herrscher von Paris und Frankreich.

»Ja, so wie Laurent, wenngleich ich ihn in friedlicherer Absicht aufzusuchen gedenke.«

Auf meine Bemerkung hin entspannt sich ihr angestrengter Gesichtsausdruck ein wenig. Wäre sie ein Mensch, würde sie nun wohl tief durchatmen. Angesichts des Mienenspiels, das ihre emotionale Achterbahnfahrt widerspiegelt, bemerkt sie meine Belustigung. »Für einen Moment habe ich befürchtet, Ihr wolltet wieder Jagd auf die Alten machen, so wie Ihr es den Erzählungen zu Folge früher getan habt.«

»Wäre es so schlimm, wenn einer der Alten verschwinden würde?«

»Ich gehe davon aus, dass das ›Verschwinden‹ eines der Alten größere Verwerfungen nach sich ziehen würde, die den fragilen Frieden unter unseresgleichen gefährden könnten. Jede Verschiebung der Machtverhältnisse zwischen den altehrwürdigen Blutlinien ist eine potentielle Gefahr für alle von unserer Art. Und, wie die Vergangenheit zeigt, auch für die Sterblichen.«

»Inwiefern?«

»Jeder Krieg der Blutlinien wurde früher begleitet von Kriegen der Menschen. Laurents Vernichtung ging einher mit der Französischen Revolution und den Napoleonischen Kriegen. Und von dem Leid, das der Zweite Weltkrieg über die Sterblichen wie die Unsterblichen gebracht hat, brauche ich Euch wohl nicht zu erzählen.«

Die Flächenbombardements ganzer Städte haben in der Tat viele unserer Art das Leben gekostet. Ich bin heilfroh, dass ich diese schreckliche Zeit im halbwegs friedlichen Amerika verbracht habe. Durch Auswanderer aus diesen Tagen wie Zoë habe jedoch auch ich in drastischen Schilderungen von dem unendlichen Leid erfahren, das dieser Krieg über alle Bewohner Europas gebracht hat. Ihre Geschichten weckten Erinnerungen an den Dreißigjährigen Krieg, den ich am eigenen Leib erlebt habe. Dennoch sehe ich mich genötigt, mich vor der implizierten Anklage zu rechtfertigen.

»Eure Andeutung, die Vernichtung Laurents hätte Revolutionen und Kriege verursacht …«

»Nein, nein.« Gestenreich fällt sie mir ins Wort. »Ich sagte nur, dass die Kämpfe der Unsrigen meist mit denen der Menschen einhergehen. Was Ursache ist und was Wirkung, darüber kann man sicherlich vortrefflich diskutieren.«

Mit dieser Aussage kann ich leben.

»Nur gut, dass in den letzten Jahren keine derartigen Verwerfungen, wie Ihr es genannt habt, mehr stattgefunden haben.« Ich beobachte ihre Reaktion auf meine Äußerung genau.

»Ja, die Einigung der Blutlinien hat uns allen eine friedliche Zeit gebracht. Die Vernichtung eines ihrer Oberhäupter würde all das aufs Spiel setzen. Von daher bin ich froh zu hören, dass Ihr nichts dergleichen vorhabt.«

Einigung der Blutlinien? Es scheint einiges passiert zu sein, seit ich die Alte Welt verlassen habe.

Ihre Schilderung hört sich aber in jedem Fall nicht so an, als hätte man hierzulande schon etwas von Marduk gehört. Das Problem, dessentwegen ich hergekommen bin, ist also offenbar auf Amerika beschränkt und hat sich noch nicht bis in die Alte Welt herumgesprochen. Zumindest nicht bis in die Katakomben von Paris.

Wir überqueren die Seine über den Pont de la Concorde. Auf dem Wasser des Flusses spiegelt sich der prächtig illuminierte Eiffelturm in der Ferne. Ich genieße die Schönheit der Stadt, die einst meine Heimat gewesen ist und die ich nun kaum wiedererkenne. Meine Mitfahrerin scheint nicht darauf zu bestehen, die Konversation fortzuführen, und schaut ebenfalls schweigend durch die Fenster der Limousine nach draußen.

Über den Place de la Concorde, auf dem damals die Guillotine stand, und an der Madeleinekirche vorbei fahren wir weiter in Richtung Montmartre. Als ich das letzte Mal in Paris gewesen bin, lag der Hügel, auf dem heute die weithin sichtbare Kirche Sacré-Cœur in strahlendem Weiß leuchtet, noch außerhalb der Stadt. Doch schon längst hat die wuchernde Metropole sich den Montmartre einverleibt und zu einem ihrer verruchtesten Viertel gemacht. Die Straßen am Fuß der Anhöhe sind trotz der vorgerückten Stunde noch wohl belebt. Touristen und andere Nachtschwärmer verlassen ausgelassen plaudernd und laut lachend die Varietés, während die Einsamen und Verschmähten privatere Etablissements aufsuchen.

Vom Dach des Moulin Rouge grüßt die namensgebende rote Windmühle herab, bevor wir über den Place Pigalle in eine der unzähligen engen Seitengassen fahren.

Das Gebäude, vor dem die beiden Limousinen anhalten, reiht sich absolut unscheinbar in seine Nachbarschaft ein. Nur ein wenig beeindruckender Schriftzug aus blauen Neonröhren über der Tür zum Souterrain und die Schlange von mehreren Dutzend Sterblichen auf und vor der Treppe nach unten weisen darauf hin, dass wir unser Ziel erreicht haben.

Die beiden protzigen Limousinen erregen die Aufmerksamkeit der Wartenden ebenso wie die der zwei breitschultrigen Türsteher in ihren Maßanzügen. Einer von ihnen holt ein handliches Walkie-Talkie aus der Jackentasche und kündigt zweifellos unsere Ankunft bei höheren Stellen an.

»Nach Euch!« Mit einer freundlichen Geste biete ich der Rattenkönigin den Vortritt beim Aussteigen.

Hinter ihr verlasse auch ich den Wagen. Dabei versuche ich, keine übermäßige Aufmerksamkeit auf mich zu lenken. Angesichts des pompösen Auftrittes meiner Begleiterin erweist sich dies als lösbare Aufgabe. Ich halte mich in der Nähe ihrer Begleiter und Leibwächter auf, in deren Erscheinungsbild mein Trenchcoat und vernarbtes Gesicht sich hervorragend einfügen. Ein verächtlicher Blick aus den mit Lidschatten und Eyeliner kunstvoll betonten Augen inmitten des perfekten Antlitzes der Rattenkönigin lässt mich wissen, dass sie meine Absicht, mich unter das Fußvolk zu mischen, durchschaut und nicht gutheißt. Doch ohne zu murren, fügt sie sich in ihr Schicksal. Hoch erhobenen Hauptes schreitet sie die Schlange der Wartenden entlang auf die Türsteher zu. Sie genießt es sichtlich, dabei die erbosten Blicke der wild gemischten Menge auf sich zu ziehen. Das Spektrum der Gäste reicht von in neongelbes Latex gepressten anorektischen Edelpunks bis hin zu direkt aus dem Rokoko zu stammen scheinenden Damen. Mit bunten Fächern versuchen sie affektiert, sich die Luft zuzuführen, die die straff geschnürten Korsagen ihnen verwehren.

Bei den Türstehern angekommen, baut die Rattenkönigin sich in aufreizender Pose auf. »Wir werden erwartet.«

Ihr Tonfall ist eine einzige Herausforderung, die sagt: ›Geh zur Seite, oder du handelst dir mehr Ärger ein, als du haben willst‘‹ Die gewünschte Wirkung bleibt nicht aus. Den Protest der Wartenden ignorierend, öffnet eine der beiden Wachen die Stahltür. Das dumpfe Wummern lauter Bässe begrüßt uns dröhnend, als wir im Gänsemarsch das Refuge betreten. Die Türsteher beäugen die Ausbuchtungen unter unseren Mänteln mit kritischen Blicken. Sie machen jedoch keine Anstalten, uns den Zutritt zu verwehren oder zumindest zu entwaffnen.

Wir folgen der mit weit ausholenden Schritten voraneilenden Rattenkönigin an den Garderoben vorbei ins Innere des Clubs. Eine Mauer aus ohrenbetäubendem Lärm kündigt an, dass wir unser Ziel erreicht haben. Am Rand der Tanzfläche bleiben wir stehen und formieren uns in zwei Reihen. Vor uns winden sich die Leiber hunderter Menschen verzückt im Takt der bebenden Bässe, die nicht nur mit den Ohren, sondern im gesamten Körper zu spüren sind. Die Gäste des Refuge überbieten sich gegenseitig mit möglichst extravaganten und schrillen Outfits, die keiner bestimmten Stilrichtung unterworfen zu sein scheinen. Lack, Leder und Kegelnieten an Gürteln, Jacken und Halsbändern sind ebenso beliebt wie hochgeschlossene, bodenlange Kleider und Röcke, deren Verwendung sich nicht auf die weiblichen Besucher beschränkt. Die vorherrschende Grundfarbe ist schwarz, gesprenkelt mit neonfarbenen Blousons und Strapsen sowie Frisuren in Gelb, Blau oder Rot. Und Haut. Viel nackter Haut. Einige der Männer haben abgesehen von kunstvoll um den Körper geschlungenen genieteten Lederriemen nur enge Latexhosen an, unter denen sich ihre Geschlechtsteile aufreizend abzeichnen. Und auch manche der Damen schrecken nicht vor grobmaschigen Netzhemden zurück, die keinerlei verhüllende Wirkung haben. Ein paar tragen Röcke, die so kurz sind, dass sie den Namen nicht einmal verdienen und den Blick auf wohl gerundete Pobacken freigeben.

Die Decke verschwindet drei Stockwerke über uns in einem Meer gleißend bunter Scheinwerfer und Spiegelkugeln. Zwischen den Lichtbatterien und dem Getümmel auf der Tanzfläche hängen vier Käfige, in denen Tänzerinnen sich lüstern räkeln und ihre nahezu unverdeckten Vorzüge preisgeben. Man muss sich schon bemühen, um zumindest ihre knappen Tangas zu erkennen.

Insgesamt erstreckt sich vor mir ein Sündentempel, wie man ihn sich perfekter kaum vorzustellen vermag. Selbst das Fairyland in New York verblasst im unmittelbaren Vergleich mit diesem Etablissement. Was Sünden betrifft, scheint die Alte Welt der Neuen nicht nachzustehen. Ganz im Gegenteil.

Meine Augen wenden sich zu der Galerie, die die Tanzfläche eine Etage über uns vollständig umringt. Während die Tanzenden uns in ihrer Ekstase überhaupt nicht wahrzunehmen scheinen und die sonstigen Umstehenden uns maximal mit abschätzigen Blicken taxieren, werden wir von dort oben aufmerksam beobachtet. Unter den Personen, die uns über die Brüstung hinweg mustern, fällt mir ein wohl gekleideter Mann mit Stehkragen, Pferdeschwanz und einer Klappe über dem linken Auge auf. Er hat beide Hände fest auf das Geländer gestützt und sieht aus seinem verbliebenen Auge mit finsterer Miene zu uns herab. Nein, nicht zu uns. Zu mir. Étienne d'Aumale.

Ich senke den Kopf gerade so weit, dass er den Gruß bemerkt, meine Geste dem übrigen Volk aber nicht auffällt. Seine Antwort besteht daraus, dass er sich von der Brüstung abwendet und außer Sicht verschwindet.

»Dort lang!«

In dem Getöse kann ich die Stimme der Rattenkönigin kaum hören. Doch als sie sich in Bewegung setzt, folgen wir ihr allesamt gehorsam. Ihr Ziel ist eine Treppe neben der Bar, die auf die Galerie führt. Ohne Rücksicht auf die versammelten Menschenmassen bahnen wir uns den Weg durch den überfüllten Raum, nicht ohne von den Angerempelten und aus dem Weg Gedrängten wild beschimpft zu werden. Die meisten sind allerdings ganz schnell wieder still, nachdem sie unsere Karawane finsterer, mit kaum verborgenen Waffen bestückten Gestalten genauer betrachtet haben.

Ich kann nicht verstehen, was unsere Anführerin dem Sicherheitsmann sagt, der ihr den Zugang zur Treppe verweigern will. Aber die Worte scheinen ihren Zweck nicht zu verfehlen. Nach kurzer Diskussion weicht er mit entschuldigender Miene zur Seite und lässt uns passieren.

Obwohl die Empore zum Hauptraum mit der Tanzfläche hin vollständig offen ist, tritt das Dröhnen der Musik hier oben so weit in den Hintergrund, dass man sich zumindest unterhalten kann, ohne schreien zu müssen. Zwei Reihen von Tischen sind rund um die Galerie angeordnet. Die innere befindet sich direkt an der Brüstung mit Aussicht auf das Getümmel. Die äußere ist in diskrete Nischen unterteilt, deren Besucher neugierigen Blicken zumindest teilweise verborgen bleiben. Das Publikum hier oben ist deutlich exklusiver und weitaus gesetzter gekleidet als der lärmende Pöbel unter uns. Ich kenne mich nicht allzu gut mit Speisen und Getränken aus, aber das, was auf den Tischen steht, wirkt definitiv teuer. Wir sind im VIP-Bereich angekommen. Hier stellt man seinen Status weniger durch extravagantes Auftreten zur Schau, was nicht heißt, dass keine gewagten Modekreationen zu sehen wären, sondern auf konventionellere Weise mit Hilfe von Schmuck, Uhren und gepflegter Kleidung. Doch der Tand der Reichen und Schönen interessiert mich nicht. Ich halte Ausschau nach bleichen Gesichtern, Brustkörben, die sich nicht rhythmisch heben und senken, und sonstigen Anzeichen für die Anwesenheit der Unsterblichen.

Meine Suche ist erschreckend schnell von Erfolg gekrönt. Auf Anhieb entdecke ich ein halbes Dutzend Vampire. Keiner von ihnen sieht sonderlich erfreut aus angesichts unseres Erscheinens. Die Reaktionen reichen von offen zur Schau gestellter Abscheu bis hin zu einem angedeuteten Zähnefletschen. Wir lassen uns davon nicht beirren und halten weiter auf den Punkt zu, an dem ich Étienne von unten erblickt habe.

Er erwartet uns breitbeinig stehend mit verschränkten Armen. Über dem Hemd mit Stehkragen trägt er einen altmodischen Zweireiher. In das perfekt geknotete seidene Halstuch ist mit Goldfaden sein persönliches Wappen eingestickt: Wolf und Ritterhelm in zwei nebeneinanderliegenden Feldern. Seine langen dunkelblonden Haare, die er früher meist offen als wallende Mähne getragen hat, sind streng zurückgekämmt und zum Pferdeschwanz gebunden. Das Gesicht mit dem einen eisblauen Auge und der prägnanten Nase ist versteinert. Die auffällige lederne Klappe über dem anderen Auge ist ein Andenken an seine wilde Zeit als sterblicher Raufbold. Wir können dank der Kraft unseres Blutes zwar so ziemlich alle Verletzungen heilen, die uns zugefügt werden. Doch die Wunden aus unserem menschlichen Dasein begleiten uns unweigerlich in die Ewigkeit, was auch der Grund für die Narben in meinem Gesicht ist.

Hinter ihm aufgereiht steht eine Versammlung sterblicher und unsterblicher Getreuer. Ich entdecke Francois Lamargue. Er versucht, möglichst wenig Aufmerksamkeit zu erregen. Als er bemerkt, dass ich ihn erkannt habe, setzt er eine entschuldigende Miene auf. Ich lasse ihn mit keinem Muskelzucken wissen, wie ich zu ihm stehe.

Die meisten der Übrigen habe ich nie zuvor gesehen. Der Großteil von ihnen ist vermutlich zu jung, um bereits in der Stadt gewesen zu sein, als ich das letzte Mal hier war. Doch das eine oder andere Gesicht kommt mir bekannt vor. Mein Blick bleibt an der verfinsterten Miene einer hübschen Frau hängen. Der Trotz und die offene Antipathie mir gegenüber sind unverkennbar. Ich erinnere mich an ihren Namen: Claire. Wir haben zusammen gekämpft, aber Freunde sind wir nie gewesen. Und es scheint, als würde sich daran auch heute Nacht nichts ändern. Ich lasse mir nichts anmerken und gehe über ihre unausgesprochene Herausforderung hinweg.

Aus dem Augenwinkel erkenne ich, dass einige der Vampire, an denen wir vorbeigegangen sind, sich von ihren Tischen erheben und hinter uns aufbauen. Ich überschlage kurz die Zahl der Unsterblichen, die uns gegenüber steht, und komme auf etwa ein Dutzend. Eine erstaunlich große Ansammlung für eine Spezies von Einzelgängern. Dass sich so viele unserer Art friedlich an einem Ort versammeln, ist ein untrügliches Zeichen dafür, dass der Herr des Hauses seine Gefolgschaft fest im Griff hat.

Trotz unserer Unterzahl lässt die Rattenkönigin sich nicht vom herausfordernden Gebaren unseres Gastgebers einschüchtern. »Hallo Étienne.« Sie wirft einen Blick in die Runde. »Nett hier. Warum habt Ihr uns nicht schon längst einmal eingeladen, damit wir Euer Prunkstück bewundern können.«

Der Angesprochene reagiert zunächst gar nicht. Umgeben von seinem Hofstaat steht er still da und mustert seinen Besuch. Auf mir verweilt sein Blick besonders lang. Sein Auge sagt: ›Was willst du hier?‹, doch Étiennes Mund bleibt stumm. Dann strafft er sich und wendet sich wieder der Anführerin unserer Delegation zu. »Juliette, was für eine Überraschung, Euch hier zu sehen.« Eiseskälte liegt in jedem einzelnen Wort.

Die Rattenkönigin setzt zu einer Bemerkung an, vermutlich, um sich über seine Verwendung ihres abgelegten Geburtsnamens zu echauffieren, doch sie hält sich zurück. »Ich muss Euch leider mitteilen, dass dies kein Höflichkeitsbesuch ist.«

»Nicht?« Sein gekünsteltes Erstaunen trieft vor Sarkasmus. »Dabei macht Ihr so einen höflichen Eindruck, hier mit waffenstarrender Eskorte hereinzuspazieren und meine Türsteher aus dem Weg zu scheuchen.«

Ich versuche zu ergründen, ob er sie mit Absicht zu provozieren sucht oder einfach nur seinem Zorn freien Lauf lässt. Ich vermute Ersteres, doch ich vermag sein Pokerface nicht zu durchdringen.

Die Rattenkönigin bleibt ungerührt, zumindest äußerlich. Auch wenn ich hinter ihr stehe und ihr Gesicht nicht sehe, kann ich spüren, wie sie um ihre Beherrschung ringt.

»Fast so höflich, wie es ist, Eure Lakaien am Leben zu lassen, die seit letzter Nacht in meine Domäne eindringen und unser Abkommen verletzen. Oder sollte ich sie lieber an die Unberührbaren verfüttern, wie sie es verdienen?«

In gespielter Zerknirschtheit verzieht Étienne das Gesicht. Seine nervenaufreibende Theatralik erinnert mich an Samantha. »Oh, dabei muss es sich um ein Missverständnis handeln. Ich bitte Euch vielmals um Verzeihung, sollte dies den Tatsachen entsprechen. Ich werde die Verantwortlichen persönlich zur Rechenschaft ziehen.«

Er hat sich gut aus der Affäre gezogen, ist nun aber in der Defensive.

Sie nutzt die Bresche und setzt nach. »Es schien, als seien Eure Männer auf der Suche. Wonach auch immer. Habt Ihr etwas verloren? So was ist immer ärgerlich. Vielleicht kann ich Euch helfen?«

Sein Blick wandert unwillkürlich zu mir. Nur für einen Augenblick, aber lang genug, um in dem kurzen Moment der Unbeherrschtheit die nackte Angst in seinem Auge zu erkennen. Jacqueline hat recht. Er fürchtet mich. Er fürchtet um sein Leben.

»Nein.« Der Spott ist aus seiner Stimme gewichen. »Ich denke, die Angelegenheit hat sich erledigt.«

Einige seiner Getreuen zeigen Erstaunen angesichts seines Rückzuges. Sie sind es offenbar nicht gewohnt, dass ihr Herrscher, noch dazu aus einer Position vermeintlicher Stärke, den Schwanz einzieht. Die Front bröckelt. Genau die richtige Zeit, um die Bombe platzen zu lassen.

»Das ist schön zu hören.« Der Genuss ihres Sieges trieft der Rattenkönigin aus allen Poren. »Ich gehe davon aus, dass ein derartiges Vorkommnis keine Wiederholung findet. Doch nun zu einem erfreulicheren Ereignis. Ein alter Freund von Euch hat sich in der Stadt eingefunden.« Das gewinnende Lächeln, mit dem sie sich zu mir umdreht, entlockt mir ein Schmunzeln. Der Missmut, den sie bei unserer Fahrt hierher zur Schau getragen hat, ist vollständig gewichen. Geradezu dankbar strahlt sie mich an.

Ich trete einen Schritt vor und stelle mich neben sie.

»Darf ich Euch Leonard von Montesaro vorstellen.« Die folgenden Worte lässt sie sich auf der Zunge zergehen. »Für diejenigen, die ihn nicht kennen: Man nennt ihn auch den Templer.«

Ein plötzlich auftretendes Erdbeben hätte keine drastischere Reaktion auslösen können als die Nennung meines Spitznamens. Einige der Vampire aus Étiennes Gefolge weichen instinktiv ein paar Schritte zurück und beginnen, sich hektisch nach Fluchtwegen umzusehen. Andere gehen in Verteidigungsstellung und fauchen mich mit gefletschten Fangzähnen an. Auch Claire zeigt nun offene Angriffslust. Francois geht hinter Étienne in Deckung.

Nur der Herr des Hauses bleibt einigermaßen gelassen. Beschwörend hebt er die Hände. »Ruhig! Alle bewahren die Ruhe!«

Die unbedingte Autorität seiner Worte durchdringt den gesamten Raum. Dann stellt er sich demonstrativ vor mich. »Seid gegrüßt, Leonard. Es ist lang her.«

»Ja, das ist es.«

Beinahe unmerklich zuckt er zusammen, als ich meinen Arm nach ihm ausstrecke. Doch als ich lediglich meine Hand freundschaftlich auf seine Schulter lege, hat er sich sofort wieder im Griff.

»Es ist mir eine Freude, dich wiederzusehen, alter Freund.« Meine warmherzigen Worte und das ehrliche Lächeln auf meinen Lippen vermögen seine Besorgnis noch nicht vollständig aus dem Weg zu räumen. Aber ich merke, wie seine verkrampften Muskeln sich zumindest ein wenig entspannen.

Erneut spricht sein einzelnes Auge zu mir: ›Kommst du in Frieden?‹

Ich nicke.

Er legt ebenfalls eine Hand auf meine Schulter. »Willkommen in Paris.« Nach einer kurzen Pause fügt er hinzu: »Alter Freund.«

Ich werfe einen Blick in die Runde. »Paris war ja nun wirklich noch nie die Stadt der Tugendhaftigkeit. Aber was hast du für einen Sündenpfuhl daraus gemacht?«

»Die Stadt der Liebe, Leon. Ich habe aus unserem alten revolutionären Hexenkessel die Stadt der Liebe gemacht. Ein wahres Paradies für unseresgleichen. Du wirst es mögen, wenn du es erst einmal kennengelernt hast.«

»Hört sich verführerisch an.«

Er beendet die Vertraulichkeit und nimmt seine Hand von mir. Ich tue es ihm gleich.

»Ich danke Euch«, wendet er sich der Rattenkönigin zu, »dass Ihr meinen Freund wohlbehalten hierher gebracht habt. Die Verletzungen Eurer Domäne werden auf der Stelle ein Ende haben. Dafür bürge ich. Und ich erbitte Eure Verzeihung, falls es zu Unannehmlichkeiten gekommen ist.« Die Theatralik ist aus seiner Stimme gewichen. Er klingt versöhnlich.

Die Rattenkönigin scheint ein wenig enttäuscht, dass wir nicht übereinander hergefallen sind. Aber die offen ausgesprochene Entschuldigung ist in jedem Fall ein Punktsieg.

Sie merkt, dass sie nicht mehr zu erwarten hat. »Ich nehme Eure Entschuldigung an, Étienne. Und es war mir eine Ehre, den Templer hierher zu geleiten. Wenn Ihr erlaubt, werde ich mich nun empfehlen. Es war interessant, das viel gerühmte Refuge einmal von innen zu bestaunen.«

Höflich verbeugt sie sich. Étienne erwidert die Geste.

Zu mir gewandt fährt sie fort: »Es war eine denkwürdige Erfahrung, dem Templer Auge in Auge gegenüberzustehen.« Sie verneigt sich erneut, diesmal ein ganzes Stück tiefer.

»Vielen Dank für Eure Hilfe und Gastfreundschaft.« Ich senke ebenfalls das Haupt. »Ich bin sehr froh, dass unsere zweite Begegnung etwas friedfertiger verlaufen ist als unser erstes Aufeinandertreffen vor zweihundert Jahren.«

»Das bin ich auch.« Noch einmal wirft sie ihr huldvolles Engelslächeln in die Runde und zieht mitsamt ihrem Gefolge von dannen.

Allein bleibe ich zurück, umringt von den unsterblichen Gästen des Refuge und ihren sterblichen Dienern. Ich spüre mehr als ein Dutzend Augenpaare auf mir.

»Was starrt Ihr so?«, herrscht Étienne die Versammlung an. »Die Show ist vorbei! Widmet Euch wieder Euren eigenen Geschäften!«

Widerstrebend löst sich der Pulk auf. Claire lässt es sich nicht nehmen, mir noch einen finsteren Blick zukommen zu lassen, dann wendet auch sie sich ab.

»Ist Claire immer noch so kratzbürstig?«, frage ich Étienne.

Er kann sich ein Lächeln nicht verkneifen, kommentiert meine Bemerkung jedoch nicht. Seine Miene spricht allerdings Bände.

»Komm!«, fordert der Einäugige mich schließlich auf. »Gehen wir an einen Ort, wo wir ungestört sind.«

Ich nicke zustimmend und folge ihm zwischen den Tischen hindurch zu einer Tür mit der Aufschrift ›privé‹.

Der Raum, der sich dahinter verbirgt, würde eher einem altehrwürdigen Schloss zu Gesicht stehen als einem Nachtclub. Die getäfelten Wände aus edlem Holz, die dazu passenden Möbel und gepolsterten Sessel rund um den ovalen Tisch mit der marmornen Platte bilden einen krassen Gegensatz zu dem tobenden Inferno auf der Tanzfläche in wenigen Metern Entfernung. Von der dröhnenden Musik hört man hier nur noch ein schwaches Echo der Bässe. Hervorragender Schallschutz. Sicher nicht ganz billig.

Étienne greift nach einer gefüllten Karaffe aus der Bar und nimmt ein kristallenes Glas zur Hand. »Kann ich Dir etwas anbieten?«

»Nein danke«, lehne ich freundlich ab. »Ich habe bereits gejagt.«

Er lacht leise, während er sich ein Glas einschenkt. »Hätte ich mir denken können. Abgestandenes Blut war dir schon früher ein Gräuel. Manche Dinge ändern sich nicht.«

»Andere Dinge schon.«

Meine Bemerkung lässt ihn aufhorchen. »Was meinst du?«

Mit dem Daumen deute ich in Richtung der Tür zum Club. »Ich weiß noch, wie du damals gegen Laurents Hof gewettert hast. Und nun hast du deine eigene Lakaienversammlung um dich versammelt.«

»Leon …« Er stockt für einen Moment. »Du hast recht, hier hat sich vieles verändert, seit du gegangen bist. Du weißt doch, wie die Archaioi uns zugesetzt haben, nachdem wir Laurent abserviert hatten. So sehr sie sich gegenseitig hassen und verachten, sie mögen es nun mal nicht, wenn Außenstehende einen der ihren zur Hölle schicken. So was bringt die ganze Ordnung unserer Gesellschaft ins Wanken. Das war zwar genau das, was wir erreichen wollten, aber als die alten Säcke sich gegen uns verbündet haben, wurde es echt zu heiß. Du bist abgehauen nach Amerika und ich …«

»Du brauchst dich nicht zu rechtfertigen, Étienne.«

»Ich will mich nicht rechtfertigen … Na gut, vielleicht will ich mich rechtfertigen. Auf jeden Fall … Ich meine … Ich hatte keine Wahl. Ich wollte Europa nicht verlassen. Also musste ich mich mit den Archaioi arrangieren. Es war ihnen viel daran gelegen, dass in einer so bedeutenden Stadt wie Paris wieder Ordnung einkehrt. Ich habe dafür gesorgt, dass sie zufrieden sind.« Sein Blick wird flehend. »Leon, ich weiß, dass ich unsere Ideale verraten habe. Dass ich so geworden bin wie sie. Ich …«

»Hast du deswegen Angst, ich würde dich töten?«

Sprachlos mustert er mich. Dann trinkt er mit einem Zug das Kristallglas aus und tupft sich mit einer fein bestickten Serviette die Mundwinkel ab. »Ja, ich dachte, du wärst hierher gekommen, um mit mir dasselbe zu machen wie damals mit Laurent.«

»Nun, in dem Fall kann ich dich beruhigen. Ich bin mir zwar nicht sicher, ob ich gutheiße, was du hier veranstaltest, aber ich bin nicht hier, um dich zur Rechenschaft zu ziehen. Immerhin hattest du zumindest den Mut, in Europa zu bleiben, als die Alten uns die Hölle heiß gemacht haben. Du bist nicht mit eingeklemmten Schwanz in die Neue Welt geflohen wie ich. Du hast dich unseren Feinden gestellt. Und du hast es überlebt. Dass du dafür ein paar Kompromisse eingehen musstest, ist selbstverständlich. Nein, nein, nichts liegt mir ferner, als dich zu bestrafen, nur weil du nicht so ein Feigling gewesen bist wie ich.«

»Na ja, hinter dir waren sie um einiges heftiger her als hinter mir. Ich glaube nicht, dass sie sich mit dir auf ein ähnliches Abkommen eingelassen hätten wie mit mir. Es gab für dich keine Alternative zur Flucht.«

Mein letzter Nachkomme, den ich in Europa gezeugt habe, kommt mir in den Sinn. »Was ist eigentlich aus Barthélémy geworden?«

Étiennes Miene zeigt mir bereits, dass mir die Antwort nicht gefallen wird. »Er hat den Kampf fortgeführt. War nicht davon abzubringen. Aber es gab nichts mehr zu gewinnen. Er hat noch einmal versucht, Verbündete zu finden. Auch mich hat er aufgesucht. Ich habe ihn fortgeschickt. Irgendwann hat man nichts mehr von ihm gehört. Schätze, sie haben ihn erwischt.« Seine Miene hellt sich spontan auf. »Er hat allerdings Nachkommen gezeugt. Einen davon hast du bereits kennengelernt.«

Das blanke Erstaunen, das sich über mein Gesicht legt, amüsiert mein Gegenüber sichtlich.

»Francois«, löst er das Rätsel schließlich auf.

Mir fällt endgültig die Kinnlade herunter. Ich deute mit dem Daumen in Richtung der Tür zum Club. »Der kleine Gauner, den du mir hinterhergeschickt hast, um mich zu finden?«

Étiennes Grinsen reicht fast bis zu den Ohren.

»Weiß er, dass er von mir abstammt?«, frage ich weiter.

Mein Gastgeber schüttelt den Kopf. »Nein. Und ich würde dich bitten, es ihm auch nicht zu verraten. Das bringt nur böses Blut in die Stadt.«

»Scheint so, als hätte ich tatsächlich ein paar Spuren hinterlassen.«

»Das hast du wahrlich, mein Freund«, bestätigt Étienne mit Nachdruck. »Das hast du.«

Eine Minute oder zwei stehen wir uns schweigend gegenüber. Lassen noch einmal alte Erinnerungen an unseren glorreichen Aufstand gegen die uralten Herrscher der Unsterblichen Revue passieren. Zwei Jahrhunderte lang haben wir beide uns mit unserer gemeinsamen Vergangenheit geplagt. Ich, weil ich ihn im Stich gelassen habe. Er, weil er sich mit unseren einstigen Feinden arrangiert hat. Ein paar wohlgemeinte Sätze vermögen zwar nicht zweihundert Jahre der Selbstvorwürfe zu tilgen, aber die Aussprache hilft zumindest so weit, dass wir uns wieder ansehen können.

»Aber zurück in die Gegenwart!«, beendet Étienne die Stille. »Wenn du nicht hergekommen bist, um mir den Kopf von den Schultern zu trennen, was führt dich dann an den Ort deiner vergangenen Schandtaten?«

Die flapsige Vertrautheit seiner Frage wirkt trotz unserer Quasi-Versöhnung ein wenig fehl am Platz. Es kommt mir so vor, als seien seine Worte immer noch von einer leichten Nervosität unterlegt.

Ich neige den Kopf zur Seite und fixiere seine Augen. »Gibt es noch irgendetwas anderes, was du mir sagen willst?«

Die Maske der Diplomatie fällt von einem Augenblick zum nächsten von ihm ab. Das schlechte Gewissen steht im ins Gesicht geschrieben. »Leon, ich …« Er kann meinem Blick nicht länger standhalten. Sein Auge sucht Halt an der hölzernen Wand.

Ich sage kein Wort. Warte, bis er die Stille nicht mehr erträgt und von allein wieder zu sprechen beginnt.

»Ich … Ich hatte wirklich angenommen, du wärst gekommen, um mich einen Kopf kürzer zu machen.« Seine Stimme wird flehend. »Leon, es tut mir leid. Als ich dein Gesicht auf dem Videoband der Überwachungskamera gesehen habe, da … da hat es bei mir einfach ausgesetzt. Ich habe Panik bekommen.«

»Was hast du getan?«

Unter jedem meiner schneidenden Worte zuckt er zusammen. Er kämpft mit sich, sieht mich kurz an und wendet den Blick sofort wieder ab. »Ich habe die Todesboten benachrichtigt, dass du hier bist.«

Ich schaue ihn fragend an. »Wer zur Hölle sind die Todesboten?«

Die Verwunderung, die für einen Moment die Angst aus seinem Gesicht vertreibt, sagt mir, dass ich schon wieder etwas nicht weiß, was hier alle für selbstverständlich halten.

Als er merkt, dass meine Frage ernst gemeint ist, erläutert er seine Bemerkung: »Sie sorgen dafür, dass alles seinen geregelten Lauf geht. Dass die Ewigen Gesetze eingehalten werden, keiner über die Stränge schlägt und so Sachen.«

Ich bin verwirrt. »Ist das nicht die Aufgabe der Richter?«

»Schon lange nicht mehr. Die meisten Richter kümmern sich nur noch um Kleinkram. Schlichten Revierstreitigkeiten und so. Wenn's wirklich ernst wird, kommen die Todesboten auf den Plan. Die Hauptaufgabe der Richter ist es, sie zu benachrichtigen, sobald es ans Eingemachte geht. Das Richteramt ist in vielen Städten nur noch ein Ehrentitel. Von denen macht sich kaum einer die Hände schmutzig.«

»Also, in der Neuen Welt sorgen die Richter noch persönlich dafür, dass es in ihrer Domäne gesittet zugeht.«

»Hier nicht. Wie schon gesagt: Es hat sich einiges verändert, seit du weggegangen bist.«

Das scheint mir allerdings auch so. »Wem unterstehen diese Todesboten?«

»Den Archaioi. Aber halt nicht wie früher, als jeder der Alten seinen Richter ernannt hat, der dann in seiner Domäne für Ordnung gesorgt hat. Die Todesboten arbeiten europaweit. Wo sie gerade gebraucht werden.«

»Das heißt, die Archaioi haben eine gemeinsame Polizeitruppe aufgestellt?«

»Ja, so könnte man es sagen.«

Ich bin ehrlich erstaunt. »Die Rattenkönigin hat so was fallen lassen von wegen Einigung der Blutlinien. Soll das heißen, die alten Mistkerle ziehen jetzt wirklich alle an einem Strang?«

Étienne hebt abwehrend die Hände. »Ganz so ist es nun auch wieder nicht. Natürlich kämpfen sie immer noch untereinander um Macht, Einfluss und was weiß ich noch alles. Aber sie halten ihre Schlammschlachten mit wesentlich weniger Öffentlichkeit ab als früher. Das ist das Resultat von Laurents Vernichtung. Du erinnerst dich sicher an das Bündnis, das sie danach gegen uns oder, um es genau zu nehmen, gegen dich geschlossen haben.«

»Natürlich.« Als ob ich das jemals vergessen könnte.

»Der Feldzug gegen uns beide war ihre erste koordinierte Zusammenarbeit seit was weiß ich wann. Vielleicht die Erste überhaupt. Das war der Grundstein für ihre Kooperation. In einem gewissen Maß hält das bis heute an.« Ein ersticktes Lachen entspringt seiner Kehle. »Es sieht so aus, als hätten wir mit unserem Kampf letztlich genau das Gegenteil von dem erreicht, was wir uns auf die Fahne geschrieben hatten. Wir wollten die Welt von der Knechtschaft der Archaioi befreien und haben sie stattdessen geeint. Das nenne ich doch mal Ironie der Geschichte.«

Allerdings. Aber dass wir gescheitert sind, ist keine wirkliche Neuigkeit. Zurück zu dringlicheren Angelegenheiten.

»Was genau habe ich denn jetzt dank deines Hilferufes zu erwarten? Ein vampirisches Killerkommando?«

Bei der Erwähnung des V-Wortes entgleisen Étiennes Gesichtszüge. Sein Entsetzen ist nur von kurzer Dauer, aber unübersehbar. Sein Problem. Ich habe im Augenblick größere Sorgen, als mich für meinen Fauxpas zu entschuldigen.

»So was in der Art.«

»Wie viele?«

»Normalerweise kommen sie allein oder höchstens zu zweit. Wenn nötig, rekrutieren sie vor Ort noch Hilfskräfte aus der lokalen Gemeinde.«

»Ich nehme an, sie sind üblicherweise alt und mächtig?«

»Nicht unbedingt alt. Also, ein paar Jahrzehnte haben sie sicherlich auf dem Buckel. Aber ich habe von keinem gehört, der es altersmäßig mit dir aufnehmen könnte. Sie sind allerdings allesamt gute Kämpfer, die schon als Sterbliche viel Erfahrung als Soldat, Profikiller oder so gesammelt haben. Was sie aber echt heftig macht, ist, dass sie angeblich direkt von den Archaioi ernährt werden.«

»Sie trinken Vampirblut? Von den Alten?«

Autsch.

»Ist nur ein Gerücht. Keine Ahnung, ob da was dran ist. Aber wenn man die Kerle schon mal in Aktion gesehen hat … möglich wär's.«

Tolle Aussichten! Professionelle Vampirkiller, bis zum Stehkragen abgefüllt mit dem mächtigsten Blut, das ein Unsterblicher trinken kann. Und ich? Ernähre mich seit Tagen nur von

Pennern und sonstigem Gesindel. Und das alles auch noch fernab meiner Domäne und sterblichen Helfer. Mein einziger Vorteil ist mein Alter und die Erfahrung, die es mit sich bringt.

Doch ein anderer Gedanke drängt sich mir auf. »Kann man mit denen reden?«

»Mit den Todesboten?« Étienne lacht ohne jeden Anflug von Humor. »Was hast du vor?«

Ich hebe die Schultern. »Ich bin nicht hergekommen, um Ärger mit den Archaioi zu suchen. Wenn du ihnen das glaubhaft versicherst ...«

»Vergiss es! Mit den Todesboten verhandelt man nicht. Die murksen dich erst ab und stellen dann die Fragen. Bestenfalls, wenn du einen Pflock im Herz hast. Bei dir könnte ich mir vorstellen, dass sie sogar erst dann anfangen zu reden, wenn du ein Häuflein Asche bist. Die Todesboten sind keine Diplomaten oder Gesandten der Archaioi. Die kommen nur zu einem einzigen Zweck her. Der Name ist bei denen Programm.«

»Schon verstanden«, winke ich ab. Auf diese Weise Kontakt zu den Archaioi aufzunehmen, scheidet dann wohl aus. »Kannst du die Kerle nicht zurückrufen? Ihnen sagen, dass alles nur falscher Alarm war?«

»Keine Chance! Wenn die Todesboten einmal unterwegs sind, fließt Blut. Die lassen sich nicht so einfach zurückpfeifen.«

Das wird ja immer besser. Meine Instinkte raten mir eindringlich, ich soll abhauen. Flüchten, so schnell es geht. Doch wohin? Europa ist ihr Territorium. Ich bin hier fremd geworden. Habe so gut wie keine Verbündeten. Keine Vertrauten. Keinen Einfluss auf die Welt der Sterblichen. Die Wahrscheinlichkeit, sich hier, wo nahezu alle Vorteile bei ihnen liegen, vor professionellen Vampirjägern verbergen zu können, ist minimal. Ich bin die sprichwörtliche in die Enge getriebene Ratte. Nun, dann sollte ich mich eventuell auch so verhalten. Und die Strategie, erst zuzuschlagen und danach zu reden, beherrschen nicht nur die Todesboten. Vielleicht ergibt sich auf diese Weise eine Möglichkeit zu erreichen, weswegen ich hergekommen bin. Wenn auch auf anderem Weg als geplant.

»Also gut«, nehme ich die Diskussion wieder auf. »Kannst du wenigstens dafür sorgen, dass sie keine Unterstützung durch die Einheimischen bekommen?«

»Was hast du vor?«

»Ich denke, wir sollten herausfinden, ob sie es mit einem alten Blutsaugerveteranen wie mir wirklich aufnehmen können.«

»Du willst gegen sie kämpfen?«

»Habe ich eine andere Wahl?«

Nach einer kurzen Denkpause kommt er offensichtlich zum selben Ergebnis wie ich. »Das wird heftig.«

»Deswegen frage ich dich: Kannst du deine Leute davon abhalten, den Todesboten zu helfen?«

Er zögert, überlegt. »Nun ja …«

»Mein lieber alter Freund!« Langsam werde ich ernsthaft ungehalten. Ich merke, wie meine Fangzähne sich aus dem Kiefer schieben. »Wenn du mir hier so einen Schlamassel einbrockst, dann bemüh dich wenigstens, mir wieder rauszuhelfen! Ansonsten könnte ich mich verführt fühlen, auch ein bisschen von Vampirblut zu naschen, und zwar gleich hier und jetzt!«

»Ist ja gut! Ich werde tun, was ich kann.«

»Es wäre besser für dich, wenn das, was du kannst, ausreichend ist.«

»Okay, okay. Ich halte dir den Rücken frei.«

»Gut.« Eine andere Frage drängt sich mir auf. »Wann treffen sie ein?«

»Üblicherweise sind sie recht schnell. Vielleicht schon kommende Nacht.«

Das wird ja immer besser. Also keine Vorbereitungszeit mehr. Ich sitze mal wieder echt tief in der Scheiße.

»Wo werden sie zuerst aufkreuzen? Ich nehme an, bei dem, der sie gerufen hat, nicht wahr?«

»Vermutlich.«

»Also hier.«

Man kann förmlich zusehen, wie die Bedeutung meiner Worte in sein Bewusstsein kriecht. »Du willst doch nicht …

Leon, wenn du sie hier erwartest, wird es so aussehen, als hätte ich ihnen eine Falle gestellt.«

»Ja, das ist gut möglich. Es wäre also besser, wenn diese Todesboten niemandem mehr davon berichten können, was ihnen hier widerfahren ist.«

»Du willst sie wirklich töten?«

»Hast du einen besseren Vorschlag, wie wir uns aus der Scheiße befreien, in die du uns hineingeritten hast?«

Er schweigt. Denkt angestrengt nach. »Leon …«

Ich lege ihm die Hand auf den Arm und blinzele ihn sarkastisch an. »Es wird wie früher. Wir beide zusammen gegen die Knechte der Archaioi.«

»Wie früher.« Resignation ergreift Besitz von seiner Stimme. »Genau das befürchte ich.«

»Hier gibt es doch bestimmt irgendwo eine sichere Unterkunft, wo ich den Tag verbringen kann.«

»Ja, klar.«

Meine Augen verengen sich zu schmalen Schlitzen, aus denen ich ihn anstarre wie die Katze die Maus. »Auch eine, in der ich beim nächsten Sonnenuntergang nicht mit einem Pflock im Herzen aufwache?«

»Leon, ich stecke schon bis zum Hals im Dreck. Ich werde mich nicht auch noch mit dir anlegen.«

Die Schicksalsergebenheit, die jedes seiner Worte ausstrahlt, klingt echt. Aber er ist zweifellos ein hervorragender Schauspieler. Ich werde weitere Vorsichtsmaßnahmen treffen müssen. Doch dazu später.

Wohlwollend tätschele ich seinen Arm. »Gute Entscheidung.«

Er strafft sich. »Also dann, wie in den alten Zeiten. Wie gehen wir vor?«

»Du sorgst dafür, dass sie hierher kommen, sobald sie mit dir Kontakt aufnehmen wollen. Falls sie nicht von allein hier aufkreuzen.« Ich streichele den Knauf meines Schwertes. »Den Rest erledigen wir auf die altmodische Art. Ich hoffe, du hast deinen Degen noch nicht eingemottet.«

Er seufzt. »Du willst meinen Club in ein Schlachthaus verwandeln?«

»Das war eigentlich nicht mein Plan, als ich hierher gekommen bin. Aber irgendjemand hat eine ziemliche Dummheit begangen. Und jetzt habe ich, wie schon gesagt, keine andere Wahl.«

»Ist ja gut. Was auch immer notwendig ist.«

»Weiß von denen da draußen irgendjemand, dass du die Todesboten gerufen hast?«

»Nein.«

»Gut. Dann gehen wir jetzt da raus und tun so, als sei alles in bester Ordnung. Und so ganz nebenbei machen wir allen deutlich, dass es eine wirklich dumme Idee ist, sich gegen mich zu stellen.«

Er grinst. »Das sollte nicht schwerfallen …«

»Ja, allerdings.« Ich lege den Kopf zur Seite. »Ich war ein wenig überrascht, dass mein Name hier fast zweihundert Jahre nach meinem Verschwinden immer noch in aller Munde zu sein scheint.«

Sein Grinsen wird breiter. »Du hast Eindruck hinterlassen, Leon. Es heißt, die Archaioi hätten immer noch Angst vor dir. Du bist sozusagen eine lebende Legende, besonders hier in Paris. Es sind zwar nicht mehr viele hier, die Laurent noch selbst gesehen haben. Aber die Befreiung der Stadt von ihm und seiner Brut … mit Ausnahme der Rattenkönigin …«

»Und dir!«

»Ja gut, und mir. Aber ich glaube, ich zähle nicht. Immerhin habe ich den Aufstand damals angezettelt. Auf jeden Fall wird unser Kampf immer noch als Heldentat angesehen. Und genau so romantisch verklärt wie die Revolution der Sterblichen. Auf der anderen Seite haben die Archaioi reichlich Propaganda gestreut, um dich zu verteufeln, und als Nemesis aller friedliebenden Unsterblichen gebrandmarkt. Aus diesem Mischmasch widersprüchlicher Geschichten ist dann irgendwie der Mythos vom Templer entstanden und bis heute erhalten geblieben.« Er deutet mit dem Kinn in Richtung der Tür zum Club. »Ich schätze, da draußen zerreißen sie sich gerade das Maul und überschlagen sich in wilden Spekulationen, was deine Rückkehr für Folgen haben wird.«

Ich erwidere sein Grinsen. »Na, dann wollen wir sie nicht enttäuschen.«

Wir verlassen das luxuriöse Hinterzimmer und kehren zurück ins tobende Leben des Clubs. Sowohl auf der Tanzfläche unter uns als auch auf der Galerie hat sich das Getümmel ein wenig gelichtet. Die Nacht geht ihrem Ende entgegen und selbst die hartnäckigsten Partylöwen zieht es langsam in ihre Betten. Für die ständigen Bewohner der Dunkelheit gilt dies nicht. Die unsterblichen Gäste des Refuge sind noch vollzählig anwesend. Ihre Augen sind ausnahmslos auf Étienne und mich gerichtet, als wir uns Seite an Seite zu ihnen gesellen. Um Francois hat sich eine kleine Traube gebildet. Es hat sich offenbar herumgesprochen, dass er mir bereits in der Nacht zuvor begegnet ist.

»Na, Ihr Lieben«, begrüßt Étienne die Versammlung mit gutgelaunter Stimme, »was erzählt unser geschätzter Francois für Lügen über meinen alten Freund Leonard?«

Mit betretenen Gesichtern wiegeln die Angesprochenen ab. Besonders Francois wehrt sich wortreich gegen jeden Vorwurf, etwas Unrechtes getan zu haben. Ohne seine ausschweifenden Ausreden und Entschuldigungen zu kommentieren, setzen wir uns an einen Tisch am Rande der versammelten Gesellschaft der Unsterblichen.

Étienne scheint Spaß dabei zu haben, den kurzen Rest der Nacht immer wieder Andeutungen darüber fallen zu lassen, auf welch grausame und unbarmherzige Weise ich früher mit meinen Feinden verfahren bin. Auch wenn ich zugeben muss, dass nicht alle der Horrorgeschichten jeglicher Grundlage entbehren, ist das meiste doch zumindest stark überzeichnet. Die Anekdoten verfehlen aber offensichtlich nicht die gewünschte Wirkung. Die wenigen Blicke, die verstohlen in unsere Richtung geworfen werden, zeugen ebenso von der Angst der Gäste wie ihrer Neugier.

Während der Club sich innerhalb der folgenden Stunde zunehmend leert, verabschieden sich nacheinander auch die Unsterblichen, nicht ohne sich ihrem Gastgeber und seinem alten Weggefährten aufs Höflichste zu empfehlen. Kurz vor Sonnenaufgang erstirbt die Musik und weicht dem Rhythmus von Besen und Wischmob.

Étienne gibt noch ein paar Anweisungen an seine sterblichen Bediensteten und führt mich anschließend in den Keller. Dort ist ein Raum speziell den Erfordernissen von Gästen gewidmet, die tagsüber weder von der Sonne noch sonst irgendjemandem gestört werden wollen. An Gemütlichkeit ist die zweckmäßig eingerichtete Zuflucht nicht mit dem Versteck der New Yorker Mafiosi zu vergleichen, in dem ich gemeinsam mit Veronica meine letzten Tage in Amerika verbracht habe. Doch sie sieht aus, als würde sie meinen Ansprüchen gerecht werden.

»Voilà! Meine Zuflucht für die Tage, an denen die Zeit nicht mehr für die Fahrt auf die Île Saint-Louis ausreicht. Sei mein Gast!«

Wohlwollend nicke ich, während ich die Stahlriegel der massiven Sicherheitstür inspiziere. »Nett.« Ich schließe die Tür hinter uns und schiebe die Riegel vor. Dann hole ich einen von Francois' Dolchen aus dem Mantel und wiege ihn bedächtig in der Hand. Zeit für die speziellen Sicherheitsmaßnahmen. »Leg dich hin und zieh dein Hemd aus, damit ich kein Loch hinein mache!«

»Was?« Er starrt abwechselnd auf den Dolch und mein Gesicht. »Was hast du vor?« Dann versteht er. »Leon, was soll das?«

»Glaubst du, ich vertraue dir, nachdem du mir ein Killerkommando auf den Hals gehetzt hast? Wer sagt mir, dass du mich ihnen nicht gepfählt auslieferst, um dich bei den Archaioi lieb Kind zu machen und den ganzen Ärger aus der Welt zu schaffen, den du dir mit deiner Unüberlegtheit eingebrockt hast?«

»Leon, bitte …«

»Nein, mein Freund. Es muss sein. Ich bin dreimal so alt wie du. Das heißt, du hast ein paar Sekunden Zeit, mir was auch immer durchs Herz zu jagen, bevor du ebenfalls einschläfst. Das kann ich nicht zulassen.«

Die Bestimmtheit meiner Worte lässt seinen Widerstand dahinschmelzen. »Ach Leon!« Sein Blick wandert geistesabwesend durch den Raum. »Was ist nur aus uns geworden? Damals haben wir gemeinsam Tod und Teufel getrotzt und konnten uns blind aufeinander verlassen. Wie oft haben wir uns gegenseitig den Rücken gedeckt, während rund um uns Feinde lauerten? Und jetzt? Ich verrate dich an deine Todfeinde. Und du musst mir das Herz durchbohren, damit du den Tag in einem Raum mit mir verbringen kannst.«

Ich bleibe ungerührt. Zumindest äußerlich. »Die Dinge ändern sich nun mal. Also los! Wir haben nicht mehr viel Zeit.«

Er entblößt seinen Oberkörper. Die Haut über den sehnigen Muskeln ist übersät mit kleinen und großen Narben. Er legt sich auf eines der beiden Betten. »Tu, was du tun musst!«

Ohne weiteren Kommentar beuge ich mich über ihn und stoße den Dolch in seine Brust. Er zuckt kurz, dann verharrt er in Bewegungslosigkeit. Sein verbliebenes Auge ist offen und starrt die Decke an. Ein einzelner Blutstropfen rinnt über seine bleiche Haut. Ich überlege, ob ich versuchen soll, ihn zu kosten und einen kleinen Einblick in Étiennes Erinnerungen zu erlangen, doch ich entschließe mich dagegen. Ein derartiger Vertrauensbruch wäre dann doch zu viel des Guten. So lang der Dolch in seinem Herzen steckt, ist er zwar bewegungsunfähig, aber er bekommt alles mit, was um ihn herum vorgeht. Und in seinen Erinnerungen herumzuwühlen, wäre unverzeihlich.

Nur wenige Augenblicke später beginnt die tiefe Müdigkeit, an Geist und Gliedern zu zerren.

Ich lege mich auf das andere Bett. »Gute Nacht, alter Freund.«

Mit diesen Worten schließe ich die Augen. Meine Gedanken sind bei der bevorstehenden Begegnung mit den Todesboten. Wie jedes Mal vor einer gewaltsamen Auseinandersetzung frage ich mich, ob ich alles mir Mögliche getan habe, um das Kampfesglück zu meinen Gunsten zu beeinflussen. In solchen Momenten bin ich froh über den ungestörten traumlosen Schlaf der Unsterblichen. Die letzte Ruhepause vor einer Schlacht ist für alle sterblichen Krieger mit Ausnahme der abgebrühtesten Veteranen eine unruhige Angelegenheit. In meinen Tagen als einer von ihnen habe ich das oft genug am eigenen Leib miterlebt. Und danach auch noch bei anderen Kämpfern, wenn ich nachts durch die Feldlager der Menschen gewandert bin. In den Nächten vor einer Schlacht war ich selten allein.

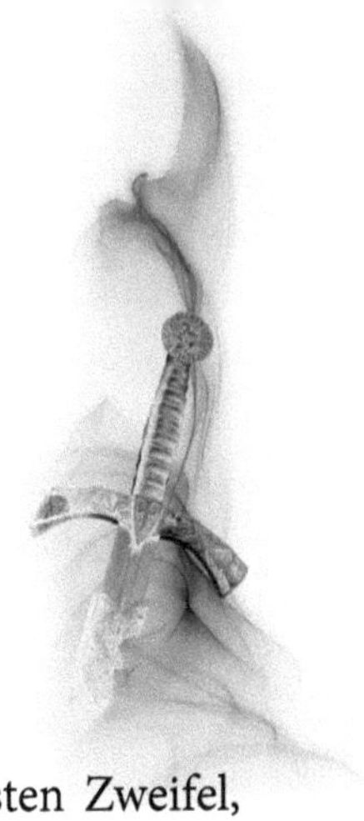

Frühjahr 1204, Konstantinopel, Byzantinisches Kaiserreich

In manchen Nächten hatte ich nicht die geringsten Zweifel, verflucht zu sein.

Im Osten begann der Himmel, sich langsam von Pechschwarz nach Tiefblau zu verfärben. Die Dämmerung würde nicht mehr lang auf sich warten lassen und mich in mein Versteck tief im Bauch des Schiffes zwingen, mit dem ich nach Konstantinopel gereist war. Das Schiff gehörte den Templern, doch die Besatzung bestand bis auf eine Handvoll Ordensbrüder aus Söldnern und angeheuerten Seeleuten. Die wenigen Ritter in den weißen Mänteln, die mich hierher begleitet hatten, hielten sich aus den Gefechten heraus, die die größte und schönste Stadt der Christenheit erschütterten. Es widersprach ihrem Gelübde, gegen andere Christen zu kämpfen, selbst wenn sie den Papst nicht als Oberhaupt anerkannten. Und wer einmal die Pracht der Hagia Sophia und der übrigen Kirchen der Bosporusmetropole erblickt hatte, konnte unmöglich am tiefen Glauben der Byzantiner zweifeln.

Tausende von Kreuzfahrern, die seit dem Sommer des Vorjahres vor den Mauern der Stadt aushielten, teilten die Bedenken an der Rechtmäßigkeit des Kampfes gegen ihre orthodoxen Glaubensbrüder nicht. Oder zumindest nicht mehr. Die Zweifler waren von den Venezianern, die mit den Kreuzfahrern hierher gefahren waren, mit Gold, Lügen und der Aussicht auf reiche Beute zum Schweigen gebracht worden. Ursprünglich hatte man die größtenteils französischen Ritter mit dem Versprechen gelockt, ihre Überfahrt ins Heilige Land zu finanzieren, wenn sie zuvor den Venezianern einen Dienst erfüllen würden. Große Könige wie einst Richard Löwenherz oder Phillip August von Frankreich nahmen an diesem Kreuzzug nicht teil. Und die niederen Adligen, die dem Aufruf des Papstes gefolgt waren, verfügten nicht über die nötigen Geldmittel, um sich und ihre Mitstreiter ins Heilige Land einzuschiffen. So ließen sie sich, um ihr Gelübde nicht an der Geldnot scheitern zu lassen, dazu überreden, für die Venezianer die ungarische Hafenstadt Zara zu erobern und erhoben dort das erste Mal ihr Schwert gegen andere Christen. Doch im Winterlager in der eroberten Stadt waren sie vom Sohn des gestürzten Kaisers von Byzanz in die Thronstreitigkeiten am Bosporus hineingezogen worden, erneut mit dem Versprechen, im Gegenzug Geld, Schiffe und Verstärkung für ihren Zug nach Jerusalem zu erhalten.

Vor den Mauern von Konstantinopel folgten auf erfolglose Angriffe Verhandlungen, nach deren Scheitern wieder gefochten wurde und so fort. Neun Monate zog sich die verfahrene Situation nun bereits hin. Irgendwann stieß ich mit meinem kleinen Gefolge zum Heer der Franken hinzu. Nicht, um ihnen zu Hilfe zu kommen, sondern um im Schatten ihres Krieges meinen eigenen ganz privaten Kreuzzug zu führen. Ich war ausschließlich hier, um Vitus zu stellen. Und ihn zu vernichten.

Seit einigen Tagen berannten die Kreuzfahrer wieder Konstantinopels Mauern. Nicht das uneinnehmbare dreifache Bollwerk, das die Stadt zur Landseite hin absicherte, sondern die niedrigeren Wälle an der Seeseite. Die Sperrkette, die den natürlichen Hafen des Goldenen Horns abriegelte, hatten sie bereits überwunden. Nun bestürmten sie von ihren Schiffen aus über improvisierte Türme und Enterbrücken die Befestigungen. Mehrere Attacken hatten die Byzantiner mühsam abwehren können. Doch die Breschen in ihrer Verteidigung wurden mit jedem Angriff größer. Es schien so, als könnten die Kreuzritter tatsächlich das unmöglich Geglaubte schaffen.

Gerade bereiteten sie sich darauf vor, mit dem Licht des Sonnenaufganges den nächsten Ansturm zu beginnen. Ritter und

Waffenknechte zwängten sich in schwere Rüstungen. Die Felle und Tücher, die die schwimmenden Belagerungstürme vor Brandpfeilen und dem gefürchteten griechischen Feuer bewahren sollten, wurden mit Wasser getränkt. Schwerter und Äxte erhielten einen letzten Schliff. Und allerorts sammelten sich kleine Gruppen um Pfaffen und Mönche zum Gebet, in dem sie den Schutz des Herrn für ihre heilige Mission erbaten.

Auf der anderen Seite der Mauern beteten die Verteidiger vermutlich gerade zum selben Gott.

Für wen würde er sich entscheiden? Wem würde er seinen Segen erteilen? Mir war es, ehrlich gesagt, gleichgültig.

Trotzdem hoffte ich natürlich auf einen Erfolg der Angreifer, um in ihrem Schatten in die Stadt zu gelangen und meine Rache an Vitus zu üben. Doch der sprichwörtliche Silberstreif am Horizont würde mich wie immer daran hindern, selbst an der Erstürmung der Mauern mitwirken zu können. Dies waren die Momente, in denen ich mein Schicksal besonders laut verfluchte. Jede Faser meines toten Leibes drängte in den Kampf, wollte Mauern erklettern, Zinnen erobern und Feinde töten. Doch das musste ich den Sterblichen überlassen. Wenn ich zum Sonnenuntergang wieder erwachte, würden sich die letzten Streiter gerade vom Schlachtfeld zurückziehen und ich konnte nur noch ihren Geschichten lauschen.

Schweren Herzens fügte ich mich meinem Schicksal, ging hinab in die Dunkelheit des Laderaumes in meine mit doppelten Wänden verstärkte Kajüte und bettete mich auf mein Lager. Gedämpfte Schlachtrufe und das beginnende Getöse des Gemetzels in der Welt hinter den dicken Planken woben das Wiegenlied, mit dem ich einschlief.

Als ich wieder erwachte, eilte ich sofort auf Deck, um den Ausgang der Kämpfe des gerade vergangenen Tages in Erfahrung zu bringen. Der Anblick, der sich mir bot, spülte eine Welle der Erregung durch meine Adern.

Konstantinopel stand in Flammen.

Eine hell leuchtende Wand aus Feuer erhob sich hinter den Mauern.

Ich lachte. Meine Zeit war endlich gekommen. Das Warten war vorüber.

In dieser Nacht würde ich die Stadt, in der mein sterbliches Leben ein Ende gefunden hatte, wieder betreten. Doch diesmal mit dem Schwert in der Hand und der Sehnsucht nach Rache im Herzen.

Die Ordensritter und der Rest der Besatzung waren allesamt an der Reling versammelt und bestaunten das Spektakel. Ich befahl ihnen, sich aus den Kämpfen herauszuhalten. Dann verließ ich das Schiff.

Auf einer der kleinen Barkassen, die unablässig Kreuzfahrer ins Gefecht brachten, setzte ich gemeinsam mit anderen Streitern über das Goldene Horn und betrat den Kai unterhalb der seeseitigen Stadtmauer. Die Tore ins Innere der Stadt standen weit offen und hießen die eindringenden Kriegsknechte willkommen.

Jenseits der Mauern erwartete mich Chaos. Wenige Häuserzeilen hinter dem Tor hatten die Byzantiner eine Verteidigungslinie aus improvisierten Barrikaden errichtet und hinderten die Angreifer daran, weiter in die Stadt vorzudringen. Die Kreuzfahrer verschanzten sich ihrerseits in den bereits eroberten Gassen und Häusern. Sie mühten sich, den durch die Luft schwirrenden Pfeilen und Armbrustbolzen zu entrinnen, nicht ohne den Geschosshagel der Gegner nach Kräften zu erwidern. Mehrere Gebäude brannten und alle Streiter mussten sich vor den leckenden Flammen und wahllos auf Angreifer wie Verteidiger herabstürzenden brennenden Balken in Acht nehmen.

Die apokalyptische Szenerie vermochte mich jedoch nicht annähernd so zu schockieren wie die Emotionen, die mich angesichts des kriegerischen Infernos ergriffen.

Ein ungeahntes Glücksgefühl brach sich Bahn durch meine Eingeweide und ergoss sich in lautem, befreienden Gelächter. Inmitten der gellenden Schmerzensschreie der Verwundeten und dem verzweifelten Stöhnen der Sterbenden frohlockte und lachte ich und konnte nicht damit aufhören. Die Stadt war in meinen Erinnerungen so innig mit ärgstem Schmerz verbunden, dass ich nicht umhinkam, mich an dem Leiden, das die Kreuzfahrer über sie brachten, zu ergötzen und zu erfreuen. Am liebsten hätte ich mich auf der Stelle selbst in das Gemetzel gestürzt und mein Schwert in menschliche Leiber gesenkt. Doch ich ermahnte mich, dass es nur ein einziger Bewohner Konstantinopels war, der meinen Hass verdient hatte. Nur sein Blut wollte ich in dieser Nacht vergießen.

Während ich mich in Geduld übte, zerbrach eine Angriffswelle der Franken nach der anderen am erbitterten Widerstand der Byzantiner. Doch der Strom der Streiter, die sich durch das Tor in die Schlacht stürzten, riss nicht ab und das Töten ging unvermindert weiter. Ich labte mich indes am Blut der Todgeweihten, die ich in einen nahen Keller zerrte und dort aussaugte, bis ich überzuquellen drohte und keinen Tropfen mehr hinunterbrachte.

Solchermaßen gestärkt beschloss ich schließlich, nicht noch weitere Stunden der Nacht ungenutzt verstreichen zu lassen. Ich reihte mich in die nächste Schlachtlinie ein, die gegen die Barrikaden vorrückte. Der weiße Mantel mit dem schwarzen Kreuz in ihrer Mitte spornte die Kreuzfahrer, die allesamt schon von den Heldentaten der Templer gehört hatten, zu neuem Mut an. Mit wildem Gebrüll und erhobenen Schilden drangen sie auf ihre Gegner ein. Die Moral der Franken zu heben, war jedoch die einzige Unterstützung, die ich ihnen zukommen ließ. Ich ordnete ihren Angriff, trieb sie in den Kampf, stachelte ihren Blutdurst an und deckte ihren Rückzug, wenn sich ihre Reihen zu stark gelichtet hatten. Ich gestattete mir nicht, mein eigenes Schwert gegen einen der arg bedrängten Verteidiger zu erheben. Natürlich war es heuchlerisch, mir einzureden, auf diese Weise meine Schuld an dem Gemetzel zu mindern. Aber es kam mir nicht recht vor, meine übermenschliche Kraft unmittelbar gegen Christen zu richten. Zwar verwehrten sie mir den Weg zu meinem eigentlichen Ziel, doch letztlich war ihnen nicht bewusst, was für eine Kreatur seit Jahrhunderten in ihrer Mitte lebte.

Es war allerdings auch nicht nötig, eigenhändig in den Kampf einzugreifen. Unter dem dritten Angriff brach der Widerstand der Byzantiner endgültig zusammen. Diejenigen der Verteidiger, die sich nicht in erbärmlicher Qual von Schwertern und Äxten geschunden auf dem blutgetränkten Boden wanden, suchten ihr Heil in der Flucht und verließen ihre Stellungen.

Der Weg war frei.

Mit gellenden Siegesrufen überwanden die Kreuzfahrer die verwaisten Bollwerke. Mit Fackel und Klinge trugen sie ihre Rache für die entbehrungsreiche Belagerung in die Straßen Konstantinopels. Ein entfesselter Strom aus Fleisch und Stahl ergoss sich an mir vorbei in die Stadt. Türen wurden aufgebrochen, alles Gold und Geschmeide aus den prunkvollen Häusern gezerrt, Frauen und Mädchen geschändet und jeder, der sich dem wütenden Mob widersetzte, auf der Stelle erschlagen. Wo immer die plündernden Horden ihr Werk vollbracht hatten, erhellten neue Brände die Nacht, wenn wieder ein ausgeraubtes Gebäude in Flammen aufging.

Kalte Schauer liefen mir über den Rücken, während ich durch die brennende Stadt meinem Ziel entgegen schritt. Schmerzliche Erinnerungen wurden geweckt, als ich ansehen musste, wie die glanzvolle Metropole in Rauch und Verderben unterging. Rund einhundert Jahre zuvor hatte ich ein ähnliches Gemetzel erlebt, hatte mit eigenen Händen Tod und Zerstörung nach Jerusalem gebracht. Ich versuchte, mir einzureden, dass es nicht meine Schuld war, wenn Konstantinopel nun das gleiche grausame Schicksal erlitt. Zwar hatte ich in dieser Nacht geholfen, die letzte Verteidigungslinie zu überwinden. Doch das diente nur dazu, das Unvermeidliche zu beschleunigen und das Leiden der Stadt zu verkürzen. Zumindest rechtfertigte ich meine Beteiligung mit dieser Ausrede.

Meine Füße fanden wie von selbst zu dem Haus, das heute Nacht Schauplatz meiner Rache oder meines Untergangs werden sollte. Die marodierenden Kreuzfahrer hatten die Stadtvilla bereits vor mir erreicht. Ihr Pech.

Mindestens ein Dutzend Leichen lag vor dem Eingang. In ihrer Mitte hockte ein rothäutiger nackter Dämon, der sich am Blut der ausgeweideten Leiber labte. Erst als die Kreatur ihren Kopf hob, erkannte ich meine Blutschwester Anastasia, über und über besudelt mit dem Lebenssaft ihrer Opfer. Sie fauchte mich an wie ein Löwe, der seine Beute gegen einen Rivalen verteidigte. Ihr Blick zeigte keinen Funken menschlichen Verstandes. In dem Blutbad hatten offensichtlich ihre Instinkte die Kontrolle übernommen und waren nicht bereit, sie wieder freizugeben. Mir sollte es recht sein. Ich zog mein Schwert.

Sie starrte auf die Klinge, legte den Kopf schief und öffnete das Maul mit den langen bluttriefenden Fangzähnen. Dann schnellte sie aus der Hocke empor und überwand mit einem einzigen Satz die Distanz von mehreren Manneslängen, die uns trennte. Die Waffen der erschlagenen Gegner hatten von ihrem seidenen Kleid nur Fetzen übriggelassen. Wie blutige Engelsflügel breiteten die rot getränkten Stoffbahnen sich aus, als sie sich geifernd und zähnefletschend auf mich stürzte.

Ich versuchte auszuweichen, doch es schien, als änderte sie mitten im Sprung die Richtung. Sie traf mich mit voller Wucht und zerrte mich mit schierem Schwung zu Boden. Ich packte ihren vom Blut glitschigen Körper an den Schultern und bemühte mich, sie auf Distanz zu halten. Ihre wild schnappenden Kiefer verfehlten mein Gesicht nur um Haaresbreite. Ihre zu Klauen gekrümmten Finger rissen meinen Mantel in Stücke und durchstießen mehrfach das Kettenhemd, jedoch ohne allzu tiefe Wunden zu reißen.

Jetzt rächte sich, dass ich so viel Blut getrunken hatte. Derart von der geballten Lebenskraft meiner Beute erfüllt, fiel es mir schwer, mich dem Zugriff meiner eigenen Instinkte zu erwehren. Lang war ich nicht mehr Opfer der in mir schlummernden rasenden Bestie geworden. Doch Anastasias ungestüme Attacke wischte all die mühsam gestählte Disziplin hinfort, die mich, zumindest in meinen Augen, von den Monstern unterschied, deren Blut ich teilte. Dieser Kampf würde nicht mit Schwert und Schild geführt werden, sondern mit Krallen und Fängen.

Anastasia war um einiges älter als ich, doch sie war keine Kriegerin. Als die unendliche Wut des Tieres in mir erwachte, war es mir ein Leichtes, ihren Körper von mir zu stoßen und mehrere Schritte weit durch die Luft zu schleudern. Es kümmerte mich nicht, dass ich dabei ihre in meinem Leib steckenden Klauen herausriss und mein Blut sich aus tiefen Wunden auf die Straße ergoss. So schnell, wie sie geöffnet wurden, schlossen sich Haut und Fleisch wieder. Aus derselben Bewegung heraus, mit der ich mich vom Boden erhob, sprang ich meiner Gegnerin hinterher und war in der Luft, noch ehe sie auf dem Pflaster aufschlug. Doch im Gegensatz zu mir gelang es ihr, meinem ungestümen Angriff auszuweichen und erneut auf mich einzudringen, sobald ich gelandet war.

Wir balgten uns wie Tiere. Knurrten, fauchten und heulten. Rissen uns gegenseitig das Fleisch von den Leibern. Schleuderten uns mit derartiger Wucht gegen Mauern, dass Steine und Knochen gleichermaßen zermalmt wurden.

Doch während mein Kettenhemd ihre Schläge zumindest abmilderte, war ihr unbekleideter Körper meinen Attacken schutzlos ausgeliefert. Schließlich hing ihr Fleisch nur noch in losen Stücken an den blanken Knochen, bis Arme und Beine den Dienst verweigerten und sie nur noch ungelenk umher taumelte. Noch hatte sie nicht all ihr Blut vergossen. Ich konnte erkennen, wie klaffende Wunden sich langsam schlossen und Haut und Muskeln sich wieder zusammenfügten. Doch noch bevor ihr Körper wieder hergestellt war, hatte ich mich auf sie gestürzt und meine Fangzähne in ihre Brust geschlagen. Mit aller Kraft, die mir geblieben war, saugte ich das gestohlene Leben aus ihr heraus und hinderte es daran, in ihre zerschmetterten Gliedmaßen zu fließen, um sie zu heilen.

Immer wieder schnappte ich zu, biss mich durch Haut, Muskeln und Rippen. Mein ganzer Kopf tauchte in ihren Brustkorb, bis ich ihr Herz zwischen meinen Zähnen zermalmte. Anastasias Blut fachte meine Raserei noch weiter an. Ich fühlte mich stärker als je zuvor. Tobte und schrie in Ekstase. Tanzte und jubelte. Ließ Zeit und Raum hinter mir zurück und verlor mich im Blutrausch.

Mein Erleben vermischte sich mit Visionen aus Anastasias Jahrhunderte währender Existenz, die ich mit ihrem Blut in mich aufgenommen hatte. Rote Ozeane schlugen über mir zusammen und ich tauchte bereitwillig tiefer in das Meer aus Tod ein, das mich verschlang.

Ich weiß nicht, wie lang ich gewütet hatte, doch als ich wieder zu mir kam, packte mich nacktes Grauen. Ich stand immer noch in der Straße vor Vitus' Haus. Aber die Zahl der Leichen, die sich auf dem Pflaster türmten, war auf mindestens zwei oder drei Dutzend gestiegen. Es war zu wenig von ihnen übrig, als dass man hätte erkennen können, ob es Kreuzfahrer oder Byzantiner waren. Doch das war ohne Bedeutung. Ich wusste sofort, wessen Werk das Gemetzel gewesen war, dessen Überreste sich meinem entsetzten Blick darboten.

Ich hasste mich.

Aber noch mehr hasste ich den, der mich zu dem Monster gemacht hatte, zum Mörder all der Menschen, deren malträtierte Kadaver verstreut auf der Straße lagen.

Aus dem Berg von Gedärm und zerfetztem Fleisch, den ich in meiner Raserei aufgetürmt hatte, hob ich mein Schwert auf und wandte mich zielstrebig der offen stehenden Tür zu. Niemand stellte sich mir entgegen, als ich die Treppe hinauf schritt und den Saal mit der großen Tafel betrat.

Vitus erwartete mich bereits. Seelenruhig saß er auf dem Stuhl mit der hohen, reich verzierten Rückenlehne am anderen Ende des Tisches.

»Da bist du ja endlich.« Seine wie beiläufig gesprochenen Worte waren blanker Hohn in meinen Ohren. »Ich hatte mich schon gefragt, was Dich aufgehalten hat.«

Ich kniff die Augen zusammen. »Anastasia.«

»Armes Ding«, antwortete er im Plauderton. »Recht nützlich, aber zu unbeherrscht. Hatte sich nie wirklich im Griff. Danke, dass Du mich endlich von ihr befreit hast. Ich hege große Hoffnung, dass du dich besser machen wirst.«

Ich verspürte ein unbändiges Verlangen, den fleischgewordenen Teufel, der vor mir saß und mir Obszönitäten einflüsterte, auf der Stelle in Stücke zu hauen. Doch ich vermochte mich keinen Fingerbreit in seine Richtung zu bewegen. Es war, als hielte mich eine unsichtbare Barriere von ihm ab. Ich fluchte und zeterte innerlich. Flehte den Allmächtigen an, mir die Kraft zu geben, die Welt von dem Ungeheuer zu befreien, das mir gegenüber saß.

Diesmal wurde ich nicht erhört.

»Müh dich nicht, mein Sohn!« Vitus' Stimme hatte einen fast schon fürsorglichen Unterton, der mich erst recht in Rage trieb. »So lang ich es nicht will, wirst du dich nicht von der Stelle rühren.«

»Was zum …?«

»Hast du allen Ernstes geglaubt, du könntest hier hereinspazieren und mich töten? Ich habe dich für klüger gehalten. Aber wir werden dein Unwissen korrigieren. Du hast viel Zeit zum Lernen.«

Die Bedeutung seiner Worte sickerte nur langsam in mein immer noch vom Blutrausch benebeltes Bewusstsein.

»Ich werde in dieser Nacht sterben«, entgegnete ich selbstbewusst. »Entweder mit Euch oder allein.«

Er lachte. »Nein, mein Sohn, du wirst nicht sterben. Du hast es viel zu weit gebracht, als dass ich das zulassen könnte. Du wirst mir fortan dienen und all die Macht, die du seit unserer ersten Begegnung erlangt hast, nach meinen Wünschen einsetzen.«

»Niemals!« Meine Stimme überschlug sich vor Wut. »Ich werde mich nie Eurem Willen beugen.«

»Das hast du doch längst. Gerade jetzt im Augenblick stehst du dort nur aus einem einzigen Grund: weil ich es so will! Oder hast du tatsächlich gedacht, ich würde zulassen, dass mein eigenes, von mir erschaffenes Geschöpf sich gegen mich wendet?« Er erhob sich von seinem Stuhl und kam einige Schritte auf mich zu. »Ich bin ein Archaios. Ich wandele seit mehr als eineinhalb Jahrtausenden über diese Welt. Ich forme und gestalte sie nach meinen Wünschen. Und das schließt dich ein, mein Sohn.«

Ich legte allen mir verbliebenen Spott in meine Worte: »Dann war es Euer Wunsch, dass Konstantinopel heute Nacht in Schutt und Asche gelegt wird?«

»Einst war Byzanz stark und mächtig. Ein würdiger Nachfolger Roms. Doch es ist schwach geworden. Es muss Platz machen für ein neues Reich, das an seine Stelle tritt. Dies wird das Land deiner Herkunft sein, das Land der Franken. Und du wirst mir dabei helfen, es auch zu meiner neuen Heimat zu machen. Dein Einfluss auf die Tempelritter wird mir hierbei von großem Nutzen sein.«

»Nein! Nein!« Verzweiflung ergriff Besitz von mir. Ich schüttelte vehement den Kopf, als könnte ich Vitus' Worte dadurch aus meinem Gedächtnis verbannen.

»Du hast keine Wahl, mein Sohn. Du hast dich als erstaunlich widerstandsfähig erwiesen. Doch mir wirst du dich nicht widersetzen.« Ein grausames Lächeln umspielte seine schmalen Lippen. Seine Augen suchten die meinen und mit einem einzigen Blick brach er meinen Willen. Er gab keinen Ton von sich, doch seine befehlende Stimme hallte dröhnend durch meine Gedanken: *Knie nieder!*

Ich sank auf den Boden. Sah hilflos zu ihm auf. Erkannte, dass er die Wahrheit sprach. Ich war ihm nicht im mindesten ebenbürtig. Ich würde ihm dienen.

Nur eine Frage war noch unbeantwortet: »Warum ich? Warum habt Ihr ausgerechnet mich ausgewählt, Euer Knecht zu werden?«

»Du glaubst, ich hätte schon bei unserer ersten Begegnung geplant, dich zu meinem Nachkommen zu machen?«

Die Verwirrung in meinem Gesicht schien ihn zu belustigen.

»Nein, mein Sohn«, fuhr er fort, »du warst nur einer von vielen, die ich damals von der Macht meines Blutes kosten ließ.

Die meisten von ihnen haben, wie erwartet, nicht allzu lang überlebt. Du bist lediglich der Einzige, der von ihnen übrig geblieben ist. Ich muss zugeben, ich hatte dir nicht die höchsten Chancen eingeräumt. Aber du hast dich in der Tat bewährt. Du hast dir die Kraft des Blutes zunutze gemacht und in den Tempelrittern mächtige Verbündete gefunden. Du hast dich als würdig erwiesen, mein Sohn zu werden.«

»Ihr habt mich die ganze Zeit beobachtet?«

»Natürlich. Dich und die anderen.«

»Wie?«

»Zum einen habe ich Informanten in Jerusalem. Und darüber hinaus hast du von meinem Blut getrunken. Du hast einen Teil von mir in dir aufgenommen. Dadurch sind wir eine untrennbare Verbindung eingegangen. Ich wusste jederzeit, wo du warst und was du tatest.«

»Aber bei meinen eigenen Kindern spüre ich keine Verbindung. Ich habe keine Ahnung, wo sie sind und was sie tun.«

»Um diese Fähigkeiten zu erlangen, musst du noch viel lernen. Sehr viel. Eine derartige Kontrolle über ihre Nachkommen vermögen nur die Mächtigsten von uns auszuüben. Fühl dich geehrt, von einem von ihnen erwählt worden zu sein.«

Geehrt? Als ich vor Vitus auf dem Boden kniete, empfand ich vieles, doch Ehre gehörte nicht dazu.

Ich spürte die Anwesenheit einer weiteren Person. Sie hatte den Raum betreten und stand hinter mir. Ich drehte den Kopf und erkannte aus dem Augenwinkel eine junge Frau. Eine sterbliche Dienerin.

Sie wartete, bis Vitus sie ansah, bevor sie das Wort an ihn richtete: »Marcellus lässt Euch ausrichten, dass die Verteidigung der Stadt endgültig zusammengebrochen ist. Die Franken dringen bereits in die Paläste ein.«

Der verächtliche Seitenblick, den sie mir zuwarf, entging mir nicht.

»Richte ihm aus, er soll herkommen! Wir werden uns hier verschanzen.« Mit dem Blick zu mir fuhr er fort: »Glücklicherweise hat unser Freund hier einigen Einfluss auf die Franken. Er wird uns vor den Plünderern beschützen. Zumindest, wenn sein Mantel wieder weiß ist statt rot vom Blut. Reinige ihn, Elene!«

Es kostete sie sichtlich Überwindung, sich einem Verbündeten der Ritter zu nähern, die soeben dabei waren, ihre Heimat zu vernichten. Als ich spürte, dass Vitus' mentale Faust von meinen Schultern genommen war, stand ich auf, nahm den Mantel ab und reichte ihn ihr. Unsere Augen trafen sich nur einen Augenblick, doch der Hass in ihrem Blick schmerzte mich, als hätte sie ein glühendes Eisen durch meinen Leib gestoßen.

Ein leises Glucksen von der Tür her, in der Elene soeben noch gestanden hatte, erregte meine Aufmerksamkeit. Mein erstaunter Blick fiel auf eine winzige Hand, die ängstlich den Türstock umfasste. Dahinter lugte ein ebenso kleiner Kopf, umrahmt von goldenen Löckchen, schüchtern um die Ecke. Die tapsigen Schritte des Mädchens ließen darauf schließen, dass sie noch nicht lang auf zwei Beinen unterwegs war.

Als Elene sie entdeckte, eilte sie auf das Kind zu und nahm es auf den freien Arm. »Ich hab doch gesagt, du sollst unten bleiben, Constantia.« Sie drehte sich noch einmal kurz um, machte einen höflichen Knicks und entschwand, so schnell sie konnte.

Mir entging nicht, dass das Mädchen zielsicher nach meinem blutbefleckten Mantel griff, den die Dienerin über dem anderen Arm trug. Ich sah den beiden einen Augenblick hinterher, ehe ich mich wieder Vitus zuwandte. »Wer ist sie?«

»Das Mädchen? Sie ist die Tochter meines Tagwächters Marcellus von der kaiserlichen Garde der Scholae. Ich habe ihr und ihrer Mutter Zuflucht in meinem Haus gewährt.«

Es faszinierte mich, dass an diesem Ort, den ich bislang nur als einen Hort des Todes kennengelernt hatte, ein junges Leben heranwuchs. Konnte es sein, dass Vitus vielleicht gar nicht so ein grausames Ungeheuer war, wie ich dachte?

Ich kehrte zurück zu unserer ursprünglichen Unterhaltung. »Darf ich eine weitere Frage stellen?«

»Frag, mein Sohn!«

»Warum habt Ihr die von Anastasia erschaffene Bestie nach Jerusalem gesandt?«

»Das weißt du doch. Damit du hierher kommst und mich um Hilfe bittest.«

»Warum diese Umstände? Wenn Ihr wirklich zu jedem Zeitpunkt mein Handeln kontrolliert habt, warum habt Ihr mich dann nicht einfach nach Konstantinopel gerufen und mir Euer Blut gegeben? Warum mussten vorher so viele Menschen sterben?«

»Natürlich hätte ich dich jederzeit zwingen können, mein Blut zu trinken. Aber die Verwandlung vom Sterblichen zu einem Nocturnus ist eine diffizile Angelegenheit. Je älter und damit mächtiger das Blut des Erzeugers ist, umso größer ist die Wahrscheinlichkeit, dass es den Empfänger endgültig tötet. Oder zumindest seinen Geist so weit verwirrt, dass er zu nichts mehr nütze ist. Für jemanden, der so alt ist wie ich, bedeutet das, dass ich nicht einfach jedem dahergelaufenen Strolch von meinem Blut geben kann, um einen Nachkommen zu schaffen.« Er ging zurück zu seinem Stuhl am Ende der Tafel und setzte sich hin, ehe er fortfuhr: »Mit den Jahren habe ich allerdings herausgefunden, dass diejenigen, die sich der Wandlung aus freien Stücken hingeben, den Prozess weitaus häufiger unbeschadet überstehen als die Unfreiwilligen. Ich musste also dafür Sorge tragen, dass du mein Nachkomme werden willst.«

»Ihr sagt, all die Menschen, die die Bestie so grausam niedergemetzelt hat, mussten nur deswegen sterben, damit ich mich Euch freiwillig hingebe?«

»Ja.«

Ich konnte, nein, ich wollte nicht glauben, was ich vernahm.

»Aber warum habt Ihr mich nach der Wandlung wieder zurückgeschickt? Warum habt Ihr mich nicht gleich hierbehalten, um Euch zu dienen?« Meine Stimme überschlug sich fast vor Erregung und Entsetzen.

Vitus antwortete weiterhin im freundlichsten Plauderton: »Dafür gibt es mehrere Gründe, mein Sohn. Erstens hat es sich in der Vergangenheit schon häufig als hilfreich herausgestellt, neugeborenen Nachkommen zunächst ein paar Freiheiten zu gewähren, damit sie sich mit ihrem neuen Dasein arrangieren.

In der ersten Zeit sind viele Jungblütige noch labil. Die Gefahr, sie an den Irrsinn zu verlieren, ist hoch, wenn man sie zu früh mit zu viel Wahrheit konfrontiert. Jetzt bist du gefestigt. Jetzt ist die Zeit gekommen, dass du dich der Aufgaben annimmst, für die du geschaffen wurdest. Und darüber hinaus hast du deinen Einfluss auf die Tempelritter in geradezu beispielhafter Manier ausgebaut und dadurch deinen Nutzen für mich immens erhöht. Ich bin sehr stolz auf dich.«

Wie vom Donner gerührt, stand ich da. Vitus' freimütiges Geständnis, wie er mich in die Falle gelockt und jahrzehntelang gezielt vorbereitet hatte, ihm zu dienen, schockierte mich zutiefst. Über einhundert Jahre waren seit unserer ersten Begegnung vergangen. Er hatte mehr als ein Menschenalter darauf verwendet, diesen Augenblick zu planen und sein Vorhaben in die Tat umzusetzen. Auf der einen Seite war ich beeindruckt von seiner Geduld und Zielstrebigkeit. Andererseits hatte ich nun den Beweis, dass ich mich nicht in ihm getäuscht hatte. Dass er Elene und ihre Tochter bei sich aufgenommen hatte, änderte nichts daran, dass er letztlich doch eine unmenschliche Bestie war, deren Existenz beendet werden musste. Aber ich war mir nur zu bewusst, dass dieser Wunsch nicht in Erfüllung gehen würde. Das Monster, dieser abgrundtief böse Dämon mir gegenüber war mir in allen Belangen haushoch überlegen. Mit seinem alles beherrschenden Willen und dem von sämtlichen menschlichen Moralvorstellung befreiten, messerscharfen Verstand würde er jeglichen Widerstand im Keim ersticken.

Ich war verloren.

»Was ist mit Anastasia?«, fragte ich weiter. »Ihr hättet mich mit Leichtigkeit davon abhalten können, sie zu töten.«

»Natürlich.« Der Tod seiner Blutstochter schien ihn nicht im Geringsten zu rühren. »Aber nun, da du ihren Platz einnehmen wirst, wäre sie nur im Weg gewesen. Ein steter Quell von Missgunst und Rivalitäten. So etwas kann ich unter meinen Dienern nicht gebrauchen. Letztlich war dein Kampf gegen sie ein letzter Test, ob du würdig bist, sie zu ersetzen. Und ich muss sagen, das bist du.«

Angesichts der kalten Sachlichkeit, mit der er sich mir erklärte, versagte mir die Stimme.

»Genug der Fragen?«, hakte er nach, als ich still blieb. »Nun gut. Wir werden noch sehr viel Zeit haben, all die weiteren Angelegenheiten zu besprechen. Aber nun mach dich erst einmal nützlich! Da draußen brennen deine Landsleute gerade meine Stadt nieder. Geh hinaus und sorge dafür, dass sie dieses Haus und seine Nachbarschaft verschonen! Rekrutiere ein paar von ihnen, die auch tagsüber aufpassen, dass hier drinnen niemandem etwas zustößt.«

Seine Augen, die mir einst Glückseligkeit und unendliche Geborgenheit vermittelt hatten, waren nun hart und kalt wie der Stahl an meiner Seite. Meine Willenskraft schmolz jedoch ebenso unweigerlich dahin wie damals. Der einzige Unterschied war, dass er mich nun genau da hatte, wo er mich haben wollte. Es gab keinen Grund mehr, mich mit freundlichen Worten und subtilen Verlockungen zu umgarnen. Die Zeit des Zuckerbrots war vorbei. Nun wartete die Peitsche auf mich.

Ich würde mich seinem Willen unterwerfen. Doch das änderte nichts an meinem Wunsch, ihn zu vernichten. Ich würde warten. Mich in Geduld üben. Ich würde lernen, ebenso kalt, berechnend und unbarmherzig zu werden wie er. Und eines Nachts würde der Moment meiner Rache kommen.

Doch bis dahin musste ich meinen Wunsch tief in meinem toten Herzen verbergen. Musste ihn in falscher Sicherheit wiegen. Einen Moment, einen einzigen Moment der Unachtsamkeit abwarten und ihn, wenn er kam, ohne zu zögern nutzen. Bis dahin würde ich sein folgsamer Diener sein.

»Ja, Herr.« Ich senkte den Kopf.

Er lächelte.

Mit diesen beiden Worten hatte die Zeit meiner Knechtschaft begonnen. Ich rechnete durchaus damit, dass sie einige Jahre andauern würde, vielleicht einige Jahrzehnte.

Ich dachte nicht, dass es Jahrhunderte würden.

Samstag, 21. Mai 2005, Paris, Frankreich

Étiennes Versteck im Keller unter dem Refuge hat uns beide gut vor den Widrigkeiten, die der Tag für unsereins bereit hält, bewahrt. Sobald ich mich von meinem Lager erhebe, ziehe ich den Dolch aus dem Herzen meines Gastgebers.

»Verdammt noch eins!« Er presst die Hand auf die Wunde. Als er sie wieder wegnimmt, ist das Loch in seiner Brust verschwunden. Nur ein verlorener Blutstropfen zeugt noch von meiner Sicherheitsmaßnahme. Und die Laune meines einstigen Gefährten.

»Gut geschlafen?« Ich lege meinen Schwertgurt um und ziehe den Mantel an, während Étienne aufsteht. Aus dem Augenwinkel bemerke ich, dass er mich mit finsterer Miene ansieht.

»So gut man halt schläft mit einem Stück Stahl zwischen den Rippen. Ich hatte ganz vergessen, was du für ein Arschloch sein kannst.«

»Pass auf, was du sagst, alter Freund!«

Er hebt entschuldigend die Hände. »Vergib mir. Natürlich habe ich das alles selbst zu verantworten.«

Ich ignoriere den triefenden Sarkasmus in seiner Stimme. »So ist es.«

Mit dem Finger wischt er den Blutstropfen von seiner Brust und leckt ihn ab. Dann kleidet auch er sich an.

Beim Verlassen des Kellerverstecks lasse ich ihm den Vortritt. Gemeinsam betreten wir den Club. Im hellen Schein einer Reihe von Neonröhren tritt die Maschinerie aus schwenkbaren Lampen, Spiegelkugeln und Lautsprechern in ihrer vollen

Hässlichkeit zutage. Der Zauber, in den die Gerätschaften die Tanzfläche vergangene Nacht mit ihrem Spiel aus Musik, vielfarbigem Licht und künstlichem Nebel gehüllt haben, ist vollständig verflogen. Dicke Kabelbäume an Wänden und Decken verleihen dem Raum eher den Charme einer Fabrikhalle als eines Ortes der Vergnügungen. Gut, dass davon nichts mehr zu sehen sein wird, wenn die Gäste kommen.

Die Angestellten, die das Etablissement auf die Nacht vorbereiten, grüßen meinen Begleiter unterwürfig. Étienne würdigt die Sterblichen keines Blickes und erklimmt zielstrebig die Galerie. Eine attraktive Blondine in einem rotem, wagemutig geschlitzten Abendkleid erwartet ihn. Ich habe sie schon in der vergangenen Nacht bemerkt, als Étienne ihr Anweisungen erteilt hat. Erst bei genauerer Betrachtung ihres Gesichts sind die geschickt mit Make-up kaschierten Spuren des Alters unverkennbar. Unter der Annahme kleinerer chirurgischer Eingriffe schätze ich sie auf mindestens fünfzig Jahre. Vielleicht sogar mehr.

»Hast du gut geschlafen?«

Ihre vertrauliche Anrede deutet an, dass die beiden eng verbunden sind – oder waren. In Unkenntnis meiner nächtlichen Sicherheitsmaßnahme ist sie von Étiennes harscher Antwort unangenehm überrascht.

»Ich bezahle dich, damit du dich um den Club kümmerst und nicht um mein Wohlergehen. Irgendwelche Vorkommnisse?«

Einen Moment lang ringt sie mit ihrer Fassung, bevor sie ihren offensichtlichen Ärger herunterschluckt und die Maske der Professionalität anlegt. »Adéle hat angerufen. Der Diener eines Neuankömmlings hat um eine dringliche Audienz für seinen Herrn gebeten. Du mögest dich bitte bei ihm melden, sobald du bereit bist.«

Er sieht mich an.

Ich nicke zur Bestätigung. Sie sind da.

Wieder zu seiner Vertrauten gewandt, versucht er, Genaueres in Erfahrung zu bringen: »Hat der Anrufer seinen Namen genannt? Oder den seines Herrn?«

»So weit ich weiß, nein. Sehr unhöflich, will ich meinen.«

Er geht nicht auf ihre durchaus berechtigte Anmerkung ein. »Hast du wenigstens eine Telefonnummer?«

»Ja, für ein Mobiltelefon. Soll ich Bernard kontaktieren, damit er mehr herausfindet?«

Étienne denkt kurz nach. »Nein. Das wird nichts bringen. Ruf den Diener an und richte ihm aus, ich erwarte seinen Herrn hier! Und frag nach, wann sie da sein werden!«

»Wie du wünschst.« Offensichtlich ist sie ungehalten über die Behandlung, die Étienne ihr angedeihen lässt. Aber sie tut, was er ihr aufgetragen hat. Sie geht ein paar Schritte von uns weg und beginnt umgehend, die Tasten ihres eigenen Mobiltelefons mit langen, kunstvoll manikürten Fingernägeln zu traktieren.

»Hast du irgendjemand Kampfkräftigen hier?«, frage ich den etwas abwesend wirkenden Hausherren.

Er reagiert erst nach einer kurzen Verzögerung. »Nur die Türsteher und das restliche Sicherheitspersonal. Niemand, der es mit Todesboten aufnehmen könnte. Außer, du willst ein Blutbad anrichten.«

»Nein. Das wäre sicherlich keine gute Idee. Also wir zwei gegen was auch immer hier gleich eintrudeln wird. Dann hoffen wir mal, dass die Todesboten ebenfalls nicht an einem Gemetzel interessiert sind und ihre sterblichen Diener aus der Sache heraushalten.«

»Ich werde Bernard Dubois Bescheid sagen, dass er für den Notfall hier in der Gegend ein paar seiner Leute postieren soll.«

»Polizisten?«

»Spezialeinheit. Tun, was man ihnen sagt, und stellen keine Fragen. Und wenn einer von ihnen mehr zu Gesicht bekommt, als er sollte, kümmere ich mich darum.«

»Na gut.«

Die Blondine kommt zu uns zurück. Sie beäugt mich misstrauisch, bevor Étienne sich ihr zuwendet und sie ihm Bericht erstattet. »Er hat immer noch keine Namen genannt. Er sagt, du wüsstest Bescheid. Sie werden in weniger als einer halben Stunde hier sein.«

»Gut.« Étiennes Stimme ist etwas versöhnlicher als zuvor. Seine Nervosität kann er aber dennoch nicht verbergen. »Ruf Bernard an und gib ihn mir, sobald du ihn in der Leitung hast! Und dann schick alle Mann hier raus! Ich will, dass keiner außer dir mehr hier drinnen ist, wenn unsere Gäste eintreffen.«

Entrüstet runzelt sie die Stirn. »Es ist Samstag! Spätestens um elf werden da draußen die Leute Schlange stehen. Wir müssen noch …«

»Tu, was ich dir sage, Valérie! Wenn alles glattgeht, sind wir rechtzeitig fertig, um pünktlich zu öffnen. Aber bis dahin will ich, dass wir hier allein sind.«

»Du bist der Boss.« Sie schüttelt ungehalten den Kopf. Dann greift sie wieder zum Telefon und reicht es kurz darauf Étienne. Während mein einäugiger Freund seinem Vertrauten bei der Polizei Anweisungen erteilt, begutachte ich die taktische Lage.

Wir werden die Todesboten auf der Tanzfläche zum Kampf stellen. Nur sie bietet ausreichend Platz für mein Schwert. Kurzzeitig spiele ich mit dem Gedanken, auf der Galerie zu warten und mich von oben auf sie zu stürzen. Doch damit ein derartiges Manöver gelingt, müssen sie an der richtigen Stelle stehen. Sollten sie das nicht tun, muss ich erst viel freies Feld überwinden, bevor ich sie in Reichweite meiner Klinge habe. Der Zugang zu den Toiletten scheint mir ein besserer Ort zu sein, mich zu verbergen. Von dort hat man zwar keinen guten Blick auf den Eingang, dafür ist er in unmittelbarer Nähe. Um zu wissen, wo sich meine Gegner befinden, werde ich mich auf meine Ohren verlassen müssen.

Inzwischen hat Valérie die verdutzten Bediensteten aus dem Haus gescheucht. Étienne reicht ihr das Telefon zurück.

»Bernards Leute werden bereit sein«, gibt er uns beiden gleichermaßen bekannt. Zu seiner Vertrauten gewandt fügt er hinzu: »Wenn unsere Besucher kommen, machst du ihnen auf und führst sie hier herein. Sobald ich sie empfange, gehst du in Deckung und bleibst da! Wenn die Situation hier drin außer Kontrolle gerät, rufst du Bernard an und siehst zu, dass du entweder verschwindest oder dich gut verschanzt. Hast du verstanden?«

Sie nickt eifrig. »Was sind das für Leute, die ihr erwartet?«

»Tu einfach, was ich dir sage!«

Ihre offenkundige Besorgnis weicht tiefer Abneigung, als sie mich ansieht. Sie hat den Schuldigen für die Probleme korrekt identifiziert. Ohne ein weiteres Wort geht sie zur Bar, angelt ein Glas vom Tresen und schenkt sich irgendetwas Hochprozentiges ein.

»Ich hol dann mal meinen Degen.« Étienne setzt sich in Richtung der Treppe zur Galerie in Bewegung. Ich folge ihm. Erstens, um ihn nicht aus den Augen zu lassen, und zweitens, weil ich keine Lust habe, dass Valérie mich weiterhin finster anstarrt. Wir gehen in das getäfelte Zimmer mit dem marmornen Tisch.

Étienne öffnet eine edle Vitrine aus Mahagoni und nimmt einen Schwertgurt heraus. »Hätte nicht gedacht, das alte Ding noch mal zu benutzen.«

Er zieht die schmale Klinge aus der Scheide, schwingt sie ein paar Mal durch die Luft und schlägt eine Finte in meine Richtung. Im Nu habe ich auch meine Waffe in der Hand und stoße sie mit Schwung auf seine Brust. Die Spitze meines Schwerts ist nur Zentimeter von seinem Hemd entfernt, als er sie mit dem Degen zur Seite schlägt und zwei Schritte zurückweicht. Ich setze ihm nicht hinterher.

»Was soll das?«, keift er mich an.

»Wollte nur mal schauen, ob du's noch kannst oder so verweichlicht bist, dass du mir nur im Weg stehst.«

»Arschloch!«

Ich sehe über die Beleidigung hinweg. »Scheinst es ja noch einigermaßen drauf zu haben.«

»So was verlernt man nicht.« Langsam beruhigt er sich wieder. Er richtet seine Aufmerksamkeit auf mein Breitschwert. »Und du hast immer noch denselben Prügel wie damals?«

Für den ›Prügel‹ erhält er einen drohenden Blick.

Unschuldig grinst er mich an.

Ich wiege die Waffe in der Hand. »Eher wieder als immer noch. In den 1920ern habe ich in den Staaten einen begabten Waffenschmied gefunden. Er hat mir eine neue Klinge gefertigt. Das Schätzchen hier war eigentlich schon im Ruhestand. Aber das neue Schwert ist kürzlich … abhandengekommen. Also musste ich auf die hier zurückgreifen.«

»Abhandengekommen?« Sein Auge fixiert mich eindringlich. »Mal so nebenbei: Du hast mir immer noch nicht verraten, weswegen du überhaupt hergekommen bist.«

»Ich habe dich gesucht.«

»Und was kann ich für dich tun?«

Ich stecke das Schwert in die Scheide. »Du kannst mir sagen, ob du weißt, wo ich Vitus finde.«

Für einen Moment entgleist sein Blick vollständig. »Vitus? Vitus der Römer? Der Vitus, den du, so lange ich dich kenne, immer lautstark verflucht hast, weil er dir dein Leben genommen und dich versklavt hat? Den du zeit deines Daseins immer hast töten wollen?«

»Genau der.«

»Ach du Scheiße!«

»Ich will nur mit ihm reden.«

»Reden? Worüber denn? Wie du ihn umbringen willst?«

»Nein. Ich brauche seine Hilfe.«

Er lacht laut auf. »Du willst Vitus, den Römer um Hilfe bitten? Und was veranlasst dich zu glauben, dass er dich auch nur in seine Nähe lässt, nachdem du ihm Jahrhunderte lang nach dem Leben getrachtet hast?«

»Nun, ich dachte, du würdest bei ihm ein gutes Wort für mich einlegen.«

Sein Blick schwankt irgendwo zwischen spontaner Hysterie und einem beginnenden Lachkrampf. »Scheiße, Mann! Glaubst du, ich hätte seine Telefonnummer in meiner Adresssammlung notiert? Ich habe nicht den leisesten Schimmer, wo er sich aufhält. Er ist einer der Alten. Niemand weiß, wo die Archaioi sich versteckt halten.«

»Nun ja, wenn die Gerüchte stimmen, die dir zu Ohren gekommen sind, dann ist gerade jetzt jemand hierher unterwegs, der das weiß.«

Entsetzt sieht er mich an. »Die Todesboten?«

Ich nicke.

»Vergiss es!« Vehement schüttelt er den Kopf. »Aus denen wirst du nichts herausbekommen. Die sterben lieber, als ihre Herren zu verraten.«

»Wir werden sehen. Und falls es so ist, bist ja immer noch du da.«

»Ich habe doch schon gesagt, ich habe keine Ahnung, wo Vitus steckt.«

»Es gibt doch bestimmt noch einige seiner Nachkommen, deren Aufenthaltsort bekannt ist.«

»Es ist deine Blutsfamilie.«

»Und sie befindet sich auf deinem Kontinent. Wenn die Blutlinien ihren offenen Konflikt tatsächlich beendet haben, müsst ihr doch irgendwie Kontakt untereinander halten. Diese Todesboten hast du ja schließlich auch herbeigerufen.«

Er stöhnt. »Nun ja, die Angehörigen von Vitus' Blutlinie häufen sich im süddeutschen Raum. Und in Österreich.«

»Wien«, werfe ich ein. »Da haben wir früher gemeinsam gewohnt. Dort bin ich ihm zum letzten Mal begegnet.«

»Möglich«, räumt Étienne ein. »Aber wo er da steckt, weiß ich beim besten Willen nicht.«

»Dann finden wir's raus.«

Mein Freund ist nicht ganz so zuversichtlich. »Das wird nicht einfach …«

»Deswegen bin ich zu dir gekommen. Du weißt doch Bescheid, wie man schwierige Situationen meistert. Du hast es ja auch geschafft, Frieden mit den Archaioi zu schließen. Dann sollte es dir doch ein Leichtes sein, mit einem von ihnen Kontakt aufzunehmen.«

Sein Widerstand schwindet. »Ich … Ich werde sehen, was ich tun kann.«

»Danke, alter Freund. Mehr verlange ich gar nicht.«

»Gut. Aber jetzt haben wir, glaube ich, erstmal andere Sachen zu erledigen.«

»Einverstanden. Und vielleicht – ganz vielleicht – lassen die Todesboten ja doch mit sich reden.« Ich tätschele meine Klinge. »Alles eine Frage der richtigen Argumente.«

Étienne beschränkt seinen Kommentar auf ein ungläubiges Kopfschütteln. Wir gehen zurück in den Club. Valérie betrachtet erstaunt Étiennes Waffengurt, enthält sich aber jeglicher Äußerungen. Dann warten wir. Valérie an der Bar, eine Zigarette nach der anderen rauchend. Étienne sitzt verkehrt herum auf einem Stuhl, die Arme auf die Rückenlehne gestützt. Ich lehne an der Wand. Keiner sagt ein Wort.

Die Stille vor der Schlacht.

Ich habe sie hunderte Male erlebt. Es ist wie eine besonders grausame Folter, wenn die Minuten sich endlos dehnen. Wenn man jedes noch so kleine Geräusch mit absoluter Klarheit wahrnimmt. Auf den Moment wartet, an dem es endlich losgeht.

Valérie zuckt so stark zusammen, dass sie beinahe ihre Zigarette hätte fallen lassen, als ihr Mobiltelefon klingelt. Mit zittrigen Fingern nestelt sie es aus ihrer kleinen Umhängetasche. Ihre Stimme jedoch ist von erstaunlicher Festigkeit. »Hallo?«

Étienne steht auf und räumt den Stuhl beiseite. Ich ziehe mein Schwert.

»Ja, ist gut. Er erwartet Sie. Ich mache auf.« Sie verstaut das Telefon wieder. Als Étienne ihr zunickt, rutscht sie von dem Barhocker, strafft ihr Kleid und verschwindet in den Korridor, der zur Eingangstür führt.

Der Hausherr postiert sich breitbeinig und mit verschränkten Armen am Rand der Tanzfläche, dem Eingang genau gegenüber. Ich ziehe mich hinter die Ecke des Ganges zurück, den ich mir als Deckung ausgesucht habe. Ich kann Étienne noch sehen, aber die Tür, durch die die Todesboten kommen werden, liegt außerhalb meines Blickfeldes.

Ich höre, wie der Eingang geöffnet wird. Dann Valéries Stimme: »Guten Abend. Es ist uns eine Ehre, Sie hier begrüßen zu dürfen. Bitte folgen Sie mir!«

Keine Antwort. Dafür Schritte. Das Klacken von Valéries Stilettos, begleitet vom mehrstimmigen Stampfen schwerer Stiefel. Vier Paar, wenn ich es richtig höre.

Das wird hart.

Étienne zaubert ein freundliches Lächeln auf seine Lippen. Seine Nervosität ist wie weggeblasen. Er ist ein gefährlich guter Schauspieler. Seine Worte klingen freudig erregt, als er die Todesboten begrüßt. »Willkommen im Refuge. Ich bin Étienne d'Aumale. Ich bin hoch erfreut, dass Ihr so schnell gekommen seid, um uns beizustehen.«

»Wo ist der Templer?«

Ich bin ein wenig überrascht, eine weibliche Stimme zu hören. Aber was soll's. Unter den Nocturni herrscht weitgehend Gleichberechtigung. Für mich ist das kein Problem. Ich habe in der langen Zeit meines Daseins schon zahlreiche Frauen getötet, sterbliche wie unsterbliche.

»Nun, um ehrlich zu sein, weiß ich nicht, wo sein derzeitiger Aufenthaltsort …«

Kurzerhand beschließe ich, Étiennes Schauspielkunst nicht überzustrapazieren. Mit kampfbereit erhobenem Schwert stürze ich aus meinem Versteck, wirbele um meine Achse und lasse die Klinge in einem weiten Bogen kreisen. Der Stahl fährt auf die Kehle der mir am nächsten stehenden der vier Personen nieder, noch bevor einer von ihnen sich auch nur einen Millimeter bewegt hat. Die Waffe durchschneidet den ledernen Stehkragen des bodenlangen Mantels und stößt auf die dicke Stahlpanzerung darunter. Statt den Kopf sauber vom Rumpf zu trennen, wie ich beabsichtigt hatte, schleudert mein Schlag sein Ziel lediglich quer durch den Raum. Das allerdings mit der Wucht eines mittelgroßen Dampfhammers, so dass er zumindest für eine Weile aus dem Spiel sein sollte.

Ich nehme mir keine Zeit, seine unsanfte Landung irgendwo an einer der Wände zu begutachten, sondern springe, ohne in der Bewegung innezuhalten, auf den nächsten Gegner zu. Aus dem Schwung drehe ich das Schwert in der Hand und ramme es mit der Spitze voran in sein Gesicht. Sein Ausweichversuch kommt einen Sekundenbruchteil zu spät. Der Stahl bohrt sich durch das linke Auge in den Schädel und tritt auf der Rückseite zusammen mit einem Schwall von Knochensplittern wieder heraus. Aus den Fingern des Mannes fällt eine schwere automatische Schrotflinte scheppernd zu Boden. Er ist nicht mehr dazu gekommen, den Abzug zu betätigen. Doch wenn er eine Schusswaffe hat, liegt die Vermutung nahe, dass seine Mitstreiter ähnlich bewaffnet sind. Um mich dem erwarteten Kugelhagel zu entziehen, ziehe ich mein Opfer, Bauch an Bauch, an mich heran und halte es zwischen meinen Körper und die beiden verbliebenen Gegner.

Keine Sekunde zu früh.

Ich spüre die Wucht der Einschläge auf dem Rücken meines menschlichen Schutzschildes. Der bodenlange Mantel, den er wie seine drei Kameraden trägt, hält die Geschosse zuverlässig ab. Ein oder zwei der Kugeln streifen meinen Arm, prallen jedoch wirkungslos vom Kevlar unter dem Kettengeflecht meiner Rüstung ab.

Aus meiner Deckung heraus gönne ich mir die Zeit, die Todesboten endlich in Augenschein zu nehmen. Derjenige, der gerade die Magazine seiner beiden Uzis auf mich entlädt, ist ein wikingerartiger Hüne mit blondem Vollbart und langen, zum Pferdeschwanz gebundenen Haaren. Eine Schweißperle auf seiner Stirn beweist, dass er ein Sterblicher ist. Die überhaupt nicht zu seinem massigen Körper passende Behändigkeit seiner Bewegungen legt allerdings nahe, dass er ein Unhold sein könnte. Wenn das wahr ist, hat sich in Europa seit meiner Flucht wahrlich einiges geändert.

Die Frau, deren Stimme ich gehört habe, ist von zierlicher Gestalt und der Blässe ihrer Haut nach zu urteilen eindeutig eine der Unsrigen. Ihre dunklen Haare sind zu einem strengen Knoten gebunden. Unsere Augen treffen sich kurz, dann dreht sie sich blitzartig um und entlädt beide Läufe ihrer abgesägten Schrotflinte auf Étienne, der mit gezücktem Degen auf sie zuspringt. Ich sehe gerade noch, wie sich Gesicht, Arme und Brust meines Mitstreiters unter dem Aufprall der Schrotkugeln in eine blutige Masse verwandeln. Dann wird meine Aufmerksamkeit anderweitig gefordert, als mein unfreiwilliger Schutzschild unvermittelt das Auge öffnet, das von meinem Schwert verschont geblieben ist, und mich unheilvoll anstarrt.

Eindeutig kein Sterblicher.

Unter wütendem Gebrüll und zotigen Flüchen in deutscher Sprache legt er seine Pranken auf mein Gesicht und drückt die Daumen in meine Augen. Der unvermittelt über mich hereinbrechende Schmerz und die plötzliche Blindheit zerren an meiner Selbstbeherrschung. Verzweifelt kämpfe ich gegen den Blutrausch an, der mich mit weit ausgebreiteten Armen willkommen heißt. Unter diesen Umständen die Kontrolle über mein Handeln zu verlieren, wäre fatal. Ich beiße die Zähne zusammen, konzentriere mich eisern darauf, meinen Verstand von dem verlockenden Nebel des von allen Schmerzen und Sorgen befreiten Vergessens fernzuhalten, um nicht meinen Instinkten das Feld zu überlassen.

Es funktioniert.

Meine Finger tasten nach dem immer noch im Kopf meines Gegners steckenden Schwert. Sobald sie das Heft gefunden haben, packe ich mit beiden Händen zu und drehe die Klinge um ihre Achse. Das Knirschen berstender Schädelknochen übertönt den erstickten Schmerzensschrei des Todesboten. Dann geben seine Hände mich frei. Meines Augenlichts weiterhin beraubt, stemme ich den Fuß gegen seinen zu Boden stürzenden Körper und ziehe das Schwert mit aller Kraft seitlich aus ihm heraus. Dem trockenen Knacken nach zu urteilen, nimmt sein Schädel bei der unsanften Operation erheblichen Schaden. Feuchte Bröckchen treffen auf meine Haut, vermutlich Teile seines Hirns. Dann ist meine Klinge wieder frei.

Doch die Freiheit hat ihren Preis. Ohne meinen Schutzschild prasseln die Kugeln, die der blonde Hüne regnen lässt, ungehindert auf mich ein. Blind, wie ich im Augenblick bin, ist es zwecklos, Deckung zu suchen. Also bleibt nur eine Alternative übrig.

Wilde Kampfesschreie ausstoßend, renne ich, so schnell ich kann, auf das knatternde Getöse der feuernden Maschinenpistolen zu. Das Kevlar hält einen Großteil der Geschosse von Rumpf und Armen ab, doch mein Kopf ist dem Kugelhagel schutzlos ausgeliefert. Mehrere Projektile durchlöchern mein Gesicht. Ich schmecke mein eigenes Blut im Mund. Auch mein Gehirn hat Schaden genommen. Als angesichts der erneuten Verwundungen der Blutrausch sich wieder zu Wort meldet, fällt es mir mangels Konzentrationsfähigkeit ungleich schwerer als beim letzten Mal, ihm zu widerstehen. Ich spüre, wie meine Fangzähne aus den Kiefern hervortreten. Verzweifelt suche ich irgendeine Sinneswahrnehmung, an der mein schwindender Verstand sich festhalten kann. Ich höre das unverkennbare Geräusch von Schlagbolzen, die ins Leere stoßen. Die Uzis haben keine Munition mehr. Die unmittelbar einsetzende Stille hilft mir, wieder klare Gedanken zu fassen und nicht in jene verlockend wohltuende Welt einzutauchen, die nur aus Kampf und Blut besteht. In vollem Lauf pralle ich gegen ein Hindernis, umschlinge es mit meinen Armen und reiße es zu Boden. Im Infight und noch dazu mit vernebeltem Verstand nützt mir das Schwert herzlich wenig, also lasse ich es fallen und nutze meine Hände stattdessen, um zu greifen, zu tasten und weiches ungepanzertes Fleisch zu finden.

Meine Bemühungen sind schnell von Erfolg gekrönt, als ich den bärtigen Unterkiefer meines Sparringspartners zu fassen kriege und mich darin festkralle. Noch bevor wir auf dem Boden aufschlagen, ziehe ich mich mit aller Kraft vorwärts, reiße meinen Mund mit den gefletschten Fangzähnen auf und verbeiße mich im Gesicht des Todesboten. Meine Kiefer zermalmen Haut, Fleisch und Knochen. Das Blut, das nun meinen Rachen füllt, ist seins. Der Strom der köstlichen, warmen Flüssigkeit bricht endgültig die letzten mühsam aufrechterhaltenen Dämme des Verstandes und lässt die Flut des Blutrausches wie einen Tsunami über mich hereinbrechen.

Ich reiße sein Fleisch in Stücke. Beiße. Sauge. Trinke. Die Welt um mich herum, sämtliche Sorgen und Nöte verlieren ihre Bedeutung. Alles, was zählt, ist das Jetzt. Mein Gegner. Sein Blut. In der Ekstase, die mich ergreift, recke ich meinen Kopf empor und heule vor purem Glück wie ein Wolf, der den Mond lobpreist.

Ich öffne die Augen. Das Blut meines Kontrahenten, in meinen Adern zur perfekten Medizin gewandelt, hat sie wiederhergestellt. Ich sehe zu ihm hinunter. Die gesamte Front seines Kopfes ist verschwunden. Sein zerrissenes Gehirn liegt offen vor mir. Der rote Strom, der sich pulsierend aus seinem Hals ergießt, verliert rapide an Kraft. Sein Unterkiefer fehlt. Mein Blick fällt auf meine Hand, die das vermisste Stück fest umklammert hält.

Ich fixiere den Knochen in meinen Fingern, die entlang seiner Oberkante aufgereihten Zähne. Langsam kehrt die Vernunft zurück. Sie sagt mir, dass noch weitere Gegner auf mich warten. Ich sehe mich um.

Die zierliche Frau bedrängt Étienne mit zwei Äxten, die sie in Missachtung ihrer für derartige Kraftakte vollkommen ungeeigneten Statur in weiten Bögen um sich schwingt wie ein tollwütiger Berserker. Mein Kampfgefährte übt sich, vollständig in die Defensive gedrängt, in Ausweichmanövern, um den rasenden Klingen zu entgehen. Zumindest beschäftigt er sie.

Mein einstiger Schutzschild fuchtelt, immer noch auf dem Boden liegend, unkontrolliert mit den Armen in der Luft herum. Die obere Hälfte seines Kopfes fehlt. Der Verlust großer Teile seines Gehirns hat ihn nicht getötet, aber offenbar erheblichen Tribut von seiner Koordinationsfähigkeit gefordert. Doch ich sehe, wie der Schädel sich langsam wieder zusammenfügt.

Der, den ich zuerst getroffen habe, ein drahtiger Orientale, ist gerade dabei, sich wieder aufzurappeln, und spuckt dabei reichlich Blut auf den Boden. Mein Hieb hat ihm nicht den Kopf von den Schultern getrennt, ihn aber offensichtlich schwer erwischt. Ein Vampir hätte mit einer derartigen Verletzung wenig Probleme. Also noch ein Sterblicher.

Als ich sehe, was er in seinen Händen hält und gerade auf mich anlegt, schrillen sämtliche Alarmglocken. Die Präzisionsarmbrust ist wie geschaffen dafür, ein Herz zu durchbohren und einen Unsterblichen zu paralysieren. Und ich bin nicht sicher, ob mein kevlarverstärktes Kettenhemd ihrer Durchschlagskraft gewachsen ist. Eine geeignete Deckung ist nicht in Reichweite. Der Armbrustschütze ist zu weit entfernt, um ihn durch einen Nahkampfangriff an seinem Vorhaben zu hindern. Also ziehe ich einen von Francois' Dolchen aus dem Mantel, um ihn zu werfen. Doch noch bevor die Klinge meine Hand verlässt, surrt der Bolzen auf mich zu und bohrt sich in meine Brust. Die Leichtigkeit, mit der das Projektil meine Rüstung durchdringt, deutet auf eine Teflonbeschichtung oder etwas in der Art hin. Eine Waffe, gebaut einzig und allein für den Kampf gegen Vampire.

Schmerz erblüht in meinem Inneren und bricht sich in Form eines erstickten Schreis Bahn. Der Dolch entgleitet mir und geht weit an seinem Ziel vorbei. Fast schon ein wenig überrascht stelle ich fest, dass ich noch stehe, und vergewissere mich durch Beugen der Finger an meiner rechten Hand, dass ich mich noch rühren kann. Der Schuss hat mein Herz knapp verfehlt. Glück gehabt.

Was man von dem Armbrustschützen, der nun einem äußerst ungehaltenen blutsaugenden Monster gegenübersteht, nicht behaupten kann. Mit geübten Bewegungen fingert er einen neuen Bolzen aus der Halterung an seiner Waffe und lädt nach. Ich packe indes den Schaft des Projektils, das in mir steckt, und versuche, es aus meinem Brustbein zu ziehen. Doch der einzige Effekt ist, dass der Schmerz in ungeahnter Stärke auflodert. Widerhaken! Äußerst unangenehm.

Ich beschließe, den Bolzen stecken zu lassen, und stürze mich mit bloßen Händen auf den Schützen, der gerade dabei ist, den Bogen neu zu spannen. Nur Sekundenbruchteile, bevor das nächste Geschoss seine Waffe verlässt, erreiche ich ihn. Ich stoße die Armbrust zur Seite und ramme meine Faust mit solcher Wucht in sein Gesicht, dass sein Nasenbein sich in den Schädel bohrt. Dann packe ich die Armbrust, entreiße sie seinen erschlaffenden Fingern und hämmere sie gegen seine Schläfe. Sein Kopf wird zur Seite geschleudert und das charakteristische, trockene Knacken eines Genickbruches zeugt davon, dass er vorerst keine Gefahr mehr darstellt.

Doch mir bleibt keine Atempause. Ein schrilles Kreischen lässt mich aufhorchen.

Ich erblicke Valérie, die mit schreckgeweiteten Augen hinter dem Tresen der Garderobe an mir vorbei sieht. Hektisch drehe ich mich um.

Mein ehemaliger Schutzschild ist wieder aufgestanden. Angesichts der Tatsache, dass die obere Hälfte seines Schädels mitsamt einem Großteil seines Hirns immer noch weiträumig über den Fußboden verteilt ist, eine nicht unbeachtliche Leistung. Doch ich weiß aus eigener schmerzlicher Erfahrung, dass das Stammhirn ausreichend ist, um einen Unsterblichen in den Kampf zu führen. Ein einsamer, mangels Schädelknochen freiliegender Augapfel starrt zu mir herüber. Noch etwas unbeholfen, aber zielstrebig setzt sich die verstümmelte Kreatur in meine Richtung in Bewegung. Nach kurzer Suche finde ich mein Schwert und laufe darauf zu. Der Bolzen in meiner Brust tut höllisch weh, als ich mich unter einem Hieb der breiten Pranken des Todesboten ducke. Halb laufend, halb schlitternd komme ich bei meiner Klinge an, hebe sie auf und gehe zum Gegenangriff über. Ich springe aus der Hocke hoch in die Luft und stoße das Schwert von oben auf meinen Gegner nieder, der sich gerade wieder zu mir umdreht. Die Spitze dringt durch das offen liegende Hirn und bohrt sich durch Hals, Brustbein und Rippen in sein Herz.

Er erstarrt auf der Stelle, sinkt in Zeitlupe auf die Knie und knallt ausgestreckt, mit aufrecht aus dem zertrümmerten Schädel ragendem Schwert auf den Boden. Wieder einer weniger. Bleibt nur noch einer. Oder besser: eine. Ich halte Ausschau nach der Frau. Keinen Augenblick zu früh.

Sie zerrt eine ihrer beiden Äxte aus Étiennes am Boden liegendem Körper. Ihr Blick wandert zu mir. Der Haarknoten hat sich gelöst, so dass ihre schulterlange Mähne den Kopf in wilden Strähnen umrahmt. Ihre Augen verengen sich zu feindselig funkelnden Schlitzen. Sie bleckt ihre Fangzähne. Die tiefe Schnittwunde, die sich quer über ihr Gesicht zieht, schließt sich wie ein Reißverschluss, der zugezogen wird.

Ich überschlage kurz, was ich den beiden Äxten entgegenzusetzen habe. Einer der Dolche befindet sich noch in meinem Mantel. Keine geeignete Waffe gegen die wirbelnden Beile, die sich rasend schnell nähern.

Mein Blick fällt auf die Sturmschrotflinte, die der nun gepfählte Todesbote hat fallen lassen. Da er derzeit mein Schwert beansprucht, scheint es mir nur angemessen, wenn ich mir so lang seine Waffe aneigne. Ich hechte zu dem Gewehr, reiße es hoch und ziele kniend. Meine Gegnerin ist kaum mehr als einen Meter von mir entfernt, die Äxte schlagbereit erhoben, als ich abdrücke. Eine Salve Doppelnull-Schrot lässt ihr Gesicht in einer roten Wolke explodieren. Der Blutschwall trifft mich gleichzeitig mit ihrem Körper, der mich umreißt und unter sich begräbt.

Ihre Hände suchen nach meinen Armen, um mich auf dem Boden festzuhalten, doch sie hat dasselbe Problem wie ich kurz zuvor: Sie ist blind und kann nur tasten. Im Gegensatz zu mir hat sie jedoch nicht nur die Augen verloren. Die aus nächster Nähe abgefeuerte Schrotladung hat jegliches Fleisch von ihrem Gesicht gehobelt. So starrt mich statt ihres, soweit ich es erkennen konnte, nicht unattraktiven Antlitzes ein blutiger Totenschädel an, von dem nur noch einzelne Fetzen der vormals weichen, weißen Haut herabhängen. Ihre Fangzähne sind von meinem Treffer nicht in Mitleidenschaft gezogen worden und erheben sich drohend über meinem Gesicht. Nur mit Mühe kann ich sie so weit auf Distanz halten, dass ihre ungestümen Bissattacken knapp vor meinen Augen ins Leere gehen.

Ihre gepanzerte Brust drückt den Schaft des in mir steckenden Armbrustbolzens zur Seite und treibt die Schmerzen in meinen Rippen in neue, ungeahnte Höhen. Der Fall in den Blutrausch ist unvermeidlich. Ich gebe auf, gegen den übermächtigen Drang anzukämpfen, und füge mich meinem Schicksal. Von einem Augenblick zum Nächsten treten die Instinkte des tierhaften Jägers an die Stelle des berechnenden Kämpfers und tauchen meine gesamte Wahrnehmung in leuchtendes, allumfassendes Rot.

Jegliche Taktik macht simplem Hauen, Treten und Beißen Platz. Angst und Schmerz verlieren ihre Bedeutung. Weichen weit in den Hintergrund einer Welt, die nur noch aus Beute und Feinden besteht. Meiner Kontrahentin geht es keinen Deut besser.

Wie zwei wilde Tiere balgen wir uns auf dem Boden, stehen auf, umkreisen uns, lauern einander auf und fallen erneut mit ungebrochener Rohheit übereinander her. Wir vergießen gegenseitig unser Blut, brechen Knochen, reißen Fleisch.

Sie erweist sich als ebenbürtiger Gegner.

In unserem blutigen Tanz konzentriere ich mich derart auf sie, dass ich die Gestalt hinter ihr erst in dem Augenblick erkenne, als das heranrasende Axtblatt ihren Schädel spaltet. Die Wucht des Angriffs wirft sie zu Boden, wo sie zuckend liegen bleibt.

Ein Gegner weniger. Dafür ein neuer hinzugekommen. Der Blutrausch kennt keine Freunde und keine Verbündeten. Nur das Gesetz des Stärkeren, den unvermeidlichen Kampf jeder gegen jeden.

Ich stürze mich auf mein nächstes Opfer, doch mein Angriff geht ins Leere. Ich setze nach. Mehrere Male weicht mein Gegner aus. Ein Wort dringt in mein Bewusstsein. Ich kenne das Wort. Es ist ein Name. Ich weiß nicht, wessen Name es ist, aber er bringt mich dazu innezuhalten.

»Leon!«

Der Schleier der Instinkte lichtet sich. Scheibchenweise kehrt der Verstand zurück. Ich erkenne Étienne, der abwehrend eine Axt vor sich hält und mich misstrauisch beäugt.

»Leon?«

»Bin wieder da«, keuche ich heiser.

Blut rinnt mir aus dem Mund, als ich die Worte forme. Die Erinnerung an den Kampf kehrt zurück. Ich schaue mich um.

Der, in dem mein Schwert steckt, liegt reglos auf dem Boden. Sein Blut verrichtet, so weit es möglich ist, sein heilendes Werk und fügt rund um die längs aus seinem Kopf ragende Klinge Hirn und Knochen wieder zusammen. Doch so lang der Stahl sein Herz durchbohrt, wird er sich nicht aus eigener Kraft erheben.

Der blonde Hüne, dessen Gesicht ich weiträumig über die Tanzfläche verteilt habe, liegt in einer großen roten Lache. Ein Unsterblicher mit machtvollem Blut in den Adern könnte die Wunde wieder schließen, doch ein Sterblicher ist nach einer derartigen Verwundung unrettbar verloren. Das Blut der Nocturni verleiht den Unholden immense Kraft. Es verliert allerdings viel von seiner Macht, sobald es die Venen der Unsterblichen verlässt. Um einen Genickbruch zu heilen, reicht es jedoch offensichtlich aus. Der Armbrustschütze bewegt sich wieder, ist aber arg in Mitleidenschaft gezogen. Er muss sich am Tresen der Bar festhalten, um sich aufrichten zu können. Valérie nimmt sich seiner an, indem sie die automatische Schrotflinte aufhebt, zu dem Orientalen hinübergeht und ihm die Mündung wortlos ins Gesicht hält. Der so Bedrohte orientiert sich kurz, erfasst die Situation und fügt sich mit erhobenen Händen seinem Schicksal.

Der einzige der Todesboten, der sich noch rührt, ist die Frau, in deren Schädel ihre Axt steckt, die Étienne dort platziert hat. Aus dem klaffenden Spalt sowie den zahlreichen anderen Wunden, die ich ihr wohl zugefügt habe, hat sie so viel Blut verloren, dass ihre Kraft nicht mehr für eine Heilung ausreicht. In spastischen Muskelzuckungen und unartikuliertes Stöhnen ausstoßend windet sie sich unkontrolliert auf dem Boden.

Ich gehe zu ihr und ziehe Francois' zweiten Dolch aus meiner Innentasche. Um sie so weit ruhigzustellen, dass ich ihren gepanzerten Mantel öffnen kann, knie ich mich auf sie. Dann stoße ich die Klinge in ihre entblößte Brust. Ihr Körper verkrampft, sobald der Dolch ihr Herz perforiert hat, und verharrt bewegungslos.

Endlich kehrt Ruhe ein.

Die letzten Ausläufer des Blutrausches verebben endgültig und die vielfältigen Verletzungen, die ich habe hinnehmen müssen, fordern ihren Tribut. Mit Vampirblut im Leib wäre es mir ein leichtes gewesen, meine Wunden auf der Stelle zu heilen. Doch da ich mich seit Tagen nur von Sterblichen ernährt habe, wird es ein paar Minuten dauern, bis ich vollständig wiederhergestellt bin.

Bis es so weit ist, torkele ich auf einen der Barhocker zu und schaffe es mühsam, mich darauf zu setzen, jedoch nicht, ohne mich am Tresen festzuhalten.

Mein Blick fällt auf den Schaft, der aus meinen Rippen ragt. Um diese Wunde heilen zu können, muss der Bolzen erst einmal aus mir raus. Was angesichts der Widerhaken keine leichte Übung ist.

»Würdest du mir hierbei behilflich sein, alter Freund?« Ich deute auf meine Brust.

Étienne kommt zu mir herüber. Sein altmodischer, aber todschicker Zweireiher hängt ebenso zerfetzt an seinem Körper wie das Kettenhemd an meinem. Er begutachtet den Bolzen von allen Seiten. Mit den Worten »Das könnte ein bisschen weh tun« drückt er das Projektil durch meinen Leib. Ich bin versucht zu schreien, doch ich kann mich gerade noch beherrschen. Dann ist es vorbei.

Ich spüre, wie mein Blut seine heilende Kraft entfaltet und auch die letzte Wunde sich langsam schließt. Endlich kehrt ein wenig Entspannung in meinen Körper zurück. Und mit der Entspannung kommen Visionen. Zuckende unzusammenhängende Formen und Lichtblitze zunächst, dann Bilder, die mir gleichzeitig vertraut und doch fremd erscheinen. Es sind die Erinnerungen der axtschwingenden Todesbotin, von deren Blut ich in meiner Raserei getrunken habe.

Mit geschlossenen Augen konzentriere ich mich auf die Eindrücke, die auf mich einstürmen. Doch so sehr ich mich anstrenge, sie ergeben keine konsistente Geschichte. Ich sehe Blut. Viel Blut. Nicht weiter verwunderlich angesichts ihrer Profession. Das einzige bekannte Gesicht, das ich erkennen kann, ist das des anderen Unsterblichen. Ich gewinne einen vagen Eindruck, er könnte ihr Erzeuger sein, vielleicht auch nur ein Mentor. In jedem Fall ist er aber der Ältere und der Anführer des Trupps, der hier sein ganz persönliches Waterloo erlebt hat.

Ich stehe auf und gehe zu dem am Boden liegenden Todesboten. Mein Schwert, das immer noch der Länge nach Kopf, Hals und Brust durchbohrt, hat die Heilung seiner abgetrennten Schädeldecke beeinträchtigt. Sie hat sich zwar um die Klinge herum neu gebildet, ist jedoch schief und verwachsen. Seine blonden Haare sind an den Seiten und im Nacken kurz geschoren. Nur der Scheitel ist etwas länger. Mehrere kleine Narben, Zeugen lange vergangener Gefechte zu seiner Zeit als Sterblicher, durchziehen sein Gesicht. Das Antlitz eines Soldaten.

Ich suche den Dolch, den ich vergeblich nach dem Armbrustschützen geworfen hatte. In der Wand hinter der Bar steckend finde ich ihn und gehe ihn holen.

»Was hast du vor?«, fragt Étienne.

Mit der Waffe in der Hand kehre ich zu dem paralysierten Unsterblichen zurück und beuge mich über ihn. »Ich will wissen, mit wem ich es zu tun habe.«

Ich öffne seinen gepanzerten Mantel und ramme den Dolch in seine Brust, so dass er sich mit der Schwertklinge im Herzen des Todesboten kreuzt. Dann richte ich den schlaffen Leib in eine sitzende Position auf, greife das Heft meines Schwertes und stemme mich gegen seine Schulter. Von einem Schwall roter Flüssigkeit begleitet, gibt sein Körper meine Waffe frei. Es tut gut, die vertraute Klinge wieder in der Hand zu spüren. Ich wische sie an einer noch halbwegs sauberen Ecke meines vollkommen ruinierten Trenchcoats ab und stecke sie in die Scheide. Dann beiße ich dem jetzt durch den Dolch gelähmten Todesboten in den Hals und beginne, sein Blut zu trinken.

»Was zur Hölle machst du da?« Étiennes Stimme ist pures Entsetzen. »Das kannst du doch nicht tun!«

Ohne auf seinen hysterischen Einwand zu reagieren, lasse ich nach einigen wenigen Schlucken von meinem Opfer ab. Ich lecke mir die Lippen sauber, schließe die Augen und warte darauf, dass ich mehr über meinen Gegner erfahre.

Étienne schreit weiter auf mich ein. Ich verdränge ihn an den Rand meines Bewusstseins. Konzentriere mich völlig auf die im Blut des Todesboten gespeicherten Erinnerungen.

Ich brauche nicht lang zu warten. Visionen von gewaltigen Explosionen, fernem Geschützdonner und dem unablässigen Rattern von Maschinengewehren schildern mir seine Erlebnisse aus dem Krieg. Den vagen Eindrücken zufolge, die ich von Waffen und Uniformen gewinne, war es der Zweite Weltkrieg, in dem er auf Seiten der Deutschen kämpfte.

Gesichter, Wortfetzen und grausige Schlachtengemälde voller verstümmelter Leichen, schreiender Verwundeter und unendlichem Leid prasseln auf mich ein. Leid, das der Mann, durch dessen Augen ich all dies betrachte, mit großem Eifer mehrt. Hinrichtungen mit Gewehr und Strang begleiten ihn auf sämtlichen Feldzügen, an denen er teilnimmt. Ein Name fällt immer wieder: Otto Krüger. So heißt er. Hauptsturmführer Krüger. Waffen-SS.

Die Kriegsbilder verblassen. Stattdessen Flucht, Verstecke. Er taucht unter. Neue Gesichter erscheinen. Manche davon blass, einige raubtierhaft, alle auf ihre Weise fremdartig. Er hat die Welt der Unsterblichen betreten.

Dann ein bekanntes Gesicht. Schmerzlich bekannt. Das Gesicht einer Frau.

Ich habe dieses Gesicht geliebt. Jahrhunderte sind vergangen, seit ich es das letzte Mal gesehen habe. Ich habe versucht, es aus meinen Erinnerungen zu verdrängen. Zu vergessen. Habe mir eingeredet, ich hätte es geschafft. Hätte sie endlich hinter mir gelassen.

Bei unserer letzten Begegnung haben wir uns bekämpft. Sind in unversöhnlicher Feindschaft auseinandergegangen. Und trotz allem, was uns trennt, all den Jahren, allen Gegensätzen und Widersprüchen in unseren Zielen und Ansichten reißen die alten Wunden sofort wieder auf, als ich ihr Gesicht durch die Augen des SS-Mannes sehe.

Die Schatten meiner Vergangenheit haben mich endgültig eingeholt. Ich öffne die Augen. Kann ihren Anblick nicht mehr ertragen und versuche, die fremden Erinnerungen aus meinem Kopf zu vertreiben.

Es gelingt mir nicht.

»Verdammte Scheiße! Was soll das?«

Étienne schüttelt mich und brüllt mir ins Gesicht. Instinktiv fauche ich ihn mit gefletschten Zähnen an. Er lässt mich los und weicht zurück.

Ein Telefon klingelt.

Mein alter Waffengefährte wirft mir einen vorwurfsvollen Blick zu, dann gibt er Valérie, aus deren Tasche das Geräusch dringt, zu verstehen, dass er sich um den letzten noch stehenden unserer Gegner kümmern wird. Sie legt das Gewehr zur Seite und nimmt das Telefon zur Hand.

»Hallo?«

Nach einer kurzen Pause sieht sie Étienne an.

»Bernard will wissen, ob alles in Ordnung ist. Die Schüsse waren wohl bis draußen zu hören.«

»Sag ihm, wir haben alles im Griff. Er soll draußen für Ruhe sorgen.«

Während sie Étiennes Anordnungen weitergibt, trifft sein vorwurfsvoller Blick wieder auf mich. Diesmal bleibt er allerdings ruhig. »Leon, was sollte das? Du kannst doch nicht …«

»Was? Von seinem Blut trinken? Du hast doch gesehen, dass ich es kann.«

»Leon …«

»Ich kann es mir im Augenblick nicht leisten, auf die Etikette zu achten. Die Archaioi hetzen mir ihre Jäger auf den Hals und ich stehe hier ohne Verbündete und Vertraute ziemlich alleine da.«

»Leon, ich bin auf deiner Seite.«

»Sagen wir mal, nachdem du dich daran beteiligt hast, die Todesboten unschädlich zu machen, sitzt du zusammen mit mir in der Scheiße. Der Scheiße übrigens, die du mir erst eingebrockt hast.«

»Ich weiß. Es war ein Fehler, sie zu rufen, aber ich kann es nicht ungeschehen machen.«

Er hat recht. Was geschehen ist, ist nicht mehr zu ändern. Jetzt gilt es, das beste aus der verfahrenen Situation zu machen. »Vielleicht hat es auch sein Gutes«, murmele ich vor mich hin.

»Ach ja?« Er ist offensichtlich erstaunt über meine Äußerung.

»Ich glaube, meine Suche ist beendet. Er hat mich gefunden.«

»Wer? Vitus?«

Ich nicke.

Étiennes Auge richtet sich auf Otto Krüger. »Hast du ihn in seinem Blut gesehen?«

»Nicht ihn. Sie.«

»Red Klartext!«

»Constantia. Sie ist seine Erzeugerin.«

»Ach du Scheiße!«

»Genau.«

Betretenes Schweigen füllt den Raum, bis Valérie das Wort ergreift und auf das Offensichtliche hinweist: »Also, ich weiß nicht, wovon ihr redet, aber wenn wir hier heute noch Leute reinlassen wollen, sollten wir langsam mit dem Aufräumen anfangen.«

Ihr Pragmatismus ist erstaunlich. Gerade noch war sie Zeugin eines blutigen Gemetzels verfeindeter Unsterblicher, die sich gegenseitig in Stücke gehauen haben. Und nun denkt sie schon wieder ans Geschäft. Étienne hat eine gute Wahl getroffen, sie zu seiner Vertrauten zu machen.

»Wo packen wir sie hin?«, frage ich.

»Erstmal in den Keller«, beschließt der Herr des Hauses.

»Und der da?« Valérie sieht zu dem einzigen unserer besiegten Gegner, der noch bei Bewusstsein ist. Seine angsterfüllten Augen wechseln zwischen seinen am Boden liegenden Gefährten und uns hin und her.

»Er wird uns dabei helfen«, beschließe ich und fixiere ihn. Sein unsteter Blick verharrt auf mir. Sein Wille ist durch die Niederlage ohnehin schon gebrochen. Er fügt sich kampflos.

Étienne, unser unfreiwilliger Helfer und ich räumen die beiden gepfählten Todesboten und die Leiche seines sterblichen Kameraden in das Versteck, in dem Étienne und ich den letzten Tag verbracht haben. Ebenso das Waffenarsenal, das die Angreifer mitgebracht haben. Den Toten wickeln wir vorher in dicke Folie ein, um den Rest seines Blutes, den ich nicht getrunken habe, nicht noch weiter zu verteilen.

Valérie holt in der Zwischenzeit die Angestellten zurück. Ich weiß nicht, was sie ihnen über die Herkunft des Blutes für eine Geschichte erzählt. Hauptsache, sie entfernen alle Spuren des Massakers. Abgesehen von Blut, Innereien und Gehirnmasse, die weithin über die Tanzfläche verteilt sind, hat der Kampf erstaunlich wenig Schaden angerichtet. Ein paar Querschläger aus den Maschinenpistolen des toten Hünen stecken in den Betonwänden, aber ansonsten ist das Refuge nach der Reinigung des Bodens wieder bereit für den Ansturm der Vergnügungssüchtigen, die vor dem Eingang Schlange stehen.

Während Valérie und ihr Stab aus sterblichen Bediensteten den samstäglichen Clubbetrieb aufrecht halten, verweilen Étienne und ich erst einmal im Keller und betrachten schweigend die beiden paralysierten Vampire auf dem Fußboden. Unser Gefangener sitzt still in einer Ecke des Raumes und bemüht sich, möglichst wenig Aufmerksamkeit zu erregen.

Schließlich ergreift mein Gastgeber das Wort: »Du hast nicht übertrieben, als du gesagt hast, es würde sein wie in den alten Zeiten.«

»Du weißt doch, dass ich meine Versprechen halte, alter Freund.«

Er nickt. »Du bist echt noch gut in Form auf deine alten Tage. Nicht übel, wie du mit denen umgesprungen bist.«

»Ist es hier wirklich so friedlich geworden, dass Ihr nicht mehr wisst, wie die Nocturni kämpfen?«

»Nun, die großen Fehden der Blutlinien gehören in der Tat der Vergangenheit an. Allein schon, weil die modernen Medien auf ihrer ständigen Suche nach neuen Sensationsmeldungen jeder noch so kleinen Spur nachgehen. Die sind lästiger als die Polizei. Und wenn die irgendwas spitzkriegen von Kämpfen zwischen unsterblichen Bluttrinkern … So was ist nicht mehr so einfach in den Griff zu kriegen wie früher. Die Welt der Sterblichen ist zu schnell geworden. Wir müssen heutzutage viel vorsichtiger sein. Und die Alten sorgen mit eiserner Hand dafür, dass keiner aus der Reihe tanzt. Du hast ja gesehen, wie schnell die Todesboten hier aufgekreuzt sind, sobald sich Ärger auch nur andeutet.«

»Aber der Krieg der Archaioi geht weiter, oder?«

»Ja sicher. Aber mit anderen Mitteln. Heute ringen sie nicht mehr um Einfluss auf Fürsten und Könige. In den modernen Demokratien wechseln die Machthaber viel zu schnell, um sich unter ihnen Vertraute zu schaffen. Wenn du nach jahrelanger Arbeit endlich einen von ihnen so weit hast, dass er tut, was du willst, ist er auch schon wieder abgewählt oder über irgendeinen blöden Skandal gestolpert. Die glorreichen Zeiten, in denen die Nocturni Einfluss auf die Politik der Herrschenden genommen haben, sind vorbei. Unwiederbringlich. Ist vermutlich besser so. Die einzigen Machtfaktoren, die noch von Dauer sind, findet man in der Wirtschaft. So ein Vorstandsvorsitzender hält sich im Idealfall jahrzehntelang. Und außerdem kann man über machtvolle Konzerne und Wirtschaftsverbände auch indirekten Einfluss auf die Politik ausüben. Das haben sogar die Archaioi verstanden. Oder zumindest ihre Handlanger. Das ist das Schlachtfeld, auf dem sie heute um Macht und Einfluss ringen: Internationale Konzerne, Banken und dicke Geldströme, die rund um den Globus fließen. Ihre Vertrauten sitzen überall in den Vorstandsetagen. Da wird auch mit harten Bandagen gekämpft, aber viel weniger Blut vergossen als in den Schlachten vergangener Tage.«

Dass die Unsterblichen sich in der Wirtschaft breitgemacht haben, ist mir nicht neu. Gianna Linaro ist das beste Beispiel dafür. Doch das Ausmaß, in dem Étienne mir von der Unterwanderung der Finanzwelt durch unseresgleichen berichtet, scheint mir zweifelhaft.

»Willst du mir erzählen, dass alle großen Konzerne von den Nocturni kontrolliert werden?«

»Nein. Nicht alle. Bei weitem nicht. Das ist ja das Interessante an der Sache. Die meiste Zeit kämpfen sie gegen sterbliche Gegner. Und einige von denen schlagen sich ziemlich gut. In den Kriegen, die da ausgetragen werden, sind unsere Fähigkeiten nicht mehr von so großer Bedeutung wie früher. Im Gegensatz zu damals stellen die Sterblichen eine echte Bedrohung für uns dar. Und das, ohne zu wissen, womit sie es eigentlich zu tun haben.«

Ich erinnere mich, dass Gianna mir davon bereits erzählt hat.

»Machst du auch bei dem Spiel mit?«

»Nein. Also zumindest nicht im großen Stil. Wie du weißt, ist mein Ahnherr leider verschieden.« Eine nette Umschreibung dafür, dass wir ihn gemeinsam in die Hölle geschickt haben. »Damit ist Laurents einst so glorreiche Blutlinie Geschichte. Die wenigen seiner überlebenden Nachkommen sind verstreut und uneins. Wir sind frei. Was ja auch genau das war, was wir damals erreichen wollten. So lang ich den anderen Blutlinien nicht in die Suppe spucke, tun sie mir nichts. Sie sehen einzelne freie Nocturni nicht als Bedrohung an. Vermutlich zu recht. Die einzige mir bekannte Ausnahme davon bist vielleicht du. Aber du bist ja ohnehin ein Sonderfall. Du bist einer der wenigen wirklich mächtigen Ungebundenen, dessen Ahnherr noch unter uns weilt. Mich hingegen beachten sie so gut wie nicht. Ich habe hier mein kleines Reich errichtet. In Paris bin ich der Boss. Mal abgesehen von den Katakomben. Die Rattenkönigin hast du ja schon kennengelernt. Aber ich werde mich hüten, irgendwelche Ambitionen an den Tag zu legen, die darüber hinaus gehen. Laurent hat von hier aus ganz Frankreich unter seiner Knute gehalten. Als ich gegenüber den Archaioi beteuert habe, ihn nicht beerben zu wollen, haben sie mich laufen lassen. Wie gesagt: Sie sehen mich nicht als Bedrohung. Und deshalb halte ich mich aus der großen Wirtschaft und der internationalen Finanzwelt heraus. Ich koche hier mein eigenes kleines Süppchen und bin damit zufrieden. Den Krieg überlasse ich anderen.«

Wenn er erst einmal in Fahrt ist, redet er immer noch genau so viel wie früher. Nun ja, die Unsterblichen neigen nicht dazu, ihr Wesen zu verändern, selbst über Jahrhunderte hinweg.

Étiennes Ausführungen sind allerdings durchaus interessant. Die Alte Welt hat sich wirklich verändert. Und nun verstehe ich auch, was finanziell ambitionierte Jungblütige und Vivanten wie Gianna Linaro immer wieder nach Amerika lockt. Nur dort, wo die Archaioi noch nicht Fuß gefasst haben, können sie sich frei entfalten, ohne den Besuch der Todesboten zu riskieren.

»Und Vitus hängt auch tief in diesen Geschäften drin?«, hake ich nach.

»Davon gehe ich aus. Er ist immerhin einer der ältesten der Archaioi, wenn nicht der älteste.«

Ich erwähne nicht, dass ich kürzlich einen vermutlich noch weitaus Älteren von ihnen kennenlernen durfte. »Aber du hast keine Ahnung, wo mein alter Herr sich aufhält?«

»Keine Ahnung. Ehrlich. Ihre Verstecke gehören zu den bestgehüteten Geheimnissen der Archaioi. Wenn es stimmt, was man sich so erzählt, verlassen die meisten von ihnen ihre Zufluchten so gut wie nie. Sie agieren immer über Mittelsmänner. Die höchstrangigen, die offen auftreten, sind ihre direkten Nachkommen. So wie Constantia.«

»Weißt du, wo ich sie finden kann?«

»Auch nicht. Tut mir leid.«

Mein Blick fällt auf den unbewegten Körper von Otto Krüger. »Er könnte es wissen.«

Étienne sieht mich beschwörend an. »Tu mir und auch dir selber bitte einen Gefallen und trink nicht noch einmal von seinem Blut! Wenn wir uns auch nur den Hauch einer Chance bewahren wollen, die Sache hier wieder zu bereinigen, sollten wir uns nicht noch unbeliebter machen, als wir das ohnehin schon getan haben.«

»Ich habe früher immer vom Blut meiner Gegner getrunken, um Informationen über sie zu erhalten.«

»Das war früher. So was tut man heute nicht mehr. Ist tabu. Normalerweise ist schon der Verdacht, das Blut eines der Unsrigen getrunken zu haben, Grund genug, die Todesboten auf den Plan zu rufen.«

»Na, dafür ist es ja wohl zu spät.«

»Lass es bitte trotzdem sein!«

»Ist ja gut.« Ich lenke meinen Blick auf unseren Gefangenen. »Wir haben vielleicht noch andere Möglichkeiten.«

Ich gehe zu ihm. Er hat den ganzen Abend lang kein Wort von sich gegeben. Die plötzliche Aufmerksamkeit, die ich nun ihm schenke, beunruhigt ihn zutiefst. Nervös rutscht er auf seinem Stuhl hin und her. Schweißperlen treten auf seine Stirn. Ich nehme mir den zweiten Stuhl, der in dem Raum steht, drehe die Lehne in seine Richtung und setze mich verkehrt herum darauf, die Arme auf die Lehne gestützt.

»Hallo, mein Freund. Wird Zeit, dass wir uns mal unterhalten.«

Er schüttelt heftig den Kopf. »Nix versteh.«

Sein Französisch hört sich wirklich schrecklich an.

»Wie wäre es mit englisch?«, frage ich ihn in der Sprache meiner Wahlheimat.

Er nickt gequält.

»Gut«, fahre ich fort, »dann fang mal an, mir zu erzählen, wer euch hierher geschickt hat.«

Seine Stimme zittert, als er antwortet: »Ich tue nur, was Otto mir befiehlt. Ich habe wirklich keine Ahnung, von wem er seine Anweisungen erhält.«

Ich rieche seine Angst. Und frische Exkremente. Er sagt die Wahrheit.

»Wie hat Otto Kontakt mit seinen Oberen gehalten?«

Er sieht zu seinem regungslos daliegenden Herrn. »Telefon.«

Hört sich nach einem guten Vorschlag an.

Ich gehe zu dem SS-Mann und durchsuche ihn. In der Brusttasche seines Hemds finde ich ein kleines Mobiltelefon. Ein wenig verzweifelt sehe ich es an. Ich drücke ein paar der winzigen Tasten, aber außer, dass ein ablehnendes Piepsen erklingt, passiert nichts.

Irgendwann muss ich mir doch noch mal zeigen lassen, wie diese Dinger funktionieren.

Fragend schaue ich Étienne an und deute auf das Gerät in meiner Hand. Er schüttelt entschuldigend den Kopf. Zumindest bin ich nicht der einzige im Raum, der ein Problem mit moderner Technik hat. Aber was soll's. Wir haben ja noch einen Freiwilligen.

Ich gehe zu unserem Gefangenen, halte ihm das Telefon vor die Nase und sehe ihm tief in die Augen. »Hol mir euren Auftraggeber an die Leitung!«

Er macht eine abwehrende Handbewegung. Erst als ich den Kopf schief lege und meine Zähne entblöße, nimmt er das Gerät hastig an sich und fängt an, darauf herumzutippen. Ich beobachte ihn genau und kann seine Anspannung spüren. Irgendwann reicht er mir das Telefon.

»Hier ist das Nummernverzeichnis. Ich habe aber keine Ahnung, was die Namen bedeuten. Wirklich. Sie müssen mir glauben! Ich weiß nichts.«

Ich nehme das Gerät wieder an mich und glotze auf das Display.

Étienne schaut mir fasziniert über die Schulter. »Ich glaube, du musst auf die Taste da drücken, damit es weitere Namen anzeigt.«

Mein alter Kampfgefährte kennt sich offenbar ein bisschen besser aus als ich. Sein Tipp funktioniert. Aber die Namen und Bezeichnungen, die auf der Anzeige erscheinen, sagen mir nichts. Irgendwann wiederholt sich die Liste. Ich gehe sie noch einmal durch. An einer Stelle bleibe ich hängen. In einer der Zeilen steht einfach nur ein ›C‹. Ich zeige Étienne meinen Fund.

Er zuckt mit den Schultern. »Könnte sein. Probier's aus!« Auf meinen hilflosen Blick hin zeigt er auf eine der Tasten. »Die da.«

Mit spitzem Finger betätige ich den bedeuteten Knopf und halte mir das Gerät ans Ohr. Es dauert nicht lang, bis sich eine Frauenstimme auf deutsch meldet: »Ja?«

Ich habe Constantias Stimme auch nach vielen Jahrhunderten noch ganz genau im Gedächtnis. Dies hier ist jemand anderes.

»Ich möchte Constantia sprechen.« Étienne sieht mich fragend an, als ich plötzlich deutsch rede.

»Wer ist da?«, fragt die Frauenstimme.

Ich überlege, mich als Bekannten von Otto Krüger auszugeben, aber ich beschließe, von Anfang an für klare Verhältnisse zu sorgen. »Leonard.«

»Einen Moment bitte.«

Mir scheint, ich bin nicht vollkommen falsch verbunden. Es dauert ein wenig, bis sich auf der anderen Seite der Leitung etwas rührt. Dann erklingt eine weitere Frauenstimme: »Bist du das, Leonard?«

Die Worte gehen mir durch Mark und Bein. Sie ist es.

Der Schmerz, den ich gefühlt habe, als ich sie durch Ottos Augen gesehen habe, flammt mit ungeahnter Gewalt wieder auf. Das Gefühl, etwas unendlich Wertvolles verloren zu haben, peinigt mich mehr als jede Klinge oder Kugel dies jemals vermocht hat.

»Ja«, ist alles, was ich hervorbringe.

Ich rechne mit Drohungen, Beschimpfungen und Vorwürfen. Doch stattdessen schweigen wir uns nur an. Empfindet sie womöglich ähnlich wie ich? Eine fatale Hoffnung keimt in mir auf, gegen die ich vor langer Zeit einen aussichtslos erscheinenden Kampf geführt habe, bis es mir endlich gelungen ist, sie in einen finsteren Winkel meines Geistes zu verbannen. Eine Ewigkeit habe ich geglaubt, ich hätte die Vorstellung, es könnte irgendwann wieder so werden wie einst, endgültig überwunden. Doch nun reißen vier Worte und die anschließende Stille alle Mauern ein, die ich um die gut verborgene Nische in meinen Erinnerungen mühsam errichtet habe.

Constantia hat sich als Erstes weit genug gefangen, dass sie das Schweigen bricht. »Hast du Otto vernichtet?«

Die abrupte Rückkehr zu den aktuellen Geschehnissen reißt mich aus meinen Gedanken. Hilft mir, mich ebenfalls wieder auf die momentane Situation zu konzentrieren. Die Emotionen zurückzudrängen. »Nein. Er und seine Begleiterin liegen hier vor mir. Beide haben einen Dolch in ihrer Brust stecken. Nur einer der Unholde ist tot.« Ich bemühe mich, möglichst viel Verachtung in das Wort zu legen.

Sie geht jedoch nicht auf meine Anspielung ein. »Was willst du?«

»Ich will zu Vitus.«

»Das wird dir nicht gelingen.«

»Ich bin nicht hier, um gegen ihn zu kämpfen.«

»Wozu dann?«

»Ich benötige seine Hilfe.«

Wieder Schweigen. Dann überwindet sie ihre Verwunderung. »Du meinst das ernst?«

»Ich bin nicht in die Alte Welt zurückgekehrt, um Späße zu treiben. Und glaub ja nicht, es würde mir leicht fallen, den alten Bastard um einen Gefallen zu bitten. Aber er ist meine letzte Hoffnung.«

»Dann musst du wohl echt tief im Dreck sitzen.«

»Tja, ich fürchte, so ist es.«

Erneut vergehen einige Sekunden, bevor sie weiter spricht. »Habe ich dein Wort, dass du ihm kein Leid zufügst?«

»Ja. Weder ihm noch dir oder sonst jemandem. Ich muss nur mit ihm reden.«

Sie überlegt, ob sie mir trauen kann. Immerhin haben wir uns als Todfeinde getrennt. Auf der anderen Seite war auf mein Wort immer Verlass, egal, ob ich Freundschaft oder Rache geschworen habe.

»Also gut. Du hast gesagt, einer der Vertrauten sei tot. Was ist mit dem anderen?«

»Sitzt neben mir.«

»Gib ihn mir!«

Ich reiche das Telefon an den Orientalen, der sich sehnlichst weit weg von diesem Ort wünscht. »Für dich.«

Sein Gesicht entgleist vollständig. Zaghaft und voller Misstrauen nimmt er das Gerät in die Hand.»Hallo?«

Ich höre, wie Constantia mit ihm über ein Flugzeug spricht und Anweisung gibt, wohin er zusammen mit mir und den beiden paralysierten Todesboten zu fliegen hat.

Er nickt. »Ich habe verstanden.« Dann gibt er mir das Telefon zurück.

»Hör mir gut zu, Leonard!« Constantia betont jedes Wort eindringlich. »Nasir wird dich zu mir bringen. Dann reden wir weiter. Sollte ich zu irgendeinem Zeitpunkt auch nur das leiseste Gefühl haben, dass du mich belügst, bist du auf der Stelle tot.«

»Ich werde dich nicht enttäuschen, Schwester.«

Abrupt wird die Verbindung unterbrochen.

Étienne steht mit verschränkten Armen vor mir und glotzt mich an. »Sieht so aus, als hättest du eine Einladung.«

Mit seinen scharfen Sinnen hat er jedes Wort mitgehört.

»Ja, so sieht's aus.«

»Das heißt, du brauchst meine Hilfe nicht mehr?«

Meine Antwort besteht nur aus einem zustimmenden Brummeln.

Ich werfe das Telefon auf Ottos Brust. Meine Gedanken sind bereits weit weg von Paris. Ich sollte darüber nachdenken, wie ich verhindern kann, in eine Falle zu tappen. Und falls es keine ist, mir einen Plan zurechtlegen, wie ich Vitus gegenübertreten will und was ich ihm sage. Meine Sorgen sollten bei Marduk sein, der mit seinem Auftauchen in New York all die Ereignisse, die mich in den letzten Tagen überrollen, in Gang gesetzt hat.

Doch nichts davon geht mir durch den Kopf. Ich habe nur einen einzigen Gedanken.

Ich werde Constantia wiedersehen.

Frühjahr 1204, Konstantinopel, Lateinisches Kaiserreich

Die zweijährige Tochter von Vitus' junger Dienerin Elene tollte ungestüm über das Deck des Schiffes und war die Einzige, die sich an der Situation erfreuen konnte. Für sie war die Seereise, die wir bei Sonnenaufgang antreten würden, ein großes Abenteuer, auf das sie sich von ganzem Herzen freute.

Allen anderen war nicht im Geringsten zum Lachen zumute. Ich spürte den Drang zu weinen, als ich an der Reling stand und vom Hafen aus die Hinterlassenschaften der barbarischen Verheerung betrachtete, die als Kreuzzug begonnen hatte. Doch ich vermochte keine Tränen zu vergießen. Elene hingegen ließ ihrer Trauer freien Lauf. Ständig wischte sie sich mit dem Ärmel ihres Kleids die Augen trocken. Ihr Gemahl Marcellus legte seinen Arm um ihre Schulter und redete ihr gut zu. Ich verstand nur ein paar Brocken von dem, was er ihr auf Griechisch erzählte. Doch falls er ihr Trost spenden wollte, misslang dies offensichtlich.

Drei Tage und Nächte hatten die Franken in Konstantinopel gewütet. Als endlich wieder Ruhe einkehrte, stand noch Tage lang Rauch über den Ruinen der vormals prächtigsten Stadt der Christenheit. Ihre unbeschreiblichen Kunstschätze waren geplündert und wurden auf venezianische Galeeren verladen. Ihre Frauen waren geschändet und irrten ziellos durch die trümmerübersäten Straßen, auf der Suche nach den erschlagenen Leichen ihrer Männer und Söhne. Das strahlende Byzanz, dem himmlischen Reich des Herrn gleich, gab es nicht mehr.

Jahrhunderte lang hatte die Stadt allen Angriffen von Hunnen, Persern, Sarazenen und sonstigen Feinden der Christenheit getrotzt. Nun war sie von denen vernichtet worden, die sie all die Zeit vor den wilden Horden bewahrt hatte, die jedoch nur Neid und Gier empfanden angesichts der Pracht und Herrlichkeit, die sie dort erblickten. Aber dies war nun Vergangenheit.

Während die Plünderer sich noch um die eroberte Beute stritten, begannen die Überlebenden des Massakers, die Trümmer beiseite zu räumen und die wenigen Habseligkeiten zusammenzuraffen, die die Franken ihnen gelassen hatten. Konstantinopel würde weiterbestehen, doch es sollte nie mehr das werden, was es einst repräsentiert hatte.

Für Vitus, meinen Herrn und Meister, war die Stadt mit dem Verlust der einstigen Macht wertlos geworden. So wie er vor hunderten von Jahren Rom verlassen hatte, als der Stern des Reiches, das von der Ewigen Stadt aus gelenkt wurde, zu sinken begann, wandte er sich nun von der vormals so glänzenden Metropole am Bosporus ab. Für ihn hatten die Franken durch die Eroberung Konstantinopels bewiesen, dass die Zukunft ihnen gehörte. An dieser erwachenden Macht wollte er teilhaben. Und der Templerorden sollte ihm den Weg zu seiner neuen Herrschaft ebnen. Also luden wir all seine Besitztümer auf das Schiff, das mich hierher gebracht hatte, und begannen die Reise Richtung Westeuropa.

Ich kehrte heim in das Land meiner Geburt. Doch ich empfand keinerlei Freude darüber, die vertrauten Orte und Landschaften wiederzusehen. Mehr als ein Jahrhundert war vergangen, seit ich die Burg meines Vaters verlassen hatte. Alle Menschen, die ich gekannt hatte, die mir etwas bedeutet hatten, waren schon lange tot. Nur Erinnerungen an ein verlorenes Leben und die ebenso quälende wie unnütze Frage, was aus diesem Leben hätte werden können, wenn ich mich damals nicht den Kreuzfahrern angeschlossen hätte, erwarteten mich dort. Doch ich hatte keine Wahl. Vitus wünschte, dass ich ihn dorthin begleitete. Ich vermochte mich seinem Wunsch nicht zu erwehren.

Mein Meister hatte sich bereits in der lichtdichten Kabine unter Deck einquartiert. Während die Seeleute das Schiff zum Auslaufen vorbereiteten, gab ich letzte Anweisungen an meine sterblichen Ordensbrüder.

Der Blick zum immer heller werdenden Horizont bestätigte mir, dass es höchste Zeit war, mich meinem Erzeuger anzuschließen. Ich setzte mich in Richtung der Luke nach unten in Bewegung, doch etwas hielt meinen Mantel fest. Meine suchenden Augen entdeckten zwei winzige Hände, die sich in den weißen Stoff krallten. Ein fröhliches Mädchengesicht grinste mich herausfordernd an. Ich konnte nicht anders, als ihr ein Lächeln zu schenken, was sie dazu veranlasste, leise vor sich hin zu kichern. Elene kam sofort herbeigestürzt, als sie sah, dass ihre Tochter mit mir spielte, und riss sie von meinem Mantel los.

»Constantia, ich habe dir doch gesagt, du sollst Meister Leonard in Ruhe lassen!« Mit einem entschuldigenden Blick zu mir trug sie die Kleine schnell weg, die mir mit ungebrochen guter Laune über die Schulter ihrer Mutter hinweg zuwinkte.

Das Bild des lachenden Kindes vor meinem geistigen Auge, kletterte ich unter Deck und bettete ich mich neben meinem Herrn zur Ruhe. Der Gedanke an das unbekümmerte heranwachsende Leben erfüllte mich mit Hoffnung, dass ich das, was mich nun erwartete, würde ertragen können. Dann schlief ich ein.

Das Ziel unserer Reise war Frankreich. Neben dem Heiligen Land lag dort das zweite große Machtzentrum der Tempelritter. Mein Nachkomme Philip weilte dort seit einem halben Jahrhundert an der Seite der Großpriore von Montpellier und nahm über seine zahlreichen Vertrauten Einfluss auf die Geschicke des Ordens.

Die Überfahrt strapazierte die Leidensfähigkeit der Schiffsbesatzung aufs Äußerste. Vitus' Hunger nach frischem Blut schien unstillbar. Ich selbst reduzierte meine Nahrungsaufnahme auf das absolute Minimum, um die Anzahl der Opfer unter den Seeleuten nicht noch weiter zu erhöhen. Am Ende der Reise war ich so ausgehungert, dass es mir schwerfiel, mich überhaupt in der Nähe lebender Menschen aufzuhalten, ohne Gefahr zu laufen, wie ein wildes Tier über sie herzufallen und sie auszuweiden.

Nur Elenes kleine Tochter Constantia konnte sich gefahrlos in meiner unmittelbaren Umgebung aufhalten. Ihre von ungetrübter Zuneigung geprägte Gegenwart spendete mir Trost und gab mir Kraft. Mir war unerklärlich, warum sie sich ausgerechnet zu mir derart hingezogen fühlte, dass sie sich jeglichen Verboten ihrer Mutter zum Trotz jede Nacht von ihrem Schlaflager davonschlich, um mir Gesellschaft zu leisten. Ich glaube, zunächst war es vor allem der Mantel, der sie faszinierte. Aber das schloss den Träger des Kleidungsstücks offensichtlich nicht aus. Obwohl mein kalter Leib sie nicht zu wärmen vermochte, kuschelte sie sich an mich und schlief in meinen Armen ein. Ein kleines Bündel Mensch, das sich freiwillig in die Hände des hungrigen Wolfes begab und doch wusste, dass ihm hier keine Gefahr drohte.

Niemals hätte ich ihr etwas antun können. Ihre Nähe gab mir eine Geborgenheit, wie ich sie nicht mehr gespürt hatte, seit Vitus mich verführt hatte. Doch im Gegensatz zu seinen Listen und Verlockungen war die Freundschaft des Mädchens echt.

Mein Meister kam nur selten an Deck, wo ich meist die gesamte Nacht verbrachte und Wache hielt. Er enthielt sich jeden Kommentars, wenn er mich mit dem schlafenden Kind im Arm sah. Manchmal glaubte ich, den Anflug eines Lächelns auf seinen schmalen Lippen zu erkennen. Ich vermochte nicht zu sagen, ob es ein Ausdruck seiner tiefen Verachtung für meine Gefühlsduselei war oder doch ein winziger Hauch verloren geglaubter Menschlichkeit.

Wie auch immer, er ließ mich gewähren. Um mich der Illusion hinzugeben, mein Herr wäre nicht das emotionslose Monster, für das ich ihn hielt, redete ich mir ein, dass Elenes schwindender Widerstand gegen meine Freundschaft zu ihrer Tochter auf Vitus' Eingreifen beruhte. Doch ich fand nie einen Beweis dafür.

Nach unserer Ankunft in Frankreich sprang ich von Bord, kaum dass die Sonne hinterm Horizont verschwunden war. Begierig sättigte ich mich an den Einheimischen des Hafens. Die ortsansässigen Tempelritter sandten sofort eine Botschaft nach Montpellier, so dass wir dort bereits von meinen Ordensbrüdern und ihrem unsterblichen Wohltäter erwartet wurden. Philips Begrüßung war herzlich und wir beide waren hocherfreut über unser Wiedersehen nach so langer Zeit.

Montpellier selbst war eine herbe Enttäuschung. Im Vergleich zu den Städten des Heiligen Landes oder gar Konstantinopel schien es kaum mehr als ein befestigtes Dorf. Auch Vitus machte aus seiner Verachtung keinen Hehl. Unsere Gastgeber waren außerordentlich bemüht, unseren Aufenthalt so angenehm wie möglich zu gestalten. Doch gegen den Prunk der byzantinischen Metropole musste jede Stadt des Abendlandes kläglich verblassen.

Philip hatte in den vergangenen Jahrzehnten bereits Bekanntschaft mit den einheimischen Nocturni gemacht. Es war so, wie ich befürchtet hatte: In nahezu jeder größeren Stadt hauste einer der Unsrigen inmitten eines eng geflochtenen Netzes aus sterblichen und unsterblichen Dienern und Vasallen. Philip berichtete, dass die anfängliche Feindschaft in Respekt umgeschlagen wäre, sobald er Vitus als seinen Ahnherren benannt hätte. Derart bestärkt, dass sein Ruf ihm schon vorausgeeilt war, wies Vitus ihn an, er solle ein Treffen mit den französischen Unsterblichen arrangieren.

Es geschah, wie mein Herr es wünschte. Bereits wenige Wochen nach unserer Ankunft in Frankreich kam es in Toulouse zu einer Zusammenkunft mit Laetitia, die sich als Vasallin des Laurent von Paris vorstellte. Er herrschte über alle Nocturni des Königreiches Frankreich.

Es war meine erste Begegnung mit der hohen Diplomatie der Unsterblichen. Vitus und die Französin überschütteten sich gegenseitig mit Komplimenten und guten Wünschen. Dennoch hatte man die ganze Zeit das Gefühl, sie würden sich jeden Moment an die Kehle springen. Mein Meister verkündete seine Herrschaftsansprüche und Laetitia versprach, sie an ihren Erzeuger zu übermitteln. Nach kaum mehr als einer Stunde war die Zusammenkunft beendet.

Es folgte ein monatelanger intensiver Austausch von Briefen und Depeschen. Letztlich wurde ein Treffen von Vitus und Laurent vereinbart, in dem über die künftige Machtverteilung der beiden Blutlinien entschieden werden sollte. Als Ort der Beratung einigte man sich auf Poitiers, wo wie in Montpelliers ein Großprior der Templer residierte.

So zogen wir mit umfangreichem Gefolge durch das spätherbstliche Frankreich. Vitus hatte mich den Sommer über mehrere Templer in Nocturni verwandeln lassen. Als Ergebnis stand ein halbes Dutzend Unsterbliche und eine große Zahl von Vertrauten und Unholden auf unserer Seite, wenn auch die meisten von ihnen noch jung und unerfahren in den Kräften des Blutes waren. Besonders freute ich mich jedoch, dass Vitus' Diener Marcellus seine Familie mitnahm, denn das bedeutete, dass ich auf unserer Reise die Gesellschaft der kleinen Constantia nicht missen brauchte.

Im Tempel von Poitiers, einem wohl befestigten Anwesen, bezogen wir Quartier und richteten uns wie üblich in den Kellerräumen ein. Dort begaben wir uns zur Ruhe, nicht ahnend, dass unser aller Vernichtung bereits beschlossene Sache war.

Dass die Zusammenkunft nicht so verlief wie geplant, bemerkte ich, als ich mitten am Tag aus meinem tiefen Schlummer geweckt wurde und mich unter großen Mühen auf meinem Lager in eine sitzende Stellung erhob. Das erste, was ich wahrnahm, war die kleine Constantia, kaum drei Jahre alt, die schreiend und weinend an mir rüttelte. Auch als ich sie in den Arm nahm, wollte sie sich nicht beruhigen. Aus den wenigen griechischen Wortbrocken, die sie mir heulend und schluchzend entgegenschleuderte, wurde ich nicht schlau, doch mir wurde bewusst, dass etwas nicht stimmte. Vitus auf dem Lager neben mir schlief tief und fest. Ebenso Victor, einer meiner jungblütigen Nachkommen. Die drei übrigen Nocturni unserer Delegation inklusive Philip ruhten im Nebenraum.

Zaghaft wurde ich der dumpfen Geräusche gewahr, die von der anderen Seite der eisenbeschlagenen Tür aus festen Eichenbohlen zu mir drangen. Einen Moment lang fragte ich mich, wie das Mädchen überhaupt durch die verriegelte Tür zu mir vorgedrungen war, bis ich die offenstehende Durchreicheluke entdeckte. Ich schüttelte den Rest der Benommenheit von mir ab, stand auf und gürtete mein Schwert. Der am ganzen Leib zitternden Constantia bedeutete ich, ruhig zu sein und sich in der hintersten Ecke des Zimmers zu verbergen. Als sie nach einigem Zaudern widerwillig gehorchte, wandte ich mich der Tür zu. Durch das dicke Holz nahm ich gedämpftes, unmenschliches Kreischen wahr. Sofort wusste ich, was die Quelle des Gezeters war. Nur ein sterbender Nocturnus gab solche Schreie von sich.

Ich zog das Schwert aus der Scheide und vergewisserte mich, dass Constantia sich wohl versteckte. Dann hob ich den Riegel von der Tür und stemmte sie ruckartig auf.

Der Anblick, der sich mir bot, bohrte sich tief in mein Gedächtnis und sollte mich noch Jahrhunderte lang verfolgen. Eine Handvoll schwer gerüsteter, mit Äxten, Schwertern und Fackeln bewaffneter Kämpfer verteidigte sich verzweifelt gegen die ungestümen Angriffe eines lichterloh brennenden Dämons, der geradewegs aus der Hölle emporgestiegen zu sein schien. Verbranntes Fleisch hing in Fetzen von seinen blanken Knochen. Mit den zu Klauen gekrümmten Fingern hämmerte er wild auf die Schilde der Verteidiger ein. Wehe dem Kämpfer, der seine Deckung vernachlässigte. Zweimal gelang es dem Ungetüm, einen der Männer zu packen und mit flammenden Händen in Stücke zu reißen. Doch langsam, aber sicher schwanden die Kräfte der Kreatur unter den lodernden Flammen und den Hieben ihrer Gegner. Schließlich ging das Monster in die Knie. Kurz bevor die Bewaffneten mit ihren Klingen auf es eindrangen und endgültig zu Boden warfen, drehte es den bis auf den blanken Schädel verstümmelten Kopf zu mir herüber. Erst da erkannte ich, dass es Philip war, mein Waffenbruder, mein Nachkomme. Und endlich wurde mir in vollem Umfang bewusst, was gerade geschah.

Laurent hatte uns verraten. Es waren seine Schergen, die uns angriffen und meinen Gefährten mit Feuer und Klingen vernichteten.

Freudig gab ich mich dem Blutrausch hin, der mit Macht über mich hereinbrach, und stürzte mich auf die Mörder meines alten Freundes. Meiner entfesselten Wut hatten die Eindringlinge nichts entgegenzusetzen. Sie fochten hart und waren zäh – vermutlich allesamt Unholde –, doch einer nach dem anderen sanken sie unter meinem kreisenden Schwert dahin. Ein Blick auf die Lager, auf denen meine Gefährten geschlafen hatten, offenbarte das Schicksal der beiden anderen Nocturni. Ihre gepfählten und enthaupteten Körper zerfielen bereits zu Staub.

Das Sonnenlicht hinderte mich daran, den Keller zu verlassen und den Rest des Tempels von meinen Feinden zu säubern, doch mein Eingreifen war nicht mehr nötig. Die sterblichen Ordensritter hatten die Angreifer überwältigt und sich den Weg zu unseren Schlafräumen freigekämpft. Als sie die Treppe herunterstiegen, hatte ich meine Raserei glücklicherweise überwunden und bedeutete ihnen, dass hier unten keiner der Eindringlinge mehr am Leben war.

Eilig kehrte ich zurück in meine Schlafkammer. Vitus und Victor hatten nichts von dem Gemetzel bemerkt und ruhten immer noch bewegungslos auf ihren Lagern. Constantia kam mir entgegengelaufen und sprang weinend in meine Arme. Ich umschlang sie mit meinem blutbesudelten Mantel und drückte ihren bebenden Leib fest an mich. Das Mädchen hatte mir und meinem Meister das Leben gerettet. Hätte sie mich nicht aufgeweckt, wären auch wir im Schlaf überwältigt und vernichtet worden.

Weder ich noch das Kind, dem ich mein Leben verdankte, taten den Rest des Tages ein Auge zu.

Als die Sonne endlich hinter dem Horizont verschwand, stieg ich mit meiner Retterin auf dem Arm die Treppen zum Hof hinauf. Die Überlebenden der Ordensritter hatten den Tempel wieder in ihrer Gewalt und die Tore verrammelt. Ihre gefallenen Brüder sowie die erschlagenen Feinde lagen auf dem

Hof aufgereiht. Ich drückte Constantias Gesicht fest in meinen Mantel, als ich ihre Eltern Elene und Marcellus unter den Toten erblickte.

In diesem Moment schwor ich einen heiligen Eid, dass ich das Kind, das heute zur Waise geworden war, sein Leben lang vor aller Unbill schützen würde.

»Laurent scheint nicht an einer gütlichen Einigung interessiert zu sein.«

Ich hatte nicht bemerkt, wie Vitus an meine Seite getreten war.

»Was werden wir nun tun, Herr?« Auch Victor hatte sich zu uns gesellt.

»Wenn er nicht bereit ist zu verhandeln, wird es Krieg geben«, stellte Vitus lapidar fest.

Er erweckte nicht im Geringsten den Eindruck, verärgert über die Falle zu sein, in die Laurent uns gelockt hatte. Für ihn war der Verrat vermutlich nur ein völlig legitimer Schachzug unseres Gegners, den er selbst ähnlich planen würde, sobald sich die Gelegenheit ergab. Für Vitus schien all dies lediglich ein Spiel zu sein. Doch in diesem Spiel starben Menschen und Nocturni.

Im Heiligen Land hatte ich einen groben Einblick erhalten, was es bedeutet, wenn die Unsterblichen in den Krieg zogen. Ich schauderte, wenn ich daran dachte, was uns bevorstand. Doch ich sagte kein Wort.

Noch in derselben Nacht traten wir unsere Rückreise nach Montpellier an. Wir verbrachten die Tage im Schutz der dicht über das Land verteilten Ordensniederlassungen und erreichten unsere neue Heimat ohne nennenswerte Zwischenfälle.

Dort angekommen rüsteten wir uns für die Gefechte, die uns erwarteten. Victor und ich schufen neue Nachkommen und Horden von Unholden. Die meisten stammten aus den Reihen der Tempelritter. Auch andere Kämpfer und Söldner traten in unsere Dienste. Das Rückgrat unserer Streitmacht bildete aber ohne jeden Zweifel der Orden, der nicht nur eine der kampfstärksten Armeen jener Zeit aufbot. Durch Wechsel- und Kreditgeschäfte sowie umfangreiche Schenkungen und Erbschaften verfügten die Templer über ungeheure Reichtümer.

Vitus fand schnell weitere Verbündete gemäß der alten Weisheit ›Der Feind meines Feindes ist mein Freund‹. Mehrere Nocturni der Region standen schon lang in Fehde mit den Vasallen der unsterblichen Herrscher von Paris. Sie sahen in Vitus' Herausforderung der etablierten Mächte eine willkommene Gelegenheit, ihren eigenen Einfluss zu erweitern. Andere gelobten nach außen hin strikte Neutralität, konnten in Geheimverhandlungen und durch die Gewährung von Gefallen jedoch immer wieder dazu verleitet werden, uns ihre Hilfe angedeihen zu lassen.

Doch nicht nur unter den Unsterblichen herrschte Unzufriedenheit mit der Hegemonie von Paris. Zahlreiche sterbliche Fürsten des Languedoc sowie die Glaubensgemeinschaft der Albigenser strebten ebenfalls nach Unabhängigkeit von der Krone und boten ein reichhaltiges Reservoir an Kriegern, Geld und Ländereien. Sie alle leisteten auf ihre Weise einen Beitrag zum Widerstand gegen die Zentralmacht des Königs in Paris. Und damit auch gegen die unsterblichen Lenker, die sich hinter dem Thron verbargen. So versank der Süden Frankreichs in gewalttätigen Unruhen unter den Sterblichen der verschiedenen Lager, in deren Schatten die Nocturni ihre blutigen Fehden austrugen.

Vitus machte sich mehrfach daran, selbst Nachkommen zu erschaffen, doch alle Versuche scheiterten kläglich. Diejenigen, die nicht auf der Stelle unter Höllenqualen starben, nachdem er sie ausgesaugt und ihnen von seinem Blut gegeben hatte, rissen sich im Wahn der Verwandlung eigenhändig die Eingeweide aus dem Leib oder fielen unwiederbringlich in Katatonie. Jedes Mal, wenn ich wieder die Überreste eines seiner dem Irrsinn anheimgefallenen Abkömmlinge entsorgte, wurde mir bewusst, wie knapp ich demselben Schicksal entronnen war. Nun verstand ich, warum mein Erzeuger sich solche Mühe gegeben hatte, mich langsam darauf vorzubereiten, in seine Dienste zu treten.

So blieb ich vorerst das einzige seiner direkten Kinder und nach ihm der mit Abstand mächtigste und kampfstärkste Nocturnus unserer Streitmacht.

Die Kämpfe, die wir fochten, fanden entweder im Verborgenen statt oder wurden durch sterbliche Stellvertreter ausgetragen. So verlangten es die Ewigen Gesetze, die keiner von uns zu brechen bereit war. Mir wurde dabei die Rolle des Vollstreckers zuteil. Dies bedeutete, dass, sobald einer der unzähligen Informanten innerhalb unseres Machtbereiches die Aktivitäten eines gegnerischen Nocturnus vermutete, ich mich seiner annahm und ihn zusammen mit meinen Unholden jagte und vernichtete. Andererseits unternahm ich auch Überfälle in die Domänen unserer Gegner und versuchte, sie auf ihrem eigenen Territorium zu stellen. Mein größter Erfolg war vermutlich die Vernichtung der Laetitia von Toulouse und die Vertreibung ihrer Vasallen aus der Stadt. Es waren diese Kämpfe, in denen der Name ›Templer‹ zum ersten Mal Furcht unter den Unsterblichen verbreitete.

Die Kriege der Menschen verliefen indes zu Ungunsten unserer Verbündeten. Damit einhergehend sank die Zahl sicherer Zufluchten für mich und meine Nachkommen und unsere Übergriffe auf die Domänen unserer Feinde wurden immer weiter eingeschränkt. Die einzige zuverlässige Stütze in der Welt der Menschen war der Orden der Templer. Doch auch sie konnten nicht verhindern, dass Hand in Hand mit den Erfolgen der Krone Laurents Einfluss unter den Unsterblichen des Languedoc ebenfalls wieder wuchs. Selbst wenn wir seinen Vasallen an schierer Kampfeskraft ebenbürtig waren, stellten die Diplomaten in Laurents Diensten die unseren in den Schatten. Unter anderem, weil die Tempelritter aufgrund ihres Reichtums und möglicherweise auch wegen der nicht selten abartigen Taten der zahlreichen Unholde in ihren Reihen immer mehr Neider und Feinde auf den Plan riefen. Vitus selbst empfing mehrfach Abgesandte anderer Blutlinien, doch ihr Misstrauen gegenüber einem derart alten Vertreter unserer Art war unübersehbar. Ich tat mein bestes, das Blatt der Diplomatie zu unseren Gunsten zu wenden. Aber mit dem Schwert war ich nun mal weitaus flinker als mit der Zunge, so dass unsere Erfolge sich in Grenzen hielten.

Die Zeit, die ich nicht mit Kämpfen und Verhandeln verbrachte, widmete ich meiner kindlichen Freundin. Zwar besorgte ich eine Amme für Constantia, doch immer, wenn ich in Montpellier weilte, zog sie meine Gesellschaft jeder anderen vor. Sie wurde ein wahres Kind der Nacht. Zahlreiche Tage lag sie schlafend an meiner Seite, um in den nächtlichen Stunden mit mir zu spielen, den Schwertkampf, Französisch und Latein zu lernen und meinen Geschichten von den vergangenen Kämpfen im Heiligen Land zu lauschen.

Während ich mich zumindest äußerlich keinen Deut veränderte, wuchs sie zu einer lieblichen, wenn auch recht burschikosen Jugendlichen und schließlich zu einer begehrenswerten jungen Frau heran. Ihre Kindheit kannte weder Krankheit noch Verletzungen. Jedes Mal, wenn körperliche Gebrechen oder die Folgen ihres überbordenden Wagemuts ihr zu schaffen machten, gab ich ihr von meinem Blut, damit es seine heilenden Kräfte entfalten konnte. Derart von Kindesbeinen an das Blut der Nocturni gewöhnt, zeigte sie interessanterweise keine der sonst üblichen Begleiterscheinungen des unheiligen Trunkes, denen die Unholde ihren wenig lieblichen Namen verdankten.

Constantia war jederzeit Herrin ihrer Sinne und unter allen Umständen höflich und eine überaus angenehme Gesellschafterin. Schon im zarten Alter von sechzehn Jahren führte sie in unserem Namen Verhandlungen mit den Gesandten unserer Verbündeten und gewann ihre Herzen ebenso mühelos, wie sie meines erobert hatte. Sie war die Diplomatin, die uns gefehlt hatte, und Vitus machte von ihren Fähigkeiten ausgiebig Gebrauch. Auch der Umgang mit den Unsterblichen schreckte sie nicht im Geringsten, solang ich in ihrer Nähe war und sie vor jeglicher Gewalt beschützen konnte. Ihre scharfe Zunge brachte in mehr als einer Zusammenkunft einen Nocturnus aus den Reihen der Feinde an den Rand des Blutrausches und bescherte uns so die Sympathien möglicher Verbündeter, um die beide Lager buhlten.

Und ich?

Ich liebte sie über alles auf der Welt.

Sämtliche Widrigkeiten des nicht enden wollenden Krieges verblassten, sobald sie mir ihr Lächeln schenkte. Bei Sonnenuntergang wartete sie meist schon an meinem Lager und begrüßte mich mit einem Kuss in der jungen Nacht. An ihrer Seite verbrachte ich die glücklichsten Jahre meines Daseins als Unsterblicher, vielleicht sogar meines ganzen Lebens. Der einst so innige Wunsch, aus dieser Welt zu scheiden, war in weite Ferne gerückt. Ich genoss jede Nacht, die mir gegeben war. Bis Vitus mir mein Glück zu nehmen drohte.

Während der Feier von Constantias achtzehntem Geburtstag kam er, der sich von derartigen Veranstaltungen üblicherweise fernhielt, zu mir. Dort sprach er die Worte, die mich in tiefe Verzweiflung rissen und meinen Wunsch erneuerten, die Welt von dem Monster zu befreien, das mein Erzeuger war.

»Bring sie morgen Nacht zu mir! Es wird Zeit, dass sie eine von uns wird.«

»Wen? Constantia?«

»Natürlich. Ich werde ihr von meinem Blut geben.«

Bereits zuvor hatte ich überlegt, ob ich Vitus bitten sollte, sie zu einer der Unsrigen machen zu dürfen. Doch ich wollte dieses wundervolle Geschöpf nicht mit dem Fluch belasten, der mich quälte. Nein, sie sollte ein Leben als Sterbliche führen. Daher war ich von Sinnen angesichts der Aussicht, zusehen zu müssen, wie sie nicht nur ihr menschliches Leben verlor, sondern darüber hinaus auch noch von Vitus verwandelt wurde. In Anbetracht der Erfahrungen seiner bisherigen Versuche kam dies einem Todesurteil gleich.

»Das könnt Ihr nicht tun!«

»Doch. Natürlich kann ich das. Wir brauchen sie, genau so, wie sie jetzt ist.«

Ich wusste, dass nichts auf der Welt ihn von seinem Entschluss abbringen konnte, sie zu verwandeln. Also versuchte ich wenigstens, ihren sicheren Tod zu verhindern. »Lasst mich ihr von meinem Blut geben. Sonst verlieren wir sie so wie all die anderen.«

»Nein. Das mache ich selbst. Wenn ich sie verwandle, wird sie um ein Vielfaches mächtiger sein, als wenn du es tätest. Ich habe das ältere Blut. Außerdem wird einem direkten meiner Nachkommen wesentlich mehr Respekt entgegengebracht als einem der deinen. Also morgen, in der zweiten Stunde nach Sonnenuntergang.«

Ohne ein weiteres Wort ging er und ließ mich allein inmitten der Feiernden zurück. Ich sah zu ihr hinüber. Sie tanzte mit unseren Freunden. Ihr langes dunkles Haar mit den eingeflochtenen Bändern wehte wie ein seidener Schleier durch die Luft. Ihr Körper unter dem grünen Kleid wand sich verführerisch im Takt der Spielleute. Leichtfüßig vollführte sie die Schritte, wechselte mit vollendeter Eleganz den Partner. Dann ein kurzer Blick zu mir – und auf der Stelle wusste sie, dass etwas nicht in Ordnung war. Höflich entschuldigte sie sich von den übrigen Gästen und kam zu mir herüber.

»Leonard, was schaust du so griesgrämig? Es ist mein Geburtstag. Heute habe ich das Sagen und ich befehle dir, fröhlich zu sein.« Sie erkannte das erzwungene Lächeln, das ich aufsetzte, sofort als das, was es war. »Was ist geschehen?«

»Die Frage ist, was wird geschehen.«

»Du redest in Rätseln. Sag mir jetzt sofort, was los ist!«

Ich wollte sie belügen, doch sie durchschaute mich blind, so wie jeden. Also sagte ich ihr die Wahrheit. »Der kommende Tag wird dein letzter sein.«

Sie strahlte. »Du machst mich endlich zu deiner Tochter? Du gibst mir dein Blut? Leonard, darauf warte ich seit Jahren!«

Wir hatten dieses Gesprächsthema verbannt. Sie wusste von meinem Entschluss, sie nicht zu verwandeln, obwohl sie es sich insgeheim wünschte. Sie war von ganzem Herzen erfreut, dass ich meine Meinung nun scheinbar geändert hatte.

»Ich werde dir nicht von meinem Blut geben.«

Das Lachen, das ich so liebte, verschwand von ihren lieblichen Zügen. »Was dann?«

»Vitus wird es tun.«

Ihre Miene versteinerte. Sie wusste um das Schicksal seiner Abkömmlinge. Ebenso wusste sie um die Endgültigkeit seines Entschlusses.

Mehrere Minuten stand sie reglos vor mir. Ihre Augen wanderten unstet zwischen ihren Freunden und mir hin und her, während sie nachdachte. Schließlich straffte sie ihren wundervollen, verführerischen Körper.

»Dann soll es so sein. Ich bin bereit.« Sie legte ihre Hand auf meine kalte Wange. »Morgen Nacht gehöre ich Vitus. Aber diese Nacht bin ich dein. Tanz mit mir!«

Sie zog mich zu den Feiernden und reihte sich wieder in die Gruppe der Tanzenden ein. Ich hatte keine andere Wahl, als mich ihrem Wunsch zu ergeben. Schon nach kurzer Zeit entfaltete ihre Gesellschaft die Wirkung, die sie immer auf mich hatte und ich vergaß all meine Sorgen.

Wir tanzten und feierten bis weit nach Mitternacht. Dann führte sie mich von der Gesellschaft fort in eine stille Ecke des Saales.

»Ich habe noch einen Wunsch, Leonard.«

»Was immer du verlangst, Liebste.«

»Du hast dich stets geweigert, mein Bett zu teilen. Heute Nacht will ich bei dir sein.«

Sie hatte mir in der Vergangenheit bereits mehrfach Avancen gemacht. Ich hatte sie jedes Mal freundlich, aber bestimmt zurückgewiesen und ermutigt, sich andere Gespielen zu suchen.

»Du vergisst, dass ich ein Keuschheitsgelübde abgelegt habe, als ich dem Orden beigetreten bin.«

»Nein, das habe ich nicht vergessen. Ich will, dass du dein Gelübde für mich brichst. Dies ist vielleicht die letzte Nacht meines Lebens. Auf jeden Fall ist es die letzte Nacht, in der mein Herz schlägt. Ich habe mir immer gewünscht, eins mit dir zu werden. Heute musst du dich entscheiden, ob du mir diesen Wunsch endlich erfüllst oder weiter deinem Gelübde treu bleibst.«

Sie meinte es ernst. Ich hatte die Wahl. Und ich war überzeugt, sie würde nicht beleidigt sein, wenn ich ihren Wunsch abschlug. Doch die Entscheidung war bereits getroffen, als sie die Frage gestellt hatte. Was hätte ich ihr in dieser Nacht abschlagen können?

Ich reichte ihr meine Hand. »Lass mich dich zu deinem Gemach geleiten.«

Die unverhohlene Begeisterung auf ihrem Gesicht erwärmte mein stilles Herz. »Mit Freuden, mein Geliebter.«

Sanft legte sie ihre zarten Finger in die meinen und gemeinsam gingen wir in ihre Kammer. Als Kind hatte ich sie natürlich oftmals unbekleidet gesehen. Doch seit sie zur Frau erblüht war, habe ich mich darum bemüht, dass unser Umgang stets keusch blieb. Was ich nun erblickte, als ihr Kleid zu Boden glitt, weckte lange tot geglaubte Gefühle in mir. Vollkommen nackt schritt sie auf mich zu, nahm meine Hand und legte sie auf ihre warme Brust.

Schauer der Erregung wallten durch meinen Körper. Sie machte sich daran, auch meine Gewänder abzustreifen. Ich ließ sie gewähren. Offensichtlich war sie erfreut von dem, was sie vorfand.

»Sieh an. Doch noch nicht ganz tot.« Ihre Finger umfassten meine Erektion. »Ganz und gar nicht tot.«

Sie führte mich zu ihrem Bett, hieß mich hinzulegen und ließ mich unter Wonnen und Liebkosungen erschaudern, von deren Existenz ich nichts geahnt hatte. Was wir in dieser Nacht teilten, war nicht im Geringsten mit dem zu vergleichen, was die Bauernmädchen aus den Dörfern meines sterblichen Vaters oder die Huren Konstantinopels und Jerusalems unter Liebe verstanden hatten. Den Nocturni ist zwar die Ekstase des Ergusses versagt – ihr Leib ist tot und kein Leben entspringt ihren Lenden –, doch aufgrund unserer Fähigkeit, den Strom des

Blutes durch unseren Körper zu lenken, stellen wir jeden Sterblichen an reiner Standhaftigkeit weit in den Schatten.

Als Constantia mich kurz vor Sonnenaufgang endlich freigab und sich neben mir ausstreckte, war ihr Leib von Schweiß überströmt. Sie drehte ihren Kopf zu mir und wir sahen uns tief in die Augen.

»Danke, Leon. Danke für diese Nacht.«

»Wir werden noch viele Nächte haben.«

Wir beide wussten, dass die Chancen dafür schlecht standen, doch keiner wollte es aussprechen.

»Ja. Aber nur, wenn du jetzt zusiehst, dass du in den Keller verschwindest.«

Damit hatte sie allerdings recht. Ihre Kammer verfügte über ein Fenster, das zwar mit einem Laden verschlossen werden konnte, doch durch die Fugen drang unweigerlich Tageslicht herein, sobald die Sonne darauf schien.

Ich drückte ihr einen Kuss auf die schweißnasse Stirn. »Genieße deinen letzten Tag.«

»Das werde ich.«

Ich erhob mich, kleidete mich an und ging hinaus, ohne dass einer von uns ein weiteres Wort sprach.

Auf dem Weg zu meinem lichtlosen Schlafgemach gab ich Arnaud, einem meiner Vertrauten, noch einige Anweisungen, was er für die kommende Nacht vorbereiten sollte. Er schien entsetzt angesichts der Aufgaben, die ich ihm auftrug. Doch er stellte keine Fragen ob meiner ungewöhnlichen Wünsche und ich wusste, er würde es tun.

Die Sonne lugte bereits hinter dem Horizont hervor, als ich mein Gemach betrat und mich zur Ruhe bettete. Ein Sterblicher hätte in einer vergleichbaren Situation sicherlich kein Auge zugetan, doch eine der Gnaden der Unsterblichkeit ist die Gabe, unbehelligt von allen Sorgen tief und fest schlafen zu können.

Als ich die Augen wieder aufschlug, blickten sie in das Gesicht, das ich so liebte. Constantia hatte ihr bestes Kleid angelegt und ihre Haare zu einem Zopf geflochten, der ihr bis zur Mitte des Rückens reichte.

Ich richtete mich auf und nahm ihre Hand in die meine. Eine ganze Weile sahen wir uns schweigend an, bevor ich es wagte, den innigen Moment der Stille durch Worte zu unterbrechen. »Hast du der Sonne Lebwohl gesagt?«

Ihre Lippen waren die einer zu voller Weiblichkeit erblühten Frau, doch das Lächeln darauf war so mädchenhaft wie eh und je. »Was kümmert mich die Sonne, wenn ich stattdessen für alle Ewigkeit mit dir zusammen sein kann.«

So zärtlich, wie ich konnte, küsste ich sie, dann verließen wir wortlos den Keller.

Auf dem Hof erwartete Arnaud mich mit ernster Miene. »Es ist alles vorbereitet, Herr.«

Ich nickte ihm zu. »Haltet euch bereit!«

Mit Constantia im Arm stieg ich auf die Zinnen der Templerfestung. Eng umschlungen blickten wir in die Nacht hinaus. Es gab nichts zu sagen. Wir verstanden einander ohne Worte und überließen es unseren streichelnden und liebkosenden Händen und Lippen, uns das mitzuteilen, was uns auf dem Herzen lag.

Der Moment verging viel zu schnell.

Zaghaft löste ich mich aus ihrer Umarmung und bedeutete ihr mit einem Nicken, dass es an der Zeit war, ihr sterbliches Leben hinter sich zu lassen – so oder so. Hand in Hand gingen wir zu Vitus' Gemächern.

Mein Meister erwartete uns schon. Nichts deutete darauf hin, dass er der heutigen Nacht irgendeine besondere Bedeutung beimaß.

»Bist du bereit, das Blut der Nocturni zu empfangen?« Der Blick, den er meiner Geliebten zuwarf, war bestenfalls interessiert. Jegliche Form von Anteilnahme suchte man vergebens in seinem bleichen Antlitz.

»Das bin ich«, antwortete sie mit fester Stimme.

Ohne dass ich gesehen hätte, wie er die Distanz zu ihr überwand, hing Vitus von einem Augenblick zum nächsten an

Constantias Kehle und saugte das Leben aus ihren Adern. Er krümmte sich immer tiefer über ihren langsam erschlaffenden Leib, bis sie endgültig zu Boden glitt und er auf ihr kniete.

Starr stand ich daneben und sah schweigend zu, wie das einzige Wesen, das meinem Dasein einen Sinn gab, starb. Ich wollte sie retten, ihren Peiniger von ihr reißen und in Stücke hauen für den Frevel, den er beging. Doch Vitus' Macht über mich war ungebrochen. Ich war vollkommen hilflos.

Als er sie losließ, rannen ihm noch einige Tropfen ihres Blutes übers Kinn. Ihre Adern waren vollständig entleert. Ihr gequälter Blick ruhte auf mir. Ihre Lippen zuckten fast unmerklich und formten drei stumme Worte: ›Ich liebe dich‹. Ein letztes Mal hob und senkte sich ihre Brust. Dann floss die Leere in ihre Augen.

Sie war tot.

Ihr Mörder nahm den reglos auf dem Boden liegenden Körper in Augenschein, als wollte er sich überzeugen, dass wirklich jegliches Leben aus ihr gewichen war. Er führte sein rechtes Handgelenk zum Mund, biss es auf und platzierte die Wunde an ihren Lippen. Ich konnte erkennen, wie die Flüssigkeit sich in ihre Kehle ergoss, doch nichts geschah. Ich fühlte, wie meine Fingernägel in das Fleisch meiner Handfläche eindrangen, so stark ballte ich die Fäuste vor Anspannung.

Plötzlich riss sie die Augen auf und griff mit beiden Händen Vitus Arm. Sie zog ihn fest an ihr Gesicht. Ich sah die heftigen Schluckbewegungen ihres Halses, als das Blut in ihren Leib eindrang.

»So ist's gut«, murmelte ihr Schöpfer.

Seine Worte erfüllten mich mit Hoffnung.

Als ich schon glaubte, sie würde alles Blut, das er ihr genommen hatte, wieder in sich aufnehmen, ließ sie ruckartig von ihm ab. Er erhob sich und ging einige Schritte zurück, während die Haut über seinem Handgelenk sich schloss.

Ihr Leib erzitterte indes unter Wellen verheerender Krämpfe. Sie bäumte sich auf und öffnete ihren Mund zu einem Schrei. Doch kein Geräusch drang hervor. Nur das Poltern und Stampfen ihrer Füße und Fäuste auf den Eichendielen donnerte durch den Raum, wie wenn eine Kutsche über Kopfsteinpflaster fährt.

Ich konnte ihre Qualen nicht mehr tatenlos mit ansehen und sank zu ihr hinab. Ich versuchte, sie zu fassen, doch sie entzog sich meinem Griff in wilden Zuckungen. Als ich sie schließlich gepackt hatte, benötigte ich alle Kraft, die ich aufzubringen vermochte, um sie einigermaßen ruhig zu halten. Dann endlich entrang sich ein Ton ihrer Kehle. Zuerst ein leises Wimmern, das langsam zu einem ohrenbetäubenden schrillen Crescendo anschwoll und mit seiner schieren Lautstärke und unmenschlichen Tonhöhe durch Mark und Bein drang.

»Gib mir Bescheid, wenn offenbar wird, ob es gelungen ist oder nicht.« Mehr hatte Vitus nicht zu der Agonie meiner Geliebten zu sagen, bevor er den Raum verließ.

Sobald er verschwunden war, eilten Victor und Arnaud herein. Ich winkte sie heran. Zu dritt schafften wir es mit Mühe, sie zu bändigen und in das Kellerverlies zu tragen, das ich von meinen Vertrauten hatte vorbereiten lassen.

Dort angekommen fiel mein Blick auf die drei Menschen, zwei Männer und eine Frau, die bar jeglicher Kleidung geknebelt und in Eisen geschlagen an die Wände gekettet waren.

»Was sind ihre Verbrechen?«, wollte ich wissen.

Arnaud stockte. »Es tut mir leid, Herr. Wir hatten niemanden in unseren Kerkern. Aber Ihr hattet ja gesagt, wenn wir keine verurteilten Verbrecher finden, sollen wir irgendwelche anderen Leute herbeischaffen, die niemand vermissen würde. Wir haben sie aus …«

»Ich will es gar nicht wissen«, unterbrach ich ihn.

Als ob die Unwissenheit über die Herkunft der drei armen Seelen die Sünde minderte, die ich auf mich nahm, indem ich sie der schrecklichsten Bestie, die man sich vorstellen konnte, zum Fraß vorwarf.

»Nun geht!«, befahl ich meinen beiden Helfern, während ich Constantias unkontrolliert zitternden Leib in den Armen hielt. »Und verrammelt den Eingang!«

»Ja, Herr.«

Dann waren wir allein.

Durch das vergitterte Fenster in der Tür drang flackerndes Licht von der Fackel des Wächters herein und erleuchtete die makabre Szenerie. Ansonsten geschah den Rest der Nacht nichts.

Constantia lag wie tot am Boden. Nur gelegentliche Krämpfe wiesen auf den Kampf hin, den Vitus' Blut in ihrem Körper entfacht hatte. Ich hielt ihre Hand, streichelte ihr Gesicht und bemühte mich, nicht zu den drei unschuldigen Sterblichen hinüberzusehen, die ich zum unweigerlichen und grausamen Tod verurteilt hatte. Doch jede Sünde der Welt schien gerechtfertigt, wenn ich dadurch die Frau in meinen Armen retten konnte. Ich verlor jegliches Zeitgefühl. Nur die Müdigkeit, die mich überfiel, kündigte den anbrechenden Tag an. An der Seite meiner Geliebten schlief ich auf dem einfachen Strohlager in der kalten Zelle.

Geweckt wurde ich vom Geräusch zerreißenden Fleisches und gellenden Schmerzensschreien. Constantia war vor mir erwacht und hatte sich umgehend über die Menschen hergemacht, die ich zu genau diesem Zweck hatte herbeischaffen lassen. Ein Regen aus Blut und Gedärmen ergoss sich durch das Verlies und sprenkelte Wände und Boden rot. Die letzten Fetzen von Constantias Kleid, die noch an ihrem Leib hingen, waren bereits getränkt von der Flüssigkeit, die den zerrissenen Körpern ihrer Opfer im langsam verebbenden Puls der sterbenden Herzen entrann. Halbnackt, mit dem Blick eines rasenden Raubtieres und Fangzähnen und Klauen tief im Fleisch ihrer Beute vergraben, hatte sie kaum noch Ähnlichkeit mit dem Wesen, das ich so sehr liebte. Doch ich ließ sie gewähren.

Als von den drei Menschen nur noch in der Zelle verstreute blutige Klumpen übrig waren, wandte sie sich mir zu. Sie fletschte ihre Zähne und knurrte wie ein Wolf. Dann griff sie an.

Ich hatte wenig Mühe, mich ihrer Attacken zu erwehren. Zwar hatte ich sie neben dem Führen eines Schwertes auch einige Ringergriffe gelehrt, aber der Blutrausch hatte jeden klaren Gedanken ausgeschaltet und ihren Instinkten freie Bahn geschaffen. Ich rang sie zu Boden und hielt sie dort fest umklammert, bis sie aufhörte, sich zur Wehr zu setzen. Doch auf irgendeine Verstandesregung wartete ich vergebens.

Zwei weitere Nächte verbrachten wir in ähnlicher Weise. Meine Vertrauten versorgten uns mit Nahrung, so dass sich das Verlies in ein Schlachthaus verwandelte. Leichenteile bedeckten den Boden knöcheltief und bescherten den Ratten und Kakerlaken einen Festschmaus.

In der vierten Nacht hockte sie zusammengekauert in der mir gegenüberliegenden Ecke des Verlieses, die Arme um die angewinkelten Beine geschlungen, als ich mich aus dem blutigen Morast erhob. Die geistlose Wildheit war aus ihrem Gesicht gewichen. Aufmerksam folgte sie jeder meiner Bewegungen, als ich mich ihr vorsichtig näherte.

Ich ging vor ihr in die Hocke und sah ihr tief in die Augen. Sie erwiderte meinen Blick.

Minutenlang sahen wir uns einfach nur an, dann legte sie ihre von getrocknetem Blut bedeckten Arme um mich und zog mich zu sich hin.

Sie war wieder da. Sie hatte es überstanden.

»Jetzt sind wir für alle Ewigkeit zusammen«, flüsterte ich in ihr Ohr.

So fest es ging, kuschelte sie sich an mich. »Für alle Ewigkeit.«

Damals glaubten wir wirklich daran.

Wir wussten es nicht besser.

Montag, 23. Mai 2005, Wien, Österreich

Und dann steht sie vor mir.

Jahrhunderte sind vergangen, seit wir uns das letzte Mal gesehen haben.

Ihr ebenholzfarbenes Haar glänzt unter den strahlenden Lichtern des Flugfeldes. Sie hat es wie früher geflochten und den langen Zopf zu einem strengen Knoten hochgesteckt. Die sanft geschwungenen Lippen sind zusammengepresst. Ihre Augen fixieren mich herausfordernd. Der schlichte schwarze Hosenanzug wirkt fremdartig. Ich habe sie noch in dem mit Rüschen überladenen Reifrock in Erinnerung, den sie bei unserer letzten Begegnung getragen hat.

Mit zwei stämmigen Männern im Schlepptau geht sie auf die kurze Gangway zu, über die ich gerade den schnittigen Businessjet verlasse, der mich hierher gebracht hat. Unter den maßgeschneiderten Geschäftsanzügen ihrer beiden Begleiter mache ich die Ausbeulungen schwerer Waffen aus. Am Fuß der Treppe bleibe ich stehen. Sie verharrt in wenigen Schritten Entfernung.

Kritisch beäugt sie meine Kleidung. Mein Kettenhemd ist beim Kampf gegen die Todesboten arg in Mitleidenschaft gezogen worden. Daher habe ich mir einen ihrer gepanzerten Mäntel ausgeliehen. Der von Nasir passt recht gut. Da es unter anderem sein Armbrustschuss war, der meine Rüstung beschädigt hat, schien es mir durchaus angemessen, seinen Mantel an mich zu nehmen.

Constantia hat offenbar beschlossen, unser Wiedersehen nicht mit Kritik an meiner Aufmachung zu beginnen.

»Hallo Leonard.« Ihre Stimme klingt belegt. Auch ihr fällt es nicht leicht, mir gegenüberzustehen.

»Constantia.«

Sie sieht an mir vorbei zu Nasir, der sich als Ersatz für seinen Mantel eine dünne Sommerjacke besorgt hat.

Als sie ihn anspricht, wechselt sie von Französisch zu akzentfreiem Englisch. »Wie geht es Otto und Lucia?«

»Sie sind gepfählt und werden sicherlich großen Durst haben, wenn sie aufwachen. Abgesehen davon sind sie wiederhergestellt.«

Das Lächeln, das ihre Lippen umspielt, als sie sich wieder mir zuwendet, ist zynisch. Trotzdem lässt es ihr Gesicht in jener wunderbaren Weise erstrahlen, die ich so vermisst habe. »Schön, dass du etwas von ihnen übriggelassen hast.« Sie deutet auf die Waffe an meiner Seite. »Du kämpfst immer noch mit dem Schwert?«

»Das kann ich nun mal am besten.«

»Unverbesserlich! Aber was will man von jemandem in deinem Alter schon erwarten.«

Ich muss grinsen. »Tu nicht so, als würden die hundert Jahre, die uns trennen, einen nennenswerten Unterschied machen!«

Sie lässt meine Stichelei unerwidert und spricht erneut Nasir an: »Bring die beiden in die Stadt und kümmere dich darum, dass sie wieder auf die Beine kommen! Und sag Otto, dass er gar nicht erst an Rache denken soll! Er wird sie nicht bekommen.« Mit einem Seitenblick zu mir fügt sie hinzu: »Zumindest, so lange unser Gast sich gebührend verhält.«

»Ich habe dir doch schon gesagt, dass ich nicht auf Streit aus bin. Und außerdem habe ich einen heiligen Eid geleistet, dich vor jeder Unbill zu beschützen. Mag sein, dass ich den Schwur in letzter Zeit ein wenig vernachlässigt habe. Aber er beinhaltet in jedem Fall, dass ich dir niemals ein Leid zufügen werde.«

Sie neigt den Kopf zur Seite. »Du fühlst dich wirklich noch an dieses uralte Versprechen gebunden?«

»Ja, das tue ich.«

»Unverbesserlich! Manchmal ist es mir ein Rätsel, wie du all die Jahre überleben konntest, obwohl du immer noch an deinem anachronistischen Ehrenkodex festhältst.«

»Das Schwert hilft mir dabei.«

Schmunzelnd schüttelt sie den Kopf. »Unverbesserlich …«

Sie bedeutet mir, ihr in Richtung der schwarzen Limousine zu folgen, die am Rand des Flugfelds steht. »Lass uns fahren! Wir haben noch ein ganzes Stück Weg vor uns.«

Damit begebe ich mich auf die vermutlich letzte Etappe der Reise, die mich um die halbe Welt geführt hat, auf der Suche nach meinem einstigen Herrn und Meister.

Für den Flug nach Wien hat Constantia mir den Jet zur Verfügung gestellt, mit dem die Todesboten nach Paris gereist waren. Nasir war die ganze Zeit überaus zuvorkommend und hilfsbereit. Ich weiß nicht, ob die Anweisung seiner Herrin oder die Angst vor mir ihn dabei mehr angespornt haben.

Auch Étienne war sehr kooperativ. Ich vermute, er wollte mich einfach so schnell wie möglich loswerden, damit in seiner Stadt wieder Frieden einkehrt. Nun hofft er inständig, dass die ganze Angelegenheit für ihn kein unangenehmes Nachspiel hat. Ein Kommando der Todesboten aus dem Weg zu räumen, selbst wenn sie es überlebt haben, ist wohl sogar in der gewaltbestimmten Gesellschaft der Unsterblichen kein Kavaliersdelikt. Mit seinen Verbindungen zur Polizei und den sonstigen Behörden von Paris war es ein Leichtes, die Leiche des getöteten Unholds und die beiden gepfählten Todesboten in Särgen verpackt zum Flughafen zu transportieren und in den Jet zu laden. Auch den Sarg, mit dem ich aus Amerika angereist bin, haben wir mitgenommen. Damit war der kleine Geschäftsflieger dann auch gut ausgefüllt. Der Pilot war ebenfalls einer von Constantias Dienern und hat keine Fragen gestellt, als für die Rückreise statt der Passagiere eine Fuhre Särge in das Flugzeug geladen wurde.

Der Flug war nicht gerade übermäßig komfortabel, da Nasir und ich zwischen den drei Särgen hoffnungslos eingepfercht waren. Aber die beengten Platzverhältnisse konnten das unvergessliche Erlebnis der Aussicht auf das nächtliche Europa mit seinen erleuchteten Städten tief unter uns nicht ernstlich beeinträchtigen. Wie eine Fortsetzung des funkelnden Sternenhimmels, nur ungleich strahlender und prächtiger, erstreckten sich die Lichter der modernen Zivilisation über die Erde. Die ganze Zeit hing ich mit der Nase an der Fensterscheibe wie ein kleines Kind vor dem Süßigkeitenladen und war schlichtweg fasziniert von der unwirklichen Schönheit des Ausblickes. Wegen mir hätte der Flug ruhig doppelt so lang dauern können. Doch ich bin nicht zum Vergnügen hier.

Nun steigen wir in den geräumigen Fond von Constantias Mercedes. Die beiden Bodyguards setzen sich ins abgetrennte Fahrerabteil.

»Sind sie auch Unholde?«

Constantia bleibt trotz meiner bewusst provokanten Betonung des Wortes ruhig. »Nein.«

Dann setzt sich der Wagen in Bewegung und steuert die nahe Autobahn an.

»Ich war ein wenig entsetzt, als ich feststellen musste, dass ihr wieder damit angefangen habt, den Sterblichen unser Blut zum Trinken zu geben«, hake ich nach. »Ich dachte, das gehört endgültig der Vergangenheit an.«

»Na, da beschwert sich ja genau der Richtige! Wer hat denn im Dreißigjährigen Krieg die Heere der Protestanten mit Unholden überschwemmt?«

»Als ob ihr es anders gemacht hättet! Aber im Gegensatz zu euch habe ich damit aufgehört, nachdem die Unholde geächtet worden sind. Und bislang bin ich davon ausgegangen, ihr hättet das auch getan.«

»Nur die Vertrauten der Todesboten bekommen unser Blut. Allen übrigen ist es weiterhin verboten, Unholde zu erschaffen. Wer es dennoch tut, bekommt Besuch von den Todesboten.«

»Die Richter stehen also über ihren eigenen Gesetzen. Nett.«

»Die Todesboten machen die Gesetze nicht. Das tun immer noch die Archaioi. Und sie haben bestimmt, dass es so sein soll. Es steht niemandem zu, ihr Wort in Frage zu stellen. Auch dir nicht.«

Die anfangs gelöste Stimmung unseres Wiedersehens ist eisiger Kälte gewichen. Ich bereue, das Gespräch auf dieses heikle Thema gelenkt zu haben.

Um nicht noch weiteres Öl ins Feuer zu gießen, verzichte ich auf eine Erwiderung. Ich merke bereits, wie die Erregung des Streits meine Fangzähne hervortreten lässt. Der Fall in den Blutrausch wäre im Augenblick wohl das Ungünstigste, was mir passieren könnte. Auch in Constantias Augen sehe ich, dass nur eine schmale Barriere ihre Instinkte davon zurückhält, die Kontrolle zu übernehmen. Sieht so aus, als würden wir genau an derselben Stelle weitermachen, an der wir uns damals getrennt haben.

Hatte ich wirklich etwas anderes erwartet?

Um eine Eskalation zu verhindern, schweigen wir uns eine Weile einfach nur an. Ich konzentriere mich auf die im Dunkeln liegende Landschaft hinter den Fensterscheiben. Die Autobahn, auf der wir mit weit überhöhter Geschwindigkeit dahinrasen, führt durch die Außenbezirke Wiens. Die Gewerbegebiete und sterilen Bürosilos könnten genau so gut irgendwo in New Jersey liegen, wäre da nicht die erhabene Kulisse der ersten Anhöhen der Alpen im Hintergrund. Jenseits des dominanten Aromas der ledernen Autositze liegt auch ein Hauch der nahen Wälder in der Luft und wird mit jedem Kilometer stärker, bis wir die Autobahn schließlich verlassen. Die letzten Ortschaften entlang unserer Route sind eindeutig älter als die hinter uns liegenden Vorstädte. Mit den verwinkelten Gässchen zwischen Dorfkirche, Krämerläden und Bauernhöfen sind sie so typisch für die Region, dass ich mich fast in die Zeiten zurückversetzt fühle, als dies meine Heimat war.

Eine Frage muss ich stellen, bevor wir am Ziel der Reise ankommen. »Was hattest du den Todesboten eigentlich aufgetragen? Sollten sie mich töten?«

Constantias Miene ist unbewegt, ihre Stimme sachlich, als sie antwortet: »Nein. Sie sollten dich hierherbringen.« Dann umspielt doch noch der Anflug eines Lächelns ihre Lippen. »Es war allerdings ursprünglich geplant, dass du hier gepfählt ankommst und sie dich bewachen, und nicht umgekehrt. Aber Hauptsache, du bist da.«

»Was willst du von mir?«

Sie fixiert meine Augen. Der kurze Anflug der Belustigung ist verschwunden. »Ich? Ich will, dass du möglichst weit weg von hier bleibst. Das wäre für uns alle das Beste. Aber als er erfahren hat, dass du in Europa bist, hat er angeordnet, dich hierher zu bringen.«

»Vitus will also, dass ich zu ihm komme? Lebend?«

»So ist es.« Sie wendet die Augen wieder von mir ab und sieht zum Fenster hinaus.

»Was will er von mir?«

»Ich habe keine Ahnung.«

Ich bin versucht, weiter nachzubohren. Aber ich erinnere mich an die Zeit, als Vitus mir Befehle erteilt hat. Begründungen für seine Anordnungen hat er selten verkündet. Wenn er diese Angewohnheit nicht abgelegt hat, dann weiß sie vermutlich wirklich nicht, was er von mir will. Alle weiteren Fragen sind also unnütz. Ich werde auf mich zukommen lassen müssen, was auch immer Vitus für mich bestimmt hat. Immerhin habe ich die Reise unternommen, um ihn zu treffen. Wenn er dasselbe will, soll es mir recht sein. Daher bin ich still und konzentriere mich, ebenso wie meine Blutschwester, auf die Welt jenseits der Scheiben der Limousine.

Wir lassen die letzten Ausläufer der modernen Zivilisation endgültig hinter uns und tauchen in die tiefen Forste des Wienerwaldes ein. Dichte Wolken dämpfen das Licht des Mondes so weit ab, dass selbst meine Augen jenseits des Lichtkegels der Scheinwerfer nur noch finstere Schemen erkennen können. Die Straßen, über die unser Weg führt, werden immer schmaler. Nach insgesamt rund einer Stunde Fahrt müht sich der Mercedes schließlich das letzte Stück der Reise über ein Sträßlein, das für die schwere Limousine gerade eben genug Platz bietet. Das mitten im Wald stehende Gittertor, von dem aus stählerne

Zäune im Dickicht zu beiden Seiten des Weges verschwinden, zeigt, dass wir uns dem Ziel nähern.

Die schwarz gekleideten Bewaffneten sind im Schatten der Bäume kaum auszumachen. Nur meine übermenschlichen Sinne zeigen mir ihre schweren Maschinenpistolen, Lichtverstärkerbrillen und die Funkgeräte, über die sie unzweifelhaft die Nachricht von unserer Ankunft verbreiten. An dem modernen Gebäude mit der Satellitenantenne auf dem Dach fahren wir vorbei. Erst vor dem kleinen barocken Jagdschlösschen, dessen Umrisse zwischen den Bäumen stückweise zum Vorschein kommen, hält die Limousine an.

Ich warte nicht, bis die Bodyguards uns die Tür öffnen, sondern steige eigenhändig aus und blicke mich neugierig um. Abgesehen von dem alten, aber offensichtlich gut gepflegten Gemäuer erkenne ich in sämtliche Richtungen nur Bäume. Keiner der schwarz gekleideten Sicherheitsleute hält sich in Sichtweite auf. Mit dem Absterben des Motors verklingen die letzten Geräusche menschlichen Ursprungs weit und breit. Nur noch das Rauschen der Baumwipfel in der leichten Brise und die Laute vereinzelter Tiere aus dem Dickicht dringen an meine Ohren. Ich inhaliere die würzige Waldluft tief in meine Lungen. Es ist eine Weile her, dass ich mich derart weit von der modernen urbanen Welt entfernt habe. Die Abgeschiedenheit dieses Ortes weckt zusammen mit der Tatsache, dass ich mein Dasein meinen einstigen Todfeinden anvertraut habe, ein leichtes Unwohlsein.

Als Constantia durch die aufgehaltene Tür den Wagen verlässt, deute ich auf das bei genauerer Betrachtung gar nicht mal so kleine Haus. »Er ist da drin?«

»Ja.«

Erstaunt ziehe ich die Augenbrauen in die Höhe. »Scheint mir irgendwie nicht sein Stil zu sein.«

»Es hat sich viel verändert, seit du uns verlassen hast.«

Sie setzt sich die Treppe hinauf in Richtung der Eingangstür in Bewegung, die soeben von einer elegant gekleideten Frau mittleren Alters geöffnet wird. Ich folge unaufgefordert.

»Guten Morgen, Mylady.« Ich erkenne die Stimme, die ich durch Ottos Mobiltelefon gehört habe, bevor sie mich an Constantia weitergereicht hat. »Ihr seid spät dran. Es wird nicht viel mehr als eine Stunde dauern, bis die Sonne aufgeht.«

Am Telefon ist mir ihr schwerer wienerischer Dialekt gar nicht aufgefallen.

»Ich weiß, Elsbeth«, erwidert meine Blutschwester die Begrüßung. »Ich habe die Uhr immer gut im Auge. Mach dir keine Sorgen!«

Der Blick der Dienerin wandert zu mir. »Das ist also der verlorene Sohn. Seid willkommen, Herr.« Sie macht einen höflichen Knicks.

Ich neige den Kopf. Mit einer ausladenden Geste bittet sie uns hinein. Das barocke Äußere des Schlösschens setzt sich im Inneren ausufernd fort. Stuck und Blattgold bedecken Wände, Decke und das Geländer der pompösen Treppe zum Obergeschoss nahezu lückenlos. Hätte ich nicht einen Blick auf die zahlreichen Wachen und Sicherheitseinrichtungen rund um das Anwesen erhascht, wäre die Illusion, dass die Alte Welt sich hier seit meiner Flucht unverändert erhalten hat, perfekt gewesen.

»Darf ich Euch das Gästezimmer zeigen, Herr?« Sie wartet nicht auf meine Zustimmung, sondern setzt sich sofort in Bewegung.

Ich sehe zu Constantia, die mich stumm auffordert, Elsbeths Anweisungen Folge zu leisten. Dann entschuldigt sie sich, bevor sie mit schnellen Schritten davoneilt.

Zu meinem Erstaunen führt die Dienerin mich die Treppe hinauf, statt in den Keller. Die Gemälde, die die Wand des Korridors im ersten Stock säumen, sind modern und bilden einen interessanten Kontrast zum altertümlichen Stil des Gebäudes. Das Zimmer hinter der massiven Eichentür mit den Schnitzereien und dem gusseisernen Knauf ist der Traum jedes Romantikers. Ich persönlich halte das Himmelbett für vollkommen überflüssigen Luxus, bis mir der Gedanke kommt, dass hier vielleicht gelegentlich auch sterbliche Gäste einquartiert werden.

»Die Jalousie lässt sich mit den Tasten neben dem Lichtschalter dort bedienen oder mit der Fernbedienung auf dem Nachttisch. Benötigt Ihr sonst noch etwas?«

Ich lasse meinen Blick durch den Raum schweifen. »Ich denke nicht. Danke, Elsbeth.«

»Wollt Ihr einen Imbiss zu Euch nehmen, bevor Ihr Euch zur Ruhe begebt?«

Meine letzte Mahlzeit liegt noch nicht lang zurück. Aber die Auseinandersetzung mit den Todesboten hat viel Kraft gekostet. Und die anschließende Heilung hat einen Großteil des Blutes, das ich während des Kampfes getrunken habe, bereits wieder in Anspruch genommen.

»Ja, gern.«

»Ich werde Euch eine Karaffe bringen.« Damit verabschiedet sie sich und lässt mich allein.

Ich nutze die Zeit, in der sie unterwegs ist, um das Zimmer zu begutachten. Insbesondere teste ich die Jalousie. Sie scheint der in meinem ehemaligen Appartement im Empire State Building nicht nachzustehen. Der polierte Stahl passt zwar nicht zum Rest der altmodischen Einrichtung, ist mir aber deutlich sympathischer, als es hölzerne Fensterläden gewesen wären. Es gibt einen Grund, warum ich zu der Zeit, in der dieses Gebäude erbaut wurde, üblicherweise in Kellern gehaust habe.

Ein Klopfen an der Tür lässt mich aufhorchen.

»Na, alles zu deiner Zufriedenheit?« Constantia lehnt nonchalant mit verschränkten Armen am Türstock.

Ihr unverhoffter Anblick bringt mich kurzzeitig aus der Fassung. Aber schnell habe ich die intensiven Gefühle, die mich überfluten, wieder im Griff.

»Ja, nett hier.«

Sie betritt den Raum. »Vitus wird dich in der kommenden Nacht empfangen.«

Ich nicke bestätigend. »Gut.« Als meine Schwester nichts erwidert, fülle ich die unangenehme Stille. »Umgibst du dich immer noch mit deinen fürsorglich mütterlichen Vertrauten?«

»Elsbeth? Sie ist für den Unterhalt des Hauses verantwortlich, sonst nichts.«

»Na, dann ist's ja gut.«

Die Ironie in meinen Worten entgeht ihr nicht. »Was willst du eigentlich, Leonard? Ständig versuchst du, mich zu provozieren. Bist du deswegen hergekommen?«

»Da habe ich Besseres zu tun!«

»Was soll das Ganze dann?«

Statt einer Antwort starre ich betreten zum Fenster. Ein oder zwei Minuten sagen wir kein Wort.

»Hör zu«, bricht sie das Schweigen, »mir fällt es auch nicht leicht, hier mit dir in einem Raum zu stehen. Ich denke, es wäre für uns beide das Beste gewesen, uns nie wieder zu begegnen. Aber Vitus hat nun mal beschlossen, dich hierherkommen zu lassen, auch wenn mir die Gründe dafür schleierhaft sind, nach allem, was du ihm angetan hast.«

»Was ich ihm angetan habe? Und was ist mit dem, was er mir angetan hat?«

»Ich glaube, mich zu erinnern, dass wir diese Diskussion schon einmal geführt haben.«

Allerdings. Damals war das Ergebnis, dass wir getrennte Wege gegangen sind und ich letztlich die Alte Welt verlassen habe.

»Er wird dich empfangen«, fährt sie fort. »Ich denke, das kann man getrost als Friedensangebot werten. Also versuch doch einfach, ihm zu vergeben! Immerhin wärst du schon seit Jahrhunderten tot und vergessen, wenn er nicht gewesen wäre.«

»Wär vermutlich besser gewesen.«

»Niemand hält dich davon ab, der Sonne ›Guten Morgen‹ zu sagen, wenn das hier alles wirklich so schlimm ist.«

Niemand außer mir selbst.

Elsbeth unterbricht unsere Unterredung, als sie den Raum betritt, ohne eine Antwort auf ihr Klopfen abzuwarten. »Störe ich?«

»Nein, komm rein«, bittet Constantia sie mit gereiztem Unterton in der Stimme.

Die Dienerin stellt eine kristallene Karaffe auf den Tisch mit den Perlmuttintarsien, holt einen passenden Pokal aus einer Vitrine und platziert ihn daneben.

Ich bedanke mich kurz angebunden.

Bevor sie den Raum wieder verlässt, kann sie sich einen Kommentar nicht verkneifen. »Es steht mir nicht zu, Euch zu kritisieren. Aber vielleicht solltet Ihr Euer Wiedersehen mit ein bisschen weniger Streiten verbringen.« Dann schließt sie die Tür hinter sich.

Mit einem Grinsen im Gesicht deute ich dorthin, wo sie eben noch stand. »Genau das meinte ich: wie eine treusorgende Mutter.«

»Das kann ich nicht beurteilen. Ich hatte abgesehen von den ersten drei Jahren meines Lebens keine Mutter, falls du dich erinnerst. Nur zwei Väter, von denen der eine … nun ja, sich nicht sonderlich intensiv um mich gekümmert hat, bevor er mir sein Blut gab, und der andere …«

»Das war dann wohl ich.«

Betreten schaut sie zu Boden. »Wäre es so schwer verständlich, wenn ich meine mutterlose Kindheit mit der Auswahl meiner Vertrauten kompensiere?«

»Nein. Natürlich nicht.« Ich gehe auf sie zu und lege ihr vorsichtig eine Hand auf die Schulter. Ich rechne damit, dass sie zurückweicht, doch sie lässt mich gewähren.

»Ich kann das verstehen«, spreche ich weiter. »Ich weiß, wie es ist, ohne Mutter aufzuwachsen. Auch meine ist früh gestorben. Aber ich hatte zumindest noch meinen leiblichen Vater und meine beiden Geschwister.«

Sie hebt den Kopf. Wir sehen uns tief in die Augen. Plötzlich ist die verlorene Vertrautheit wieder da. Ich muss mich beherrschen, sie nicht auf der Stelle in die Arme zu schließen und zu küssen. Aber das wäre wohl nicht angebracht. Noch nicht.

Sie lächelt mich an und ich schmelze endgültig dahin. »Zumindest hatte ich jemanden, der sich jede Nacht viel Zeit für mich genommen hat.«

»Das waren die besten Jahre meines langen Lebens.«

»Ja, es war eine gute Zeit.« Sie kommt näher und lehnt ihren Kopf an meine Schulter. »Warum haben wir irgendwann angefangen, uns nur noch zu streiten?«

Ich lege meinen Arm um sie. »Weil du dich für ihn entschieden hast und ich gegen ihn.«

»War es wirklich nur das?«

»Nein. Die Unsterblichen sind nicht für die Liebe geschaffen. Dafür ist unser Revierdenken viel zu ausgeprägt.«

Ohne ihr Gesicht zu sehen, kann ich förmlich spüren, wie sie die Augen verdreht. »Oh je. Jetzt kommt wieder die Raubtier- und Einzelgängerpredigt.«

»So ist es nun mal. Akzeptiere es oder scheitere! Ich spreche aus Erfahrung.«

Sie entfernt sich wieder von mir. »Und eine dieser Erfahrungen bin ich?«

»Sieh uns doch an! Glaubst du, unsere Streiterei ist etwas anderes als ein Kräftemessen? Wir kämpfen die ganze Zeit nur noch um unsere Hackordnung, seit mit dem Untergang der Templer meine Dominanz verloren gegangen ist und du begonnen hast, das Wohl der Blutlinie entscheidend mitzubestimmen. Genau da hat es angefangen.«

Constantia setzt sich auf das Himmelbett. »Haben wir eine Chance, dem zu entrinnen?«

Ich gehe zu der mit roter Flüssigkeit gefüllten Karaffe und schenke mir ein Glas ein.

»Zeitweise vielleicht. Auf Dauer … nein.«

Prüfend trinke ich einen Schluck. Zu meiner Überraschung ist das Blut noch warm. Erstaunt starre ich auf den Pokal in meiner Hand. »Wo hat sie frisches Menschenblut her?«

»Aus dem Vorratskeller.«

Mein Blick wandert zu Constantia, ohne den entsetzten Gesichtsausdruck zu verlieren. »Was für eine Art von Vorräten lagert ihr da unten?«

»Glaubst du, Vitus' Hunger sei in den letzten Jahrhunderten geringer geworden? Wir haben immer reichlich davon im Haus.«

Die absolute Selbstverständlichkeit ihres Tonfalls beunruhigt mich. »Reichlich wovon?«

»Frisches Blut.«

»Zeig es mir!«

»Jetzt?«

»Ja.«

Als ich noch ein »Bitte« hinzufüge, steht sie auf. »Wie du willst.«

Bestürzt bemerke ich, dass wir uns schon wieder angiften. Wir schaffen es tatsächlich keine Minute lang, den Frieden zu wahren. Und ich glaube, sie hat recht damit, dass die Provokationen insbesondere von mir ausgehen. Für den weiteren Verlauf meines Aufenthaltes nehme ich mir vor, etwas friedfertiger zu sein.

Ich folge ihr aus dem Gästezimmer. Diesmal geht es tatsächlich in den Keller, aber nicht über die große Treppe in der Eingangshalle, sondern durch eine enge Wendeltreppe am hintersten Ende des Korridors vor meinem Quartier.

Die unverputzten, von nackten Neonröhren fahl erleuchteten Backsteinmauern des Untergeschosses erwecken den Eindruck eines Verlieses und lassen mich Übles ahnen. Constantia gibt einen Zahlencode in das unpassend moderne Tastenfeld neben einer schweren Stahltür ein. Als der Schließmechanismus den Weg mit einem vernehmlichen Klicken freigibt und Constantia die Tür aufstemmt, werden meine Befürchtungen in vollem Umfang bestätigt.

Der Anblick verschlägt mir die Sprache. Der Raum ist rundherum mit weißen Kacheln ausgekleidet, die an eine Fleischerei erinnern. Doch kein einziger Blutspritzer befleckt Wände oder Boden. Die Spuren eines wilden Schlachtfestes hätten mich vermutlich weniger entsetzt als die geradezu klinische Sterilität, die hier herrscht.

Zögernd gehe ich durch die Tür und trete zwischen die in drei Lagen übereinander angeordneten Pritschen, auf denen unbekleidete Menschen festgebunden sind, insgesamt wohl an die zwanzig an der Zahl. Alle sind dem Anschein nach jung und gesund, aber ohne Bewusstsein. Sie alle haben Schläuche in ihren Schlünden stecken, durch die eine trübe Flüssigkeit aus über ihnen aufgehängten Plastiktüten langsam in ihre Kehlen läuft. Doch meine Aufmerksamkeit wird von etwas anderem in Beschlag genommen. Weiteren Schläuchen. Dünner. Und von einer Farbe, die meine Instinkte in Alarmbereitschaft versetzt.

Rot.

Vorsichtig hebe ich mit den Fingern eine der Leitungen an, die wie das Netz einer abartigen Spinne zwischen den Pritschen gespannt sind. Sie endet in einer Nadel, die fest in der Vene eines der bewusstlosen Insassen steckt. Ein dünnes Rinnsal roter Flüssigkeit bahnt sich pulsierend seinen Weg durch den transparenten Kunststoff. Mein Blick hangelt sich an dem Schlauch entlang, wandert über eine dickere Sammelleitung, in der die einzelnen Röhren enden, und fällt auf die fast mannshohe Maschine in der Mitte des Raumes. In gläsernen Behältern hinter leise rotierenden Pumpen wird das kostbare Gut Tropfen für Tropfen aufgefangen.

Ich schaue zur Tür. Constantia sieht ungerührt zu, wie ich das eines Dr. Frankenstein würdige Labor inspiziere. Dann zieht die Maschinerie mit den fest eingebetteten Leibern der Menschen meinen entsetzten Blick wieder auf sich. Mir fällt auf, dass durch eine der Leitungen Blut auch aus der Zentraleinheit hinaus fließt. Ich bahne mir den Weg durch das Geflecht aus Schläuchen und nehme den einen genauer in Augenschein, um den Weg des Blutes weiter zu verfolgen. Er führt in eine Ecke des Raumes, in der zwei Personen, ein Mann und eine Frau – nackt wie alle anderen – auf Einzelpritschen liegen. Sie sind nicht wie die übrigen mit einfachen Plastikriemen an ihre Betten gebunden, sondern mit massiven stählernen Ringen um Arme, Beine, Bauch, Hals und Kopf starr fixiert. Als ich erkenne, dass die Leitung sich über ihnen verzweigt und in jeweils einer Nadel endet, die über dem Herzen in der Brust steckt, ahne ich bereits, was den beiden ihre herausgehobene Stellung beschert. Die letzten Zweifel verschwinden, als ich mit dem Finger die Lippen der Frau trenne und Fangzähne offenbare. Auch in den Pulsadern der zwei Vampire stecken weitere Nadeln, durch die Blut ihre Körper verlässt und in einer kleineren, separaten Pumpstation verschwindet.

»Sind sie gepfählt?« Ich bringe nur ein heiseres Flüstern hervor angesichts des Ekels, der mich erfasst hat.

»Die Nadeln in den Herzen ernähren sie und halten sie gefügig«, bestätigt Constantia meine Vermutung freimütig.

Meine Augen wandern zurück zu den dreistöckig angeordneten Pritschen. »Und die Sterblichen?«

»Wir haben versucht, sie zu sedieren. Aber alle Mittel, die wir getestet haben, hinterlassen Spuren in ihrem Blut, die sich auch auf uns auswirken, so wie bei Alkohol und Drogen. Wir sind dazu übergegangen, ihre Nervensysteme zu unterbrechen, damit sie sich nicht bewegen können.«

Das Grauen steigert sich in ungeahnte Höhen. »Sie sind gar nicht bewusstlos?«

»Keine Ahnung, was in ihren Köpfen vorgeht. Ist auch nicht von Belang. Sie halten still und wir ernten ihr Blut.«

Ich benötige einen Augenblick, um mein Entsetzen zu überwinden und Constantias leidenschaftslos vorgetragenen Worten einen Sinn zuzuordnen.

Dann finde ich meine Sprache wieder: »Was zur Hölle ist das hier?«

Sie zuckt mit den Schultern. »Sozusagen die Küche des Hauses. Speziell auf die Anforderungen seiner Bewohner zugeschnitten.«

Noch einmal lasse ich den Blick über das Inventar schweifen. »Das ist abartig!«

»Findest du?«

Ihre demonstrative Ruhe treibt mich fast in den Blutrausch. »Es ist … pervers. Ihr haltet diese Menschen und die beiden von uns wie … wie Vieh! Nein, schlimmer als Vieh. Das ist … abartig!«

»Abartiger, als jede Nacht durch die abgelegenen Gassen einer Stadt zu schleichen und sich ein Opfer in freier Wildbahn zu suchen? Die Sterblichen sind schon vor Jahrtausenden den Schritt vom Jäger zum Viehzüchter gegangen. Wir haben es ihnen lediglich gleichgetan.«

Ich will ihr etwas entgegnen, doch ich bin vollauf damit beschäftigt, die Fassung zu bewahren und nicht meinen Instinkten das Feld zu überlassen. Sie schreien danach, das alles zu vernichten und jede Spur dieser maschinellen Monstrosität aus der Welt zu tilgen.

»Auf diese Weise ist es effizienter«, fährt meine Blutschwester ungerührt fort. »Die Lebensdauer der Spender beträgt im Durchschnitt mehr als ein halbes Jahr und wir arbeiten daran, sie weiter zu steigern. Diese Art der Ernährung kostet viel weniger Opfer als die herkömmliche Jagd. Und behaupte jetzt nicht, es sei menschlicher, seine Fänge ins Fleisch der Beute zu schlagen und ihr bei lebendigem Leibe und vollem Bewusstsein das Blut aus den Adern zu saugen! Von den ständigen Problemen mit der Entsorgung blutleerer Leichen mal ganz abgesehen. Das ist alles nicht mehr so einfach wie früher. In der modernen Medienlandschaft kann ein einziger Fehltritt eines unachtsamen Nocturnus eine Lawine von Nachrichten und Pressemeldungen nach sich ziehen.«

Endlich habe ich mich so weit gefangen, dass ich antworten kann: »Bei uns nehmen wir dann halt Einfluss auf die Medien und die Polizei und biegen es wieder hin, wenn etwas passiert.«

»Das tun wir natürlich auch. Immerhin jagen die meisten von uns auch hier noch auf die herkömmliche Art. Aber wir streben an, diese Art der Ernährung weiter zu verbreiten.« Sie breitet die Arme aus. »Dem hier gehört die Zukunft.«

Ungläubig schüttele ich den Kopf. »Das kann nicht euer Ernst sein!«

»Doch. Es ist uns sogar sehr ernst. Ich weiß nicht, ob es dir schon aufgefallen ist, aber es ist bei weitem nicht mehr so einfach wie früher, sich die Sterblichen vom Leib zu halten. Die moderne Technik gleicht ihre Nachteile an Stärke und Sinnesschärfe immer weiter aus. Du hast unsere Wachen draußen im

Wald gesehen. Mit ihren Waffen und Sichtgeräten können sie es durchaus mit einem von uns aufnehmen. Wenn irgendetwas schiefgeht, haben wir es nicht mehr mit einem aufgebrachten, Mistgabeln schwingenden Mob zu tun wie früher. Heute hätten wir vermutlich sofort eine Sondereinheit von Polizei, Militär oder einem Geheimdienst auf den Fersen. Wir müssen uns anpassen. Und genau das tun wir.«

Ihre Argumente sind zum Teil durchaus nachvollziehbar. Aber das hier scheint mir trotzdem nicht der richtige Weg zu sein, den Herausforderungen der modernen Welt zu begegnen. Es ist und bleibt abartig. Selbst wenn diese Methode der Ernährung tatsächlich weniger Opfer fordern sollte, wovon ich noch nicht wirklich überzeugt bin, ist es falsch.

Aber steht es mir überhaupt zu, die Nahrungsaufnahme irgendeines von uns zu kritisieren? Mir, der ich Veronica dazu gezwungen habe, Nachkommen zu erschaffen, nur um sie unmittelbar darauf auszusaugen und zu töten?

Ohne ein weiteres Wort zu sagen, marschiere ich an Constantia vorbei und verlasse den Raum. »Die Sonne geht gleich auf. Ich werde ins Bett gehen.«

»Du findest den Weg?«

»Ja.«

»Dann bis heute Abend.«

Ich lasse sie im Keller zurück, wo sie die Tür wieder sorgsam schließt.

In meinem Gästequartier angekommen, werfe ich einen Blick durchs Fenster. Ich sehe einen der Wachmänner in schwarzer Uniform zum Eingang des Hauses gehen. Er schaut gezielt zu mir hinauf. Irgendwie erweckt er den Eindruck, einer der Unsrigen zu sein. Aber der kurze Anblick, den ich von ihm erhasche, bevor er den Sichtbereich des Fensters verlässt und ich ihn aus den Augen verliere, ist zu flüchtig, um dies abschließend zu beurteilen.

Als ich den Blick nach oben richte, sehe ich, dass der Himmel über den Wipfeln der Bäume sich langsam aufhellt.

Zeit zum Schlafen gehen.

Ich fahre die Jalousie herunter, lege mich auf die Tagesdecke des Bettes und sinke tief in die weichen Kissen ein. Mein letzter Gedanke gehört meiner Blutschwester, die ich einst so geliebt habe. Ich wünschte, ich könnte das Glück mit ihr wieder erlangen. Aber das Wiedersehen hat mir überdeutlich vor Augen geführt, dass dieser Wunsch eine Illusion ist.

Ich nehme mir fest vor, mich auf den eigentlichen Grund meiner Reise zu konzentrieren, anstatt irgendwelchen ebenso gefühlsduseligen wie aussichtslosen Träumen hinterherzujagen.

Dann versinke ich in tiefen Schlaf.

Herbst 1307,
Montpellier, Königreich Frankreich

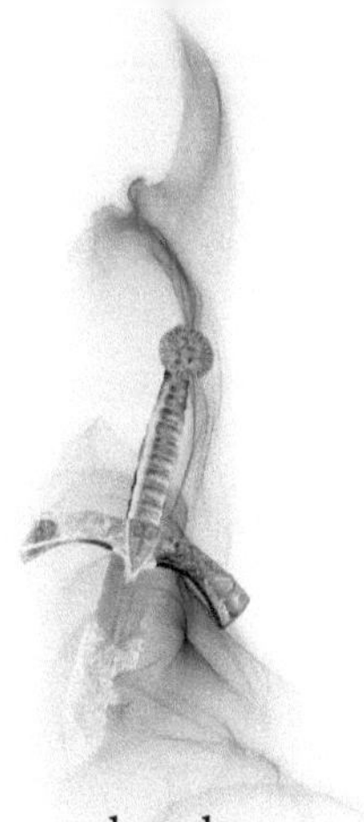

Das Datum des Tages, an dem meine Welt zusammenbrach, ist in jedem Geschichtsbuch nachzulesen.

Es war der 13. Oktober im Jahre des Herrn 1307, als ich mitten am Tag unsanft durch einen meiner Vertrauten vom Orden der Tempelritter geweckt wurde. Ich benötigte eine Weile, bis ich mich so weit in der ungewohnten Welt des Tages zurechtgefunden hatte, dass ich verstand, was der Mann mir ins Gesicht brüllte.

»Wir müssen fliehen, Herr! Sie werden gleich hier sein.«

»Wer?«, war alles, was ich aus meiner staubtrockenen Kehle hervorbrachte. Meine Zunge fühlte sich wie ein Fremdkörper im Mund an.

»Die Männer des Königs, Herr. Wir müssen weg!«

Zwar vernahm ich die Worte, doch ich vermochte ihnen keinen Sinn zuzuschreiben. Ich schob es zu jenem Zeitpunkt darauf, dass mein Verstand sich aufgrund der ungewohnten Tageszeit weigerte, die ihm zugedachte Aufgabe ordnungsgemäß zu erfüllen. Allein schon, weil ich mich nicht in der Lage zu einer Auseinandersetzung mit dem Ordensbruder fühlte, gab ich seinem Drängen nach. Unbeholfen erhob ich mich von meiner Bettstatt und folgte ihm schwankenden Schrittes. Doch gänzlich war mein Geist nicht ausgeschaltet. Ein paar wichtige Dinge kamen mir noch in den Sinn.

»Vitus! Constantia! Bringt sie in Sicherheit!«

»Abel und Clairisse kümmern sich um sie, Herr«, beruhigte mich der Ritter.

»Gut.«

Andere Bedienstete kamen und warfen dicke Wolldecken über mich. Sie wickelten mich in mehrere Lagen der festen Stoffe ein und schnürten Seile darum, damit alles gut hielt.

Ich wusste, das nun Folgende würde unangenehm werden. Doch seit dem Zwischenfall in Poitiers, bei dem Philip vernichtet worden war, hatten wir uns einen Plan für Überfälle im Tageslicht zurechtgelegt. Dies war das erste Mal, dass er in die Tat umgesetzt wurde. Da ich, verpackt wie ich war, nicht mehr in der Lage war, eigenständig zu gehen, hoben meine Diener mich hoch und trugen mich eilig aus dem schützenden Gemäuer ins Freie.

Die dicke Schicht aus Wolle hielt den größten Teil des Sonnenlichts von mir ab. Doch das bisschen Helligkeit, das bis zu meiner Haut hindurch drang, war ausreichend, mich mit brennenden Qualen zu überziehen, als würden lodernde Flammen mich versengen. Jenseits des Universums aus Schmerzen, das all meine Sinne auf sich zu ziehen suchte, vernahm ich gedämpfte Rufe und allgemeinen Aufruhr. Meine Ordensbrüder bereiteten sich auf die Ankunft der Feinde vor. Ich würde ihnen nicht beistehen können. Ganz im Gegenteil lag mein Wohlergehen nun auf Gedeih und Verderb in ihren Händen, während ich zur Untätigkeit verdammt war.

»Runter mit ihnen!« Die Stimme, die sich über den Tumult erhob, gehörte Abel, dem Ältesten meiner sterblichen Vertrauten. Durch die dicken Tücher fühlte ich seine Hand auf meinem Arm. »Seid unbesorgt, Herr! Wir werden die Lage bald wieder im Griff haben.«

Dann fiel ich. Mein gepeinigter Körper prallte mehrmals gegen die steinernen Wände des Brunnens, in den sie mich warfen, ehe ich mit lautem Platschen in das Wasser eintauchte und in die lichtlose Tiefe sank. Das kalte, dunkle Nass, das mich einhüllte, war Balsam für meine versengte Haut und linderte die Schmerzen. Schließlich stießen meine Füße auf den schlammigen Grund der Grube und mein hilfloser Leib kam zur Ruhe. Zweimal spürte ich weiche Lasten auf mich niedersinken und wusste, dass nun auch mein Vater und meine Schwester bei mir waren, am sichersten Ort, den das Anwesen zu bieten hatte.

Die danach einkehrende Stille lullte meine gerade erwachten Lebensgeister bald wieder ein. Trotz der brennenden Neugier, was denn nun eigentlich geschah, fiel ich in den tiefen Schlaf der Unsterblichen. Doch in den wenigen Minuten des Erwachens war mir nur zu bewusst geworden, dass etwas Außergewöhnliches passierte, wenn meine Diener zu derart drastischen Maßnahmen griffen. Eine Ahnung formte sich in meinem Geist, dass die guten Zeiten, die wir in den vergangenen acht Jahrzehnten genossen hatten, mit diesem Tag ein Ende finden könnten.

Verantwortlich für unser Wohlergehen war meine junge Blutschwester gewesen. Constantia hatte, nachdem Vitus sie in eine Nocturna verwandelt hatte, seine Erwartungen voll und ganz erfüllt. Als direkte Nachkommin eines Archaios fand sie unter den Unsterblichen des Languedoc und darüber hinaus in ganz Frankreich nun endlich die Anerkennung, die es ihr ermöglichte, ihre diplomatischen Fähigkeiten in vollem Umfang zu nutzen. Es war ihrem Einsatz und Verhandlungsgeschick zu verdanken, dass wir ein Bündnis mit zahlreichen Nocturni der einheimischen Blutlinien schlossen, das uns ein Dasein in Frieden bescherte. Vielleicht trug auch mein eigener Ruf als unerbittlicher Jäger und Vollstrecker von Vitus' Mordbefehlen dazu bei, dass die anderen Unsterblichen es nach Möglichkeit vermieden, sich auf die Seite unserer Feinde zu schlagen.

Gemeinsam waren Constantia und ich wie geschaffen dafür, Vitus' ehrgeiziges Ziel in die Tat umzusetzen, in Frankreich ähnlich viel Macht und Einfluss zu erlangen wie einst in Byzanz. Meine Schwester bot das Zuckerbrot an. Mit süßester Stimme vermochte sie allen Verhandlungspartnern begreiflich zu machen, dass sie, wenn sie nicht auf ihre Vorschläge eingingen, auch gern die Peitsche haben könnten – das war ich.

Mein Einfluss auf die Templer tat ein Übriges, unsere Position zu festigen. Zwar waren die Zeiten, in denen ich dem Großmeister selbst von meinem Blut gegeben hatte, vorbei.

Doch zahlreiche hohe Würdenträger des Ordens hingen immer noch an meinen Venen, um an meiner Kraft teilzuhaben und ihre eigene Macht zu mehren. Sie waren allzeit bereit, mir und den meinen Quartier zu gewähren, so dass wir auf unseren Reisen im ganzen Land stets sichere Zufluchten fanden. Sie gewährten uns und unseren Verbündeten Zugang zu den unermesslichen Reichtümern, die sie in den Komtureien horteten, und standen im Falle eines Konfliktes mit ihren Schwertern bereit, sich unserer Feinde anzunehmen. Sie waren das perfekte Werkzeug, auf das sich unsere Herrschaft gründete. Mehrere Versuche anderer Unsterblicher, sich den Orden ebenfalls zunutze zu machen, konnte ich erfolgreich abwehren. Die zugegebenermaßen drastischen Exempel, die ich an diesen Rivalen statuierte, sorgten dafür, dass es mehr als ein Jahrzehnt lang niemand ernsthaft versucht hatte.

Laurent und seinen Verbündeten blieb letztlich nichts anderes übrig, als zu akzeptieren, dass sie ihre zuvor nahezu uneingeschränkte Macht über Frankreich fortan würden teilen müssen. So wichen die anfänglichen Auseinandersetzungen gegenseitiger Anerkennung. Das lokale Machtgefüge in der erlauchten Gesellschaft der Unsterblichen, das durch Vitus' Erscheinen gestört worden war, wurde unter neuen Vorzeichen wiederhergestellt.

Doch nicht nur in der hohen Politik der Nocturni bildeten Constantia und ich ein bemerkenswertes Duo. Unsere tiefe Zuneigung erlangte nun, da wir beide von derselben Art waren, eine ungeahnte Intensität. Niemals zuvor hätte ich für möglich gehalten, derartige Leidenschaft erleben zu dürfen. Das Keuschheitsgelübde, das ich abgelegt hatte, als ich in den Orden der Tempelritter eingetreten war, schwand unter Constantias Liebkosungen vollständig dahin. Ich ergab mich ihren Verlockungen mit Leib und Seele.

Ich war glücklich.

Als Sterblicher war es mir versagt geblieben, die bedingungslose Liebe einer Frau erfahren zu dürfen. Ich hatte meinen Frieden im Dienste Gottes und des Tempels gefunden. Doch nun ließ ich all dies hinter mir. In vollen Zügen genoss ich die sinnliche Gesellschaft und innige Zuneigung meiner Schwester im Blute. Ich konnte nicht sagen, ob unsere Gefühle und Liebesspiele dieselben waren wie die sterblicher Liebender. Doch ich verspürte das unbedingte Verlangen, das, was mir als Mensch nicht vergönnt gewesen war, nun doppelt und dreifach nachzuholen.

Constantia erwiderte meine Wünsche mit tiefer Inbrunst. Ich hatte nicht den geringsten Zweifel, dass wir beide füreinander geschaffen waren. Ich dankte Gott, dass er mir dieses engelsgleiche Wesen gesandt hatte, das mich endlich von meiner Qual und meinen Zweifeln zu erlösen vermochte.

Die Morde und anderen Grausamkeiten, die ich in Vitus' Namen verübte, strapazierten mein Gewissen zwar reichlich. Ich rechtfertigte sie damit, dass sie dazu dienten, den Frieden und das Glück, das meine Schwester und ich empfanden, zu bewahren.

Aber nun, da wir gemeinsam am Grunde des Brunnens unserer Heimstatt in Schlamm und Unrat lagen, zeichnete sich ab, dass wir letztlich doch gescheitert waren. Unsere Feinde waren geduldig gewesen und hatten uns in falscher Zuversicht schwelgen lassen. Nun hatten sie zurückgeschlagen und uns ins Mark getroffen. Noch waren wir allerdings nicht vernichtet.

Meine Erleichterung, unbeschadet wieder aufzuwachen, war selten so groß wie an jenem Abend. Ich bedeutete meinen beiden Leidensgenossen, ruhig zu bleiben, während wir uns umständlich von den Decken und Tüchern befreiten, in die man uns gewickelt hatte. Mühsam kletterte ich an der grob gemauerten Wand des Brunnens empor. Der Nieselregen war zu schwach, um meine verdreckte Gestalt auch nur ansatzweise vom Schmutz zu befreien.

Oben angekommen lugte ich vorsichtig über den Rand des Brunnens. Der Hof war verlassen. Zwischen den Wolken, die vom kalten Wind getrieben über den nächtlichen Himmel zogen, beschien der Mond die regennassen Gebäude der Komturei und spiegelte sich in matschigen Pfützen wider. Ich entstieg endgültig dem Brunnen und sah mich um. Meinen empfindlichen Augen reichte das fahle Licht aus, um jedes Detail meiner Umgebung wahrnehmen zu können. Die Kampfesspuren waren unübersehbar. Überreste zerstörter Karren und verkohlte Trümmer von Möbeln lagen überall verstreut. Unter dem stechenden Geruch erkaltender Asche stieg mir ein Anflug geronnenen Blutes in die Nase. Der Duft des Todes lag in der Luft, doch es waren keine Leichen zu sehen. Ich erkannte, wo die Toten gelegen hatten, und sah die blutigen Schleifspuren, die ihr Abtransport hinterlassen hatte.

Das leise Schnauben eines Pferdes versetzte mich in Alarmbereitschaft. Lautlos schlich ich zum Tor des Hofes und erblickte ein halbes Dutzend Reittiere, bewacht von einem einzelnen Knecht. Die Tiere konnten mich riechen und wurden unruhig. Die letzte Tat des Knechtes war sein Versuch, die Pferde zu besänftigen. Er sah mich nicht einmal kommen, da war ich bereits bei ihm und hatte mit beiden Händen seinen Kopf gepackt. Abgesehen von dem scharfen Knacken seines Genicks starb er lautlos.

Ich begutachtete die Pferde. Eindeutig Schlachtrösser. Zwei der Tiere trugen das Wappen des Königs am Zaumzeug. Ich durfte nicht damit rechnen, die anderen Gegner ebenso leicht ausschalten zu können wie den Knecht. Gern hätte ich mir die Zeit genommen, mich an seinem Blut zu laben, doch stattdessen zog ich mich wieder auf den Hof zurück. Ich wollte nicht riskieren, die Pferde durch meine Anwesenheit scheu zu machen und noch mehr Lärm zu verursachen. So leise, wie ich es vermochte, zog ich das Schwert aus der Scheide. Aufmerksam hielt ich alle Eingänge zu den Gebäuden im Auge, während ich zum Brunnen schlich.

Vitus und Constantia hatten meine Anweisungen ignoriert und stiegen nacheinander über die Ummauerung des Brunnens, ohne meine Entwarnung abzuwarten. Beide waren gezeichnet von dem stundenlangen Aufenthalt im Wasser. Ihre edlen Kleider waren vom Schlamm ruiniert, das Fleisch aufgedunsen und die Haut lag in runzeligen Falten. Ich selbst bot vermutlich einen ebenso jämmerlichen Anblick. Doch unser Erscheinungsbild bereitete mir in jenem Augenblick die geringsten Sorgen. Ein paar Schlucke frischen Blutes und ein geschickter Schneider würden die Spuren unseres unfreiwilligen Bades schnell beseitigen.

Mit knappen Gesten bedeutete ich ihnen, leise zu sein. Constantia nickte zur Bestätigung, dass sie verstanden hatte, und sah sich vorsichtig um.

Vitus stand ungerührt auf dem Hof, neigte den Kopf zur Seite und stellte mit tonloser, doch nicht gesenkter Stimme fest: »Es sind nur Sterbliche.«

Auf welche Weise er dies in Erfahrung gebracht hatte, blieb mir verborgen. Aber ich hatte gelernt, nicht an den Fähigkeiten meines Herrn zu zweifeln. Aufrechten Ganges und ohne jegliche Hast schritt er zum Eingang des Haupthauses. Constantia und ich sahen uns kurz an, bevor wir ihm folgten. Die Eingangshalle war vollständig verwüstet. Der Geruch nach Blut hing schwer in der Luft und weckte meinen Hunger.

»Zwei sind oben, die anderen im Keller«, stellte Vitus lapidar fest. »Bringt mir mindestens einen von ihnen lebend!«

Ich wies meine Schwester an, sich um die Eindringlinge im ersten Stock zu kümmern. Constantia war zwar keine herausragende Kämpferin, doch mit zwei Sterblichen würde sie fertig werden. Ich selbst begab mich zur Kellertreppe und stieg mit gezogenem Schwert hinab. Der letzte Schimmer des Mondlichtes, das durch die Fenster ins Innere des Hauses eindrang, blieb über mir zurück. In vollkommener Dunkelheit tastete ich mich zu den Vorratskellern. Durch den offenstehenden Zugang zu unseren Tageszufluchten drang der flackernde Schein einer Lampe an meine Augen und wies mir den Weg zu den Eindringlingen. Die Kellerräume waren vollständig verwüstet. Jemand hatte dort intensiv nach etwas gesucht. Vermutlich nach Vitus, Constantia und mir. Vergeblich. Der unbequeme Aufenthalt im Brunnen hatte uns vor der Vernichtung bewahrt.

Insgesamt waren neun Menschen in den Kellern zugange, deutlich mehr, als die Zahl der Pferde vor dem Hof hatte erwarten lassen. Den ersten von ihnen entdeckte ich dabei, wie er in dem Korridor zu unseren Schlafkammern die Wände nach geheimen Türen absuchte. Er starb ebenso lautlos wie der Pferdeknecht.

Als ein weiterer der Eindringlinge, ein fetter Soldat mit dichtem Bart, den Gang betrat, war ich wieder in den Schatten verborgen. Die Lampe in seiner Hand hatte mich gewarnt. Sobald er mir den Rücken zuwandte, beabsichtigte ich, von hinten seine Kehle zu durchbohren, bevor er seinen toten Kameraden entdeckte und Alarm schlagen konnte. Doch meine Klinge wurde durch den Nackenschutz seines Helmes abgelenkt und durchtrennte lediglich die Halsschlagader. Statt ebenso leise zu sterben wie seine Kumpane, stieß er noch einen erstickten Ruf aus, bevor er in die Knie ging. Mit beiden Händen versuchte er vergeblich, das aus seinem Hals spritzende Blut zurückzuhalten. Im Licht der fallen gelassenen Lampe ergoss sich eine rot leuchtende Fontäne in den Raum und wischte meine Beherrschung endgültig beiseite. Ich verbiss mich in die Kehle des Soldaten, um das köstliche warme Nass in mich aufzunehmen. Die mühsam antrainierte Disziplin der Tempelritter drohte angesichts der in mir aufkeimenden Wut zu versagen. Alles, wofür ich jahrzehntelang gekämpft hatte, schien innerhalb eines Tages zu schwinden. Die sterblichen Eindringlinge stellten zwar nur unwissende Sklaven unserer eigentlichen Feinde dar. Doch in diesem Moment waren sie die naheliegendste Manifestation meiner Gegner. Und irgendjemand musste dafür büßen, was mir und den meinen angetan wurde. Jetzt.

Du hast eine Aufgabe, mein Sohn!

Die mahnenden Worte ließen mich innehalten und rissen mich aus dem Griff des beginnenden Blutrausches. Sie drangen nicht über meine Ohren in mein Bewusstsein – Vitus war außer Hörweite –, sondern erklangen unmittelbar in meinem Geist.

Dank der Botschaft meines Herrn war ich wieder Herr meiner Sinne. Ich ließ von meinem Opfer ab und verbarg mich erneut in den Schatten. Keinen Augenblick zu früh. Noch bevor der dicke Soldat endgültig zu Boden ging und reglos liegenblieb, stürmten weitere Bewaffnete kampfbereit heran. Ohne Vitus' Ermahnung hätten sie mich zwar nicht wehrlos, doch im Blutrausch und nicht fähig zu koordiniertem Kampf ertappt. Ob ich ihnen hätte widerstehen können, wäre zumindest fraglich gewesen. In bewusster Kontrolle meiner Gedanken und Taten war es in jedem Fall ungleich einfacher, die Gegner zur Strecke zu bringen. Mit überlegenen Sinnen im Zwielicht der Lampen, die die Soldaten bei sich trugen, und in bester Ortskenntnis des verwinkelten Kellers manövrierte ich meine Häscher mühelos aus. So leise wie möglich tötete ich einen nach dem anderen, bevorzugt von hinten. Dabei achtete ich stets darauf, dass niemand an mir vorbei zum Ausgang gelangen konnte. Es war ein grausames Katz-und-Maus-Spiel, das unweigerlich damit endete, dass mir schließlich nur noch ein Gegner gegenüberstand. Er war der einzige der Eindringlinge, der mich zu Gesicht bekam. Ich trat aus dem Schatten vor ihn. Die Spitze meiner Klinge berührte seinen Hals, ehe er sein Schwert auch nur in meine Richtung zu wenden vermochte. Wortlos ließ er seine Waffe fallen. Ergab sich vollständig seinem Schicksal und ließ sich von mir widerstandslos in die Eingangshalle führen, in der mein Herr auf mich wartete. Ich bewunderte die Gelassenheit des Soldaten. Weder bettelte er um Gnade, noch kommentierte er seine Niederlage mit Flüchen oder Beschimpfungen.

Während ich ihn mit meinem Schwert nach oben dirigierte, reifte in mir die Erkenntnis, wie eng mein Dasein mit dem Willen meines Vaters im Blute verbunden war. Nicht nur, dass er mir wortlos seine Gedanken übermitteln konnte, er war offensichtlich sogar in der Lage, sich meine Überlegungen und Sinneswahrnehmungen zu eigen zu machen. Wie sonst hätte er wissen können, dass ich kurz davor gestanden hatte, dem Blutrausch zu verfallen?

Mir wurde unmissverständlich bewusst, dass ich endgültig sein Sklave geworden war. Nicht nur zum Schein, wie es mein Plan gewesen war, als ich mich ihm in Konstantinopel unterworfen hatte, sondern mit Haut und Haar und sogar mit meinen Gedanken. Ich hatte es nur noch nicht bemerkt.

Ich ermahnte mich, die beunruhigende Erkenntnis vorerst zur Seite zu schieben. Mich wieder den dringlicheren Problemen zu widmen. Vitus wartete ungerührt in der Halle und ließ sich trotz unserer nicht gerade rosigen Situation nicht die geringste Gefühlsregung anmerken. Selbst in dem triefenden und verdreckten Gewand, dessen Konturen seinen knochigen Leib nachzeichneten, strahlte er ungebrochene Würde aus. Er erweckte wie immer den Anschein, alles vollständig unter Kontrolle zu haben.

Constantia hatte ihre Gegner ebenfalls überwunden und einen Gefangenen zu Vitus gebracht. Das Verhör bestand daraus, dass er sie nacheinander bis auf den letzten Tropfen aussaugte. Seine Fähigkeit, mit dem Blut der Unsterblichen auch ihre Erinnerungen aufzunehmen, ging weit über meine hinaus. Selbst dem Blut, mit dem die Unholde genährt worden waren, vermochte er noch Informationen über ihre Herren zu entlocken.

»Laurent hat sie geschickt.« Seine lapidare Feststellung bestätigte meine schlimmsten Befürchtungen. »Bald werden Unsterbliche kommen. Wir sollten gehen.«

»Kampflos verschwinden?«, entgegnete ich mit erhobener Stimme. Die Erregung der Jagd im Keller war noch nicht vollständig von mir gewichen. »Wir werden sie ebenso vernichten wie ihre sterblichen Schergen!«

»Nein.« Vitus schaute mir in die Augen. Mein Widerstand zerbrach innerhalb eines Wimpernschlags.

»Ich denke auch, wir sollten erst einmal in Erfahrung bringen, was geschehen ist.« Constantias Worte waren an uns beide gerichtet, doch sie galten mir, um mich von einer Konfrontation mit meinem Blutsvater abzuhalten – so sinnlos sie auch gewesen wäre. »Lasst uns in eine der anderen Komtureien gehen. Die Templer dort können uns sicher mehr berichten.«

»Es gibt keine anderen Komtureien mehr.« Vitus’ leidenschaftslose Worte erfüllten das Gesicht meiner Schwester mit Entsetzen und Unglauben. Meine eigene Reaktion war ähnlich.

»Aber … das ist …«

»Alle Templer wurden verhaftet«, unterbrach Vitus mein Gestammel. »In ganz Frankreich gibt es keine einzige Komturei mehr, in die wir gehen könnten.«

»Alle?« Ich mochte nicht glauben, was er behauptete.

Der Blick meines Vaters beseitigte jeden Zweifel an seinen Worten. Er besah die beiden Leichen zu seinen Füßen. »Wir nehmen ihre Kleidung und Pferde. Das sollte uns helfen, unseren Feinden zu entgehen. Wir müssen achtsam sein. Sie suchen uns.«

Als ich seinen Anweisungen Folge leistete, war ich wie benommen von der Ungeheuerlichkeit dessen, was ich gehört hatte. Es schien mir schlicht unmöglich zu sein, eine der machtvollsten Institutionen des christlichen Abendlandes innerhalb eines einzigen Tages zu zerschlagen. Ich hoffte, die Erinnerungen des Unholdes wären falsch und Vitus hätte sich geirrt. Doch meine Erfahrung sagte mir, dass mein Blutsvater für gewöhnlich meinte, was er aussprach.

Dennoch kam mir all dies vor wie ein Albtraum, aus dem ich jeden Augenblick zu erwachen hoffte. Aber die Unsterblichen träumen nicht. Es ist uns nicht vergönnt, der Wirklichkeit ins Reich der Fantasie zu entrinnen. Wir sind Gefangene unseres Daseins, in guten wie in schlechten Tagen.

Als wir unsere langjährige Heimat verließen und die Pferde vom Weg lenkten, um querfeldein das Weite zu suchen, standen uns erst einmal schlechte Tage bevor. Unsere Feinde hatten uns schwer getroffen. Doch noch waren wir nicht vernichtet.

Zu dem Eid, mich an Vitus zu rächen, fügte ich einen weiteren Racheschwur hinzu. Auch Laurent sollte dafür büßen, dass er mir das Glück genommen hatte, das mein Dasein erträglich machte.

Es mochte eine Weile dauern, bis ich diesen Schwur erfüllen würde. Doch ich hatte Zeit. Wenn es sein musste, Jahrhunderte.

Dienstag, 24. Mai 2005, Wien, Österreich

Trotz aller Beteuerungen meiner Gastgeber bin ich erleichtert, am Abend unversehrt wieder aufzuwachen. Und das sogar ohne Pflock im Herz. Mit der Fernsteuerung fahre ich die Jalousie hoch und schaue hinaus. Ich kann keine Personen vor dem Haus erkennen. Ein Blick nach oben offenbart einen größtenteils klaren schwarzen Himmel mit vereinzelten Wolken.

Vom Fenster kehre ich ins Zimmer zurück und drapiere das Schwert und den gepanzerten Mantel des Todesboten auf dem Bett. Sollte es zu einer Auseinandersetzung mit Vitus kommen, werden mir diese Utensilien nicht weiterhelfen. Er selbst ist sich dessen wohl bewusst. Von daher gehe ich davon aus, es wäre ihm gleichgültig, ob ich bewaffnet vor ihm erscheine oder nicht. Aber ich bin nicht sicher, wie entspannt Constantia und die anderen seiner Lakaien es auffassen würden, wenn ich ihrem Herren in voller Kampfmontur entgegenträte.

Es klopft an der Tür. Diesmal wartet Elsbeth auf mein »Herein«, bevor sie eintritt.

»Ihr werdet erwartet, Herr Leonard.«

Ohne zu antworten, verlasse ich das Zimmer und folge ihr durch stuckverzierte Gänge in den anderen Flügel des Schlösschens. Ich gebe zu, kein wirklicher Kunstkenner zu sein, aber ich gehe davon aus, dass die Gemälde an den Wänden Originale sind und einen beträchtlichen Wert darstellen. Übermäßige Bescheidenheit war noch nie eine Tugend meines Schöpfers.

Vor der doppelflügligen Tür am Ende des Korridors steht Constantia mit verschränkten Armen. »Danke, dass du unseren Gast hergebracht hast, Elsbeth. Du kannst jetzt gehen.«

Die Dienerin verabschiedet sich mit einem höflichen Knicks, dreht sich um und lässt uns allein.

Constantia macht keine Anstalten, zur Seite zu treten. Eine Weile starren wir uns in die Augen. Keiner wagt es, auch nur zu blinzeln. Wir erkennen beide, dass wir ebenbürtig sind. Unser Kräftemessen bleibt ohne Sieger.

»Er will allein mit dir sprechen«, sagt meine Blutschwester, ohne den Blick von mir abzuwenden.

»Hat er dir das gesagt?«

»Er hat es mir mitgeteilt. Worte sind dafür nicht notwendig. Wir sind seit Jahrhunderten zusammen und haben eine sehr enge Verbindung. Ich weiß jederzeit, was er will.«

Sie betont die Worte, als wolle sie sagen: ›Das hättest du auch haben können, wenn du nicht gegangen wärst.‹ Versteht nicht, wie viel mir meine Freiheit von Vitus bedeutet. Ihr Leben lang stand sie in seinen Diensten. Sie kann sich nicht vorstellen, ohne ihn zu sein. Anscheinend glaubt sie, ich müsste unter der Trennung von meinem Erzeuger ebenso leiden, wie sie es tun würde, wenn er sie verstoßen hätte.

»Tja, dann lass mich zu ihm«, entgegne ich.

Sie zögert. Ist sie eifersüchtig, weil er mich empfängt? Fühlt sie sich ausgeschlossen, weil er mich allein sehen will? Nach allem, was sie mir gesagt hat, gehe ich davon aus, dass sie dieses Treffen nicht gutheißt. Doch sie ist nicht imstande, sich Vitus' Wunsch zu widersetzen.

Mit zusammengepressten Lippen tritt sie zur Seite.

»Danke.« Ich schreite an ihr vorbei, ohne sie eines weiteren Blickes zu würdigen. Ich bin gerade nicht in der Stimmung, unsere fruchtlose Auseinandersetzung fortzusetzen. Schwungvoll öffne ich die Tür und gehe hindurch.

Ich weiß nicht, was ich erwartet habe, aber der Raum, den ich betrete, wirkt ernüchternd unspektakulär. Er ist zweifellos recht groß und überaus geschmackvoll eingerichtet, mit prunkvollen Brokatvorhängen an den Fenstern, die zwei der Wände beherrschen, und einem riesigen Bücherregal, das eine komplette Seite des Raumes einnimmt. Der voluminöse Schreibtisch unter dem Kristallleuchter ist bedeckt mit Büchern und Papieren. Nur die beiden großen mit Texten und Computergraphiken gefüllten Flachbildschirme weisen darauf hin, dass das 21. Jahrhundert an diesem ehrwürdigen Ort Einzug gehalten hat.

Die hohe Lehne des Größten der drei drehbaren ledernen Sessel, die rund um den Tisch angeordnet sind, weist mir den Rücken zu. Sie verstellt den Blick auf die Person, die darin sitzt. Zwei durchsichtige Plastikschläuche führen aus einem kleinen Schränkchen unter dem Schreibtisch heraus und verschwinden hinter der Lehne. Sie ähneln verdächtig den Leitungen, die ich vergangene Nacht im Keller gesehen habe. Eine genauere Beobachtung bestätigt, dass auch durch sie Blut fließt. Ich ahne, woher es stammt. Die Bilder der beiden gefesselten Vampire habe ich noch deutlich vor Augen.

»Komm näher, mein Sohn!«

Die Stimme geht mir durch Mark und Bein. Zu viele Erinnerungen sind mit ihr verbunden, als dass ich mich ihrem hypnotischen Bann entziehen könnte. Wie viele unwiderstehliche Versprechungen, verdammenswerte Lügen und unmenschliche Befehle habe ich von dieser Stimme vernommen? Und wieder tue ich, was sie von mir verlangt.

»Nimm Platz!«

Ohne dass der Sprechende eine Geste machen müsste, weiß ich, auf welchen der beiden leeren Sessel ich mich setzen soll. Es ist, als würden fremde Gedanken in meinen Kopf eindringen und sich mit meinen vermischen. Es ist so ähnlich, wie es beim Trinken des Blutes eines der Unsrigen geschieht. Allerdings geht das hier ohne jeglichen Austausch physischer Substanzen und viel unmittelbarer vonstatten.

»Ich möchte lieber stehen bleiben.«

Es kostet mich ungeheure Anstrengung, mich der Aufforderung meines Gastgebers zu widersetzen. Natürlich ist es im Prinzip vollkommen unerheblich, ob ich sitze oder stehe. Doch dadurch, dass ich seinem Wunsch nicht entspreche, zeige ich ihm, dass ich nicht bereit bin, alles hinzunehmen, was er sich möglicherweise für unsere Zusammenkunft vorgenommen hat. Es ist eine kleine trotzige Demonstration, dass er nicht mehr mein Herr ist.

»Wie du willst.« Seine Stimme lässt keine Spur von Verärgerung oder einer sonstigen Gefühlsregung erkennen.

Langsam dreht der Sessel sich um und gibt den Blick frei auf den Mann, den zu treffen ich in die Alte Welt zurückgekehrt bin. Äußerlich hat Vitus sich nicht im Geringsten verändert. Die blutroten dünnen Lippen inmitten des dürren bleichen Gesichtes mit dem kurz geschorenen lockigen Haar über der hohen Stirn sehen genau so aus, wie ich sie in Erinnerung habe. Seine tief in den Höhlen sitzenden, dunkel umrandeten Augen vermitteln immer noch den Eindruck grenzenloser Macht. Sie bohren sich derart schmerzend in die meinen, dass ich meinen Blick unwillkürlich abwende.

Doch etwas ist anders als damals. Ich benötige einen Moment, bis ich erkenne, was es ist. Ich betrachte ihn genauer. Dann sehe ich es.

Er erweckt den Eindruck, von seiner Umgebung abgetrennt zu sein. Er ist ein Fremdkörper in diesem Raum. In seinen modernen Geschäftsanzug wirkt er vollkommen fehl am Platz. Die beiden Schläuche, die in seinen Hals münden und ihn permanent mit frischem Blut versorgen, mögen zweckmäßig sein. Aber sie degradieren ihn zu einem Sklaven seiner Umgebung, statt ihn als Herrscher darzustellen, der sein Umfeld unangefochten kontrolliert.

Trotz meiner Beschränkungen beim Lesen fremder Gedanken sehe ich genau, was ihm widerfahren ist. Er möchte, dass ich es weiß. Und er will wissen, ob es mir ähnlich ergeht. Denn sein Dilemma geht noch weit darüber hinaus, dass er Probleme bei der Bedienung von Mobiltelefonen hat und nicht mit Computern umzugehen vermag, so wie ich.

Er ist gestrandet. Ein wandelnder Anachronismus in einer Welt, die sich so schnell verändert, dass er ihr nicht mehr folgen kann. Ich bin überzeugt, dass er über jedes für ihn interessante Detail, das sich auf der Erde ereignet, genauestens informiert ist und sein brillanter Verstand sehr wohl weiß, wie die moderne Welt funktioniert. Doch ihm ist jegliches Gespür für die Entwicklung der Menschheit abhandengekommen. Er sieht, was in der Welt geschieht, doch er versteht nicht, warum es genau so geschieht und nicht anders. Er verfügt nicht mehr über die Fähigkeit, die Ereignisse um ihn herum aktiv zu beeinflussen. Er ist dazu verdammt zu reagieren. Er hat die Initiative verloren. Es ist nicht mehr seine Welt.

»Ja, mein Sohn. Genau so ist es.«

Meine Gedanken sind ein offenes Buch für ihn. Vor ihm kann ich kein Geheimnis bewahren.

Vitus lächelt. »Das konntest du noch nie.«

Es ist keine Boshaftigkeit von ihm, meine Gedanken zu lesen. Für ihn ist es eine Selbstverständlichkeit. Es kümmert ihn nicht, ob sein Gegenüber zu ihm spricht oder in seinem Geist Bilder und Worte formt. Vitus nimmt jede Information, die er bekommen kann, in sich auf, und lässt sich durch nichts davon abhalten.

Der Unterschied besteht lediglich darin, dass es höflicher ist, zu ihm zu sprechen, also tue ich das. »Ich grüße dich, Vater.«

»Sieh mich nicht so mitleidig an! Wenn du noch ein paar Jahrhunderte überstehst, wird es dir nicht besser ergehen als mir. So schnell, wie sich die Menschen weiterentwickeln, wird es vermutlich nur noch Jahrzehnte dauern, bis auch du dich nicht mehr ohne fremde Hilfe in dieser Welt zurechtfindest.«

»Hast du mich deshalb zu dir kommen lassen? Damit ich dir helfe?«

»Nein. Das erledigen Constantia und ihre Nachkommen. Sie kümmern sich um alle Belange der Blutlinie in der Welt der Sterblichen. Ich diene sozusagen nur noch repräsentativen Zwecken gegenüber anderen Nocturni, die sich von schierem Alter beeindrucken lassen. Nun ja, und gelegentlich sind meine Fähigkeiten in den Kräften des Blutes gefordert. Darin bin ich ihr immer noch überlegen. Was man, wie du bereits erkannt hast, von meinem Umgang mit den Tücken der modernen Technik nicht behaupten kann.« Sein Arm beschreibt eine kraftlose Geste in Richtung der Monitore, bevor er weiterspricht. »Deine Blutschwester ist zwar mittlerweile auch nicht mehr die Jüngste, aber sie scheint wenig Probleme damit zu haben, sich zurechtzufinden. Sie war von Beginn an mit dem Willen gesegnet, alle Widerstände des unsterblichen Daseins zu meistern. Du hast mit ihr eine hervorragende Wahl getroffen.«

»Ich habe keine Wahl getroffen. Ich wollte nicht, dass du ihr dasselbe antust wie mir.«

»Mag sein. Aber es ist gut, so wie es ist. Und wenn sie nicht gewesen wäre, vielleicht hätte ich dich nicht gehen lassen.«

»Du hast mich nicht gehen lassen. Ich habe mich deinem Einfluss aus eigener Kraft entzogen. Du warst lediglich nicht in der Lage, mich aufzuhalten.«

»Vielleicht wollte ich dich gar nicht aufhalten.« Seine Worte sind keine Floskel. Er meint es ernst.

»Was für einen Vorteil hättest du davon gehabt, mich gehen zu lassen?«

»Du hättest geglaubt, aus eigenem Antrieb zu handeln. Auf diese Weise wärst du in deinem Tun deutlich zielstrebiger und effizienter gewesen, als wenn du nur meine Befehle befolgt hättest. So wie du auch mein Blut aus freien Stücken empfangen hast.«

Ich hasse seine Anspielungen. »Unsinn!«

»Möglicherweise. Aber du bist aus einem anderen Grund zu mir gekommen, als darüber zu diskutieren, ob du mir entwischt bist oder ob ich dich gehen ließ.«

Die Andeutung, meine Flucht aus seiner Sklaverei hätte auf seinem Willen beruht, nagt an mir. Ich muss mich dazu zwingen, nicht näher darauf einzugehen. Doch er hat deutlich gemacht, dass er nun über etwas anderes sprechen will. Also tun wir das.

»Ich benötige deine Hilfe, Vater.«

»Offensichtlich.«

Da ich ohnehin nichts vor ihm verbergen kann, beschließe ich, die Karten ohne weiteres Vorgeplänkel offen auf den Tisch zu legen. »Was weißt du über einen der Unsrigen namens Marduk?«

Angesichts der Nennung des Namens meines Widersachers hätte ich einen Hauch von Bestürzung oder zumindest Verwunderung erwartet.

Doch Vitus antwortet im alltäglichsten Plauderton, als hätte ich ihn nach dem Ergebnis eines Fußballspiels gefragt: »Er war einer der Mächtigsten von uns, der je auf dieser Erde gewandelt ist. Auf jeden Fall einer der Mächtigsten seiner Zeit. Jahrhundertelang hat er über die Sterblichen ebenso wie die Nocturni des Zweistromlandes geherrscht. Babylonier, Meder, Perser … sie alle haben ihm gehuldigt und sind seinen Befehlen gefolgt. Abertausende sind auf seinem Altar gestorben, um ihm ihr Blut darzureichen. Er war ihr Gott.«

»Ich weiß. Er hat sich als babylonischer Gott ausgegeben …«

Vitus hebt den Zeigefinger. »Nein. Er war ihr Gott. Er hat sich nicht irgendwelcher Sagengestalten bedient, um sich hinter Mythen und Märchen zu verbergen. Er hat den Kult des Marduk nicht aufgenommen und für seine Zwecke benutzt, so wie es später noch viele der Unsrigen getan haben. Nein, er war in der Tat der Ursprung des Kultes. So war es zu jener Zeit unter den Herrschern der Nacht üblich. Die Sterblichen haben die Überlegenheit dieser Geschöpfe erkannt und sie Götter genannt.«

Ich erkenne einen Widerspruch in seinen Worten. »Das ist unmöglich. Die Ewigen Gesetze verbieten es uns, den Sterblichen unsere Natur zu offenbaren. Eine kleine Gruppe von Priestern um sich zu scharen, die die Menschen beeinflussen, ist eine Sache. Aber ganze Völker zu beherrschen, würde kein Richter dulden.«

Das Lächeln auf Vitus' Lippen ist ein eindeutiges Zeichen, dass ich den Kern der Angelegenheit getroffen habe, doch in vollkommen anderer Weise, als ich glaube.

»Du gehst von falschen Voraussetzungen aus, mein Sohn. Seit Marduks Herrschaft hat sich viel verändert. Die Nocturni haben nicht immer im Verborgenen gelebt, so wie heute. Die Lex Aeterna, die Ewigen Gesetze, die unser Zusammenleben untereinander ebenso wie mit den Sterblichen den Regeln unterwerfen und die von den Richtern in sämtlichen zivilisierten Ländern durchgesetzt werden, diese Gesetze wurden zuerst im klassischen Griechenland formuliert. Viele Jahrhunderte sind sie mündlich überliefert und immer wieder verändert und ergänzt worden. Zum ersten Mal niedergeschrieben wurden sie in Rom, als das Reich sich entlang der Küsten des Mittelmeeres ausgedehnt hat. Es war eine glorreiche Zeit damals, in der die Grundpfeiler der Zivilisation, wie wir sie heute kennen, errichtet wurden. Sowohl für die Menschen als auch für uns.«

»Das heißt, es gab eine Zeit vor den Ewigen Gesetzen?« Die Ungeheuerlichkeit von Vitus' Worten lässt mich kurzzeitig die Etikette vergessen, die eine Unterbrechung seiner Erzählung eigentlich verbietet.

Er hält inne und sieht mir tief in die Augen. Früher wäre ich unter einem derart gestrengen Blick im Staub gekrochen und hätte um Gnade gewinselt. Auch heute noch verstumme ich auf der Stelle und erstarre in ehrfürchtigem Schweigen angesichts von Vitus' Macht über den Willen und die Gedanken derer, die es wagen, ihm gegenüberzutreten. Es ist nicht der Böse Blick, den er auf mich anwendet. Würde er dies tun, hätte ich allergrößte Mühe, mich seiner übermächtigen Willenskraft zu widersetzen. Falls es mir überhaupt gelänge.

Nein, er projiziert seine eigenen Gefühle auf mich. Nicht, dass nach mehr als zwei Jahrtausenden der Existenz noch allzu intensive Emotionen in ihm vorhanden wären. Vitus' Handeln wird, soweit ich es beurteilen kann, ausschließlich von seinem Intellekt gelenkt. Dies ist einer der Gründe, warum er im Gegensatz zu so vielen seiner Zeitgenossen weiterhin auf der Erde weilt und es geschafft hat, allen Feinden und Widrigkeiten zu trotzen, denen die Archaioi üblicherweise irgendwann zum Opfer fallen. Seit ich ihn kenne, hat er sich niemals von Furcht, Wut, Neid oder sonstigen Gefühlen beeinflussen lassen. Vermutlich würde ich nicht mehr existieren, wäre dies anders, denn er hat mehr als genug Gründe, mich zu hassen für das, was ich einst getan habe. Immerhin habe ich ihm nach dem Leben getrachtet. Doch ebenso, wie er meinen Angriffen damals entronnen ist, hat er später auf jegliche Rache verzichtet, als ich meinen Feldzug gegen die Archaioi beendet und er nichts mehr vor mir zu befürchten hatte. Und nun tritt er mir sogar ohne Groll gegenüber. Ich kenne außer ihm niemanden, der sich derart mit einstigen Todfeinden arrangiert, sobald es in seinem Interesse liegt. Was auch immer sein Interesse in diesem Moment sein mag.

Als ich den Raum betreten habe, war seine Entfremdung von der modernen Welt für mich spürbar. Ebenso fühle ich nun, da er vom alten Rom erzählt, seine Sehnsucht, als würde ich selbst um den Verlust lange vergangenen Glanzes und verlorener Größe trauern. Er hat das Römische Reich geliebt. Dort wurde er als Sterblicher geboren. Und als Unsterblicher hat er der Stadt und der von ihr beherrschten Welt seinen Stempel aufgeprägt. Es war sein Leben und er hat den Untergang seiner Heimat im Strudel der Zeiten, der ihn selbst verschont hat, nie wirklich überwunden. Die Intensität dieser Gefühle ist es, die meine Fragen verstummen lässt und mich veranlasst, seiner Erzählung weiter zu lauschen.

»Ja, mein Sohn. Es gab eine Zeit vor den Ewigen Gesetzen«, fährt er fort. »Bevor die Lex Aeterna unser Dasein bestimmt hat, wandelten die Nocturni offen unter den Menschen und nutzten ihre Kräfte, um über sie zu herrschen.«

Ich fühle tiefe Abscheu in mir aufsteigen. Ich weiß genau, dass es Vitus' Gefühle sind, die ich spüre, doch das macht sie nicht weniger unangenehm.

»Davon hast du mir erzählt«, merke ich an. »Sie haben menschliche Jünger um sich geschart und sich von ihnen als Götter verehren lassen.«

»Nein, mein Sohn«, wendet Vitus ein, »es ging weit darüber hinaus.«

Ich stutze angesichts dieser Eröffnung. Sein Gesicht ist absolut frei von den Emotionen, die er auf mich überträgt.

Er sammelt seine Gedanken, ehe er fortfährt: »In einer Zeit, als alle Kriege und sonstigen Kämpfe noch ausschließlich mit der Kraft von Muskeln und der Zähigkeit von Knochen gewonnen wurden, konnte kein Sterblicher sich der Macht der Nocturni widersetzen. Nachts herrschten sie unangefochten über die großen Stadtstaaten Uruk, Ninive, Babylon und unzählige andere. Und des Tags haben sie die Meute ihrer Untertanen durch Furcht, Aberglauben und ihre getreue Dienerschaft in Schach gehalten. Sie haben sich als Götter verehren lassen. Nicht nur von kleinen Gruppen von Sterblichen, sondern von allen von ihnen. Ihre Priester haben jene wenigen, die sich ihnen zu widersetzen wagten, gnadenlos gejagt und jeden Gedanken an Ungehorsam mit drakonischen Strafen unterdrückt. Die Mächtigsten der Nocturni haben sich Reiche geschaffen und ihre Untertanen zu Abertausenden gegen ihre Feinde ausgesandt, um Konkurrenten aus dem Weg zu räumen und ihre Macht zu vergrößern.«

Vitus' Erzählung hört sich an, als rezitiere er aus einem Buch. Er gibt diese Geschichte nicht zum ersten Mal wieder.

»Ihre Namen waren Enlil, Aschera, Osiris, Ishtar und all die anderen, die man bis heute in den Geschichtsbüchern lesen kann. Die alten Götter waren keine abstrakten Wesenheiten, die in den Himmeln oder irgendwelchen entfernten Sphären lebten. Sie waren konkrete und machtvolle Kreaturen, die ihre Getreuen mit unermesslichen Reichtümern belohnt und ihre Feinde unbarmherzig niedergemetzelt haben, um sich von ihrem Blut zu nähren. Sie haben unablässig untereinander gerungen und auf ihren Kriegszügen Tod und Zerstörung hinterlassen. Tagsüber haben sie die Sterblichen ausgesandt, um in ihrem Namen zu kämpfen, viele von ihnen gestärkt vom Blut ihrer Meister. Und wenn die Sonne untergegangen war, schickten sie ihre eigenen unsterblichen Kinder gegeneinander in noch ungleich blutigere Schlachten. Es war eine Zeit immerwährenden Grauens, für die meisten der Nocturni nicht weniger als für die Menschen.«

Ich habe schon zahlreiche Schrecken mit eigenen Augen gesehen und halte mich für recht hartgesotten. Für Vitus trifft das mit Sicherheit in noch höherem Maß zu als für mich. Dieses

Wissen gibt dem Ekel und dem Zorn, die mein Erzeuger verströmt, ein Gewicht, das weit über den Inhalt seiner Worte hinausgeht.

»Warum hast du mir nie davon erzählt?«, frage ich mit brüchiger Stimme.

Vitus hält, den Blick in die Ferne gerichtet, kurz inne, bevor er antwortet: »Diejenigen, die diese Zeit selbst miterlebt haben, wollten verhindern, dass sich derartiges jemals wiederholt. Sie haben die Lex Aeterna geschaffen und alle Erinnerung an die Zeit davor getilgt. Sie wollten verhindern, dass eine Welt jenseits der Ewigen Gesetze überhaupt möglich erschien. Deshalb haben sie so getan, als hätte es die Gesetze schon immer gegeben und die Nocturni bereits seit Anbeginn der Welt nach ihnen gelebt.«

Was mich betrifft, ist das gelungen.

»Wer waren die Verfasser der Ewigen Gesetze?« Jetzt will ich die ganze Geschichte wissen.

Mein Blutsvater scheint gewillt, sie zu erzählen. »Die einzige Möglichkeit, dem machtvollen Arm der göttlichen Herrscher zu entrinnen, war, in die Länder der Barbaren zu ziehen. Weit weg von den Zentren der Zivilisation an Nil, Euphrat und Tigris.« Ein Anflug von Hoffnung mischt sich in Vitus' emotionale Ausstrahlung. »Dies galt für die Sterblichen genau so wie für die Nachkommen der Gottgleichen, die danach strebten, sich der Unterdrückung zu entziehen. Viele von ihnen sind nach Westen gezogen. Die Phöniker gründeten ihre Kolonien an den Küsten des westlichen Mittelmeeres und die Nocturni sind ihnen gefolgt. Die meisten der Unsrigen haben sich allerdings in Griechenland gesammelt. Die Geflohenen suchten eine neue Form des Zusammenlebens, die die Exzesse, vor denen sie geflüchtet waren, verhinderte. Sie schufen einen Kodex, den Grundstock der späteren Lex Aeterna. Der Kodex regelte nicht nur den Umgang der Nocturni untereinander, sondern auch den mit den Sterblichen. Die Verfasser der Gesetze, sie nannten sich die Gründer, haben erkannt, dass sie sich vor den Menschen verbergen mussten, wollten sie in Frieden mit ihnen zusammenleben, ohne sie zu knechten. Und so haben sie es getan. Diese – zumindest für damalige Verhältnisse – freie Gesellschaft ist zu ungeahnter Pracht erblüht. Und mit den Sterblichen haben auch die verborgen unter ihnen lebenden Nocturni großen Wohlstand erlangt. Welche Bedeutung das antike Griechenland für die Entwicklung der Kunst und Kultur hatte, auf der Europa errichtet worden ist, brauche ich dir wohl nicht zu erzählen. Als die Kunde von dieser neuen Gesellschaft sich verbreitete, strebten viele andere danach, es den Gründern gleichzutun. Zahlreiche unsterbliche Kinder der gottgleichen Herrscher wollten ihre Heimat nicht verlassen, erkannten jedoch die Vorzüge der Gesetze, denen die Gründer sich selbst unterworfen hatten. Doch ihre Herren sahen darin nur eine Einschränkung ihrer allumfassenden Macht, die sie nicht hinzunehmen bereit waren. Ohne Gnade unterdrückten sie jeden Ruf nach Änderung. So lang es aber im Westen ein Land gab, dessen unsterbliche Bewohner vorlebten, wie die Welt aussehen könnte, wenn die Ewigen Gesetze geachtet werden, gab es immer wieder Murren und Unzufriedenheit. Eine Konfrontation war auf Dauer unausweichlich. Sie kam im Schatten der Auseinandersetzungen, die heute als Perserkriege bekannt sind. Und es waren diese Kämpfe, in denen endgültig nicht nur die kulturelle, sondern auch die militärische Überlegenheit einer freien Gesellschaft gegenüber einem Heer geknechteter Seelen bewiesen wurde.«

Schauer der Erregung überschwemmen mich gleichzeitig mit Vitus' Worten. Ich habe ihn noch niemals zuvor derart emotional erlebt. Vermutlich liegt dies daran, dass die Ereignisse aus einer Zeit stammen, bevor er den ehernen Panzer der Unnahbarkeit um sich errichtete, in den er sich stets sorgsam eingeschlossen hat, seit ich ihn kenne.

»Warst du einer von ihnen?«, frage ich.

»Nein. Ich war zu jener Zeit ein junger Sterblicher in einem kleinen Dorf auf einem von Sümpfen umgebenen Hügel nahe dem Tiberfluss. Aber mein Erzeuger hat als Sterblicher an den Thermopylen gefochten und als Nocturnus auf den Feldern von Platäa. Als er einige Jahre später nach Italien kam und mich zu seinem Nachkommen erwählte, habe ich durch sein Blut vom Kampf der Gründer gegen die Knechte der gottgleichen Herrscher erfahren.«

Ich erinnere mich nicht, dass Vitus mir jemals von seiner Zeit als Sterblicher oder seiner Wandlung zum Nocturnus erzählt hat. Fasziniert hänge ich an seinen Lippen. »Wie ging es weiter?«

»Die persischen Feldzüge gegen Griechenland wurden zurückgeschlagen und die Gründer haben ihre Unabhängigkeit bewahrt. Doch Frieden haben sie nicht gefunden, so lang die Reiche der Gottgleichen weiter existierten. Also blieb ihnen nur eine Wahl: Sie mussten ihre Widersacher vernichten. Rund eineinhalb Jahrhunderte nach ihren Siegen sind sie zum Gegenangriff übergegangen. Die Gelegenheit ergab sich, als ein junger Sterblicher ein Heer aufgestellt hat, um das Reich der Perser zu erobern.«

Hierfür reichen sogar meine dürftigen Kenntnisse der Geschichte des Altertums. »Alexander.«

»Ja, Alexander, den man später den Großen genannt hat. In seinem Tross sind die Unsrigen nach Osten gezogen. Abseits der großen Schlachten der Sterblichen haben sie ihren eigenen Krieg gegen die unsterblichen Herrscher des Landes gefochten, in das der Makedone eindrang. Dort hatte indessen der ewige Kampf der Gottgleichen ein Ende gefunden. Einer von ihnen hatte alle anderen unterworfen und herrschte unangefochten über die Unsterblichen sämtlicher Länder, die von den Persern regiert wurden.«

Jetzt kommen wir zum Kern der Sache, dem Grund, aus dem er mir all die alten Geschichten offenbart. Ich ahne, welcher Name nun genannt wird. »Marduk.«

»So ist es, mein Sohn. Dein Widersacher in der Neuen Welt war der meine in einem lange untergegangenen Land.«

Davon hatte ich noch gar nichts erzählt. »Woher weißt du …?«

»Hab Geduld! Eines nach dem anderen.«

Vermutlich hat er es schon längst in meinen Gedanken gelesen. Ich nehme mich also wieder zurück und lausche.

»Es war ein unerbittlicher Kampf. Tagsüber drang das vereinte Heer der Makedonen und Griechen immer weiter nach Osten vor. Schlacht für Schlacht erstickte es den Widerstand der Perser. Des Nachts schlichen wir uns aus dem Heerlager und suchten die Verstecke der Nocturni der fremden Städte und Länder.«

»Wir?«, hake ich nach. »Das heißt, du warst dabei?«

»Das war ich.« Ein Zucken in seiner Wange ist das erste sichtbare Zeugnis einer Emotion, das er von sich gibt. »Es war ein harter Kampf und viele von uns haben den Tod gefunden. Doch zusammen mit unseren sterblichen Dienern und Verbündeten haben wir einen Gegner nach dem anderen niedergerungen. Wir mussten allerdings nicht alle töten. Einige schlossen sich uns an und unterwarfen sich den Ewigen Gesetzen. Auch sie waren die Unterdrückung durch Marduk und seine Getreuen leid. Diesen boten wir an, sie dürften weiter in Frieden über ihre Domänen herrschen, wenn unser Feind geschlagen wäre. So wurde unsere Streitmacht immer stärker, während wir unsere Gegner unerbittlich zurückdrängten. Schließlich haben wir uns mächtig genug gefühlt, um Marduks Heimat direkt anzugreifen. Zuerst drangen wir nach Babylon und dann nach Persepolis vor. In den Geschichtsbüchern steht, dass Alexanders Vormarsch nach der Schlacht von Gaugamela ohne größeren Widerstand vonstattenging. Was den Kampf der Sterblichen betrifft, mag das sogar stimmen. Doch in dem Krieg, den wir nachts im Verborgenen führten, standen uns die größten Herausforderungen erst bevor.«

Er hält inne. Seine Anspannung, als er die lang vergangenen Ereignisse wieder in sein Gedächtnis ruft, bringt meinen Körper fast zum Erbeben. »Es waren furchtbare blutige Gemetzel, die wir in den Straßen Babylons anrichteten. Wochenlang streiften wir jede Nacht durch die Gassen der riesigen Stadt und suchten die Zufluchten unserer Widersacher. Sie waren an Zahl unterlegen und unsere sterblichen Diener kontrollierten die Stadt am Tag. Doch sie hatten sich gut verborgen und besaßen immer noch unzählige Vertraute und Unholde. Dutzende der Unsterblichen wurden auf beiden Seiten vernichtet. Wie viele Sterbliche in diesen Kämpfen ihr Leben verloren, sei es unter unseren Schwertern oder schlicht als Futter für unseren unstillbaren Hunger, vermag ich nicht zu sagen. Schließlich sahen beide Lager ein, dass der Krieg die Stadt vernichten würde, wenn wir ihn unvermindert weiterführten. Es wurde eine Zusammenkunft vereinbart, in der wir auf Marduks Statthalter und ihre Getreuen trafen und mit ihnen verhandelten, wie der Konflikt beizulegen sei. Letztlich gab es für sie keinen anderen Weg, als die Ewigen Gesetze zu akzeptieren, wollten sie ihre Herrschaft über Babylon bewahren. Sie waren auch bereit, an unserer Seite gegen ihren Herrn zu kämpfen, doch sie stellten eine Bedingung: Sollten wir siegreich sein, dürften wir Marduk nicht vernichten, sondern nur für alle Zeit gefangen setzen.«

»Welchen Sinn hatte das?«

»Ganz einfach. Die Macht und das Ansehen einer Blutlinie werden bestimmt durch ihren Ahnherren. Hätten wir Marduk getötet, wäre seine Blutlinie erloschen. Seine Nachkommen wären ohne gemeinsames Erbe in alle Winde zerstreut worden. Der eine oder andere von ihnen hätte vielleicht eine neue mächtige Blutlinie begründet. Doch dies wäre kein Vergleich dazu gewesen, einer der ältesten und zweifellos machtvollsten Familien der Unsterblichen anzugehören, die es jemals auf der Erde gegeben hat. Und im Gegensatz zu den Stammbäumen der Menschen reicht das Ansehen unserer Ahnenreihen nur so weit, wie sie noch durch lebende Vertreter bestimmt werden.«

»Ich habe das niemals so empfunden.«

Wieder schenkt er mir sein Lächeln, von dem ich nicht sagen kann, ob es mitleidig oder bewundernd ist. »Du hast dich ja auch aus freien Stücken von deiner Blutfamilie entfremdet. Und ganz abgesehen davon scheint es mir, als würden die Jüngeren von uns das allgemein nicht mehr so eng sehen. Viele von ihnen streben die Unabhängigkeit von ihren Blutlinien an, so wie du. Aber unter den Archaioi und ihren Getreuen steht die

Abstammung weiterhin hoch im Wert. Und damals war die Zugehörigkeit zu einer respektierten Blutlinie noch weitaus wichtiger. Ich erinnere mich, als mein Ahnherr vernichtet wurde, haben meine Gefährten aus den anderen Blutlinien mich plötzlich wie einen Ausgestoßenen behandelt. Es hat Jahrhunderte gedauert, bis ich mir genug Respekt erkämpft hatte, um wieder als gleichwertig anerkannt zu werden. Für Marduks Nachkommen, die sich noch viel intensiver mit dem Erbe ihres Stammvaters identifizierten, galt dies umso mehr.«

»Also habt ihr eingewilligt.«

»Wir hatten keine andere Wahl. Marduks Macht war angeschlagen, aber immer noch groß genug, um den bevorstehenden Kampf gelinde gesagt zu einem Wagnis zu machen. Nur im Bund mit seinen Nachkommen konnten wir ihn besiegen. Also haben wir zugestimmt und sind gemeinsam mit ihnen nach Persepolis gezogen. Dort haben wir Marduk endgültig zum Kampf gestellt.«

Erneut zögert Vitus. Sein Blick wandert für einen Moment in weite Ferne, bevor er mich wieder ansieht und weiterspricht. »Was uns in der Residenz der persischen Könige erwartet hat, die Marduk als Zuflucht diente, ging über alles hinaus, was ich vorher und nachher jemals erlebt habe. Wir forderten einen Gott heraus. Und seine Macht war wahrhaft gottgleich. Ich weiß nicht, wie alt er damals bereits gewesen ist. Vermutlich weit älter, als ich es heute bin. Ohne die Unterstützung seiner abtrünnigen Kinder wären wir allesamt ohne jeden Zweifel vernichtet worden. Doch auch sie hatten nun den Geschmack der Freiheit gekostet und standen treu zu uns. Sie weihten uns in die Geheimnisse seiner Residenz ein, so weit sie sie kannten. Und sie gaben uns wertvollen Rat, wovor wir uns in Acht nehmen mussten, wenn wir ihm gegenübertraten. So waren wir zumindest ein wenig vorbereitet. Die Opfer, die wir brachten, waren dennoch unerhört. Mein Erzeuger starb dort unter Marduks Händen. Er war ein mächtiger Kämpe, als Sterblicher ein Spartiat, ein Krieger, und als Nocturnus ein Kämpfer ungeahnter Wildheit. Doch Marduk hat ihn innerhalb weniger Augenblicke zerschmettert und nur blutige Klumpen von seinem zuvor unüberwindlich erscheinenden Körper übriggelassen. Es war vermutlich die schrecklichste Schlacht in der Geschichte unserer Art. Am Ende waren es die Sterblichen, die mit uns gefochten haben, die Marduk nach Sonnenaufgang verfolgten und seinen vom langen Ringen angeschlagenen Leib gepfählt haben.«

Zufriedenheit und Erleichterung breiten sich auf Vitus' Gesicht aus und nehmen auch von mir die Anspannung.

»Wir hatten das Unmögliche geschafft und einen der Mächtigsten der Unsrigen bezwungen. Wir schleppten ihn gepfählt nach Babylon, um allen zu zeigen, dass er besiegt war. Das Versprechen, das wir seinen Nachkommen gegeben hatten, haben wir jedoch gehalten und ihn nicht vernichtet. Stattdessen haben wir ihn in einem geheimen Versteck nahe der Stadt vergraben und es so gut vor Eindringlingen geschützt, wie es uns möglich war. Dort ruhte fortan Marduks starrer Leib.«

»Und jetzt ist er seinem Grab entstiegen.«

»So scheint es. Doch Geduld, mein Sohn. Zu diesem Teil der Geschichte komme ich schon noch.«

Ich gebe mir Mühe, mich zurückzuhalten. Er erzählt mir all dies nicht zum Vergnügen. Er wird noch auf die wichtigen Punkte eingehen. Also höre ich weiter zu, als er fortfährt.

»Mehr als zwei Jahrtausende lang wurden die Ewigen Gesetze zur Richtschnur unseres Daseins. Einige von uns haben weiterhin Einfluss auf die Welt der Sterblichen genommen, doch von nun an taten sie es im Verborgenen. Auch diejenigen, die sich früher als Götter hatten verehren lassen, so wie Marduk, beugten sich nach und nach dem Wandel. Entweder sie verließen ihre Tempel oder sie gingen denselben Weg wie Marduk in den ewigen Schlaf – natürlich nicht immer freiwillig. Aber die Zeit der Gottgleichen war ein für alle Mal vorbei. Die Sterblichen wissen nichts von uns, halten uns für Mythen. Eine perfekte Tarnung. Die Richter und neuerdings die Todesboten sorgen dafür, dass keiner von uns daran etwas ändert und dass jene Menschen, die unser Geheimnis zu lüften drohen, zum

Schweigen gebracht werden. Der Grundstein für dieses Vorgehen wurde vor dreiundzwanzig Jahrhunderten in Babylon gelegt.«

»Und ihr habt es geheim gehalten.«

»Um die Autorität der Richter zu stärken, schien es uns das Beste, so zu tun, als gäbe es keine Alternative zu dieser Lebensweise. Vermutlich entspricht das mittlerweile sogar der Wahrheit. Unsere Überlegenheit wird durch die moderne Technik der Menschen zu großen Teilen nivelliert. Wir wollten einfach verhindern, dass irgendein ehrgeiziger Heißsporn versucht, die Zeit der gottgleichen Herrscher wiederaufleben zu lassen. Ich denke, das ist uns recht gut gelungen.«

»Und warum erzählst du mir das alles jetzt?«

»Weil du wissen musst, wer dein Gegner ist. Und was dieser Welt bevorsteht, wenn er siegreich aus eurem Ringen hervorgeht.«

Die Selbstverständlichkeit, mit der er all dies erwähnt, erregt mein Misstrauen. Vor Jahrhunderten haben wir uns als Todfeinde getrennt und nun empfängt er mich mit offenen Armen und beichtet mir die intimsten Geheimnisse seiner bewegten Vergangenheit. Das alles ergibt nur unter einer Voraussetzung einen Sinn.

»Du hast schon von Marduks Wiederkehr gewusst, bevor ich hierher gekommen bin, nicht wahr?«

Seine Antwort auf meine Frage ist eine reine Feststellung ohne jegliche Emotion: »Ja.« Vitus' Gebaren wird wieder sachlich. Die intensiven Gefühle, die er bei seiner Erzählung verspürt und auf mich übertragen hat, verfliegen restlos.

»Seit wann weißt du es?« Meine Worte haben einen fordernden Ton.

Vitus lässt sich davon nicht beeindrucken. »Vor etwa zwei Jahren hat mich die Kunde von merkwürdigen Vorkommnissen im Nahen Osten erreicht. Es gab dort Umstrukturierungen im lokalen Herrschaftsgefüge. Einer der Archaioi der Region ist wohl verschwunden. Die ganze Angelegenheit hat einigen Aufruhr verursacht.«

»Und wie hängt Marduk damit zusammen?«

»Der verschwundene Archaios war sein letzter direkter Nachkomme, der noch unter uns weilte.«

»Marduk hat sich dafür gerächt, dass seine eigene Brut ihn verraten hat.«

»So könnte es gewesen sein. In jedem Fall haben diese Vorkommnisse mein Interesse geweckt und ich habe weitere Informationen eingeholt. Es sieht so aus, als hätten Grabräuber das Versteck entdeckt, in dem wir ihn eingesperrt haben.«

»Ihr habt es nicht gut genug verborgen.«

»Immerhin hat es mehr als zwei Jahrtausende überdauert. Ich denke, das ist eine beachtliche Leistung. Außerdem hatten wir Wachen aufgestellt. Nocturni, die es vor dem Zugriff von Schatzsuchern und sonstigen übermütigen Seelen bewahren sollten. Ich weiß nicht, was mit ihnen geschehen ist. Vermutlich wurden sie während der Invasion der Amerikaner im Irak Opfer des Krieges. Oder sie sind einer der anderen Auseinandersetzungen anheimgefallen, die dieses Land seit Ewigkeiten heimsuchen. Was auch immer vorgefallen ist, als meine Informanten dort eintrafen, war sein Gefängnis geöffnet und er verschwunden.«

Mein alter Freund Ibrahim kommt mir in den Sinn. Ich habe keine Ahnung, ob er nach all den Jahrhunderten, die wir uns aus den Augen verloren haben, überhaupt noch unter uns weilt. Falls ja, dann haben diese Ereignisse möglicherweise auch ihn betroffen, in welcher Weise auch immer. Doch das liegt außerhalb meines Einflusses. Ich habe genug eigene Sorgen.

Ein Verdacht überkommt mich. »Hast du gewusst, dass Marduk nach Amerika gereist ist?«

»Das lag auf der Hand.«

»Wieso das?«

»Marduk hat in der Vergangenheit immer versucht, Einfluss auf die größte militärische und wirtschaftliche Macht der Welt auszuüben. Aber der Nahe Osten stellt derzeit nicht gerade das Zentrum der modernen Zivilisation dar und es erscheint unwahrscheinlich, dass sich daran in nächster Zeit etwas ändert. Daher war es vorhersehbar, dass er sich ein anderes Betätigungsfeld sucht. Ich an seiner Stelle hätte mein Glück in den Vereinigten Staaten von Amerika versucht.«

»Hätte er sich dann nicht in Washington einnisten sollen?«

Ich habe es noch nicht ganz ausgesprochen, da fällt mir ein, dass Veronica in Bruce Randalls Unterlagen auch einen Immobilienkauf in der Hauptstadt der Vereinigten Staaten entdeckt hat. Dem werde ich wohl nachgehen müssen, wenn ich wieder zurück bin. Doch das ändert nichts daran, dass Marduk selbst sich in New York aufhält.

»Er ist nicht dumm«, antwortet Vitus. »Er wird erkannt haben, dass die Welt sich seit dem Persischen Reich verändert hat. Die Mächtigen von uns streben heute weniger politische Macht an als wirtschaftliche. Das ist lukrativer und beständiger.«

Étiennes Erzählung kommt mir in den Sinn. Vitus' Worte bestätigen, was mein alter Gefährte mir berichtet hat. Unter diesem Aspekt ergibt die Wahl New Yorks durchaus Sinn.

»Wall Street«, flüstere ich.

»Möglicherweise«, bestätigt Vitus. »Wenn er wirklich nach wirtschaftlicher und finanzieller Macht strebt, stellen die wichtigste Börse der Welt und ihr Umfeld sicherlich ein lohnendes Ziel für seine Aktivitäten dar.«

Eine Frage drängt sich mir in den Sinn. »Aber wenn er noch viel älter ist als du und darüber hinaus mehr als zwei Jahrtausende in tiefem Schlaf verbracht hat, müsste er dann nicht mindestens ähnliche Probleme damit haben, die moderne Welt zu verstehen wie du?«

»Davon gehe ich aus.«

»Das bedeutet, er hat genau wie du Diener und Verbündete, die all das für ihn erledigen, was er nicht versteht.«

Womit sein Bündnis mit Gianna Linaro in neuem Licht erscheint.

»So wird es wohl sein. Aber das fällt ihm sicher nicht schwer. Wie du weißt, sind die Kräfte des Blutes in hervorragender Weise dazu geeignet, sich treue Gefolgsleute zu schaffen. Und die Kräfte eines derart alten Nocturnus wie ihm stellen die unsrigen vermutlich weit in den Schatten. Sein zwei Jahrtausende währender Schlaf hat ihn zweifellos geschwächt. Von anderen Unsterblichen weiß ich, dass es Jahre oder gar Jahrzehnte dauert, bis sie nach einer langen Ruhe ihr volles Potential wieder erlangt haben. Doch selbst, wenn Marduk noch nicht im Vollbesitz seiner Kräfte ist, wird er mit Sicherheit keine Probleme haben, jüngere Nocturni zu überwinden. Du hast am eigenen Leib erfahren, wie gefährlich er bereits jetzt ist. Und seine Macht wird wachsen. Falls Marduk in New York Fuß fasst, wird er eine ernsthafte Bedrohung für uns alle werden, zuvorderst natürlich für die Unsrigen in der Neuen Welt.«

»Und warum hast du nichts dagegen unternommen?«

»Amerika ist nicht meine Domäne.«

Die Emotionslosigkeit seiner Feststellungen bringt mich in Rage. »Und deswegen warst du bereit, mich und alle übrigen in den Staaten ins Messer laufen zu lassen? Weil du nicht dafür zuständig bist?«

»Es gehört sich nicht, sich in die Angelegenheiten anderer Archaioi und ihrer Domänen einzumischen.«

»Welche Archaioi? Ich wüsste nicht, dass es in Amerika Archaioi gäbe, abgesehen von Marduk.«

»Nein. Von Marduk spreche ich nicht. Aber natürlich gibt es in Amerika Archaioi. Zumindest einen. Warum sonst, glaubst du, haben die unsterblichen Herrscher Europas noch nicht ihren Fuß dorthin gesetzt?«

Einer der Alten in Amerika? Ich kann mir beim besten Willen nicht vorstellen, dass ein Archaios sich so still verhält, dass niemand Notiz von ihm nimmt. Zugegebenermaßen ist der Kontakt zwischen den Unsterblichen der verschiedenen Städte in der Neuen Welt nicht sonderlich eng. Aber die Nachricht von der Anwesenheit eines der Archaioi hätte sich mit Sicherheit bis New York herumgesprochen.

»Wer soll das sein? Und wo?«

Diesmal ist sein Lächeln eindeutig die Folge von Belustigung. Ein seltenes Ereignis. »Mein Sohn, ich rede von dir.«

Jetzt ist meine Verwirrung vollständig. »Von mir?«

»Natürlich. Du bist, soweit ich weiß, der Älteste von uns, der nach Amerika ausgewandert ist. Es ist deine Domäne.«

»Unsinn! In New York und der Umgebung bin ich Richter, aber …«

Sein Blick lässt mich mitten im Satz innehalten. Er meint es ernst. Das kann nicht sein. Ein Archaios? Ich?

»Wie soll ich einer der Archaioi sein?« Weit ausholende Gesten begleiten meine Ausführungen. »Dafür muss man doch mindestens tausend Jahre alt sein!«

Mit einer abfälligen Handbewegung wischt er meinen Widerspruch beiseite. »Und wie viel fehlt dir noch dazu? Ein Jahrhundert? Absolut unerheblich. Außerdem wird man nicht dadurch einer der Archaioi, dass man ein bestimmtes Alter erreicht. Sondern einzig und allein, indem man von den anderen Archaioi als einer der ihren akzeptiert wird. Nur das zählt. Und die Tatsache, dass keiner von ihnen dich bislang dort herausgefordert hat, ist der eindeutige Beweis dafür, dass ebendas der Fall ist.«

Ich bin absolut sprachlos angesichts der Eröffnung meines Erzeugers. Die allmächtigen Alten Europas erkennen mich als einen der ihren an? Erneut mustere ich zweifelnd seine Miene. Aber er meint jedes seiner Worte genau so, wie er es sagt.

»Akzeptiere es, mein Sohn!«, fährt er fort, als ich still bleibe. »Du bist einer von uns, ob es dir gefällt oder nicht.«

In meinem Kopf dreht sich alles. Meine Gedanken überschlagen sich. Ich bin unfähig, einen von ihnen lang genug festzuhalten, um wieder zu Sinnen zu kommen. Was ich soeben erfahren habe, stellt alles infrage, woran ich geglaubt habe.

»Aber ich habe die Alten doch immer bekämpft …« Sogar in meinen eigenen Ohren klingt der verzweifelte Protest mitleiderregend.

»Tja, du hast wohl das Schicksal aller erfolgreichen Rebellen erlitten: Du bist selbst zu dem geworden, was du bekämpft hast. Es ist unerheblich, ob du dich Richter nennst oder dir einen anderen Titel gibst. Du bist der Herr der Unsterblichen deiner Domäne. Und der Ruf, den du dir während deiner Zeit in

Europa erworben hast, beeindruckt die übrigen Herrscher genug, dass sie ihre Finger komplett aus den Vereinigten Staaten heraushalten. Insbesondere die Vernichtung von Laurent damals in Paris hat eine wahre Panik hervorgerufen. Dass die Alten nach der Französischen Revolution zumindest zeitweise ihre ewigen Fehden beiseitegeschoben und sich zusammengeschlossen haben, um gemeinsam gegen dich vorzugehen, zeigt schon, wie hoch sie deine Macht einschätzen. Und das nicht zu Unrecht. Was hättest du denn getan, wenn du erfahren hättest, dass einer von ihnen sich in Amerika einnistet? Du hättest alle Kräfte mobilisiert, die du zusammenraffen kannst, und wärst gegen ihn zu Felde gezogen. Und bei jedem anderen als Marduk wäre das vermutlich auch erfolgreich gewesen.«

Womit wir wieder beim Grund für meinen Besuch angelangt wären. »Was also soll ich gegen ihn unternehmen?«

»Das, was jeder Archaios tut, wenn ein anderer ihm die Domäne streitig macht: Kämpfe!«

»Ich bin ihm schon gegenübergetreten. Ich war froh, in einem Stück entkommen zu sein. Er ist zu mächtig! Dagegen komme ich nicht an!«

»Dann musst du dir wohl Hilfe besorgen.«

»Deswegen bin ich hier.«

Vitus wiegelt ab. »Hier wirst du keine Hilfe erlangen. Zumindest nicht in Form einer Armee oder etwas in der Art. Alles, was ich dir anbieten kann, ist das, was ich dir hier sage.«

Na toll.

»Und wie soll mir das helfen?«

»Ganz einfach: Akzeptiere endlich, dass du ein Archaios bist, und handle entsprechend!«

Immer noch habe ich Mühe, einen klaren Gedanken zu fassen. »Was meinst du damit?«

»Du hast doch lang genug gegen mich und die anderen Archaioi gekämpft. Was hast du dabei über deine Gegner herausgefunden?«

Ich krame in meinen Erinnerungen, was mir angesichts meiner anhaltenden Verwirrung schwerfällt. »Nun, es ist nicht leicht, überhaupt an sie heranzukommen. Sie verbergen sich hinter Scharen von unsterblichen und menschlichen Dienern und werfen sie jedem Feind unerbittlich und ohne Rücksicht auf das Leben der eigenen Getreuen entgegen.«

Sein zufriedenes Gesicht zeigt mir, dass ich endlich herausgefunden habe, worauf er hinauswollte.

»Aber das funktioniert so nicht …«, stammele ich.

»Warum nicht?«

»Ich verfüge über keine Armee von Dienern.«

»Du hast doch sicherlich Vertraute.«

»Ja.«

»Dann nutze sie! Sie und ihre Ressourcen. Wenn sie die Möglichkeit haben, weitere Sterbliche zu mobilisieren, dann nimm sie ebenfalls mit! Und gib denen, die du in den direkten Kampf schickst, dein Blut, damit sie sich seiner Kraft bedienen.«

»Ich soll Unholde erschaffen?«

»Das hast du doch früher auch getan. Sogar recht ausgiebig, wenn ich mich korrekt erinnere.«

»Ja, aber das war früher. Sie sind geächtet worden.«

»Na und? Du bist ein Archaios. Du machst die Regeln. Und falls eine dieser Regel dir irgendwann einmal im Weg steht, dann änderst du sie.« Sein Ton wechselt ins Väterliche. »Anders wirst du in diesem Kampf nicht bestehen. Du stehst dem schrecklichsten Feind gegenüber, den du dir vorstellen kannst. Einem Feind, der sich nicht einmal an die Ewigen Gesetze gebunden fühlt. Wenn du dich sklavisch an alle Regeln hältst, wird es ihm ein Leichtes sein, dich auszumanövrieren. Hast du Nachkommen in deiner Stadt?«

»Ja, aber sie sind sehr unabhängig.«

»Dann ist es wohl an der Zeit, diese Unabhängigkeit zu beenden. Sie sind deine Brut. Deine Blutlinie. Binde sie an dich und lass sie für dich kämpfen!«

»Wie soll ich das tun? Ich beherrsche den Bösen Blick gut genug, um die Willen der Sterblichen zu bezwingen. Aber ich bezweifle, dass ich andere der Unsrigen so beeinflussen kann, wie du es bei mir getan hast.«

»Dann nutze die Kräfte, die dir gegeben sind! So weit ich weiß, gibt es wenige von uns, die sich mit dir im Kampf messen können. Erkenne deine Stärken und wende sie zu deinem Vorteil an!«

»Das wird nicht so einfach …«

»Nein, es wird sicher nicht einfach. Nichts von dem, was dich in deiner Heimat erwartet, wird einfach sein. Dein Gegner ist dir in einer direkten Konfrontation haushoch überlegen. Also musst du ihn anders bezwingen.« Er legt die Spitzen seiner Finger gegeneinander, als er weiter spricht. »Diese Ratschläge sind alle Hilfe, die ich dir geben kann, mein Sohn. Freunde dich mit dem Gedanken an, einer der Archaioi zu sein, und handle wie einer! Nur so hast du eine Chance auf den Sieg.«

Er lehnt sich zurück und sieht mich schweigend an. Seine Rede ist beendet. Mehr werde ich nicht von ihm erfahren. Es ist nicht das, was ich erwartet habe. Aber was habe ich eigentlich erwartet? Im Augenblick schwirrt mir der Kopf. Ich werde all das, was mein Erzeuger mir erzählt hat, erst einmal verarbeiten müssen. Vielleicht ergibt sich daraus wirklich der Weg, den ich beschreiten muss.

»Ich danke dir für deine offenen Worte, Vater.«

»Ich freue mich, dass du gekommen bist, um meine Hilfe und meinen Rat zu erbitten. In der Vergangenheit war ich sehr betrübt darüber, dass du mich als deinen Feind betrachtet hast. Bitte fasse diese Zusammenkunft als Zeichen meiner Bereitschaft zur Versöhnung auf. Wenn auch du irgendwann dazu bereit bist, soll es nicht an mir scheitern, unsere Fehde zu beenden.«

Versöhnung mit Vitus? Dem, der mir mein Leben genommen und die ewige Verdammnis geschenkt hat? Rein rational betrachtet ist mein Festhalten an unserer Feindschaft sicherlich nicht zu rechtfertigen. Aber noch kann ich das Friedensangebot nicht annehmen. Dafür sitzt der Groll zu tief. Doch vielleicht werde ich es irgendwann schaffen, dies zu überwinden.

Ich beschränke meine Antwort auf ein Nicken. Er erwidert die Geste, dann dreht er den ledernen Sessel wieder zum Schreibtisch um und zeigt mir die Rückseite der Lehne.

Meine Audienz ist beendet.

Mir drängen sich unendlich viele weitere Fragen an ihn auf. Doch er wird keine mehr beantworten. Er hat gesagt, was er mir mitzuteilen hatte. Ich weiß nun alles, was ich seiner Meinung nach erfahren sollte. Meine Neugier zu befriedigen, ist für ihn ohne Belang.

Ich werfe einen letzten Blick auf die blutdurchströmten Plastikschläuche, die ihm unablässig Nahrung zuführen. Nahrung, die aus der perversen Maschinerie im Keller stammt. Trotz aller Hilfestellung und Versöhnungsangebote darf ich mich nicht von ihm täuschen lassen. Er ist immer noch ein Monster. Und ich bin unverändert davon überzeugt, dass die Welt ohne ihn besser dran wäre. Doch erstens würde er jeden direkten Angriff mühelos abwehren und zweitens gibt es im Augenblick ein noch schlimmeres Übel, um das ich mich zuerst kümmern muss.

Zackig drehe ich mich um und verlasse den Raum.

Constantia sieht zu mir auf, als ich den Korridor betrete. Offensichtlich hat sie dort die ganze Zeit gewartet. »Fertig?«

Ich schaue ihr in die Augen. Ihre strahlend grünen Augen. Doch momentan bin ich viel zu erregt von Vitus' Eröffnungen, um meine aussichtslose Sehnsucht nach der Liebe, die uns einst verbunden hat, wieder aufleben zu lassen. »Ja, ich denke, das war's.«

»Und? Hast du bekommen, was du wolltest?«

Gute Frage. Ich fürchte, die Antwort darauf muss ich selbst noch finden. »Ich habe alles, was er zu geben bereit war.«

Sie lächelt. Oh, dieses wunderbare Lächeln. Wie habe ich es vermisst. Ich kämpfe gegen den Drang an, ihr Gesicht zu berühren. Sie erleichtert mir den Sieg, indem sie sich abrupt abwendet. Gemessen folge ich ihr zurück zum anderen Flügel des Schlösschens.

Auf der Empore der großen Treppe in der Eingangshalle wartet ein Mann auf uns. Er trägt die schwarze Uniform des Sicherheitsdienstes, der das Anwesen bewacht. Seine hellblonden Haare sind zu einem strengen Scheitel frisiert und machen ihn zusammen mit den blauen Augen zum klischeehaften Idealbild dessen, was hierzulande vor siebzig Jahren als Herrenmensch bezeichnet wurde. Aber vielleicht lasse ich mich nur zu sehr von der Herkunft des Todesboten Otto beeinflussen, der als Sterblicher der SS angehört hat. Möglicherweise ist der Mann vor mir ein angenehmer Zeitgenosse. Ich nehme mir vor, allen, denen ich hier begegne, zunächst aufgeschlossen gegenüberzutreten. Der Uniformierte scheint keine derartigen Vorsätze zu haben. Der Blick, mit dem er mich mustert, kommt einem tätlichen Angriff gleich. Es ist aber auch nicht auszuschließen, dass mein Ruf mir vorausgeeilt ist. Immerhin haben einige der lokalen Möchtegern-Schwergewichte bereits Bekanntschaft mit meinem Schwert gemacht.

»Alles in Ordnung?« Seine Frage gilt Constantia, doch seine Augen ruhen nur kurz auf ihr, bevor sie sich wieder auf mich richten.

»Alles in Ordnung, Wolfgang«, beschwichtigt meine Blutschwester ihn mit besänftigenden Gesten. »Leonard weiß sich zu benehmen.«

»Gut.« Er betont das Wort wie eine Drohung. Für einen Wimpernschlag fletscht er die Zähne gerade so weit, dass ich eine Anschauung von seinen Fängen erhalte. Damit ist zumindest geklärt, dass er einer von uns ist. Trotzdem nicht unbedingt ein Vorbild an Höflichkeit. Möglicherweise war mein erster Eindruck von ihm doch nicht so falsch. Ich kann nicht widerstehen, dem Angeber einen kleinen Dämpfer zu verpassen.

»Constantia, hast du eigentlich etwas von Otto und seinen Freunden gehört?« Der Sarkasmus in meiner Stimme ist unüberhörbar. »Geht es ihnen wieder besser? Als ich sie das letzte Mal gesehen habe, haben sie nicht gut ausgesehen.«

Einen Augenblick lang herrscht Stille. Zwei Augenpaare sind auf mich gerichtet. Constantias Miene ist fast flehend, ihre Worte nicht Lügen zu strafen. Die Wirkung auf Wolfgang hingegen ist exakt so wie beabsichtigt. Die Herausforderung in seinem Blick verschwindet auf der Stelle. Offenbar hat er bereits davon gehört, was den Todesboten widerfahren ist. Seine Instinkte drängen ihn, ihrem Beispiel nicht zu folgen.

»Sie werden schon wieder«, antwortet Constantia auf meine Frage. Zu Wolfgang gewandt fügt sie hinzu: »Geh wieder zu deinen Leuten und sieh nach dem Rechten! Ich will heute kein Risiko eingehen, dass wir von irgendwem gestört werden.«

Der Angesprochene lässt sich nicht zweimal bitten. Mit einem knappen Nicken verabschiedet er sich und marschiert zackig von dannen.

»Musste das sein?«, fragt sie, als er außer Hörweite ist.

»Ich musste nur kurz der Jugend zeigen, wo ihr Platz in der Nahrungskette ist.«

»Bist du mittlerweile nicht über solche Kindereien erhaben?« Sie klingt genervt. »Meine Güte! Nach was weiß ich wie vielen Jahrhunderten hätte ich dich für etwas reifer gehalten!«

Ihr minimaler Beherrschungsverlust belustigt mich. »Da muss ich dich wohl enttäuschen, Schwesterchen.«

Sie bemerkt, wie ich sie auflaufen lasse, und ringt einen Moment um Fassung, bevor sie sich wieder vollständig im Griff hat. Ein weiterer Punkt für mich in unserem endlosen Wettkampf der Sticheleien und Vorwürfe. Dabei würde ich ihr viel lieber sagen, dass ich unsere glücklichen Zeiten vermisse und immer noch etwas für sie empfinde. Stattdessen ringen wir permanent in einem absolut lächerlichen Kampf darum, wer von uns beiden hier das Alphatier ist – nach Vitus natürlich. Manchmal frage ich mich, wie wir uns überhaupt so viele Jahre verstehen und lieben konnten, bevor wir angefangen haben, uns in ständigen Zankereien aufzureiben. Die Antwort darauf ist, dass es mit uns funktioniert hat, so lange sie eine Jungblütige war und ich aufgrund meines Alters eindeutig den höheren Rang eingenommen habe. Doch mit den Jahrhunderten ist der Altersunterschied zwischen uns zur Belanglosigkeit geschrumpft, womit wir zu unmittelbaren Rivalen geworden sind. Und selbst wenn mein Verstand mir sagt, dass unsere Reviere zweifelsfrei abgesteckt und durch einen Ozean voneinander getrennt sind, verlangen meine Instinkte von mir, den Konkurrenten zu bezwingen, und sei es nur mit Worten. Aber bin ich wirklich der Sklave meiner niederen Triebe oder kann mein Intellekt die Oberhand gewinnen?

»Es ist gut zu hören, dass Otto und seine Freundin wieder auf dem Weg der Besserung sind.« Ich bemühe mich um einen versöhnlichen Tonfall. »Es wäre wohl noch etwas belastender für unser Verhältnis gewesen, hätte einer der Unsrigen bei der Auseinandersetzung das Zeitliche gesegnet.«

Constantias argwöhnischem Blick nach zu urteilen ist sie nicht sicher, ob meine Anmerkung ernst gemeint ist oder nur die Vorbereitung der nächsten verbalen Attacke.

»Ja, das wäre unschön gewesen.« Sie wählt ihre Worte mit Bedacht. »Otto ist immerhin ein direkter Abkömmling von mir. Und er ist gut in dem, was er tut.« Ihr Mund verzieht sich zu einem schiefen Lächeln. »Wenigstens so lang er nicht irgendwelchen alten Schwertschwingern über den Weg läuft.«

»Ja, deine Todesboten haben mir ziemliche Mühe bereitet. Ohne Étiennes Hilfe hätte ich es vermutlich nicht geschafft. Aber seid gnädig zu meinem alten Freund! Ich habe ihm keine andere Wahl gelassen.«

»Ich denke, er hat keine allzu ernsthaften Konsequenzen zu befürchten. Er hält Paris gut unter Kontrolle. Wir werden uns hüten, da irgendwelche Unordnung hineinzubringen, indem wir ihn von seiner Position entfernen.«

Zumindest diese Nachricht erfreut mich.

Unser Weg hat uns in einen Salon geführt, in dem keinerlei technologische Eindringlinge der modernen Welt die barocke Pracht verschandeln. Constantia bietet mir einen Stuhl mit elegant geschwungenen Beinen und besticktem Polster an und ich nehme Platz. Sie setzt sich auf die andere Seite des Beistelltischleins, auf dessen marmorner Platte zwei mit roter Flüssigkeit gefüllte Kristallgläser bereitgestellt sind.

Constantia nimmt eines davon und trinkt einen Schluck, um sich anschließend mit einer der seidenen Servietten sorgfältig die Mundwinkel abzutupfen. Ich zögere kurz, es ihr gleichzutun. Ich ahne, woher das Blut stammt. Die Erinnerung an unsere gestrige Besichtigung des Kellers ist mir noch allzu präsent. Aber was soll's! Den armen Seelen in der Höllenmaschine da unten hilft es kein bisschen, wenn ich die dargebotene Erfrischung ausschlage. Also führe auch ich meinen Kelch zum Mund und trinke. Der Inhalt ist sogar noch ein wenig warm.

»Schau an, « grinst Constantia mir ins Gesicht, »wenn der Durst ruft, ist unser Blut also doch gut genug.«

»Wenn ihr irgendwo noch unbefleckte Jungfrauen in weißen Kleidern habt, würde ich die natürlich bevorzugen. Ansonsten …«, ich hebe das Glas, »… nehme ich eben, was das lokale Angebot bereithält.« Nach einem weiteren Schluck wechsele ich das Thema. »Und du hältst hier also den Laden am Laufen, während er in seinem Zimmer hockt und sich durch Schläuche ernähren lässt?«

»Ich erledige die allnächtlichen Geschäfte und kümmere mich um die Koordination unserer Diener und Verbündeten. Vitus hat natürlich bei jeder Aktion das letzte Wort.«

»Macht er denn Gebrauch von diesem Privileg?«

»Selten. Zumindest, was unsere Geschäfte in der Welt der Sterblichen betrifft. Die Absprachen mit den Oberhäuptern der anderen Blutlinien unterliegen seiner unmittelbaren Kontrolle. Da rede ich ihm nicht hinein.«

»Ihr habt es also tatsächlich geschafft, dauerhaft Frieden zwischen den Blutlinien zu schaffen?«

»Frieden ist vielleicht etwas übertrieben. Aber seit dem Krieg haben wir zumindest einen tragfähigen Waffenstillstand.«

»Welcher Krieg?«

»Der Zweite Weltkrieg.«

»Habt ihr Eure Finger da auch drin gehabt?«

»Nur am Rande. In dem allgemeinen Chaos haben einige Nocturni die Chance genutzt, alte Rechnungen zu begleichen. Dazu noch die ganzen Bombardierungen. Fast alle Blutlinien haben wichtige Angehörige verloren.«

»Und die entstandenen Lücken habt ihr mit Nazis aufgefüllt.«

Konzentriert starrt sie auf ihr Glas, während sie antwortet. »Falls du auf Otto anspielst, er ist ein guter Mann. Und im Gegensatz zu dem einen oder anderen von Vitus' früheren Vollstreckern außerordentlich loyal.«

Der Stich hat gesessen. Punkt für sie.

Ich spiele mit dem Gedanken, noch ein wenig auf der SS-Vergangenheit von Constantias Sohn herumzureiten, aber ich erinnere mich an meinen Vorsatz, meine Instinkte im Zaum zu halten, und schweige.

Mehrere Minuten sitzen wir uns still gegenüber und starren die Wände an. Da die meisten Sticheleien der beiden letzten Nächte von meiner Seite ausgegangen sind, liegt es nun vermutlich an mir, ein Friedensangebot zu unterbreiten. Sie erwidert meinen Blick, als ich sie ansehe.

»Hast du es eigentlich auch gefühlt?«, frage ich.

Sie neigt den Kopf zur Seite. »Was gefühlt?«

»Als wir uns gestern wiedergesehen haben. Mir sind sofort ein paar alte Erinnerungen in den Sinn gekommen. Schöne Erinnerungen.«

»Ja, der eine oder andere angenehme Gedanke hat sich mir auch eingestellt.« Das Lächeln, das ich so sehr geliebt habe, lässt ihr Gesicht erstrahlen. »Wir hatten eine gute Zeit. Dafür werde ich dir ewig dankbar sein.« Doch schnell verdüstert sich ihre Miene wieder. Für einen Moment scheint die Last der Jahrhunderte durch den jugendlichen Glanz ihrer hellen faltenlosen Haut. »Aber das ist vorbei. Und es wird nie wiederkommen. Dafür ist einfach zu viel passiert.«

Gern würde ich widersprechen. Doch ich weiß nur zu gut, dass sie recht hat. Also schweige ich.

»Was wirst du nun tun?«, will sie nach einiger Zeit wissen.

»Ich kehre zurück nach New York.«

»Wann?«

»So bald wie möglich. Es wäre nett, wenn du mir bei der Organisation behilflich sein könntest.«

»Natürlich. Wenn du willst, kannst du den Jet noch einmal haben.«

»Sehr gern. Danke.«

Unsere Augen treffen sich. Für die Dauer eines Wimpernschlags sehe ich die übermütige, wissbegierige Neugeborene, der ich die Welt gezeigt habe, die sie betreten hat. Ich erkenne, dass auch sie in Nostalgie schwelgt. Doch genau so schnell, wie der verzauberte Augenblick gekommen ist, verschwindet er, und wir finden uns unvermittelt in der Gegenwart wieder.

»Ich werde mich um alles kümmern.« Sie steht auf. »Morgen Nacht wird alles für deine Abreise bereit sein.«

»Gut.« Auch ich erhebe mich.

Sie begleitet mich zu meinem Gästezimmer und lässt mich nach einer formellen Verabschiedung allein.

Ich überlege, noch einen Spaziergang zu machen. Der Wald schaut verführerisch zum Fenster herein. Doch draußen laufe ich Gefahr, Wolfgang und seinen Sicherheitsleuten in die Quere zu kommen. Ich habe keine Lust, mich ihnen zu erklären, also bleibe ich, wo ich bin, und grübele den Rest der Nacht vor mich hin, ob die Entzweiung von meiner Blutschwester wirklich unausweichlich ist. Aber egal, wie ich es drehe und wende, ich gelange stets zum selben Ergebnis.

Es ist, wie sie gesagt hat. Vorbei. Unwiederbringlich. Für immer.

Und das war es bereits, als unsere innige Eintracht dem ewigen Streit gewichen ist.

Sommer 1477, Dijon, Herzogtum Burgund

»Vollkommener Irrsinn!« Meine Fangzähne schoben sich aus den Kiefern, so sehr erregte mich der Streit mit meiner Schwester. »Wie konntest du ihm nur einen derart irrwitzigen Plan einreden?«

»Was wäre denn dein Vorschlag?« Constantia war nicht weniger aufgewühlt. Sie spie mir ihre Worte ins Gesicht.

»Was weiß ich?«, entgegnete ich hilflos. »Auf jeden Fall nicht schon wieder ein Umzug. Wir haben uns hier hervorragend eingerichtet. Das willst du alles aufgeben?«

»Wenn wir hierbleiben, wird Laurent uns früher oder später herausfordern. Sobald das Herzogtum an die französische Krone fällt, befinden wir uns in seinem Einflussgebiet. Wie das das letzte Mal ausgegangen ist, muss ich ja wohl nicht erwähnen.«

Sie konnte es einfach nicht lassen, die Finger immer wieder in meine tiefste Wunde zu schlagen. Es bereitete ihr Freude, mich ständig daran zu erinnern, was ich verloren hatte. Dabei war die Vernichtung der Templer nicht nur für mich, sondern für uns alle ein herber Rückschlag gewesen. Die Zerschlagung des Ordens hatte unsere Anstrengungen, in Frankreich sesshaft zu werden, endgültig beendet. Die wichtigste Stütze unserer Macht war zerstört. Wir waren heimatlos.

Durch Nacht und Nebel, den Häschern unserer Widersacher nie mehr als ein paar Stunden voraus, hatten wir uns durch das Land geschlagen, das plötzlich voller Feinde war. Nirgends gab es einen Rückzugsort. Stets mussten wir bangen, ob wir in unseren behelfsmäßigen Zufluchten abends wieder aus dem Schlaf erwachten. Doch das Unmögliche war gelungen. Mit meinem Schwert, Constantias Verhandlungsgeschick und Vitus' Meisterschaft in den Künsten des Blutes schafften wir es, uns dem Zugriff unserer Feinde zu entziehen. Nach unsäglichen Mühen erreichten wir das Land, in dem ich geboren worden war.

Zwar hatten auch die Herren von Burgund dem König von Frankreich den Lehnseid geschworen. Doch das Herzogtum am Rande des Reiches hatte sich genug Unabhängigkeit von Paris bewahrt, dass wir der unmittelbaren Verfolgung durch die sterblichen Schergen des Königs entrinnen konnten.

Noch wichtiger als die Unabhängigkeit der sterblichen Herrscher Burgunds für unsere Sicherheit war allerdings der Umstand, dass dort ein alteingesessenes Geschlecht der Nocturni unter der Führung der keltischen Archaia Adrasta beheimatet war. Ihre Blutlinie hegte keine freundschaftlichen Gefühle für Laurent und seine Brut. Dies bedeutete zwar keineswegs, dass wir willkommen gewesen wären. Doch mit ihrem geradezu unheimlichen Charme gelang es Constantia, für uns dort ein Bleiberecht auszuhandeln. Das war umso erstaunlicher, da Vitus während seiner Zeit in Rom berüchtigt dafür gewesen war, den Nocturni aus den Völkern, die von den Legionen des Reiches bezwungen wurden, keine Gnade zukommen zu lassen. Dass die Keltin die Zeit der römischen Besatzung dennoch überstanden hatte, war neben ihren eigenen Fähigkeiten sicherlich auch dem Umstand zu verdanken, dass mehrere andere römische Nocturni eine friedlichere Politik gegenüber den Unterworfenen praktizierten. Zumindest hatte Constantia es mir so erzählt. Ich selbst hatte zugegebenermaßen wenig Interesse an den alten Geschichten. Doch meine Schwester beschäftigte sich intensiv mit der Historie unserer Art. Dies war ihr nicht selten von Nutzen, wenn es darum ging, ihre Verhandlungspartner einzuschätzen und günstig zu stimmen.

Es war schon lange her, dass ich das letzte Mal meinen Fuß auf burgundischen Boden gesetzt hatte. Da ich als Einziger unserer kleinen Familie das Land kannte, führte ich meine Schwester und meinen Vater auf das Lehen meiner sterblichen Vorfahren.

Ich hatte erwartet, angesichts der Rückkehr in meine Heimat von nostalgischen Erinnerungen überflutet zu werden. Der Anblick der vertrauten Landschaften ließ mich aber erstaunlich kalt. Lediglich, als ich am Fuß der Anhöhe stand, auf der die alte Burg meines Vaters sich immer noch trutzig in den Himmel erhob, wurde mir mein schweigendes Herz kurzzeitig klamm. Während ich den Weg zum Tor hinaufstieg und sowohl Mauern als auch Wächter nahezu mühelos überwand, erkannte ich allerdings kaum eine Bastion wieder. Generationen von Burgherren, die meinem Vater gefolgt waren, hatten keines der Gebäude unverändert gelassen.

Betrübt musste ich feststellen, dass die Blutlinie meiner sterblichen Ahnen schon vor fast hundert Jahren erloschen war. Das Glück der neuen Herren des Lehens hatte aber auch nur wenige Generationen angehalten. Mit unserer Ankunft wurden sie allesamt zur Beute und stillten fortan unseren unstillbaren Hunger nach Blut. Wir töteten kaum einen von ihnen, sondern nahmen stets nur so viel, dass unseren Opfern ihr Leben blieb. Doch sie alle waren Geiseln von Vitus' unwiderstehlichem Willen und dazu verdammt, den Rest ihres Daseins am Rande des Todes dahinzuvegetieren.

Das Leiden beschränkte sich jedoch nicht auf unsere unfreiwilligen Gastgeber. Die folgenden Jahre säten Krankheit und Hungersnot über das ganze Land. Der Tod hielt reiche Ernte, zumeist ohne das Zutun der Nocturni. Viele Menschen sahen schon Gottes Strafgericht auf die Erde hernieder kommen und fragten sich, was sie getan hatten, um solches Unglück zu verdienen. Die Vernichtung der Templer brachte kaum jemand in Verbindung mit der göttlichen Strafe, die im Jahr nach dem Tod des letzten Großmeisters Jacques de Molay auf dem Scheiterhaufen mit einer schrecklichen Missernte ihren Anfang nahm. Es mag sein, dass der Orden seinen Idealen nicht immer treu geblieben war. Doch in meinen Augen war das Unrecht, das den gottesfürchtigen Rittern angetan worden war, durchweg ausreichend, um Gottes Zorn zu erregen. Ich teilte meine Ansichten allerdings mit niemandem. Vitus, der schon alt gewesen war, bevor Jesus Christus die Botschaft seines Vaters verkündet hatte, blieb der Glaube an den Herrn stets fremd. Constantia war zwar christlich erzogen, konnte jedoch meine tiefe Hingabe an das Wort Gottes weder teilen noch verstehen. So behielt ich meine Theorien für mich.

Auch wenn niemand außer mir eine Verbindung zwischen der allgemeinen Not und dem schändlichen Ende der Tempelritter sehen mochte, waren die Menschen sich der Bestrafung ihrer Sünden wohl bewusst und flehten Gott und alle Heiligen um Erbarmen an. Doch sie wurden nicht erhört.

Ganz im Gegenteil folgten nahezu unaufhörlich weitere Seuchen und Missernten. Seinen Höhepunkt erreichte der Schrecken rund drei Jahrzehnte nach der Hinrichtung Jacques de Molays, als die große Pestilenz durch Land und Städte fuhr und die Sündigen gnadenlos vor das Gericht des Herrn führte. Ganze Familien starben einen grausamen Tod. Höfe und Dörfer wurden entvölkert. Das Sterben machte keinen Unterschied zwischen arm und reich. Wo immer man hinkam, mischte sich das Stöhnen der Siechen mit dem Wehklagen der Hinterbliebenen und dem Flehen aller um Erlösung.

Die Auswirkungen der göttlichen Strafen auf die Unsterblichen waren höchst unterschiedlich. Die Krankheiten der hungernden Sterblichen konnten uns nicht töten, doch ihr Blut war weniger nahrhaft und schwächte auch die Nocturni, die davon tranken. Es war leicht zu erkennen, welcher der unsterblichen Jäger sich von den Schwachen nährte. Die äußeren Zeichen der Krankheiten übertrugen sich auf das Antlitz der Nächtlichen, ließen sie blass und hager erscheinen und machten ihre Haut dünn und fleckig. Für diejenigen, die sich scheuten, von Siechtum verunreinigtes Blut aus ausgemergelten Leibern zu sich zu nehmen, wurde es zusehends schwieriger, angemessene, gut genährte Beute zu finden. Auch verkrafteten immer weniger Menschen den Verlust eines Teils ihres Blutes, so dass es kaum noch möglich war zu jagen, ohne das Opfer zu töten. Nur die wenigen von uns, die sich wie ich und meine Blutsfamilie vom weiterhin halbwegs wohlgenährten Adel nährten und das Glück hatten, dass ihre Herde gesund blieb, konnten ihre Stärke einigermaßen bewahren.

Für diejenigen Nocturni allerdings, die sich weder um den Erhalt ihrer übermenschlichen Kräfte noch um ihr Erscheinungsbild scherten, war es eine glorreiche Zeit. Sie fanden leichter denn je Nahrung unter den geschwächten Sterblichen, die sich ihrer kaum erwehren konnten, und mussten sich wenig Sorgen darüber machen, dass ihre Taten entdeckt wurden. Allerorts wurden die voll beladenen Leichenkarren bald zum alltäglichen Anblick. Niemand vermochte zu sagen, ob die armen Seelen an Hunger, Pestilenz oder dem Biss eines nächtlichen Jägers verendet waren.

So mehrte sich die Zahl der Nocturni, wie die der Menschen abnahm. Doch kaum fand man noch die einst stolzen Herrscher der Nacht, die in ihren Anwesen saßen und mit Hilfe von bluttrinkenden Dienern und Vertrauten die Geschicke ihres Landes und seiner Bewohner lenkten. Die Kreaturen, die nun auf der Suche nach menschlicher Beute durch die Dörfer und Städte schlichen, waren zumeist armselige, in Lumpen gehüllte Landstreicher, oft ausgehungerten Wölfen ähnlicher als den Menschen, die sie einst gewesen waren. Für uns waren sie eine arge Plage. Vitus wies mich an, unser Land von ihnen freizuhalten.

Alle paar Nächte ritt ich durch die Weiler und Dörfer in der Nähe unserer Heimstatt und brachte jeden Bluttrinker zur Strecke, dessen ich habhaft werden konnte. Wegen ihrer unreinen Nahrung kaum stärker als ein gewöhnlicher Sterblicher und zumeist jung und unerfahren, waren sie keine Herausforderung für mich, so dass mein Schwert reichlich Futter fand. Es war in jenen Tagen, dass ich das erste Mal begann, regelmäßig vom Blut der Unsterblichen zu trinken, die ich niederstreckte. Denn auch wenn sie selbst sich unrein ernährten, war ihr Blut für mich doch wertvoller als das der Menschen. Außerdem konnte ich auf diese Weise meine Kräfte wahren, ohne auf das Blut der sterblichen Bewohner unserer Burg zurückgreifen zu müssen, was Vitus und Constantia die Ernährung erleichterte.

Mehr schlecht als recht schlugen wir drei uns durch, richteten uns in unserem neuen Heim ein und erholten uns langsam von der bitteren Niederlage, die die Franzosen uns zugefügt hatten. Dass uns die Vasallen Laurents von Paris nicht weiter verfolgten, lag vermutlich daran, dass sie selbst mit den Folgen der großen Pestilenz zu kämpfen hatten. Darüber hinaus verzettelte sich das französische Königshaus in eine Reihe von Fehden mit England, die man später den Hundertjährigen Krieg nennen sollte. Die Auseinandersetzungen banden viele der sterblichen Diener unseres Widersachers in Schlachten und Intrigen. Vielleicht hielt Laurent uns für geschlagen und vermutete keine weitere Gefahr für seine Herrschaft.

Eine Zeit lang entsprach dies wohl auch den Tatsachen. Doch während ich das einstige Lehen meiner sterblichen Familie für uns nutzbar machte und von Eindringlingen freihielt, strebten Vitus und Constantia bald bereits wieder nach höheren Zielen. Meine Schwester reiste mehrfach nach Dijon, wo Adrasta Hof hielt, und stellte ihre diplomatischen Fähigkeiten in den Dienst der Keltin. Bei Verhandlungen mit Vertretern anderer Blutlinien wurde sie als unparteiische Vermittlerin anerkannt und bewährte sich dabei so gut, dass sie bereits nach kurzer Zeit das Vertrauen zahlreicher Nocturni der Region besaß. Der Verlust unseres Einflusses auf Templer und andere sterbliche Institutionen erwies sich hier sogar als überaus nützlich, da Vitus' aktuelle Machtlosigkeit Constantia den Status der Neutralität sicherte.

Nach und nach erlangte sie auf diese Weise selbst einen nicht unerheblichen Einfluss auf den Hof, wesentlich befördert durch Adrastas Trägheit und Teilnahmslosigkeit. Denn obwohl die Archaia etwas jünger war als Vitus, war sie in weit höherem Maß als mein Erzeuger dem Fluch des Alters erlegen und hatte nach Constantias Einschätzung den Bezug zur Welt um sie herum weitgehend verloren. Auch ihre Brut bestand zu großen

Teilen aus viele Jahrhunderte alten Nocturni, die trotz des allgegenwärtigen Elends in Luxus und Verschwendung schwelgten. Sie alle zeigten wenig Anteilnahme an der Politik und anderen Vorgängen in der Welt jenseits ihrer prunkvollen Zufluchten.

Für meinen machthungrigen Blutsvater und die meisterhafte Manipulatorin, zu der meine geliebte Schwester sich gemausert hatte, war dieses degenerierte Geschlecht leichte Beute und der Schlüssel zur Rückkehr an Macht und Einfluss. Über Jahre hinweg spann Constantia unbemerkt von ihren Gönnern ein eigenes Netz aus Vertrauten und Verbündeten innerhalb des Hofes. Unterdessen begann ich auf Vitus' Geheiß, aus der Umgebung unserer Burg Ritter und andere Kämpfer zu rekrutieren und mit meinem Blut zu Unholden zu machen.

Als mein Vater und ich uns schließlich selbst nach Dijon begaben, hatte Constantia dort bereits alles für unser tödliches Werk vorbereitet. Dank ihrer zahlreichen Spione beschrieb sie uns genau, wo wir die einheimischen Nocturni aufspüren konnten. Meine Unholde begannen unverzüglich, sie tagsüber in ihren Zufluchten aufzusuchen und zu vernichten. Unsere ahnungslosen Opfer erkannten viel zu spät, wie ihnen geschah. Noch bevor sie sich und ihre Getreuen zum Widerstand formierten, waren die wichtigsten Würdenträger bereits ausgeschaltet oder ihres Einflusses beraubt.

Kein Richter war mehr da, um uns des Verstoßes gegen die Ewigen Gesetze zu bezichtigen. Kein Vollstrecker konnte noch sein Schwert gegen uns erheben und seine Kriegsdiener in unsere Zufluchten schicken. Kein unsterblicher Wächter stand mehr an Adrastas Seite, als Vitus ihr schließlich gegenübertrat und sie herausforderte. Die wenigen Unholde, die sie noch um sich geschart hatte, überwand ich mit meinen Getreuen ohne große Mühe.

Dann war sie allein und Vitus bedeutete mir zurückzutreten.

Das anschließende Duell der zwei Archaioi gehört zu den schrecklichsten Ereignissen, denen ich jemals beigewohnt habe. Die Keltin war meinem Blutsvater vielleicht an Alter und

Entschlossenheit unterlegen. Doch ihre Gegenwehr war einer der Alten würdig. Ich hatte erwartet, die beiden mehr als tausendjährigen Geschöpfe würden ihre geistigen Kräfte der Beherrschung und Manipulation für Konfrontation nutzen. Aber gegen einen der Alten sind derartige Fähigkeiten, egal wie weit sie perfektioniert wurden, nutzlos. Stattdessen gingen sie nach einigen Augenblicken des gegenseitigen Abschätzens unmittelbar in einen Zweikampf, der mich erschaudern ließ.

Seit Vitus mich bei unserer ersten Begegnung in den Gassen von Konstantinopel vor dem Messer des Straßenräubers bewahrte, hatte ich nie mehr gesehen, wie er sich einer körperlichen Auseinandersetzung stellte – erst recht nicht gegen einen der unseren. Stets war er vollkommen kontrolliert und Herr seiner selbst gewesen. Umso größer war mein Erstaunen, als der Römer und die Keltin wie ausgehungerte Bestien aufeinander losgingen und sich mit Klauen und Fängen beinahe in Stücke rissen. Ihre Leiber verflochten sich in ein blutiges Knäuel, das wild zuckend durch den Raum tanzte. Bald trennten sich die beiden Streitenden, von der Wucht ihrer steten gegenseitigen Angriffe auseinandergetrieben, nur um einen Augenblick später wieder mit der Gewalt einer Kavallerieattacke aufeinander einzudringen. Bis zum letzten Moment ließ der Kampf in Wildheit und Ungestüm kein bisschen nach und es war nicht auszumachen, wer als Sieger daraus hervorgehen mochte. Dann stand auf einmal nur noch mein Herr. Neben ihm waberte Staub durch die Luft und für einen Wimpernschlag erkannte ich darin die Umrisse eines menschlichen Skeletts. Doch noch bevor es den Boden berührte, war jede Form aus dem Gebilde gewichen, das einst die stolze Adrasta, Archaia vom Volk der Kelten, gewesen war.

Binnen weniger Augenblicke verschwanden sämtliche Wunden aus Vitus' geschundenem Leib. Nur die blutgetränkten Fetzen, die von seiner Kleidung übrig geblieben waren, zeugten von dem ungeheuerlichen Kampf, der hier getobt hatte.

Wortlos ging er an mir vorbei, sein Blick wieder so kalt und gefühllos, wie ich ihn kennengelernt hatte. Doch ich hatte die

Bestie gesehen, die in ihm schlummerte. Im Gegensatz zu den meisten von uns, die stetig mit ihr kämpften und sie in die Tiefen ihres Bewusstseins zurückzudrängen trachteten, war sie dem Willen meines Erzeugers vollkommen untertan. Sie kam auf sein Geheiß zum Vorschein, um ebenso schnell wieder zu verschwinden, als wäre sie niemals da gewesen. Diese Herrschaft über sich selbst, seinen messerscharfen Geist, aber auch das ihm wie allen Nocturni innewohnende Ungeheuer, war die Quelle seiner Macht. Durch meinen Glauben und die bei den Tempelrittern erworbene Disziplin war es mir zwar ebenfalls möglich, meine Instinkte zu unterdrücken. Doch ich würde meinen gehassten Erzeuger nicht überwinden, so lang ich die ungeheure Kraft der Bestie in mir nicht in ähnlicher Weise zu nutzen vermochte wie er die seine.

Erneut wurde mir die Aussichtslosigkeit meines Racheschwures bewusst. Ich war weiterhin dazu verdammt, sein Sklave zu sein, gebunden nicht durch Ketten, sondern einzig und allein durch seine vollkommene Überlegenheit in den Kräften des Blutes.

Allerdings war ich nicht der einzige, der Vitus mit Vergeltungsschwüren bedachte.

Die Kunde von der Vernichtung der keltischen Archaia verbreitete sich schnell unter den Nocturni und sorgte allgemein für Empörung. Constantia war vollauf beschäftigt, die Wogen wieder zu glätten und verkündete allenthalben, der Streit hätte auf einem alten Zwist aus der Zeit des Römischen Reiches beruht. Doch selbst ihr diplomatisches Geschick stieß angesichts der vielfachen Proteste an seine Grenzen. Keiner mochte ihr Glauben schenken. Dass niemand den geäußerten Missbilligungen Taten folgen ließ, lag neben Vitus' Ruf als schrecklicher Gegner, den er durch die Vernichtung der Keltin wieder einmal unter Beweis gestellt hatte, sicherlich auch an den Kriegen und den Auswirkungen der Pestilenz.

Meine Schwester und ich waren indes damit beschäftigt, neue Nachkommen zu erschaffen. Nach der Vernichtung fast aller unserer Abkömmlinge im Zuge der Verhaftung der

Templer erfüllten wir unsere eigene Blutlinie mit neuem Leben. Constantia wählte ihre Kinder zumeist aus dem Kreis der Vertrauten, die sie in den Jahren am Hof von Dijon um sich geschart hatte. Ich selbst gab mein Blut wie üblich den besten Kämpfern aus den Reihen meiner Unholde. Doch im Vergleich zu den Ordensrittern, aus denen ich früher meine Nachkommen erkoren hatte, waren es kaum mehr als Raufbolde und Schlagetots. Allein der Gedanke daran, dass auch ich einst mit mehr Glück und wildem Ungestüm als Fechtkunst und Disziplin in den Kampf gezogen war, ließ mich hoffen, dass zumindest einige meiner Schützlinge sich bewähren würden.

Unseren Herrschaftsanspruch über die Unsterblichen von Burgund zementierten wir, indem wir die Residenzstadt der Herzöge zu unserer neuen Heimstatt machten. Es fiel mir nicht schwer, die Burg meiner sterblichen Ahnen zu verlassen. Jegliche Verbindung zu meinem menschlichen Dasein war schon lange zertrennt. Die Bewohner des altehrwürdigen Gemäuers hinterließen wir in jeder Hinsicht ausgeblutet. Die wenigen, die nach jahrelanger Beeinflussung und Beherrschung nicht degeneriert und dem Wahn anheimgefallen waren, hatte ich in die Reihen meiner Diener aufgenommen und nach Dijon mitgebracht.

Das Leben in der burgundischen Kapitale gestaltete sich um einiges angenehmer, als wir es selbst aus unseren Tagen in Frankreich gewohnt waren. Der Herzog gebot über viele reiche Provinzen und Städte, besonders in Flandern, und gehörte zu den wohlhabendsten Herrschern des christlichen Abendlandes.

Constantia war sehr erfolgreich darin, ihre Vertrauten in unmittelbarer Nähe zum Herrscherhaus zu platzieren. Über ihre Mittelsmänner übte sie erheblichen Einfluss auf die sterblichen Herren des Landes aus. Vitus' Plan, in Westeuropa eine neue Herrschaft zu errichten, nahm erneut Gestalt an.

Mir war jedoch schmerzlich bewusst, dass es dieses Mal nicht meine Vasallen waren, auf die sich unser Wohlergehen gründete, so wie einst die Templer. Nun stellten die Vertrauten und Nachkommen meiner Schwester unsere wichtigste Verbindung in die Welt der Sterblichen dar. Weder Constantia noch Vitus warfen mir dies vor oder ließen sich sonst irgendwie anmerken, dass sie meine Rolle in unserer Gemeinschaft als geringfügig einschätzten. Doch uns allen war wohl bewusst, dass Constantia im Vergleich zu mir wesentlich an Bedeutung gewonnen hatte.

Der niemals offen benannte, aber unterschwellig stets brodelnde Wettstreit um die Gunst unseres Vaters belastete das Verhältnis zu meiner Schwester beträchtlich. Zwar verbrachten wir immer noch so viel Zeit wie möglich miteinander und pflegten weiterhin eine sehr intime Beziehung. Doch die Herzlichkeit, die unsere gemeinsamen Stunden in der Vergangenheit bestimmt hatte, schwand zusehends.

Noch mehr als der drohende Verlust unserer Zweisamkeit beunruhigte mich jedoch die Erkenntnis, dass ich überhaupt dazu bereit war, die Gunst meines Erzeugers über meine Liebe zu Constantia zu stellen. Vitus hatte mich so eng an sich gebunden, dass ich ihm trotz meines erklärten Hasses stets gefallen wollte. Und dies in einem Ausmaß, dass dagegen andere Dinge, die mir eigentlich viel wichtiger waren, in den Hintergrund traten. Welch deutlicheren Beweis seiner Macht über mich und meiner Hilflosigkeit gegenüber seinen überlegenen Kräften hätte er mir geben können?

Die Erfüllung meines Racheschwures schien vollkommen aussichtslos. Meine Resignation angesichts dieser Erkenntnis trug wohl ebenfalls ihren Teil dazu bei, die Leidenschaft zwischen Constantia und mir zu mindern.

Einen weiteren Anteil an unserer langsamen Entfremdung hatte sicher auch der Umstand, dass Constantia immer seltener Zeit für mich fand. Sie war vollauf damit beschäftigt, ihre zahlreichen Gefolgsleute anzuleiten und zu instruieren. Darüber hinaus war sie oft auf Reisen, insbesondere nach Flandern, um dort dafür Sorge zu tragen, dass das Wohl Burgunds gewahrt blieb. Es gelang ihr tatsächlich, einige der dortigen Nocturni uns wohlgesinnt zu stimmen. Dabei war es auch hilfreich, dass keiner der Archaioi das Land bewohnte, sondern alle Würdenträger unter den Unsterblichen weit jünger waren als Vitus. Viele von ihnen hatten sich schon mehrfach dem Diktat älterer Nocturni benachbarter Domänen beugen müssen. Bereitwillig begaben sie sich unter die Obhut und den Schutz meines Erzeugers, der ihnen in nahezu allen für sie wichtigen Belangen umfassende Freiheit gewährte.

Diese Bündnisse und das schlichte Verstreichen der Zeit ließen schließlich vergessen, dass wir unsere Herrschaft durch Intrige und Mord erlangt hatten. Mehr als einhundert Jahre hatten wir teil am Reichtum Burgunds. Dies gab Vitus Gelegenheit, anderen Herrschern der Nacht Gefälligkeiten zu erweisen und sich so einen Ruf als wertvoller Verbündeter zu schaffen.

Dass es allerdings niemandem anzuraten war, sich ihn zum Feind zu machen, wurde durch die fortgesetzte Fehde mit Laurent von Paris offenkundig. Zwar fochten wir nicht direkt gegen ihn, doch Vitus ließ den zahlreichen Gegnern des Franzosen offen Unterstützung zukommen. Unserem Erzfeind gelang es zugegebenermaßen, seine Herrschaft sogar während der fast zwei Jahrzehnte andauernden englischen Besetzung von Paris zu behaupten. Aber mehrere seiner wichtigsten Verbündeten fanden ihr Ende in den anhaltenden Kriegen mit den Engländern und den Zwisten der Nocturni, die im Schatten der Feldzüge der Sterblichen ausgetragen wurden.

Letztlich wurde aber auch unser Wohlstand durch die enge Verflechtung zwischen den Herrschern der Nacht und den sterblichen Fürstenhäusern infrage gestellt. Im Jahre 1477 fand Herzog Karl der Kühne von Burgund in der Schlacht den Tod, ohne einen männlichen Erben zu hinterlassen. Seine Tochter Maria wurde von den europäischen Monarchen hingebungsvoll umworben, war ihre Mitgift doch nicht weniger als eines der wohlhabendsten Fürstentümer des Abendlands.

Constantia vermied den direkten Kontakt zum Herrscherhaus, aber mehrere Berater der Herzogstochter waren meiner Schwester hörig. So fiel es Constantia zu, bei der Entscheidung über Burgunds Zukunft ein gehöriges Wörtchen mitzureden.

Constantia. Nicht mir.

Sie hatte mich endgültig von meinem angestammten Platz an der Seite unseres Erzeugers verdrängt. Ich stand machtlos in der zweiten Reihe. Es machte mich rasend.

Eigentlich hätte ich froh sein sollen. Sie machte ihre Sache gut und schließlich profitierte auch ich von ihren Erfolgen, mit denen sie unseren Wohlstand sicherte. Weder sie noch Vitus verwehrten mir irgendeine Gunst. Ich hatte weniger Mühe als damals in Frankreich und konnte mich meinen Launen und dem Müßiggang hingeben. Doch das wollte ich nicht. Konnte ich nicht. Alles, was ich begehrte, war die Aufmerksamkeit meines Gebieters. Aber die gehörte nun zuvorderst meiner Schwester.

Sie traf die Entscheidungen. Gemeinsam mit ihm. Ich wurde kaum noch in die Gestaltung unseres Daseins einbezogen. So wie sie beide nun beschlossen hatten, Kronprinz Maximilian aus dem Haus Habsburg, Sohn des Römisch-Deutschen Kaisers, bei seinem Werben um Maria von Burgund zu unterstützen. Sollten sie Erfolg haben, würde dies mit Sicherheit Krieg gegen Frankreich bedeuten. Die Herren von Paris – sowohl die sterblichen als auch die unsterblichen – würden nicht zulassen, dass Habsburg sich in ihrer unmittelbaren Nachbarschaft derart ausbreitete. Der Ausgang dieses Konfliktes war alles andere als gewiss. Die Zukunft unserer Heimstadt Dijon stand auf dem Spiel. Doch Vitus und Constantia waren bereit, dieses Opfer zu bringen und notfalls Burgund zu verlassen.

Wieder eine neue Stadt. Wieder ein Kampf mit den alteingesessenen Nocturni. Wieder von vorn anfangen.

Nicht, dass ich eine bessere Idee gehabt hätte. Aber ich wäre gern zumindest um meine Meinung gefragt worden. Stattdessen wurde ich abermals übergangen und vor vollendete Tatsachen gestellt. Und da ich nicht in der Lage war, gegen Vitus das Wort zu ergreifen, ließ ich meinen Unmut einmal mehr an Constantia aus. Meiner Schwester im Blute, die ich über alles liebte, seit sie als kleines Kind meine Nähe gesucht hatte. Die ich hasste, weil sie mich aus Vitus' Gunst vertrieben und meinen angestammten Platz zu seiner Rechten eingenommen hatte.

»Euer Machthunger wird uns in den Untergang führen«, warf ich ihr entgegen. »Du bist genau so schlimm geworden wie er.«

»Ich hatte wohl einen guten Lehrer.« Ihr anzügliches Grinsen machte mich rasend.

Drohend erhob ich den Zeigefinger. Nur mit Mühe vermochte ich den Blutrausch zu unterdrücken.

Es endete wie immer. Im Kampf mit dem Wort war sie mir haushoch überlegen. Mit bebenden Kiefern mühte ich mich, meinen unbändigen Zorn niederzuringen. Bekämpfte den Drang, sie zu packen, in Stücke zu reißen und unwiederbringlich aus meinem Leben zu entfernen. Sie hingegen blieb ruhig. Offensichtlich besaß sie großes Vertrauen in meine Fähigkeit, mich zu beherrschen. Und wie üblich sollte sie damit recht behalten. Ich würde ihr niemals etwas antun können. Ich liebte sie. Ich hatte geschworen, sie auf ewig zu beschützen. Wie sollte ich meine Hand gegen sie erheben?

Auf dem Absatz drehte ich mich um und verließ den Raum schnellen Schrittes. Ich vermied es zu rennen. Ein Minimum an Würde wollte ich mir bewahren. Der letzte Blick, den ich aus dem Augenwinkel auf sie erhaschte, offenbarte ein Lächeln auf ihren Lippen.

Das Lächeln des Siegers.

Ihr war bewusst, dass ich es gesehen hatte. Es war Absicht. Ich sollte Zeuge sein, wie sie ihren Sieg genoss. Sollte erkennen, dass ich ihr unterlegen war.

Ich hasste sie. Und ich liebte sie trotz allem.

Ihre Zuneigung hatte mir Trost gespendet, als ich mich Vitus unterwerfen musste. Ihre Liebe hatte verhindert, dass ich mich der Verzweiflung hingab angesichts der aussichtslosen Situation, in der ich mich befand. Ich ertrug den Gedanken nicht, dass all dies ein Ende haben könnte. Dass mir das letzte bisschen Glück, an das ich mich noch klammerte, genommen werden sollte.

Vor mir lag Finsternis. Nackte, alles verschlingende Schwärze. Ich war allein. Allein mit meinem Hass. Er war alles, was mir blieb. Er hielt mich aufrecht.

Die Zeit der Vergeltung würde kommen. Irgendwann. Und meine Rache würde blutig werden. Alle würden büßen für ihre Sünden.

Wenn die Blutfehde begann.

Anhang

Wie geht es weiter?

Mit dem Rat seines Erzeugers kehrt Leonard zurück nach Amerika. Dort beginnt er umgehend damit, Verbündete um sich zu scharen – auch wenn nicht alle ihm freiwillig folgen. Doch reicht das, um Marduk und seine Brut zu bezwingen? Und welchen Preis müssen er und die gesamte Stadt für die Blutfehde bezahlen?

Schon Leonards frühere Kämpfe gegen die Archaioi waren blutig und verlustreich. Im Gefolge sterblicher Heere wandert er über die Schlachtfelder Europas, von der Türkenabwehr über den Dreißigjährigen Krieg bis zur Französischen Revolution, stets auf der Suche nach seinen unsterblichen Widersachern. Aber wer wen jagt, ändert sich ebenso häufig wie die Allianzen, die er dafür eingehen muss. Und am Ende entpuppen selbst die Grundfesten seiner Überzeugungen sich doch als Lügen.

All das gibt es in »Archaios, Teil 3: Blutfehde«

Wann es so weit ist, wird auf

Facebook (https://www.facebook.com/100016233399082),
Instagram (https://www.instagram.com/ralph_edenhofer/),
meiner Autorenhomepage www.century23.de
und über meinen
Newsletter http://eepurl.com/hKnuUH verkündet.

Danke

Zum zweiten Teil meiner Vampirsaga haben weitgehend dieselben Leute beigetragen wie zu Band 1. Von daher ein kurzes, aber nicht weniger herzliches Dankeschön an Jörg, Julia, Oliver, Steiff, Veronika und alle Leser, die dieses Werk erworben haben.

Zum Autor

Ich gehe davon aus, dass alle, die sich dieses Werk zu Gemüte geführt haben, auch Teil 1 kennen. Daher kann ich an dieser Stelle ebenfalls zügig voranschreiten und bezüglich meiner Person auf den entsprechenden Abschnitt im vorherigen Buch sowie auf meine Website (https://www.century23.de/index.php/autor) verweisen.

Den hierdurch entstehenden Platz möchte ich für ein wenig Werbung nutzen. Am innigsten lege ich denjenigen Vampirfreunden, die sich auch für andere Genres begeistern können, natürlich meine Science Fiction Romane ans Herz. Dies sind die c23-Reihe (https://www.amazon.de/dp/B07ZDBZHPS), das Fernzukunfts-Szenario »Kohärenz« (https://www.amazon.de/dp/B08L1CMQPK) und die »Erebus und Terror«-Dilogie (https://www.amazon.de/dp/B08B1QTBNB). Letztere habe ich allerdings nicht allein geschrieben, sondern zusammen mit meinem Autorenkollegen und Freund Joshua Tree (https://www.amazon.de/Joshua-Tree/e/B06Y2M9HT7), dessen andere Bücher, sowohl Science Fiction als auch Fantasy, ebenfalls einen Blick in die Leseproben wert sind.

»Archaios« ist allerdings nicht meine erste Veröffentlichung aus dem Bereich Fantasy. Die Reihe »City of Angels and Demons« (https://www.amazon.de/dp/B089653QLY) gibt einen nicht ganz ernst gemeinten Einblick in den ewigen Kampf zwischen den Streitern der Himmlischen Heerscharen und den Dienern des Fürsten der Finsternis. Wer politisch unkorrekter Lektüre etwas abgewinnen kann, schaue mal rein.

Im Übrigen gibt es noch zwei weitere Fantasy- bzw. Science Fiction-Autoren, die ich persönlich ebenso schätze wie ihre Bücher. Dies sind Florian Clever (https://www.amazon.de/Florian-Clever/e/B06XJ5G9MC) und André Nagerski (https://www.amazon.de/Andr%25C3%25A9-Nagerski/e/B0772V5GRX). Werft mal einen Blick drauf. Vielleicht gefallen euch ihre Werke ähnlich gut wie mir.

Und für alle, die der romantischen beziehungsweise erotischen Literatur zugeneigt sind, hier noch der Hinweis auf Joy Styx (https://www.amazon.de/Joy-Styx/e/B09B7H3919) und Sarah Baines (https://www.amazon.de/Sarah-Baines/e/B0045AALYQ). Ist teilweise echt harter und vor allem expliziter Stoff, aber für einen Einblick in das Liebesleben von Dämonen, Werwölfen, Serienkillern und anderen zwielichtigen Zeitgenossen durchaus empfehlenswert.

Personenverzeichnis

New York

Bruce Randall
Ehemaliger Geschäftsmann und Familienvater, wird nach seiner Verwandlung zum Vampir zum ›Reißwolf‹

Candy
Vertraute von Samantha. Betreut die Bar im Cauchemar

Carl
Vampir in New York, seit weniger als zehn Jahren Nachkomme von Samantha, häufig Gast im Cauchemar

Danny
Vampir in New York, Bekannter von Jake und Mike

Francis
Ältester schwarzer Vampir in New York, lebt in Brooklyn

Gianna Linaro
Nach Leonard zweitälteste Vampirin in New York, agiert als Geschäftsfrau im Immobilien- und Finanzmarkt

Howard
Vampirherr der Domäne Staten Island

Jake
Auch ›Wilder Jake‹ genannt, Vivant aus der Lower East Side

Jason Wickham
Verlobter von Veronica Masters

John Smith
Deckidentität des Templers

Karol Ludovicz
Inspector des NYPD, Vertrauter des Templers

Kate
Ehemalige sterbliche Freundin Leonards

Leonard von Montesaro
Der Templer, Vampirherr von Manhattan und Richter von ganz New York

Lobo
Vampirherr der Domäne Brooklyn

Lucius
Türsteher des Vampirclubs ›Cauchemar‹ in Greenwich Village, Vertrauter von Samantha

Marduk
Archaios aus dem alten Babylon. 2003 nach langem Schlaf wieder erwacht

Massoud
Nachkomme des Marduk

Mike
Paria aus New York. Haust in einer verlassenen U-Bahn-Station unter Manhattan

Silvio
Mafioso, Vertrauter des Templers in New York

Samantha
Chefin des Vampirclubs Cauchemar in Greenwich Village, Nachkommin von Leonard

Veronica Masters
Polizistin im NYPD, wird vom Reißwolf zum Vampir gemacht

Zoë
Vampirin in New York, häufig Gast im Cauchemar

Kreuzzug

Anastasia
Nachkommin des Vitus

Elene
Sterbliche Dienerin des Vitus während des vierten Kreuzzuges

Gérard de Ridefort
Großmeister des Templerordens von 1184 bis 1189

Gerhardt von Thurlau
Ritter des Templerordens

Guido von Lusignan
König von Jerusalem von 1186 bis 1192

Ibrahim ibn Khalid
Sarazenischer Vampir während des dritten Kreuzzugs

Jacques d'Amiens
Ordensmeister der Templer

Marcellus
Sterblicher Diener des Vitus in Konstantinopel

Martin
Sergeant der Templer

Philip
Sergeant der Templer

Phillip August
König von Frankreich, beteiligt sich am 3. Kreuzzug

Richard Löwenherz
König von England. Nach der Abreise des französischen Königs Phillip August alleiniger Anführer des 3. Kreuzzuges

Robert
Knappe Leonards während seiner Zeit als Tempelritter in Jerusalem.

Vitus
Alter römischer Vampir. Erzeuger Leonards

Paris

Adéle
Tagwächterin und Vertraute Étienne d'Aumales

Adrien
Freund von Jacqueline

Barthélémy de Saint Augustin
Ritter des Malteserordens, Vertrauter Leonards während der Französischen Revolution

Bernard Dubois
Polizist in Paris. Diener Étienne d'Aumales

César und Rodrigue
Nachkommen und Leibwächter der Rattenkönigin

Claire
Indirekte Nachkommin Maximiliéns

Étienne d'Aumale
Herr der Vampire von Paris

Francois Lamargue
Vampir in Paris

Jacqueline ›Jacques‹
Jugendliche Bewohnerin des Pariser Untergrundes aus dem Gefolge der Rattenkönigin

Jean-Jacques
Ehemaliger Tagwächter von Étienne d'Aumale

Julie
Todesbote, Nachkommin von Otto Krüger

Laurent
Archaios, bis zur Französischen Revolution Herr über die Unsterblichen von Paris

Maximilien
Nachkomme des Laurent

Nasir
Unhold und Vertrauter von Otto Krüger

Otto Krüger
Todesbote, Nachkomme der Constantia

Pierre
Buckliger Bewohner der Pariser Katakomben, Diener der Rattenkönigin

Die Rattenkönigin
Vampirische Herrscherin der Pariser Unterwelt, stammt von Maximilien ab

Valérie
Geschäftsführerin des Refuge, Vertraute Étienne d'Aumales

Königreich Frankreich und Herzogtum Burgund

Abel
Vertrauter Leonards

Adrasta
Archaia keltischen Ursprungs, Oberhaupt der Nocturni von Burgund

Arnaud
Vertrauter Leonards

Clairisse
Vertraute der Constantia

Constantia
Nachkommin des Vitus

Laetitia von Toulouse
Nachkommin und Vasallin des Laurent

Victor
Tempelritter und Nachkomme Leonards

Wien

Elsbeth
Vertraute der Constantia, Hüterin von Vitus' Zuflucht

Wolfgang
Nachkomme der Constantia. Sicherheitschef von Vitus' Zuflucht

Impressum

Archaios Teil 2: Schatten der Vergangenheit

FeuerTanz-Verlag ist ein Imprint im VA-Verlag
www.feuertanz-verlag.de • kontakt@ feuertanz-verlag.de
www.va-verlag.de • info@va-verlag.de
Veronika Aretz, Vennstraße 30, 52134 Herzogenrath • Germany

Urheberrecht am Text: Ralph Edenhofer
Website: www.century23.de, Email: r.edenhofer@century23.de
Facebook: https://www.facebook.com/100016233399082
Instagram: https://www.instagram.com/ralph_edenhofer/
Anmeldung zum Newsletter: http://eepurl.com/hKnuUH

Coverbild: Calum Andrews; www.calum5.com
Weitere Fotos: iStock.com: Urheber © SergeyKlopotov
Druck und Distribution im Auftrag von Veronika Aretz:
tredition GmbH, Halenreie 40-44, 22359 Hamburg, Deutschland

ISBN: 978-3-944824-95-6